Gerhard Igl · Bernd Schulte · Thomas Simons

Einführung in das Recht der sozialen Sicherheit von Frankreich, Großbritannien und Italien

Vierteljahresschrift für Sozialrecht

Beiheft 1

1978

J. Schweitzer Verlag · Berlin

Einführung in das Recht der sozialen Sicherheit von Frankreich, Großbritannien und Italien

von

Dr. Gerhard Igl
Dr. Bernd Schulte
Thomas Simons

1978

J. Schweitzer Verlag · Berlin

Aufteilung der Bearbeitung
Frankreich: Dr. Gerhard Igl
Großbritannien: Dr. Bernd Schulte
Italien: Thomas Simons

Die Autoren sind Mitarbeiter der Projektgruppe für Internationales und Vergleichendes Sozialrecht der Max-Planck-Gesellschaft, München.
Leiter: Professor Dr. Hans F. Zacher

CIP-Kurztitelaufnahme der Deutschen Bibliothek

Igl, Gerhard
Einführung in das Recht der sozialen Sicherheit
von Frankreich, Großbritannien und Italien/ von Gerhard Igl;
Bernd Schulte; Thomas Simons. – Berlin: Schweitzer, 1978.
(Vierteljahresschrift für Sozialrecht: Beih. 1)
ISBN 3-8059-0501-7
NE: Schulte, Bernd; Simons, Thomas;

Druck: Color-Druck, Berlin. – Bindearbeiten: Dieter Mikolai, Berlin. – Printed in Germany.

ÜBERSICHT

V O R B E M E R K U N G

Der Raum, den das Sozialrecht in den modernen Industriestaaten einnimmt, hat mit der Zeit eine stets wachsende Bedeutung gewonnen. Das Tempo dieses Werdegangs war freilich nicht überall das gleiche. Es wurde durch eine Reihe von Faktoren begünstigt oder verzögert, die in durchaus unterschiedlichen Bereichen angesiedelt sind. So kann etwa die Verschiedenheit gesellschaftlicher und wirtschaftlicher Verhältnisse unterschiedliche Entwicklungen erklären. Und das Sozialrecht, das auf dieser Wirklichkeit aufbaut, muß in Zusammenhang mit diesem Unterbau gesehen werden. Die Verschiedenheit des juristischen Umfeldes und ihr entsprechende unterschiedliche Gefüge des Sozialrechts waren mit ein entscheidender Grund dafür, daß die in diesem Bande zusammengefaßten Berichte über das britische, französische und italienische Sozialrecht nicht nach einem einheitlichen Schema aufgebaut sind. Die jeweils individuelle historische Entwicklung dieser drei Sozialrechtsordnungen, ihre Ausdehnung, ihr sozialpolitischer Hintergrund und ihre gegenwärtige Struktur geboten ein dieser Individualität angepaßtes Vorgehen.

Die Darstellung des Sozialrechts von drei der wichtigsten EG-Mitgliedstaaten soll dazu beitragen, den Blick auf solche Fragen zu lenken, die sich im Zuge der Harmonisierungsbestrebungen immer weniger abweisbar auch dem deutschen System der sozialen Sicherheit stellen werden. Die von den europäischen Nachbarn entwickelten Einrichtungen und Strukturen, wie auch ihre spezifischen Problemstellungen bewirken nicht zuletzt auch eine Relativierung des eigenen Standpunkts. Manches, was hierzulande noch als unverrückbarer Grundbestand gelten mag, erscheint dort bereits im Rückblick und nur als eine Etappe auf dem Weg des sozialen Fortschritts. Manche problematische Entwicklung des Auslands wiederum führt auf die Frage der Vermeidbarkeit vergleichbarer Entwicklungen im eigenen System.-

Die Gesetzgebung wurde, soweit der knappe Raum für die Berichte dies zuließ, bis zum Stand vom September 1977 eingearbeitet.-

Besonderen Dank schulden die Autoren Frau R. Ellwanger und Frau G. Klauda für die Fertigstellung des Manuskripts.

München, 3o. September 1977 Die Verfasser

EINFÜHRUNG IN DAS RECHT DER SOZIALEN SICHERHEIT VON FRANKREICH

Dr. Gerhard Igl

INHALT

Seite

A. Entwicklungsdaten der "Sécurité sociale"[1]

I. Überblick

Das Ende des 2. Weltkrieges markiert den Ausgangspunkt für die Entstehung eines Systems der sozialen Sicherheit in Frankreich. Im Jahre 1945 ergehen zum ersten Mal Vorschriften, die das erklärte Ziel haben, ein System sozialer Sicherheit (in Anlehnung an die britischen Vorstellungen) einzuführen. Der französische Gesetzgeber hat zu diesem Zeitpunkt Konzeptionen internalisiert, die in Großbritannien vorgedacht worden sind. Aber Frankreich kann schon vor der Wende des Jahres 1945 eine Sozialgesetzgebung aus-

1 Das Phänomen sozialer Umwälzungen in Frankreich beschreibt LAROQUE, Pierre, GREVISSE, Suzanne, MORISOT, Michel, ROSON, Henri, QUESTIAUX, Nicole, GUILLAUME, Gilbert, GENTOT, Michel, Succès et faiblesses de l'effort social français, Paris 1961 (A.Colin), S. 8: "Sur le plan social comme sur le plan politique, les transformations en France ne s'expriment pas en évolution progressive et continue, mais par des à-coups, des périodes de brusques progrès suivies de temps d'arrêt, de reculs, les tenants des tendances traditionnelles résistant aux innovations jusqu'au moment où la pression, devenue trop forte, entraîne des ruptures, des bouleversements, suivis inévitablement de périodes de réaction. Si les révolutions politiques que la France a connues depuis un siècle et demi ne se sont pas toutes accompagnées de révolutions sociales, les transformations sociales essentielles se sont opérées dans un climat plus ou moins révolutionnaire. L'effort social, en France plus qu'ailleurs, est largement affaire politique."; GREFFE, Xavier, La politique sociale, Paris 1975 (Presses universitaires de France), S. 159 f , unterscheidet dementsprechend vier Phasen: Die revolutionäre Phase, in der wesentliche Prinzipien verkündet worden sind, die in der Folgezeit jedoch nicht realisiert worden sind; die Zeit des beginnenden wirtschaftlichen Liberalismus, in der auf soziale Maßnahmen nur wenig Wert gelegt wurde; die liberale Phase mit ihrer Intensivierung sozialer Auseinandersetzungen, und die gegenwärtige Phase, in der die Sozialpolitik eine beachtliche Ausdehnung erfahren hat.

weisen. Auch diese Gesetzgebung war teilweise von außen beeinflußt, diesmal von Bismarck'schem Gedankengut. Die Rückkehr von Elsaß-Lothringen nach Frankreich war Anlaß, die französische Sozialgesetzgebung an dem Recht auszurichten, dessen Schutz zuvor die Elsaß-Lothringer genossen haben. Der eigentliche Beginn einer Sozialgesetzgebung liegt jedoch im Jahre 1898, wo Gesetze über die Versicherungsvereine auf Gegenseitigkeit ("la mutualitê"), die Fürsorge und über die Arbeitsunfälle geschaffen wurden.

Trotz der Beeinflussung durch ausländische Vorstellungen hat sich in Frankreich ein System der sozialen Sicherheit herauskristallisiert, das sich an den besonderen Gegebenheiten dieses Landes orientieren mußte. In die Konzeption des Jahres 1945 war die Konfliktquelle einprogrammiert. Die Entwicklung in der Folgezeit spiegelt wider, daß es kaum möglich ist, ein in sich relativ schlüssiges System der sozialen Sicherheit zu dekretieren, ohne auf das Spiel der sozialen Kräfte zu achten. Auch die große Reform des Jahres 1967, angeregt durch drängende Finanzierungs- und Organisationsprobleme, konnte ihrem Anspruch nicht genügen.

Nächstes Datum in der Entwicklungsgeschichte ist der Dezember 1974. Hier wurde ein Gesetz beschlossen, das Teilbereiche des sich immer mehr verlaufenden Rechts der sozialen Sicherheit harmonisieren soll. Selbstgesteckter Zeitpunkt zur Erfüllung dieser Aufgabe ist das Jahr 1978. Neuere Analysen lassen die Schwierigkeiten ahnen, die auf die Sozialpolitiker und den Gesetzgeber zukommen.

Ein weiterer Faktor für die zukünftige Entwicklung ist hier noch einzubeziehen. Nach den nächsten Parlamentswahlen im Jahre 1978 muß sich die neue Regierung mit einer grundsätzlichen Neuorientierung des Systems der sozialen Sicherheit befassen. Dies ist wenigstens die Meinung maßgeblicher Experten. Da in Frankreich - grob gesagt - die Polarisierung der Bevölkerung in ein linkes und ein rechtes politisches Lager stärker als in der Bundesrepublik Deutschland ausgeprägt ist, wird die politische Haltung einer neuen Regierung, vor allem bei einem Sieg der in der "Union de la Gauche" vereinigten Linken, ihren Widerhall auch in der anstehenden Reform finden. Das linke Lager tendiert dabei eher zu einer allgemeinen Staatsbürgerversorgung, während man auf der konservativen Seite, soweit Vorstellungen explizit werden, eher für eine Ausweitung des privaten Versicherungssektors plädiert und damit einhergehend für eine Zurückdämmung des gegenwärtigen Systems in Richtung auf eine Basissicherung.

Listet man die angesprochenen Daten auf, so können folgende schlagwortartige Orientierungshilfen[2] gegeben werden:

vor 1898 :	Rudimente sozialer Gesetzgebung
1898 - 1928 :	Erstes Schrittfassen einer Sozialgesetzgebung
1928 - 1945 :	Deutscher Einfluß und kriegsbedingter Stillstand
1945 - 1967 :	Britischer Einfluß - Aufbau des Systems der sozialen Sicherheit
1967 - 1974 :	Ausdehnung und Harmonisierungsnotwendigkeit
ab 1974 :	Ansätze zur Harmonisierung

Im folgenden sollen nun die aufgezeigten Epochen der französisichen Sozialgesetzgebung eingehender behandelt werden, wobei das 19. Jahrhundert nur gestreift werden kann.

2 Als zusätzliche Orientierung mag die Feststellung dienen, daß die sozialen Bemühungen im 19. Jhdt. und zu Beginn des 2o. Jhdts. auf die Verbesserung der materiellen wie moralischen Situation des Individuums gerichtet waren, während gegenwärtig eine Veränderung der gesellschaftlichen Strukturen zumindest angestrebt wird, vgl. dazu LAROQUE u.a., aaO (Anm. 1), S. 13.

Das Kapitel über die Harmonisierungsprobleme im Recht der sozialen Sicherheit kann notgedrungen erst im Anschluß an die Behandlung des aktuellen Rechts stehen, da sonst die erforderlichen Beurteilungselemente fehlen, die sich nur aus der Kenntnis des gegenwärtigen Systems ergeben.

II. Die Epochen französischer Sozialgesetzgebung

1) Vor 1898 (Rudimentärformen einer Sozialgesetzgebung)

Bis auf rudimentäre Ansätze partiellen Risikoschutzes war die vorrevolutionäre Zeit in sozialrechtlicher Hinsicht von der Herrschaft der Fürsorge ("assistance") geprägt. Dabei wurde die Fürsorgetätigkeit hauptsächlich von den Subsystemen im Bereich des Arbeitslebens und im kirchlichen Sektor ausgeübt. Die bedürftige Person war diesen Subsystemen zugeordnet auf eine quasi natürliche Art; sie entsprachen den Lebenskreisen. Eine Auffangrolle kam der Kirche und dem König zu, letzterem vor allem bei den Kriegsinvaliden. Aus dieser Zeit schon rührt die Vorstellung her, daß der Bedürftige nur deshalb Schutz benötige, weil er außerhalb des Subsystems geraten ist, das ihm gemeinhin Unterstützung bietet, und daß er deswegen sozialgefährdend sei. Fürsorge- und Repressionsgedanken vermengen sich in dieser Zeit.

Nach der Revolution von 1789 wollte man den starken kirchlichen Einfluß auf die Fürsorge bändigen. Eine öffentliche Organisation schien wünschenswert. Die kirchlichen Wohlfahrtseinrichtungen wurden verstaatlicht und der Zentralverwaltung unterstellt[3].

---

3 TIMBAL, P.C., Histoire des institutions publiques et des faits sociaux, Cinquième édition, Paris 1974 (Dalloz), S. 472.

Die Verfassung vom 3. September 1791 enthält bereits einen Passus über die Fürsorge:

"Il sera créé et organisé un établissement général de Secours publics, pour élever les enfants abandonnés, soulager les pauvres infirmes, et fournir du travail aux pauvres valides qui n'auraient pu s'en procurer".

Unterstützungsbedürftige sind danach ausgesetzte Kinder, die mittellosen Gebrechlichen und die arbeitslosen Gesunden. Auch die Verfassung vom 24. Juni 1793 wendet sich der Fürsorge zu:

"Les secours publics sont une dette sacrée. La société doit la subsistance aux citoyens malheureux, soit en leur procurant du travail, soit en assurant les moyens d'exister à ceux qui sont hors d'état de travailler" (Art. 21)[4].

In der Zeit der frühen Industrialisierung und des klassischen Liberalismus sind zwei neue Ursachen sozialer Problematik auszumachen. Die Industrialisierung bringt eine Zunahme der Arbeitsunfälle mit sich. Die Antwort, die die Schadenersatzvorschriften des "Code Civil" (Art. 1382 ff) geben, ist der sozialen Situation nicht gewachsen[5]. Erstmals taucht das Problem auf, einer generalisierten sozialen Fallgestaltung mit einer spezifischen Regelungstechnik zu begegnen.

---

4 Hierzu v. REITZENSTEIN, F. Freiherr, Die Armengesetzgebung Frankreichs in den Grundzügen ihrer historischen Entwicklung, in: Jahrbuch für Gesetzgebung, Verwaltung und Volkswirthschaft im Deutschen Reich 1881, Zweites und Drittes Heft (S. 115-256), Viertes Heft (S. 1o7-2oo), S. 139 f , 144 (im zweiten und dritten Heft). Weitere Nachweise bei DUPEYROUX, Jean-Jacques, Droit de la sécurité sociale, Sixième édition, Paris 1975 (Dalloz), S. 31, Anm. 1. Beispielshalber für die Vorstellungen der damaligen Fürsorgepolitik NAVILLE, F.-M.-L., De la charité légale, de ses effets, de ses causes, et spécialement des maisons de travail et de la proscription de la mendicité, Tome premier, Paris 1836 (Dufart), insgesamt.

5 Vgl. hierzu STOCQUART, Emile, Le contrat de travail, Bruxelles-Paris 1895, S. 99 ff.

Der zweite Problemstrang hängt mit der liberalen Idee zusammen, nach der die Arbeitskraft Ware ist und gleiche Leistung in gleicher Höhe entgolten wird. Die höheren Kosten für die Unterhaltsbedürfnisse einer Familie sind in diesem Kalkül nicht berücksichtigt.

Die dritte sozialpolitisch relevante Erscheinung des 19. Jahrhunderts war das Entstehen der Versicherungsvereine auf Gegenseitigkeit ("sociétés de secours mutuels" oder "la mutualité"), auf die später die Sozialversicherung aufgebaut hat. Die Haltung des Staates gegenüber der "mutualité" hat sich im Laufe der Entwicklung gewandelt. Zunächst sah man in ihr eine unerwünschte Organisationsform der Arbeiterklasse und unterwarf sie deshalb strenger staatlicher Überwachung. Als man ihren Nutzen erkannt hat, erfuhr sie finanzielle Unterstützung seitens des Staates.

Im Bereich der Vorsorge ("prévoyance") ist man noch weitgehend von individueller Initiative abhängig. Im Jahre 185o wird die Möglichkeit geschaffen, sich bei einer "Caisse de retraites ou rentes viagères pour la viellesse" freiwillig für das Alter zu versichern (Gesetz vom 18. Juni 185o).

Im 19. Jahrhundert kann man also trotz der sich abzeichnenden Notwendigkeit einer Entwicklung zu bestimmten Schutzformen hin, die der krasse Wandel sozialer Verhältnisse bedingt, nicht von der Existenz eines auch nur annähernd ausgebildeten und umfassenden Schutzsystems sprechen[7].

---

6 Zur Geschichte BRY, Georges, PERREAU, E.-H., Les lois du travail industriel et de la prévoyance sociale - Législation ouvrière, Sixième édition, Paris 1921 (Sirey) S. 8o5 f ; GALANT, Henry C., Histoire politique de la sécurité sociale française 1945-1952, Paris 1955 (A. Colin), S. 1o.

7 Vgl. auch NETTER, F., Notions essentielles de sécurité sociale, Paris 1951 (Sirey), S. 1 ff ; DUPEYROUX, aaO (Anm. 4), S. 29 ff.

2) 1898 - 1928 (Einführung typischer sozialrechtlicher Regelungen)

In die Zeit von 1898 bis 1928 fallen die ersten Sozialgesetze. Die im Laufe des 19. Jahrhunderts vorgezeichneten Entwicklungen werden vom Gesetzgeber aufgenommen.

Die Versicherungsvereine auf Gegenseitigkeit erfahren im Gesetz vom 1. April 1898[8] eine liberale Handhabung. Sie unterliegen fürderhin nur einer Anzeigepflicht; eine Genehmigung muß nicht mehr eingeholt werden. Die Risiken, die die "sociétés de secours mutuels" versichern können, sind Krankheit, Unfall, Alter, Invalidität und Beerdigungskosten. Außerdem können Leistungen an Hinterbliebene gewährt werden. Zusätzlich können sich die Versicherungsvereine mit folgenden Aufgaben befassen: Berufsbildungskurse, kostenlose Stellenbeschaffung, Beihilfe bei Arbeitslosigkeit und Errichtung von Kassen für Altersrenten. Die Versicherungsvereine auf Gegenseitigkeit können neben den sog. teilhabenden Mitgliedern ("membres participants") auch Ehrenmitglieder ("membres honoraires") aufnehmen, die die Institution finanziell unterstützen, aber keine Leistungen in Anspruch nehmen. Verschlechtert sich die Vermögenslage eines Ehrenmitgliedes, so kann es die Rechte eines regulären Mitglieds erwerben[9]. Die Versicherungsvereine auf Gegenseitigkeit (im Jahre 1913 existieren davon

8 Vgl. BRY/PERREAU, aaO (Anm. 6), S. 8o3 ff ; MASSE, Daniel, BOVIER-LAPIERRE, Législation du travail et prévoyance sociale, Huitième édition, revue et augmentée, Paris 1919 (Librairie de l'enseignement technique), S. 4o8.

9 Durch die Institution der Ehrenmitgliedschaft konnte immerhin ein 15%-iges Defizit behoben werden, s. BRY/PERREAU, aaO (Anm. 6), S. 8o8. Man kann in dieser Institution wohl einen Vorläufer der Heranziehung von Arbeitgebern zur Beitragsleistung sehen.

23.275 mit fast 5 Mio. Mitgliedern[10] sind nicht nur Vorläufer einer Sozialversicherung, sie befassen sich auch mit Gebieten, die nicht versicherungsmäßiger Natur sind.

Während das Gesetz vom 1. April 1898 noch eher eine Fortschreibung bestehender Zustände mit der Tendenz zu einer liberalen Ausweitung war und deshalb kaum wegweisend wirken konnte, tritt Frankreich mit dem Gesetz vom 9. April 1898 über die Arbeitsunfälle in die Domäne der Sozialgesetzgebung ein, in der neue Regelungstechniken angewandt werden[11]. Die Ausgangskonzeption des Gesetzes vom 9. April 1898 ist die persönliche Verantwortlichkeit des Unternehmers, aufbauend auf das berufliche Risiko ("risque professionnel"). Die neue Regelungstechnik besteht darin, daß der Unternehmer bei einem Arbeitsunfall eine Ersatzleistung ("indemnité") zu gewähren hat, ohne daß ein Kausalitätsnachweis zu führen ist. Auf der anderen Seite sind zivilrechtliche Ansprüche des Arbeitnehmers abgeschnitten. Der Unternehmer trägt darüber hinaus die Krankheitskosten.

Das Gesetz vom 9. April 1898 weist jedoch große Lücken auf[12]. So war es zunächst nur für den industriellen Sektor anwendbar. Später erfolgt eine Ausdehnung auf den kommerziellen Bereich (Gesetz vom 12. April 19o6)[13]. Die landwirtschaftlichen Arbeiter sind nur bei Gebrauch von Maschinen geschützt (Gesetz vom 3o. Juni 1899)[14]. Das Risiko der Berufskrankheit findet ebenso seine gesetzliche Regelung (Gesetz vom 25. Oktober 1919)[15].

1o BRY/PERREAU, aaO (Anm. 6), S. 811.
11 Zu diesem Gesetz vgl. BRY/PERREAU, aaO (Anm. 6), S. 2o9 ff; MASSE/BOVIER-LAPIERRE, aaO (Anm. 8), S. 314 ff. CAVAILLON,A., Manuel pratique des lois sociales, Paris 191o (v.Giard u.E. Brière), S. 125 ff; GIDE, Charles, Les institutions de progrès social, Cinquième édition revue et augmentée, Paris 1921 (Sirey), S. 4o3 ff.
12 Vgl. CAVAILLON, aaO (Anm. 11), S. 165 ff.
13 Vgl. BRY/PERREAU, aaO (Anm. 6), S. 223 ff.
14 Vgl. dies., S. 243 ff.
15 Vgl. dies., S. 312 ff.

Die Entscheidung des Gesetzgebers für eine ans Zivilrecht angelehnte Regelung ist nicht ohne Kritik geblieben[16]. Die erweiterte Verantwortlichkeit des Unternehmers führte zu einer zusätzlichen finanziellen Belastung, der die Kleinindustrie nicht gewachsen war. Die Unternehmer sahen sich deshalb gezwungen, das Risiko Arbeitsunfall versichern zu lassen. Die im Vergleich zu Frankreich fortschrittlichere Gesetzgebung Deutschlands im Bereich der Arbeitsunfälle regte die Diskussion zur Einführung einer Pflichtversicherung an.

Dem ersten Versicherungsgesetz Frankreichs vom 5. April 191o über die Altersrenten von Lohnempfängern der Industrie, des Handels, der freien Berufe und der Landwirtschaft gingen lange Diskussionen[17] über die Konzeption einer solchen Vorsorgemaßnahme voraus. Das deutsche Modell fand schließlich den größten Anklang, auch wenn sich das französische Gesetz in manchen Punkten davon unterscheidet. Es wird zum ersten Mal eine allgemeine Pflichtversicherung eingeführt und gleichzeitig für die "travailleurs non salariés" mit niedrigen Einkünften die Möglichkeit einer freiwilligen Altersversicherung eröffnet. Das Risiko der Invalidität hat ebenfalls in das Gesetz Eingang gefunden. Das Beitragsaufkommen für die Pflichtversicherung wird zu gleichen Teilen vom Arbeitgeber wie vom Arbeitnehmer getragen; der Arbeitgeber muß beide Teile des Beitra-

---

16 Vgl. dies., S. 72o ff.

17 GIDE, aaO (Anm. 11), S. 413 ff ; GÜNTHER, Adolf, Deutsche und französische Sozialpolitik, München und Leipzig 1919, S. 69 ff. HATZFELD, Henri, Du paupérisme à la sécurité sociale 185o-194o, Paris 1971 (A.Colin), S. 126 ff , zeichnet die Diskussion über die Möglichkeit der Einführung einer obligatorischen Versicherung nach, wobei darauf hingewiesen wird, daß die Versicherungsgesetzgebung für die Bergleute quasi als Versuchsmodell für eine spätere obligatorische Arbeiterversicherung gedient hat.

ges abführen. Außerdem ist eine staatliche Subvention vorgesehen. Das Rentenalter liegt bei 6o Jahren. Zusätzlich tritt bei einem Alter von 7o Jahren eine "pension de vieillesse" nach dem Gesetz vom 14. Juli 19o5 (relative à l'assistance au profit des vieillards et des infirmes) hinzu. Die Rentenleistungen können also mit Leistungen der "assistance" (Fürsorge) kumuliert werden[18]. Bei der freiwilligen Altersversicherung werden über einen Staatszuschuß die Beiträge gestützt. In organisatorischer Hinsicht liegt eine Zweiteilung vor. Es existieren Organismen für die Renten und die Kapitalplazierung. Zu den ersteren zählen etwa die "societês mutualistes" und die Sparkassen[19]. Für die Kapitalplazierung und die Rentenauszahlung werden, bis auf eine zentrale Stelle, die "Caisse des dêpôts et consignations" keine neuen Organismen geschaffen. Die erstgenannten Organismen ziehen die Beiträge für die Zentralkasse ein. Umgekehrt werden diesen Organisationen für die Rentenauszahlung die nötigen Gelder überwiesen[2o].

Das Gesetz vom 5. April 191o führte zu einem teilweisen Scheitern der ihm immanenten Idee der Pflichtversicherung. Die Gründe hierfür sind vielfältig[21]. Trotz der relativ bedeutenden Stellung der freiwilligen Versicherung im Sinne der "mutualitê" war der Gedanke eines Zwangssparens

---

18 Vgl. BRY/PERREAU, aaO (Anm. 6), S. 731, 745.

19 Die Renten wurden nach dem Prinzip der "comptes individuels" kapitalisiert.

2o Vgl. allgemein zum Gesetz vom 5. April 191o, GIDE, aaO (Anm. 11), S. 431 ff; ANTOINE, Ch., Cours d'êconomie sociale, Cinquiême êdition, Paris 1914 (Librairie F.Alcan) S. 721 ff; MASSE/BOVIER-LAPIERRE, aaO (Anm. 17),S.229 ff.

21 Die Rspr. hat nicht unwesentlich zum Scheitern des Gesetzes beigetragen. So wurde entschieden, daß bei Weigerung des Arbeitnehmers, die Beitragsmarke auf die Versicherungskarte aufkleben zu lassen, der Arbeitgeber den Arbeitnehmerbeitragsanteil nicht einbehalten dürfe, Cass. Crim. 22. Juni 1912, Sirey 1911.1.9. Damit wurde das Pflichtversicherungssystem aus den Angeln gehoben.

vor allem den jungen Arbeitnehmern fremd. 1913 waren erst 4o% der Arbeitnehmer versichert[22].

Im ersten Drittel des 2o. Jahrhunderts wurde der Grundstein gelegt für das System der in Frankreich stark in den Vordergrund gerückten Familienbeihilfen[23]. Die Geschichte dieses ersten Abschnittes liefert ein einprägsames Beispiel für die Entwicklung rudimentärer Schutzformen, die zunächst im privaten Bereich stattfindet, bis hin zur ersten, noch tastenden Inpflichtnahme auf dem staatlichen Sektor. Die externen Daten für diese Entwicklung sind bei der kriegsbedingten Inflation der Jahre 1914 bis 1918 zu suchen, wo die Preise um das Doppelte gestiegen sind, und weiter bei der ebenfalls kriegsbedingten Dezimierung der Bevölkerung, die eine familien-, d.h. geburtenfreundliche Politik auslöste. Das Arbeitnehmereinkommen reichte zur damaligen Zeit aus, einem Alleinstehenden einen verhältnismäßig angemessenen Lebensunterhalt zu verschaffen; mehrköpfige Familien jedoch befanden sich eher an der Grenze des Existenzminimums. Schon 1917 gewährte der Staat seinen Beamten Familienbeihilfen[24]. Für den privaten

---

22 JAMBU-MERLIN, Roger, La sécurité sociale, Paris 197o (A.Colin), Addendum au 1er novembre 1971, S. 15.

23 Vgl. zur Geschichte BREMME, Gabriele, Freiheit und soziale Sicherheit, Stuttgart 1961, S. 176 ff; CECCALDI, Dominique, Histoire des prestations familiales en France, Paris 1957 (Union nationale des Caisses d'Allocations familiales), insges.; HOCHARD, Jacques, L'institution française des prestations familiales, Deuxième édition, Paris 1967 (Union nationale des Caisses d'Allocations familiales), S. 14 ff.

24 Weitere Beispiele gibt TALMY, Robert, Histoire du mouvement familial en France (1896-1939) (Bd I u. II), Paris 1962 (Union nationale des Caisses d'Allocations familiales), Bd. I, S. 113 f; JUNG, Jules, Famille population, Paris 19o4 (A. Pedone). S. 78 ff.

Sektor war Ebenbürtiges nicht vorgesehen. Einige Unternehmer[25] erkannten diese Lücke und zahlten ihren Arbeitern sog. Teuerungszulagen ("primes de vie chère"), die schon der individuellen familiären Situation Rechnung trugen. Später, als das Modell der Zulagen weitere Anwendung gefunden hat, versuchte die Unternehmerschaft immer mehr, die Zulagen zu drücken oder bevorzugt alleinstehende Arbeitnehmer einzustellen. Der Gedanke eines Zusammenschlusses der Unternehmer in einer Ausgleichskasse wurde geboren. Die Beiträge dazu wurden nach objektiven Kriterien, wie Arbeitsstunden, Personalstand, Summe der Löhne, erhoben. Diese Novität der interprofessionellen Kompensation der Familienbeihilfen hat sich bis jetzt im System der sozialen Sicherheit Frankreichs tradiert[26].

Auf Unternehmerseite stieß man bei der Errichtung von Familienausgleichskassen auf ein positives Echo, nicht zuletzt wohl auch wegen der fehlenden Verpflichtung, den Kassen beizutreten, und wegen der Absenz staatlicher Einmischung.

---

25 M. Marcesche in Lorient und M. Romanet in Grenoble, vgl. CECCALDI, aaO (Anm. 23), S. 16 f. Schon 1891 hat Léon Harmel eine "Caisse de Famille" geschaffen; hierzu TURMANN, Max, Activités Sociales, Troisième édition revue et augmentée, Paris 1911 (Librairie Victor Lecoffre), S. 38 ff. Der Einfluß der katholischen Soziallehre, wie sie in der Enzyclica Rerum novarum ihren Ausdruck gefunden hat, war ausschlaggebend für diese unternehmerischen Aktivitäten, vgl. PIPPI, Félix, De la notion de salaire individuel à la notion de salaire social, Paris 1966 (L.G.D.J.), S. 89.

26 Ohne Kenntnis dieser historischen Wurzel ist die immer wieder auflebende Diskussion um die Verlagerung der Familienlasten zum Staatsbudget hin nicht zu verstehen.

Ähnlich wie die "societés de secours mutuels" nehmen die Ausgleichskassen auch Aufgaben wahr, die man später als soziale Dienste bezeichnet. Mit der wachsenden Institutionalisierung der "mutualité" und der Ausgleichskassen geht ein umfassenderes Problembewußtsein einher. Die Institutionen, die mit bestimmten Aufgaben befaßt sind, versuchen auch das Problemumfeld in den Griff zu bekommen.

Die Kritik an den Familienbeihilfen und ihren Institutionen kam vor allem von Seiten der marxistischen Gewerkschaften. Man wandte sich gegen die durch Gewährung von Beihilfen verursachte Spaltung der Arbeiterklasse, gegen die gesteigerte Betriebsabhängigkeit und allgemein dagegen, daß die Beihilfe als freiwillige Leistung des Unternehmers gedacht war.

In der Lehre und in der Rechtsprechung tauchte dann immer wieder die Frage auf, ob die Familienbeihilfen Teil des Gehalts seien, oder nur zusätzliche freiwillige Leistungen[27]. Die Kritik an den Familienbeihilfen trifft in eine Situation, die trotz des anfänglichen Aufschwungs nicht zufriedenstellend sein kann: um 193o erhielten weit weniger als die Hälfte der Arbeitnehmer Beihilfen, und nur 7% der Betriebe sind einer Ausgleichskasse angeschlossen[28]. Eine gesetzliche Regelung wurde deshalb immer dringender[29].

---

27 Die dogmatischen Auseinandersetzungen können an dieser Stelle nicht nachgezeichnet werden; vgl. hierzu PIPPI, aaO (Anm. 25), S. 89 ff.

28 CECCALDI, aaO, (Anm. 23), S. 35.

29 Die Geschichte der französischen Familienpolitik in diesem Abschnitt zeichnet SEELER, Hans, die Bevölkerungspolitik in Frankreich nach dem Weltkriege, Diss. Berlin 193o, insgesamt, nach; vgl. auch v. POSADOWSKY-WEHNER, Harald, Graf, Das Bevölkerungsproblem in Frankreich, Leipzig 1939, insgesamt.

Das Verhältnis zwischen Fürsorge und Sozialversicherung war zu Beginn des 2o. Jahrhunderts Gegenstand von Auseinandersetzungen im Zusammenhang mit der Einführung einer ersten Sozialversicherungsgesetzgebung. Nicht selten wurde erwogen, die Fürsorgegesetzgebung nur deshalb weiter auszubauen, damit die Errichtung von Sozialversicherungen vermeidbar werde[3o]. Die französischen Fürsorgegesetze entstanden zum großen Teil noch vor dem Altersrentengesetz vom 5. April 191o. Daraus erklärt sich ihre weite Verzweigung. Um der Fürsorge ("assistance") ihren willkürlichen Charakter zu nehmen, wurde schon beim Gesetz vom 15. Juli 1893 (kostenlose medizinische Fürsorge für bedürftige Kranke) das Prinzip der obligatorischen Hilfe eingeführt[31]. Neben dieser Form der "assistance lêgale", die dem Berechtigten ein Recht auf Unterstützung gibt, steht die "assistance publique", die vornehmlich zu privater Hilfe aufruft, deren Einrichtungen jedoch öffentlicher Natur sind[32]; außerdem können die finanziellen Mîttel auch von der Gemeinde oder dem Departement zur Verfügung gestellt werden[33].

Der Gesetzgeber unterscheidet im Bereich der "assistance" drei Zielgruppen:

- Personen, die sich aus physischen Gründen nicht helfen können,
- Personen, die sich helfen könnten, denen aber die Mittel hierzu fehlen,
- Personen, die nicht arbeiten wollen (Bettler, Vagabunden etc.).

3o HATZFELD,aaO (Anm. 17), S. 7o ff.

31 BRY/PERREAU, aaO (Anm. 6), S. 892 f ; ALFANDARI, Elie, Aide sociale action sociale, Deuxième édition, Paris 1977 (Dalloz), S. 8.

32 BRY/PERREAU, aaO (Anm. 6), S. 885.

33 Dto.

Zu der ersten Personengruppe zählen etwa Neugeborene und Kleinkinder, Kinder, Alte, Pflegebedürftige und kinderreiche Familien. Eine Vielzahl gesetzlicher Regelungen und Einrichtungen greift für diese Gruppe ein. Hier finden sich auch Vorschriften, die man später zum System der Familienhilfen rechnet. Für die kinderreichen Familien (Gesetz vom 14. Juli 1913) und für die Alten und Pflegebedürftigen (Gesetz vom 14. Juli 19o5) ist die Fürsorge obligatorisch ("assistance légale").

Die zweite Personengruppe, die man heute als Arbeitslose bezeichnen würde, kann sich nicht auf eine nationale Gesetzgebung stützen. Weitgehend herrschen hier noch private Einrichtungen oder Einrichtungen der Gebietskörperschaften vor, die im Sinne der Arbeitsbeschaffung über besondere Werkstätten etc. funktionieren. Eigenartigerweise hat sich der Fürsorgecharakter bei den staatlichen Hilfen für Arbeitslose bis heute tradiert, auch wenn diese bei dem gegenwärtigen zweispurigen System der Arbeitslosenhilfe nur noch eine untergeordnete Rolle spielt.

Für die arbeitsunwilligen Personen wurden Arbeitshäuser ("dépôts de mendicité") von den Gebietskörperschaften eingerichtet.

3) 1928 - 1945 (Errichtung eines Systems von Sozialversicherungen)

Bei der Rückkehr von Elsaß-Lothringen zu Frankreich genossen die Bewohner dieser Gebiete schon die Vorzüge des deutschen Sozialversicherungssystems. Die Wiederherstellung der nationalen Einheit erzwang auch eine Vereinheitlichung auf sozialrechtlichem Feld[34]. Allerdings wird die

34 DUPEYROUX, aaO (Anm. 4), S. 55; HATZFELD, aaO (Anm.17), S. 143.

Rückgliederung von Elsaß-Lothringen nur den letzten Anstoß für einen Aufbau der sozialen Sicherung gegeben haben. Die Mängel des Gesetzes vom 5. April 191o[35] und die Instabilität der sozialen Sicherheit überhaupt werden wohl der Grund für eine solche Neuorientierung gewesen sein. Das Gesetz vom 5. April 1928 über die Sozialversicherungen, das in der Folge dieser Entwicklung steht, deckt nunmehr die Risiken Krankheit, Mutterschaft, Alter und Invalidität ab[36]. Es handelt sich um ein Pflichtversicherungssystem.

In der Geschichte dieses Gesetzes zeichnen sich schon Tendenzen und Faktoren ab, die die unterschiedlichen Einflußnahmen und Einflußmöglichkeiten der "groupes de pression" (etwa Parteien, Gewerkschaften, Unternehmer, Landwirte, Ärzte) unterstreichen[37] und die in Frankreich auch später eine kohärente Sozialpolitik erschwert oder verhindert haben. So kommt ein Gesetz zustande mit der salvatorischen Klausel, daß zu Beginn der nächsten Legislaturperiode alle wesentlichen in der Diskussion aufgeworfenen Fragen in einen neuen Gesetzentwurf eingehen sollten. Weiter wird die Anwendung des Gesetzes vom Erlaß der Ausführungsvorschriften abhängig gemacht.

---

35 HATZFELD, aaO (Anm. 17), S. 143; GALANT, aaO (Anm. 6), S. 11.

36 ANTONELLI, Etienne, Guide pratique des assurances sociales, Paris 1928 (Payot), S. 5o ff.

37 HATZFELD, aaO (Anm. 17), S. 145 ff. Zur Vorgeschichte auch ANTONELLI, aaO (Anm. 33), S. 11 ff; GOMBERT, Fernand, L'assurance sociale sur la vie, Paris (o.J.) (Librairie F. Alcan), S. 275 ff.

Das Gesetz vom 5. April 1928 wurde von allen Seiten einer heftigen Kritik unterworfen, ebenso wie auch die vorhergesehenen Neuentwürfe[38]. Das Gesetz vom 3o. April 193o setzt schließlich den Oppositionen ein Ende. So wurden vor allem Wünsche der "mutualité" und der Landwirtschaft berücksichtigt[39]. Der Widerstand der Unternehmer konnte offensichtlich durch ein zu gleicher Zeit verabschiedetes Steuergesetz, das ihnen wesentliche Erleichterungen bot, gebrochen werden[4o]. Den Schutzbereich des Gesetzes vom 3o. April 193o[41] bilden die klassischen Risiken mit Ausnahme der Arbeitslosigkeit. Geschützte Personen sind die Arbeitnehmer im engeren arbeitsrechtlichen Sinn (Vorliegen eines Arbeitsvertrages) unter Ausschluß der über 6o Jahre alten Arbeitnehmer, der schulpflichtigen Arbeitnehmer und der Arbeitnehmer ab einem bestimmten Höchsteinkommen. Land- und forstwirtschaftliche Berufe fallen unter ein Sondersystem. In organisatorischer Hinsicht ist man gezwungen gewesen, sich an die Institutionen der "mutualité" anzulehnen, was zu einer Vielzahl von Kassen geführt hat. Es besteht freie Kassenwahl. Erwähnenswert ist noch, daß die Sondersysteme ("régimes spéciaux") weiter existieren können und daß Elsaß-Lothringen weiterhin sein Sozialversicherungssystem behält.-

---

38 GALANT, aaO (Anm. 6), S. 19 f.

39 Ders., S. 2o f.

4o HATZFELD, aaO (Anm. 17), S. 151.

41 LIPPMANN, Karl, Das neue französische Sozialversicherungsgesetz im Vergleich zu den deutschen Sozialversicherungsgesetzen, in: Zeitschrift für die gesamte Versicherungs-Wissenschaft, Einunddreißigster Band, 1931, S. 92-1o7; CHAUVEAU, C., La loi sur les assurances sociales à la portée de tous, Paris 193o (L.G.D.J.), S. 25 ff.

Will man diese Epoche der "assurances sociales" einer Würdigung unterziehen, so steht man vor der Schwierigkeit, den immer komplexer und undurchsichtiger werdenden sozialpolitischen Entscheidungsgang aufzuschlüsseln und die Außeneinflüsse auf ihn auszumachen. Schlagwortartig kann etwa angedeutet werden, daß Frankreich besonders im Verhältnis zu Deutschland sozialrechtlichen Nachholbedarf hatte. Mit der Eingliederung von Elsaß-Lothringen wurde Frankreich in besonderer Weise mit diesem Problem konfrontiert. Die Existenz eines relativ fortgeschrittenen Systems der sozialen Sicherheit in diesen Gebieten auch im Vergleich zu der dadurch angeregten Gesetzgebung von 1928 bis 193o und der Fortbestand dieses Systems stellt den ebenfalls in Frankreich gültigen Satz der Sozialpolitik "on ne touche pas aux droits acquis" unter Beweis. In Frankreich mangelte es zu dieser Zeit nicht an Vorschlägen seitens der zentralistisch orientierten Verwaltung, ein organisatorisch übersichtliches und sachlich logisches System der Sozialversicherung einzuführen. Diese Vorschläge waren wegen der überhandnehmenden Einflüsse der Interessengruppen, vor allem der Landwirtschaft, der "mutualité" und der Unternehmer, aber auch aus Gründen der (partei-)politischen Konstellationen nicht realisierbar.-

Mit den später ergehenden Vorschriften werden keine grundlegenden Änderungen an dem 1928 bis 193o errichteten System vorgenommen[42]. Es finden nur Ergänzungen und Verbesserungen statt. So wird im Gesetzesdekret vom 3o. Oktober 1935 der personelle Anwendungsbereich ausgedehnt und die Landwirtschaft erhält ihr eigenes System, das dann im Gesetz vom 5. April 1941 verselbständigt wird. Auf dem Gebiet der Altersversorgung ist die bedeutendste Neuerung die Einführung einer "allocation aux vieux travailleurs salariés" (Gesetz vom 14. März 1941), die über

42 Hierzu GALANT, aaO (Anm. 6), S. 21 ff.

einen reinen Unternehmerbeitrag finanziert wird und die dazu dient , denjenigen alten Arbeitnehmern eine Unterstützung zu gewähren, die wegen der erst jungen Sozialversicherung noch keine Anwartschaften erwerben konnten. Diese Unterstützung ist von einer Bedürfnisprüfung abhängig. Eine Maßnahme mit siedlungspolitischem Charakter ist die Zuwendung "de retour à la terre" für den Fall, daß ein alter Arbeiter aus einer Stadt mit über 50.000 Einwohnern in eine Gemeinde mit weniger als 2.000 Einwohner zieht.

An der französischen Gesetzgebungsgeschichte der Jahre 1932 - 1945 zu den Familienhilfen lassen sich in einem Teilbereich sehr deutlich die Schwierigkeiten ablesen, die sozialpolitische Maßnahmen in der Zeit des Übergangs von privaten zu staatlichen Schutzformen hin mit sich bringen.

Das Gesetz vom 11. März 1932[43] steht am Ende einer Entwicklung, die es den Unternehmern erlaubte, die vielfach kritisierte Haltung des freiwillig Leistenden im Bereich des Familienausgleichs einzunehmen. Obwohl die theoretische Diskussion darüber, ob die Familienbeihilfen Ergänzung des Lohnes seien oder nicht, noch nicht ausgetragen ist, wird das Gesetz im "Code du Travail" verankert.
Das Gesetz ist jedoch noch weit von einer ins Detail gehenden Reglementierung entfernt. Drei Grundzüge sind auszumachen: Organisatorisch baut das Gesetz auf den bisherigen Ausgleichskassen auf; den Arbeitnehmern steht ein Recht auf Leistungen zu; das Gesetz gibt einen Minimalrahmen sowohl in organisatorischer Hinsicht als auch für die Leistungsvoraussetzungen ab, obwohl die Kassen gerade

43 Dazu CECCALDI, aaO (Anm. 23), S. 41 ff ; TALMY, aaO (Anm. 24), Bd. II, S. 14o ff ; BREMME, aaO (Anm. 23), S. 182 ff.

bei den Leistungen noch weitgehend freie Hand haben[44]. Das Gesetz tritt auch nicht mit einem Schlage in Kraft. Per Dekret soll seine Anwendung für bestimmte Berufzweige und geographische Zonen geregelt werden. Erst 1937 sind alle dazu erforderlichen Dekrete erlassen. Anfang 1936 sind Dreiviertel der Unternehmer noch bei keiner Kasse eingeschrieben, 2o% der Arbeitnehmer erhalten nicht die ihnen zustehenden Leistungen. Das Entstehen neuer Kassen, die sich auf Unternehmensbereiche mit guten Risiken stützen, beeinträchtigt die Finanzierungsmöglichkeiten der bestehenden Kassen. Die Aufsicht durch die Verwaltung wird sehr nachlässig gehandhabt[45]. Bestimmte Berufsgruppen versuchen, sich aus dem Anwendungsbereich des Gesetzes herauszuhalten. Auch die Anwendung über den Bereich des Handels und der Industrie hinaus auf den der Landwirtschaft gestaltet sich schwierig. Einige Unternehmer versuchen, die durch die Familienbeihilfen verursachten Kosten durch Lohnkürzungen aufzufangen.

Ins Jahr 1933 fällt das Entstehen einer besonderen Familienbeihilfe, die "allocation de la mère au foyer" (Haushaltszulage für die nicht erwerbstätige Ehefrau)[46]. Es taucht das Problem auf, ob man generell, wie bei dieser Beihilfe, für die Leistungsgewährung auf das Familieneinkommen abstellen muß.

Die großen Freiheiten, die das Gesetz von 1932 den Kassen bei den Leistungsvoraussetzungen und -höhen gelassen hat, führen zu einer verwirrenden Vielzahl unterschiedlicher Leistungen. Der Gesetzgeber wird wiederum auf den Plan gerufen[47].

---

44 CECCALDI, aaO (Anm. 23), S. 46 ff.

45 Ders., S. 49.

46 Dazu TALMY, aaO (Anm. 24), Bd.II, S. 197 f ; CECCALDI, aaO (Anm. 23), S. 57 ff.

47 Zur Bewertung des Gesetzes CECCALDI, aaO (Anm. 23), S. 59 f.

Mit den Gesetzesdekreten ("Décrets-Lois") von 1938[48] gelingt es, innerhalb der Departements einheitliche Sätze für die Familienbeihilfen festzulegen, die zwar als Minimalstandards vorgegeben werden, jedoch so hoch sind, daß es keine Kasse unternimmt, mit besseren Leistungen (und nur bei Aufnahme der sog. guten Risiken) aufzuwarten. Der Lastenausgleich innerhalb der Kassen wird dadurch nicht mehr verzerrt. Eine Hausfrauenzulage wird gewährt, wenn die Mutter keine entlohnte Tätigkeit ausübt, oder wenn die Mutter, falls sie verdient, ausnahmslos die Kinder betreut.

Die Kassen unterstehen nunmehr stärkerer Staatsaufsicht. Das Gesetzesdekret vom 18. November 1938 hat auch einen nationalen Ausgleichsfonds ("Fonds national de compensation") vorgesehen; die Unternehmer, die die Kassen immer noch relativ frei führen, fürchten jedoch eine zunehmende Einflußnahme des Staates auf diesen Fonds. Die entsprechende Ausführungsvorschrift wird nicht erlassen, so daß der Fonds nicht errichtet werden kann.

Die Arbeitnehmer im landwirtschaftlichen Sektor kommen im Jahr 1938 ebenfalls in den Genuß der Familienbeihilfen. Obwohl sich wegen der finanziellen Schwäche der landwirtschaftlichen Unternehmer eine Staatsfinanzierung der Familienbeihilfen anböte, wählt man wegen der starken mutualistischen Tradition der Landwirtschaft ein Dreier-Modell: die Beihilfen werden über eine Grundsteuer, eine Produktabgabe und über Beiträge der Unternehmer getragen.

Auch die Gesetzesdekrete von 1938 haben nicht alle anstehenden Probleme lösen können. Unter der Regierung Daladier befaßt sich nun ein "Haut Comité de la population" mit den Fragen der Familienpolitik. Dieses Komitee entwirft ein Gesetzesdekret (vom 29. Juli 1939) mit dem

---

48 Dazu ders., S. 66 ff.

Titel "relatif à la Famille et à la Natalité française", auch "Code de Famille" genannt[49]. In diesem Code herrscht die natalistische Tendenz vor. Frankreich hat innerhalb von 5o Jahren im Jahresschnitt 35.ooo Einwohner verloren[5o]. Ziel der Familienpolitik ist, zumindest auf eine Durchschnittsfamilie mit drei Kindern zu kommen. Die Beihilfen für das erste Kind - familienpolitisch weniger interessant - werden durch eine einmalige Zulage bei der Geburt ersetzt.

Die Familienpolitik wird nun in einen größeren Rahmen eingebettet. Von staatlicher Seite werden mehrere Maßnahmen zur Unterstützung der Familie getroffen, sei es durch positive Hilfen wie Familienbeistandschaft, Steuererleichterungen, Verbesserung der Adoptions- und Vormundschaftsregelungen, sei es durch Propaganda gegen Abtreibung, Verhütungsmittel und Alkoholismus. Die nicht arbeitstätige Bevölkerung erhält eine "aide nationale", was dem Bestreben entspricht, staatliche Finanzbelastung nur für komplementäre Zwecke zu übernehmen[51]. Die Familienbeihilfen werden in ihrer Höhe ausgeglichen, wobei Ausgangspunkt der Durchschnittslohn im Departement ist. Vom dritten Kind an werden die Beihilfen beträchtlich erhöht.

Die Loslösung der Gewährung von Familienbeihilfen von der Ausübung beruflicher Tätigkeit hat sich in den Jahren 194o - 1945 fortgesetzt. Auch bei teilweiser wie vollständiger Arbeitslosigkeit sowie bei (Invaliden- und Alters-) Rentenbezug werden die Beihilfen gezahlt. Die fortschrittlichste Maßnahme in diesem Bereich ist die Gewährung von

---

49 Dazu TALMY, aaO (Anm. 23), Bd. II, S. 218 ff ; CECCALDI, aaO (Anm. 23), S. 73 ff.

5o Vgl. auch POSADOWSKY-WEHNER, aaO (Anm. 3o), S. 7 ff.

51 Zum ganzen CECCALDI, aaO (Anm. 23), S. 74 ff.

Familienbeihilfen an die Witwe gemäß der jeweiligen Rechtslage, d.h. die Witwe bekommt Beihilfe, als wenn der Verstorbene noch leben würde. Sie kommt damit auch in den Genuß der späteren Rechtslage.

Mit dem Gesetz vom 29. März 1941 wird eine weitere französische Eigentümlichkeit eingeführt: die "allocation de salaire unique" (Alleinverdienerbeihilfe). Sie ersetzt teilweise die Hausfrauenzulage. Die Alleinverdienerbeihilfe wird später die zahlenmäßig bedeutendste Familienbeihilfe[52].

Der Ausbau der Familienleistungen zieht natürlich erhöhte Mißbrauchsgefahr nach sich. Die bloße Zurückhaltung der Beihilfen bei Mißbrauch ist, familienpolitisch gesehen, sinnlos. Vor dem Gesetz vom 18. November 1942 griff man auf die Lösung zurück, direkt der Mutter die Beihilfen zukommen zu lassen, oder über eine "assistante sociale" über die Verwendung der Gelder zu wachen. Das Gesetz von 1942 sieht dann eine Pflegschaft ("Tutelle aux allocations familiales") vor.

Die Vichy-Regierung hat zwar eigene Vorstellungen von Familienpolitik, die am berufsständischen Denken orientiert sind. Ihr gelingt es jedoch nicht, dem überkommenen System der Familienleistungen ihren Stempel aufzudrücken. Die "Charte du Travail"[53] erkennt die Familienbeihilfen als zusätzliche Leistungen zum Lohn an. In organisatorischer

52 1943 sind 52,46 % Alleinverdienerbeihilfen, 45,5 % Familienbeihilfen im engeren Sinn. 76 % der Mütter von 2 Kindern, 88 % der Mütter von 3 Kindern und 92 % bis 98 % der Mütter mit 4 Kindern beanspruchen die Alleinverdienerbeihilfe; vgl. CECCALDI, aaO (Anm. 23), S. 83.

53 Auszugsweise abgedruckt bei CECCALDI, aaO (Anm. 23), S. 8o.

Hinsicht sollen den Sozialkomitees - berufständischen Organismen, die die Zusammenarbeit von Arbeitern und Unternehmern sichern sollen - auch die Führung der sozialen Institutionen, wie etwa der Ausgleichskassen, anvertraut werden. Die Unternehmer wehren sich jedoch gegen diese neuen Organisationsformen. Die Kriegswirren verhindern zudem eine Anwendung der geplanten Konzepte.

Zusammenfassend läßt sich die erste Epoche der französischen Familienpolitik so beschreiben: Die Entwicklung bestimmter Schutzformen ist nur sehr langsam fortgeschritter. Zunächst stand noch die das Familieneinkommen unterstützende Funktion der Beihilfer im Vordergrund. Die Ankopplung an das Arbeitsverhältnis entsprach dieser Konzeption. Die bevölkerungspolitischen Notwendigkeiten zwangen zu einer Ausweitung sowohl bei den Leistungen als auch den geschützten Gruppen. Hand in Hand ging damit die Loslösung von der Voraussetzung des Arbeitsverhältnisses. Organisatorisch konnten sich jedoch die Form der Unternehmerkassen - ohne Beteiligung der Arbeitnehmer - tradieren. Gerade der letzte Punkt wird bei der Neuordnung im Jahre 1945 zur Diskussion stehen.

Tragendes Konzept der Familienbeihilfen in der ersten Hälfte des 2o. Jahrhunderts war zunächst die Sicherung eines Existenzminimums für Familien mit Kindern. Dieses Konzept wurde dann schnell überlagert von der bevölkerungspolitischen Funktion der Beihilfen. Schon ab 194o waren hier Erfolge zu verzeichnen[54]. In der Folgezeit treten diese Motivationen zugunsten der Idee der einkommensumverteilenden Wirkungen der Familienbeihilfen in den Hintergrund.

---

54 Vgl. die Zahlen bei BREMME, aaO (Anm. 23), S. 192.

4) 1945 (Errichtung eines Systems der sozialen Sicherheit)

Frankreich konnte bis zum Jahre 1945 noch kein einheitliches Konzept eines Systems der sozialen Sicherheit nachweisen. Nach der Befreiung führten jedoch äußere Umstände zu einem günstigen Klima für die Errichtung eines Systems der sozialen Sicherheit. Dazu gehörte einmal der politische Umstand, daß zur Zeit der Befreiung die konservative Seite sehr geschwächt war und die neuen Kräfte, die sich im "Conseil National de la Rêsistance" gesammelt hatten, von der englischen Idee des Beveridge-Systems stark beeinflußt waren[55]. Der zweite gewichtige Umstand war die Möglichkeit, auf dem Wege der "ordonnances" ein System der sozialen Sicherheit zunächst unter Vermeidung parlamentarischer Auseinandersetzungen zu installieren.

Die Ordonnancen vom 4. und 19. Oktober 1945 gaben den Rahmen für das neu zu etablierende System ab. Für den Anfang war ein einheitlicher Schutz der Arbeiter und ihrer Familien vorgesehen. Die Erweiterung des Systems sollte dann nach und nach in Angriff genommen werden.

Der in den Ordonnancen vom 4. und 19. Oktober 1945 konkretisierte "Plan de Sêcuritê sociale" sollte in mehreren Richtungen zu einer Vereinheitlichung im Bereich der sozialen Sicherheit führen[56]. Die bisher von getrennten

55 ALVIN, Louis, Salaire et sêcuritê sociale, Paris 1947 (Presses universitaires de France), S. 53; FOURNIER, Jacques, QUESTIAUX, Nicole, Traitê du social, Paris 1976 (Dalloz), S. 446; LAROQUE, im Vorwort zu GALANT, aaO (Anm. 6), S. XIV; zur Vorgeschichte GALANT, aaO (Anm. 6), S. 27 ff.

56 ALVIN, aaO (Anm. 55), S. 57, betont, daß die Ordonnancen nur eine administrative Vereinheitlichung im Auge hatten.

Trägern verwalteten Risiken der Unfallversicherung und der Familienleistungen sollten mit den "assurances sociales" zu zusammengefaßt werden. In organisatorischer Hinsicht plante man eine Straffung des Verwaltungsapparates in Richtung auf Territorialklassen unter verstärkter staatlicher Aufsicht. Begründet wurde dieses System mit dem Argument, daß die "Sécurité Sociale" in finanzieller, technischer und sozialer Hinsicht unteilbar sei[57].

Die Vereinheitlichungspolitik konnte jedoch schon zu Beginn nicht greifen. In der Ordonnance vom 4. Oktober 1945 war vorgesehen, bestimmte Sondersysteme sowie die Familienkassen provisorisch weiter existieren zu lassen. Die Landwirtschaft wurde nicht in das allgemeine System integriert.

Die Präambel der Verfassung vom 27. Oktober 1946, die auch in der Verfassung vom 4. Oktober 1958 inkorporiert ist, gibt die Grundidee der Konzeption des Systems der sozialen Sicherheit wieder. In der Präambel wird u.a. aufgeführt die Gleichbehandlung der Frau, die Pflicht zur und das Recht auf Arbeit, die Unterstützung der Familie seitens der Nation. Zentral für die soziale Sicherheit ist folgender Absatz:

> "Elle (sc. la Nation) garantit à tous, notamment à l'enfant, à la mère et aux vieux travailleurs, la protection de la santé, la sécurité matérielle, le repos et les loisirs. Tout être humain, qui en raison de son âge, de son état physique ou mental, de la situation économique, se trouve dans l'incapacité de travailler a le droit d'obtenir de la collectivité des moyens convenables d'existence"

Dem Reformelan wurden jedoch massive Widerstände entgegengebracht[58]. Zwar dehnte man 1946 die Familienleistungen

57 So LAROQUE, zit. bei BREMME, aaO (Anm. 23), S. 137.
58 Hierzu ausführlich BREMME, aao (Anm. 23), S. 159 ff.

fast auf alle Teile der Bevölkerung aus (Gesetz vom 22. August 1946). Gleiches gilt für die Altersversicherung (Gesetz vom 22. Mai 1946 und vom 13. September 1946). So war zumindest der Grundstock für ein einheitliches System der sozialen Sicherheit gelegt[59].

Bei der weiteren Durchführung des groß angelegten Projekts wurde man sich jedoch immer mehr der Tatsache bewußt, daß die Ordonnancen vom 4. und 19. Oktober 1945 nur aufgrund der einmaligen politischen Kräftekonstellation der damaligen Zeit ergehen konnten. Die in der "Résistance" zusammengefaßten Gruppierungen, der Anreiz des wirtschaftlichen und sozialen Neubeginns und die Machtlosigkeit der Konservativen waren Faktoren, die für kurze Zeit die immer noch tragenden Interessengegensätze verdecken konnten. Diese Gegensätze brachen zum ersten Mal nach der Verabschiedung des Gesetzes über die Altersrentenversicherung auf. Der französische Mittelstand, die Landwirte, die freien Berufe und die "cadres"[60] widersetzten sich dem Inkrafttreten dieses Gesetzes[61]. Am Ende dieses Widerstandes liegt das Reformgesetz zur Altersrentenversicherung vom 17. Januar 1948[62]. Mit diesem Gesetz wurde das Prinzip der Einheitskasse sowie der progressiven Ausdehnung der Sozialversicherung schwer beeinträchtigt. Für bestimmte Gruppen der "non-salariés" (nicht abhängig Beschäftigte) konnten eigene Kassen und Versicherungssysteme errichtet werden. Andere Sondersysteme, deren Eingliederung in das allgemeine System vorgesehen war, wurden beibehalten.

---

59 Vgl. GALANT, aaO (Anm. 6), S. 79 ff.

6o Vorsichtig etwa mit "höhere Angestellte " zu übersetzen.

61 GALANT, aaO (Anm. 6), S. 1o5 ff.

62 Ders., S. 114 ff.

Die Neuorganisation der Familienkassen aufgrund des französischen Plans zur sozialen Sicherheit hat heftige Diskussionen verursacht[63]. So machte die Ordonnance vom 4. Oktober 1945 mit der Führung der Familienausgleichskassen durch die Unternehmer Schluß. Die Leistung von Familienhilfen wird als "service public"[64] anerkannt. Die Verlagerung der Organisation in den öffentlichen Sektor entspricht der Entwicklung auf der materiellen Seite, die von der zunehmenden staatlichen Einflußnahme gekennzeichnet war.

Am stärksten waren die Widerstände bei der Frage, ob die Familienkassen mit den Sozialversicherungsträgern zusammengelegt werden sollten. Man hat schließlich,u.a. wegen der unterschiedlichen Art der Zwecke, das Modell der autonomen Kassen verabschiedet, so daß neben den Sozialversicherungsträgern die Familienkassen als Block stehen. Mit der Vielzahl der Kassen wird ebenfalls - zumindest großenteils - aufgeräumt. In territorial abgegrenzten Bereichen (Departements, auch Arrondissements) existiert nur eine Ausgleichskasse. Die Beiträge werden auf nationaler Ebene in gleicher Höhe erhoben. Die Verwaltung der Kassen obliegt den Leistungsberechtigten, die von den Arbeitnehmern und -gebern, sowie von den unabhängigen Arbeitern gewählt werden.

Die Autonomie der Familienkassen kommt auch darin zum Ausdruck, daß 1947 parallel zu der "Féderation Nationale des Organismes de Sécurité Sociale" (F.N.O.S.S.) eine "Union Nationale des Caisses d'Allocations Familiales" (U.N.C.A.F.)

---

63 Zur Vorgeschichte CECCALDI, aaO (Anm. 23), S. 98 ff , und zu den anschließenden Diskussionen S. 1o6 ff.

64 LAROQUE, zit. bei CECCALDI, aaO (Anm. 23), S. 1o5.

ins Leben gerufen wird[65]. Durch Gesetz vom 21. Februar 1949 wird die Autonomie der Familienkassen besiegelt. Für die Beitragsaufbringung haben sich die Sozial- und Familienkassen in den "Unions Communes pour le Recouvrement des Cotisations d'Assurances Sociales et d'Allocations Familiales" zusammengeschlossen.

Nur auf nationaler Ebene sind die beiden Zweige der Kassen in der "Caisse Nationale de Sécurité Sociale" zusammengelegt. Auf dieser Ebene findet auch der Finanzausgleich zwischen den beiden Branchen statt (vor allem von den Familienkassen zu den Sozialversicherungen hin).

So, wie die Autonomie der Kassen in sich noch gerechtfertigt sein mag, wenn es um die Wahrnehmung der Auszahlung von Geldleistungen geht, umso bedenklicher wird die Zweiteilung, wenn man an alle Leistungen denkt, die an den Komplex Familie angeknüpft sind. Sowohl bei der "action sanitaire et sociale"[66] wie auch bei bestimmten Leistungen anläßlich Schwangerschaft, Geburt und Mutterschaft[67] ergeben sich sachlich kaum zu rechtfertigende Kompetenzaufspaltungen.

Bei dieser Bilanz wird deutlich, daß es zwar zu einem historisch günstigen Augenblick möglich war, den "großen Wurf" einer Ordnung des Systems der sozialen Sicherheit zu wagen, daß aber mächtige Partikularinteressen imstande

---

65 Vgl. BREMME, aaO (Anm. 23), S. 191; CECCALDI, aaO (Anm. 23), S. 1o7 ff. Die Vereinigungen dienen der gemeinsamen Übernahme von Aufgaben, wie Personalschulung, Forschung etc.

66 CECCALDI, aaO (Anm. 23), S. 111 f; vgl. unten C.II.3).

67 BREMME, aaO (Anm. 23), S. 188.

waren, ihre gegenläufigen Vorstellungen wenigstens zum Teil durchzusetzen[68]. Man wird trotzdem nicht von einem Scheitern des "Plan de Sécurité sociale" sprechen können. Immerhin wurde in den Ordonnancen des Jahres 1945 die Basis für das französische System der sozialen Sicherheit geschaffen, das sich - mit zahlreichen Änderungen - bis heute tradiert hat. Auf der anderen Seite liegt der Keim für die notwendigen Reformen der "Sécurité sociale" zum Teil schon in der Saat, die durch die damaligen Modifizierungen gestreut wurde[69].

5) Nach 1945

Das allgemeine System ("régime général") der sozialen Sicherheit hat in der Folgezeit eine Sogwirkung bewiesen. Die Studenten (Gesetz vom 23. September 1948), die Berufssoldaten (Gesetz vom 21. Juli 1949), die Kriegsinvaliden, Witwen und Waisen (Gesetz vom 29. April 1954)wurden nach und nach, zum Teil auch nur für bestimmte Leistungen, an

---

68 (La Sécurité sociale a) "buté sur l'obstacle de structures existantes qui se sont révélées plus puissantes que les forces de renouvellement", so LAROQUE, im Vorwort zu GALANT, aaO (Anm. 6), S. XVII.

69 Vgl. allgemein neben den bereits Zitierten zur Reform von 1945 auch BRON, Jean, Histoire du Mouvement ouvrier français, tome 2, Paris 197o (Editions ouvrières), S. 277 ff ; NETTER, aaO (Anm. 7), S. 1o ff. BOUVIER-AJAM, Maurice, Histoire du travail en France depuis la Révolution, Paris 1969 (L.G.D.J.), S. 432 ff ; JAMBU-MERLIN, aaO (Anm. 22), S. 18 f ; DOUBLET, Jacques, Sécurité sociale, Paris 1972 (Presses universitaires de France), S. 39 ff ; DUPEYROUX, aaO (Anm. 4), S. 264.

das allgemeine System assimiliert. Zusatzsysteme - ausgehend von Zusatzsystemen für die "cadres" vom 14. März 1947 -, die über Kollektivverträge errichtet wurden, werden nach und nach für immer mehr Berufsgruppen geschaffen.

Die Sozialhilfe ("Aide sociale") hat im Dekret vom 29. November 1953 ihre Reform erfahren und ist durch das Dekret vom 24. Januar 1956 kodifiziert worden.-

Ein "Fonds National de Solidarité"[7o] (Gesetz vom 3o. Juli 1956) soll bedürftigen Alten zusätzliche Geldmittel gewähren. Der Fonds wurde zunächst aus fiskalischen Mitteln gespeist. Ab 1958 lief er dann zu Lasten des allgemeinen Systems. Obwohl ursprünglich reinen Sozialhilfecharakters, bekam der Fonds mehr und mehr die Funktion, eine Zusatzrente für bedürftige Alte zu leisten. Man verzichtete - in konsequenter Abwendung vom Gedanken der Sozialhilfe - im Jahre 1974 auf die Regreßnahme bei den Unterhaltspflichtigen. Die Hilfe aus dem Fonds wird jetzt von dem jeweiligen Träger der Altersrente ausgezahlt.-

Die Diskussion um die Familienleistungen nach dem Jahre 1945 ist nur schwer nachzuzeichnen. Zunächst hält sich zwar noch die demographische Argumentation[71]. Der Gedanke einer Einkommensumverteilung tritt jedoch mehr und mehr, wenn auch unvollkommen, in den Vordergrund nach dem Motto, daß Familienleistungen eine "charge de la collectivité nationale tout entière"[72] sein sollten. Die Leistungen werden ohne Bedürftigkeitsprüfung und ohne Lohnhöchstgrenzen nach Einheitssätzen (unter Anknüpfung an bestimmte departementale Lohnsätze) gewährt. Später (Dekret vom 31.

7o Dazu ALFANDARI, aaO (Anm. 31), S. 591 ff.

71 GALANT, aaO (Anm. 6), S. 65 ff, 81 ff.

72 Vgl. bei BREMME, aaO (Anm. 23), S. 189.

Dezember 1954 und Gesetz vom 7. August 1957) hat man auch der Erfahrung Rechnung getragen, daß das Kindesalter entscheidend für den Kostenzuwachs einer Familie ist. Daran anknüpfende Leistungserhöhungen sind die Folge.

Mit dem Gesetz vom 22. August 1956 sind auch die Schwangerschafts- und Mutterschaftsbeihilfen ("allocations prénatales", "allocations de maternité") eingeführt worden. Die Leistungen kommen von den Sozialversicherungsträgern. Das Gesetz vom 1. September 1948 (weiterentwickelt durch das Gesetz vom 2. August 1949) brachte eine neue Leistungsart: die Wohnungsbeihilfen[73].

Mit einer neuen "allocation de la mère au foyer" (Gesetz vom 6. August 1955) sollte vor allem im landwirtschaftlichen Bereich mit der Familienleistung der "allocation de salaire unique" gleichgezogen werden.-

Die Jahre nach 1945 sind im Bereich der Familienhilfen geprägt von der Erhöhung der Leistungen, der Ausdehnung des Empfängerkreises und der subtileren Anpassung an die kostenverursachenden Faktoren. Bei den geburtenbezogenen Unterstützungen ist ein betragsmässiger Rückgang festzustellen[74]. Seit 1949 ist auch generell eine Tendenz des anteilmäßigen Abbaus (im Vergleich zur Lohnentwicklung) der Familienleistungen zu verzeichnen[75]. In organisatorischer Hinsicht wurde in diesen Jahren, wie auch im Bereich der Sozialversicherung, der mit Abwandlungen noch gegenwärtig vorhandene Grundstock gelegt.

---

73 Dazu DURAND, Paul, La politique contemporaine de Sécurité sociale, Paris 1953 (Dalloz), S. 239 f.

74 CECCALDI, aaO (Anm. 23), S. 142 f.

75 Ders., S. 15o f.

6) Bis 1967 (Ausbau des Systems)

Das Werk[76] der IV. Republik (bis 1958) auf dem Gebiet der sozialen Sicherheit weist folgende Züge auf: Um ein zentrales allgemeines System gruppieren sich Sondersysteme vor allem im Bereich der Landwirtschaft und der unabhängigen Berufe. Der Schutzbereich der Systeme konnte erweitert werden. Im Bereich der Familienleistungen geschah dies auf dem Boden des allgemeinen Systems und des landwirtschaftlichen Systems. Auf dem Gebiet der Altersrente erfolgte die Generalisierung mittels mehrerer Systeme. Aber gerade auf dem Gebiet der Alterssicherung sind die Leistungen oft zu gering, um ausreichenden Schutz zu gewähren[77]. Außerdem zeichnet sich bei den Gesundheitskosten immer mehr eine Aufblähung ab, der vorerst nur durch Finanzumschichtungen aus dem Bereich der Familienkassen gegenübergetreten werden kann.

Zu Beginn der V. Republik (ab 1958)[78] werden zunächst die Verwaltungsstrukturen reformiert. Die Systeme der Arbeitnehmer werden unter verstärkte ministerielle Aufsicht gestellt. Außerdem wurde das Arbeits- und Gesundheitsministerium zu einem "Ministère des Affaires sociales" zusammengefaßt (1966). Wie unter der IV. Republik werden auch

76 Zum Ganzen DOUBLET, aaO (Anm. 69), S. 39 ff ; JAMBU-MERLIN, aaO (Anm. 22), S. 2o ff.

77 Haut Comité consultatif de la population et de la famille, Politique de la vieillesse, Rapport de la commission d'étude des problèmes de la vieillesse ("Rapport LAROQUE"), Paris (o.J.) (La Documentation française), S. 154 ff.

78 Hierzu die eingehenden Gesamtdarstellungen in: Les institutions sociales de la France (sous la direction de Pierre LAROQUE), Paris 1963 (La documentation française), insgesamt, und LAROQUE u.a., aaO (Anm. 1), insgesamt.

jetzt die Schutzbereiche der sozialen Sicherheit ausgedehnt. Für die landwirtschaftlichen Berufe wurde eine Krankheits-, Mutterschafts- und Invaliditäts- sowie eine Arbeitsunfallversicherung geschaffen (Gesetze vom 21. Januar 1961 und vom 22. Dezember 1966). Die nicht abhängig und nicht in der Landwirtschaft Beschäftigten kamen in den Genuß einer Krankheits- und Mutterschaftsversicherung (Gesetz vom 12. Juli 1966).

So wurde auch in der V. Republik zwar von den beiden Leitmotiven der Reform von 1945 die Generalisierung (= Ausweitung des Schutzbereichs in personeller Hinsicht) beibehalten, die Vereinheitlichung (=Schaffung eines einheitlichen Systems) jedoch immer mehr aufgegeben. Die Intervention privater Versicherungen zunächst im Bereich der landwirtschaftlichen Krankenversicherung (mit ihren negativen Auswirkungen im Leistungssektor) entsprach den Vorstellungen, daß jede Berufsgruppe den Schutz genießen soll, den sie wünscht. Mit der Vereinheitlichungsidee wurde also offen gebrochen. Neben den gesetzlichen Systemen entstanden zunehmend kollektivvertraglich errichtete Systeme. Zurückzuführen ist dies einmal auf den nicht hinreichenden Schutz, den das allgemeine System bietet, und auf eine Neigung, sich möglichst staatsunabhängigeSicherung zu verschaffen[79].

7) Die Reform von 1967

In den mehr als 2o Jahren seines Bestehens haben sich im System der sozialen Sicherheit zwei Probleme als immer lösungsbedürftiger erwiesen: Die finanzielle Situation des "régime général" und die organisatorische Struktur des Systems. Die finanzielle Situation hat sich in den einzel-

79 DUPEYROUX, aaO (Anm. 4), S. 274.

nen Zweigen des Systems - bis auf die Familienkassen - so verschlechtert, daß eine Reform unvermeidbar wurde[8o]. Die Probleme der organisatorischen Struktur des Systems der sozialen Sicherheit müssen (auch) auf dem Hintergrund der Finanzlage gesehen werden. Die Neuregelungen zielen jedenfalls dahin, durch eine Reorganisation auch die Finanzierungsfragen in den Griff zu bekommen. Die Kommission Friedel hat in ihrem Bericht[81] zum Ausdruck gebracht, daß das Finanzierungssystem derart verworren sei, daß es kaum noch möglich sei, die Defizite genau zu orten. Die erste Forderung lief darauf hinaus, durch eine Trennung der Risiken hier Klarheit zu schaffen. Jeder Risikozweig sollte bei sich selbst für finanzielle Ausgewogenheit sorgen. Hand in Hand damit ging die Forderung, die Verwaltung der Risikozweige so zu organisieren, daß sie der finanziellen Ausgewogenheit Rechnung tragen kann.

Zur Bewerkstelligung der Reform hat der französische Gesetzgeber die Regierung ermächtigt (Gesetz vom 22. Juni 1967), mittels Ordonnancen die nötigen Schritte einzuleiten. Vier Ordonnancen vom 21. August 1967 zeichnen den neuen Weg.

Zunächst sollen drei nationale Kassen die folgenden Risikozweige abdecken:

- Die "Caisse nationale de l'assurance vieillesse des travailleurs salariés" (C.N.A.V.) für die Altersrenten,
- Die "Caisse nationale de l'assurance maladie des travailleurs salariés" (C.N.A.M.) mit Regionalkassen und

---

8o Gründe für diese Situation weist PAVARD, F., Le dossier financier de la sécurité sociale, in: Promotions, 3e Trimestre 1967, Numéro spécial, La Sécurité sociale après la réforme, S. 29 ff (S. 31 f), auf.

81 Auszugsweise abgedruckt bei JAMBU-MERLIN, aaO (Anm. 22), S. 1o4 ff.

Ortskassen ("caisses primaires") für die Risiken Krankheit, Mutterschaft, Invalidität, Tod und Arbeitsunfälle,
- Die "Caisse nationale des allocations familiales" (C.N.A.F.) mit lokalen Kassen für die Familienleistungen.

Diese drei Zweige sollten in finanzieller Hinsicht eigenverantwortlich sein. Die Finanztransfers, die bisher üblich waren, sollten ausgeschlossen werden, um die Kassen zur Eigenverantwortlichkeit anzuhalten. Jedoch wurde diese Aufgabe zumindest im Ansatz kompromittiert durch die Errichtung eines zentralen Organismus, der "Agence centrale des organismes de sécurité sociale" (A.C.O.S.S.), die neben der Behandlung gemeinsamer Angelegenheiten, besonders im Bereich der "action sociale", auch die gemeinsame Finanzkassenführung übernehmen sollten.

Um die Eigenverantwortlichkeit sowohl der einzelnen Zweige auf nationaler Ebene als auch der verschiedenen Kassen auf lokaler Ebene zu unterstreichen, bot sich auch eine Reform des Verwaltungsrats der Kassen an.

Der Verwaltungsrat sollte paritätisch von Vertretern der Arbeitgeber und Arbeitnehmer besetzt werden. Die repräsentativen Organisationen bestimmen dabei die jeweiligen Vertreter (Sonderregelungen für die Familienkassen).

In den einzelnen Zweigen, vor allem in der Krankenversicherung, wurden zusätzlich kostenreduzierende Maßnahmen durchgeführt. Die Möglichkeit der freiwilligen Zusatzversicherung für das Risiko Krankheit wurde ausgedehnt.

Die Reform von 1967 war stark von den Ideen der Arbeitgeberseite geprägt. Die großen Arbeitnehmerorganisationen, die durch die Einführung der Parität in den Verwaltungsräten Sitze verloren haben[82], reagierten zurückhaltend.

82 Die Arbeitgeber, im C.N.P.F. organisiert, verfügen bei der Parität über einen Block, während die fünf repräsentativsten Gewerkschaften sich die Sitze aufteilen müssen.

Mit der Reform von 1967[83] wurde der Vereinheitlichungsgedanke aufgegeben. Man glaubte, mit der Aufteilung der Verantwortlichkeit bessere Mechanismen für ein System der sozialen Sicherheit geschaffen zu haben.

Seit dem Gesetz vom 31. Juli 1968, das die Ordonnancen von 1967 ratifiziert hat, werden auch die "großen Kategorien der Sozialleistungen" in das französische Planungssystem einbezogen (zum ersten Mal im VI. Plan 1971 - 1975). Dabei soll die Entwicklung der Kategorien in wirtschaftlicher wie finanzieller Hinsicht begutachtet werden.

8) 1967 - 1974

Der Weg, der mit der Reform von 1967 eingeschlagen worden ist, hat sich für die Lösung der Probleme der sozialen Sicherheit als nicht zum Erfolg führend erwiesen. Die Systeme der nicht abhängig beschäftigten Arbeitnehmer ("travailleurs non-salariés") erleben wegen der demographischen Situation eine Krise. Ihre Adaption an das "régime général" wird gefordert. Man kommt weiter zu dem Schluß, daß die Aufspaltung der sozialen Sicherheit in vielzählige Einzelsysteme nicht mehr tragbar ist.-

Die neue Politik (seit 1972) der sozialen Sicherheit, die auch jetzt noch nicht abgeschlossen ist, wird von drei

---

83 Zur Reform von 1967 vgl. neben den bereits Zitierten insbesondere noch GIRAUD, P., La réforme de la Sécurité sociale, in: Promotions, 3e Trimestre 1967, S. 17 ff; FLAMME, P., L'évolution du mode de gestion des organismes de la Sécurité sociale, in: Promotions 3e Trimestre 1967, S. 47 ff. Das Sonderheft der Zeitschrift Droit social, La réforme de la sécurité sociale, Januar 1968, ist ebenfalls der Reform gewidmet.

Grundthemen bestimmt:

- Harmonisierung
- Generalisierung
- demographischer Ausgleich ("compensation").

Eine Reorientierung an den Vorstellungen des "Plan de la Sécurité sociale" von 1945 ist unverkennbar. Der Solidaritätsgedanke tritt wieder in den Vordergrund[84]. Unter Solidarität wird dabei die Gesamtheit der Mechanismen verstanden, die das Recht der Nicht-Aktiven auf eine finanzielle Hilfe seitens der Aktiven bewirkt[85]. Die beiden Pole des Solidaritätsverständnisses sind dabei einmal: nur Ausgleich der Lasten, entstanden durch Krankheit, durch Alter und Ausgleich der Familienlasten; und zum anderen: unverteilende Einkommenspolitik. Die offizielle Regierungspolitik siedelt sich zwischen diesen beiden Extremen an.-

Im Bereich der Familienleistungen konnten die ursprünglich verfolgten Ziele noch an ehesten erreicht werden. Bis zum Jahre 1970 wird die Politik der Familienleistungen von drei Grundzügen beherrscht[86]:

- Generalisierung der Leistungsberechtigung. Fast die Gesamtheit der Bevölkerung erhält Familienleistungen.
- Diversifikation der Leistungen. Dabei haben sich drei Leistungstypen herausgeschält: die Familienleistungen

84 Commissariat général du Plan, Préparation du 6e Plan Rapport de la Commission Prestations sociales, tome 1, S. 26.

85 Dto.

86 DUPEYROUX, aaO (Anm. 4), S. 519 ff.

im engeren Sinn, die dem Unterhalt der Familie dienen; die Leistungen bei bestimmten Ereignissen (u.a. bei Mutterschaft); die Leistungen mit speziellen Zwecken (Wohnungsbeihilfen, Beihilfen bei Schulbeginn, Beihilfen für Sondererziehung u.a.)

- Vereinheitlichung der Leistungsbeträge. Bis auf wenige Ausnahmen und in bestimmten Grenzen werden Einheitssätze gezahlt.

Trotz des Ausbaues des Systems der Familienleistungen befindet sich die Familienpolitik Anfang der 7o-er Jahre in einer neuen Krise mit teilweise alten Vorzeichen. Die Geburtenziffer ist wieder stark zurückgegangen (erst 1976 zeichnet sich eine positive Wende ab). Auf der anderen Seite verbietet sich eine finanzielle Ausweitung der Soziallasten. Auch nach der durch die Reform des Jahres 1967 eingeführten autonomen Finanzierung innerhalb der einzelnen Sozialversicherungszweige werden die Überschüsse der Familienkassen nicht nur im eigenen Bereich verwendet. Wegen dieser beiden Bedingungen - das Absinken der Geburtenziffer und die finanzielle Begrenzung - haben vor allem die staatlichen Planungs- und Kontrollkommissionen darauf hingewirkt, die Familienleistungen effektiver, d.h. gezielter anzuwenden. So werden Beihilfen für besonders benachteiligte Gruppen (Waisen, Behinderte), für berufstätige Mütter mit Kindern ("allocation pour frais de garde") und eine Alterssicherung für nichtberufstätige Mütter geschaffen. Jedoch sieht man sich gezwungen, für bestimmte Unterstützungen eine Bedürftigkeitsprüfung einzuführen[87].

87 Vgl. die Vorschläge im Rapport de la Commission Prestations sociales, aaO (Anm. 84), S. 152 ff.

B. Überblick über das Recht der sozialen Sicherheit

I. Begriffliches

Die zum Verständnis des französischen Sozialrechts und des Rechts der sozialen Sicherheit notwendigen Begriffsbestimmungen sollen hier kurz vorgestellt werden. Eine tiefgehende Bedeutungsanalyse wäre hier unangebracht. Die begriffliche Klarstellung soll nur eine erste Zuordnung erlauben.

Es existiert in Frankreich ein dem bundesdeutschen Begriff des Sozialrechts ähnlicher Terminus "Droit social". Der Begriff hat keine festen Konturen. Er funktioniert als Oberbegriff für die Gebiete des "droit de la sécurité sociale" und des "droit du travail", wobei die Trennungslinie ähnlich wie im hiesigen Sozialrecht verläuft[88]. Als Randproblem sei noch vermerkt, daß nicht ganz geklärt zu sein scheint, ob das Sozialhilferecht ("droit de l'aide sociale") zusätzlich eine eigene Sparte des "droit social" bildet[89] oder dem "droit de la sécurité sociale" zuzuschlagen ist[9o].

Da die folgenden Erörterungen dem "droit de la sécurité sociale" zugewandt sind, sollen hier einige Ausprägungen seiner Umschreibung zitiert werden. Die positiv-rechtlich

---

88 CAMERLYNCK, G.H., LYON-CAEN, Gérard, Droit du travail, 8e édition entièrement refondue, Paris 1976 (Dalloz), S. 29 f.

89 Das ergibt sich aus der Gliederung des Lehrbuchs von DOUBLET, aaO (Anm. 69).

9o So die Gliederung der Lehrbücher von DUPEYROUX, aaO (Anm. 4) und JAMBU-MERLIN, aaO (Anm. 22).

gebundene Definition, die sich in Art. L. 1er Code de la Sécurité sociale (künftig: C. séc. soc.) findet, vermeidet eine Beschreibung des Rechts der sozialen Sicherheit. Sie gibt vielmehr an, was "die Organisation der sozialen Sicherheit" gewährleistet. An diesen Gewährleistungen sind die gesetzlich gezogenen Grenzen eines Begriffs der sozialen Sicherheit abzulesen. Die Sozialhilfe ("aide sociale") wird nicht erwähnt. Sie ist in dem "Code de la famille et de l'aide sociale" geregelt. Ebenso hat im "Code de la sécurité sociale" das Risiko der Arbeitslosigkeit keinen Eingang gefunden. Immerhin steht aufgrund des Art. L. 2 C. séc. soc. die Möglichkeit offen, weitere Kategorien von geschützten Personenkreisen, Risiken und Leistungen einzubringen.

Art. L. 1er C. séc. soc.:

L'organisation de la sécurité sociale garantit les travailleurs et leurs familles contre les risques de toute nature susceptibles de réduire ou de supprimer leur capacité de gain. Elle couvre également les charges de maternité et les charges de famille.

Elle assure le service de prestations d'assurances sociales, d'accidents du travail et maladies proffessionnelles, de l'allocation aux vieux travailleurs salariés, ainsi que le service des prestations familiales dans le cadre des dispositions fixées par le présent code.

(...)

Die Vorschrift nimmt also die klassischen Risiken mit Ausnahme der Arbeitslosigkeit zum Anlaß einer Regelung. Es sind dies allgemein alle Risiken, die die Erwerbsfähigkeit beeinträchtigen oder aufheben können. Die Familienbeihilfen zählen ebenfalls zur "Sécurité sociale".

Der gesetzlich vorgegebene Begriff der"Sécurité sociale" wird gemeinhin als die enge Definition gebraucht, während bei einer globalen Handhabung auch die Arbeitslosenversicherung einschließlich der Arbeitslosenhilfe Eingang finden. Ausgeschieden sind in jedem Fall Formen privater Hilfe und die Unterstützungsmaßnahmen für die Kriegsopfer. Gleiches gilt für die Sozialarbeit und die sozialen Dienste.

Zwei weitere Definitionen der "Sécurité sociale", die in der Lehre verwandt werden, seien hier noch zitiert. Sie zeigen, daß auch in Frankreich keine einheitlichen Vorstellungen über die Begriffsbildung auf diesem Gebiet herrschen.

"Soziale Sicherheit" ist nach JAMBU-MERLIN[91] "eine Institution oder eine Gesamtheit von Institutionen, die die Funktion haben, die Individuen ohne Berücksichtigung ihrer eigenen Mittel gegen eine gewisse Anzahl von Risiken zu schützen, die soziale Risiken genannt werden, weil ihnen die Gesellschaft besondere Bedeutung beimißt".Hier ist "Sécurité sociale" also nur Risikoschutz; die Sozialhilfe bleibt außerhalb.

Eine Definition die dem Recht der sozialen Sicherheit instrumentalen Charakter zuweist, gibt DUPEYROUX[92]. Nach ihm sollen Systeme der sozialen Sicherheit eine gewisse ökonomische Sicherheit der geschützten Personen auf dem Weg einer finanziellen Umverteilung im weitesten Sinn herstellen. Das Recht der sozialen Sicherheit sei demnach das Recht dieser Umverteilung, soweit sie spezifischen, für diese Umverteilung konzipierten Regeln folge.-

Wenn man das Sozialrecht, das Recht der sozialen Sicherheit oder ganz allgemein das "Soziale" definieren will, begibt man sich auch in Frankreich auf ein unsicheres Terrain. Die jüngste umfassende Abhandlung zum "Sozialen"[93]bezieht auch den Verbraucherschutz, das Erziehungs- und Schulwesen, Probleme der Urbanisierung, sogar der Justiz mit ein. Bislang jedenfalls waren die beiden letzten Gebiete in Frankreich noch nicht dem "Sozialen" zugerechnet worden[94].

---

91 JAMBU-MERLIN, aaO (Anm. 22), S. 1o.

92 AaO (Anm. 4), S.19 f.

93 FOURNIER/QUESTIAUX, aaO (Anm. 55), S. 945.

94 SAVATIER, Jean, in der Besprechung des Buches von FOURNIER/QUESTIAUX, aaO (Anm. 55), in: Droit social 1976, S. 475.

Als bundesdeutscher Betrachter ist man versucht, die am deutschen Sozialrecht (Recht der sozialen Sicherheit) entwickelte Trias der Vorsorge-, Entschädigungs- und Ausgleichssysteme (oder herkömmlich: Versicherung - Versorgung - Fürsorge) auf das französische Recht zu übertragen. In der französischen Sozialrechtsdogmatik existiert eine derartige Trias nicht. Ein Bedürfnis zu einer Strukturierung des Rechts der sozialen Sicherheit (oder des Sozialrechts) auf dieser Ebene wird in Frankreich - soweit ersichtlich - nicht erkannt.

II. Aufbau des Systems

1) Vorbemerkung

Das System der sozialen Sicherheit Frankreichs hat sich aus aus historischen Gründen anders entwickelt als etwa in Großbritannien oder der Bundesrepublik Deutschland. Frankreich kann kein originäres System der sozialen Sicherheit aufweisen. Auch wenn im Jahre 1945 ein Reformplan Anwendung finden sollte, der sich an den Vorstellungen des Beveridge-Modells orientierte, kann man das jetzige französische System keineswegs jenem großbritannischen Modell zuordnen.

In der vorhergehenden historischen Darstellung (unter A.) wurde versucht, Entwicklungsdaten aufzuzeigen, um gleichsam die Kristallisationspunkte der Geschichte des Systems herauszustellen und um auf diese Weise die Eigenart des französischen Systems nachzuzeichnen. Bei dieser Analyse wurde immer wieder deutlich, daß in der französischen Sozialpolitik nie ein auch nur annähernd synthetisches Konzept durchgesetzt werden konnte. An der Entwicklung des Systems der sozialen Sicherheit in Frankreich läßt sich etwas verallgemeinernd die These ablesen, daß grundsätzliche Reformen oder grundlegende Orientierungen in der französischen Sozialpolitik nur dann möglich waren, wenn besondere Ereignisse in der nationalen Biographie zu einem implementierungsbedürftigen sozialen Vakuum geführt haben. So kann man davon sprechen, daß die Entwicklung des Sozialrechts in fixierbaren Etappen, evolutiv verhältnismäßig logisch und sukzessiv erfolgt ist. Gemessen an den ursprünglichen Modellen von Bismarck und von Beveridge weist sich das französische System eher durch mangelnde Originalität aus. Auf der anderen Seite kann man in Teilbereichen (so etwa bei den Regelungen zur Arbeitslosigkeit oder bei den Familienleistungen) eine überschießende Originalität ausmachen. Als weiteres Stilmerkmal kann man die Tatsache verzeichnen, daß in Frankreich die Sozialpartner intensiv an den Orten sozialrechtlichen und sozialpolitischen Defizits tätig geworden sind (etwa bei der Sicherung der Arbeitslosen und der Alten).

2) Die verschiedenen Systeme

Den Kern des Systems der sozialen Sicherheit bildet das "régime général" (allgemeines System), das sich in vier Zweige gliedert:

- die Kranken-, Mutterschafts-, Invaliditäts- und Hinterbliebenenversicherung,
- die Arbeitsunfälle und Berufskrankheiten,
- die Altersversicherung,
- die Familienleistungen.

Die drei ersten Zweige des allgemeinen Systems sind für die abhängig Beschäftigten ("travailleurs dépendants") einschlägig; nur bei den Familienleistungen sind auch die Unabhängigen einbezogen (jedoch mit anderen Leistungsvoraussetzungen).

Für bestimmte Berufsgruppen existieren Sondersysteme ("régimes spéciaux"), teilweise nur für bestimmte Leistungszweige , teilweise für alle Bereiche.

Das "régime général" und die "régimes spéciaux" sind gesetzliche Systeme, sie dürfen nicht mit den Zusatzsystemen ("régimes complémentaires") verwechselt werden, die besonders bei der Alterssicherung eine erhebliche Rolle spielen, und die durch betriebliche oder kollektivvertragliche Einigung entstehen.

Die Sicherung für den Fall der Arbeitslosigkeit ist nicht im "régime général" begriffen. Ein zweispanniges System, zusammengesetzt aus staatlicher Hilfe und kollektivvertraglicher Sicherung, greift hier Platz.

Die zweite Säule des Systems der sozialen Sicherheit stellt die "aide sociale" dar.

Hilfen für Kriegsopfer werden in Frankreich nicht zur "Sécurité sociale" gezählt. Auch der gesamte Komplex der Entfaltungshilfen wird hier nicht eingeordnet, obwohl in der neueren sozialpolitischen Literatur von der Zugehörigkeit zumindest zum sozialen Bereich ausgegangen wird[95].

---

95 FOURNIER/QUESTIAUX, aaO (Anm. 55), S. 725 ff , 829 ff.

AUFBAU DES SYSTEMS

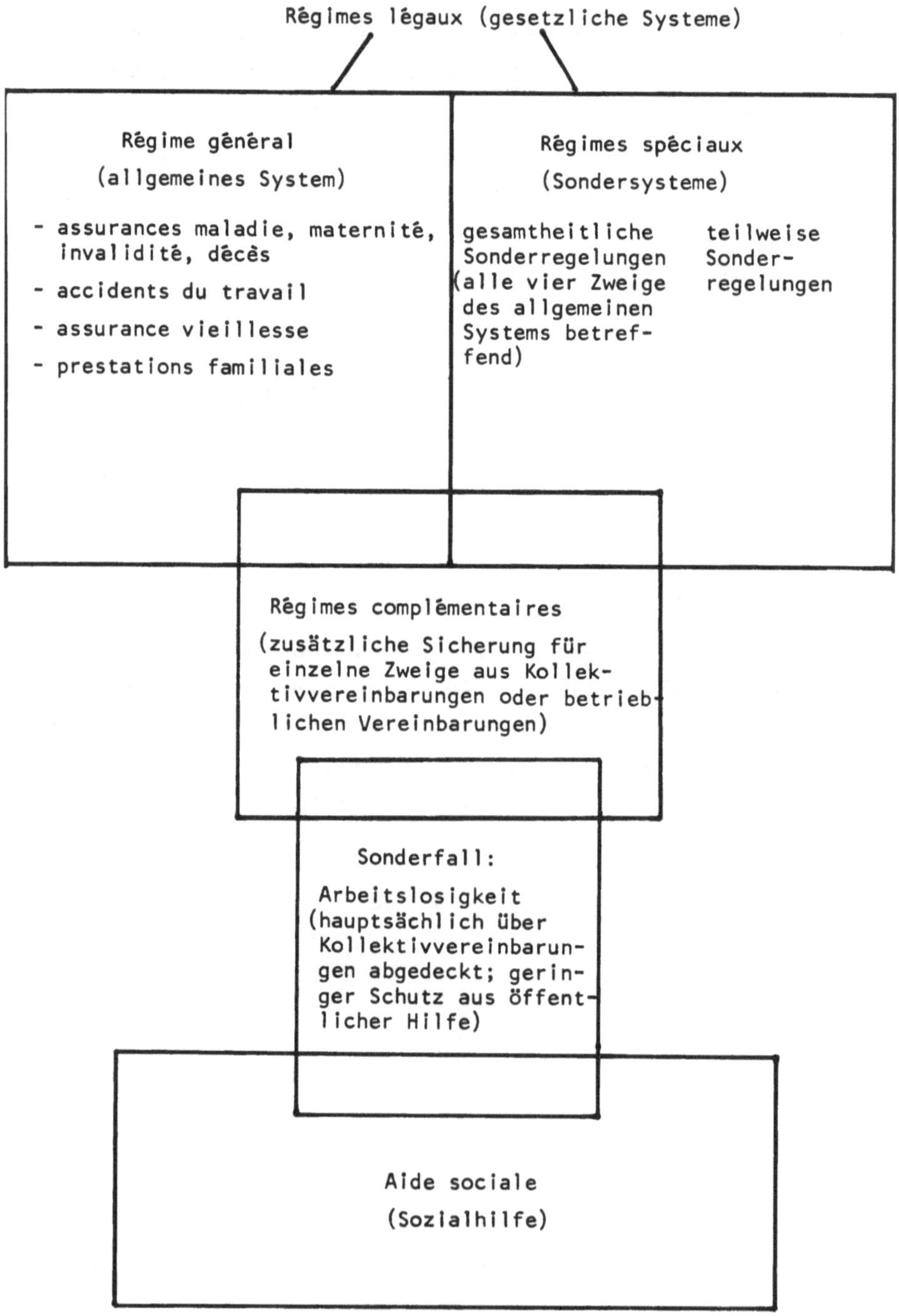

III. Das Recht der sozialen Sicherheit

1) "Régime général" (allgemeines System)

Der abhängige Arbeitnehmer ("travailleur dépendant") ist der Bezugspunkt des allgemeinen Systems. Der "Code de la Sécurité sociale" gibt an drei verschiedenen Stellen im wesentlichen gleichlautende Beschreibungen des abhängigen Arbeitnehmers (Art. L. 241, 415, 514 C. séc. soc.). Die Definition des abhängigen Arbeitnehmers[96] setzt voraus ein Unterordnungs- oder Abhängigkeitsverhältnis, eine Bezahlung und eine Abmachung ("convention"[97], nicht unbedingt einen Arbeitsvertrag).

Der Anwendungsbereich der "assurances sociales" (also die Risiken Krankheit, Mutterschaft, Invalidität, Tod unter Zurücklassung Hinterbliebener, Alter) ist darüber hinaus auf verschiedene weitere Gruppen ausgedehnt worden, so z.B. Schriftsteller, Mannequins, "artistes du spectacle", und - für einzelne Leistungszweige - auf Mütter eines behinderten Kindes, Häftlinge etc.[98].

a) "Assurances sociales" (Sozialversicherungen)

Die "assurances sociales" kennen den obligatorischen und den freiwilligen Beitritt ("affiliation")[99]. Bei der Pflichtversicherung stellen die abhängigen Arbeitnehmer in Industrie und Handel den Kern dar. Dazu gehören weiter

96 DUPEYROUX, aaO (Anm. 4), S. 325 ff.

97 Ders., S. 33o; die "convention" stellt Probleme vor allem für den Bereich der klerikalen und paraklerikalen Berufe.

98 Ders., S. 332 ff.

99 Ders., S. 337 ff.

die Studenten, bestimmte Kriegsopfer u.a. Beim Eintritt in die Sozialversicherungen wird unterschieden zwischen der Immatrikulation (Einschreibung in die Liste der Versicherungspflichtigen)[100] und dem eigentlichen Beitritt (Zuordnung zu einer bestimmten Kasse). Der Arbeitgeber hat der Ortskasse eine diesbezügliche Anzeige zu machen.

Die freiwillige Versicherung ("assurance volontaire") ist für bestimmte Personengruppen für die Risiken Alter, Invalidität, Krankheit und Mutterschaft geöffnet. Bei den beiden letzten Risiken sollen alle Personen eine Versicherungsmöglichkeit erhalten, die nicht pflichtversichert sind (aber nur für Sachleistungen). Jedoch sind die Sondersysteme ("rêgimes spêciaux") vorrangig verpflichtet, freiwillig Versicherte in Ansehung ihrer früheren Tätigkeit aufzunehmen.

Um in den Genuß der Versicherungsleistung zu kommen, sind je nach Versicherungszweig und Leistungsart bestimmte Wartezeiten zu erfüllen. Es sind dies die Immatrikulationsperiode und die Beschäftigungsdauer. Für Sachleistungen und teilweise für Geldleistungen aus der Krankenversicherung sind nur bestimmte Beschäftigungszeiten vorzuweisen.

aa) "Assurance maladie" (Krankenversicherung)

Die Krankenversicherung[101] erfüllt zwei Aufgaben: Sie gewährt sowohl Sach- wie Einkommensersatzleistungen. Obwohl der Versicherte bei den Sachleistungen ("prestations en nature") vorleistungspflichtig ist, also nur eine Kostenerstattung vorgenommen wird, spricht das Gesetz von Sachleistungen.

1oo Ders., S. 343 ff.

1o1 Zum Ganzen ders., S. 346 ff.

Die wichtigsten Sachleistungen aus der Krankenversicherung sind (Art. L. 283 a) C. séc. soc.): allgemein- und sondermedizinische Leistungen, zahnärztliche Leistungen und Zahnprothesen, pharmazeutische Leistungen, Gestellung von Hilfsmitteln, Laboranalysen und -untersuchungen, Kranken- haus- und Kuraufenthalte. Weiter werden von der Krankenversicherung gewisse medizinische und berufliche Rehabilitationsmaßnahmen getragen. Kontrazeptive Mittel sind ebenfalls erstattungsfähig. Auch die Unterbringung und Behandlung behinderter Kinder und Jugendlicher fällt neuerdings in den Leistungsbereich der Krankenversicherung.

Die Sachleistungen werden dem Versicherten und seinen Familienmitgliedern gewährt (Art. L. 285 C. séc. soc.). Zur Familie zählen neben dem Ehegatten vor allem die Kinder bis zum 16., bei Studierenden bis zum 2o. Lebensjahr und unter bestimmten Voraussetzungen (Hausarbeit, Kindererziehung, gemeinsame Wohnung) auch weitere Verwandte.

Die Kosten für die Sachleistungen werden den Versicherten von der zuständigen Ortskasse ("Caisse primaire de maladie") zu einem gewissen Prozentsatz erstattet. Der nicht erstattungsfähige Kostenanteil, "ticket modérateur" genannt, beträgt in den meisten Fällen 3o %, bei Krankenhausaufenthalt 2o % und neuerdings für bestimmte Medikamente zur Behandlung leichterer Krankheiten 6o%. Eine (teilweise) Befreiung vom Selbstbehalt ist möglich bei bestimmten Behandlungsarten und Krankheiten und für bestimmte Rentenbezieher.

Die Unterbringung bei Krankenhausaufenthalt kann in öffentlichen wie privaten Krankenhäusern erfolgen. Letztere müssen jedoch eine Genehmigung erhalten haben, Sozialversicherte behandeln zu dürfen, damit die Kosten erstattet werden können.

In der Region Paris ist man teilweise vom Vorleistungssystem abgekommen. Dort haben die Apotheken mit der zuständigen Kasse ein Übereinkommen geschlossen, nach dem die Versicherten nur noch den Selbstbehalt bei der Bezahlung der Medikamente entrichten. Ansonsten rechnet die Kasse direkt mit den Apotheken ab.

Die Einkommensersatzleistungen ("indemnités journalières", Art. L. 283 b), 289 ff C. séc. soc.) setzen erst am 4. Tag nach der Feststellung der Arbeitsunfähigkeit ein. Der Versicherte erhält die Hälfte eines sog. Tagesgrunderwerbs ("gain journalier de base", Art. L. 29o C. séc. soc.). Hat der Versicherte mindestens drei Kinder zu ernähren, ("enfants à chargé")[1o2], so wird dieser Einkommensersatz 31 Tage nach Unterbrechung der Arbeit auf 2/3 des Tagesgrunderwerbes aufgestockt. Das Krankentagegeld wird innerhalb eines Zeitraumes von 3 Jahren für maximal 36o Tage, unabhängig von der Zahl der Krankheiten gewährt. Bei länger andauernden Krankheiten ("affections de longue durée", Art. L. 293 C. séc. soc.) sind Erleichterungen vorgesehen. Bei einer allgemeinen Lohnerhöhung wird das Tagegeld über eine interministerielle Verordnung angeglichen.

Eine gesetzliche Lohnfortzahlung durch den Arbeitgeber existiert nicht. Ist jedoch in einem Arbeits- oder Kollektivvertrag eine Lohnfortzahlung vereinbart, so geht die Lohnersatzforderung des Versicherten gegenüber der Kasse auf den Arbeitgeber über.

Exkurs: Die Beziehungen zwischen Ärzten, Patienten und Kassen [1o3]

Die Beziehungen zwischen den Ortskassen und den Ärzten werden in einer Konvention geregelt (Art. L. 261 C. séc. soc.), die zwischen der "Caisse nationale de l'assurance maladie des travailleurs salariés"und einer oder mehreren

1o2 Ders., S. 358.

1o3 Hierzu insgesamt ders., S. 363 ff; JAMBU-MERLIN, aaO (Anm. 22), S. 127 ff; DOUBLET, aaO (Anm. 69), S. 6oo ff; FOURNIER/QUESTIAUX, aaO (Anm. 55), S. 818 f.

der repräsentativsten ärztlichen Berufsvertretungen für das gesamte Staatsgebiet ausgehandelt wird und interministerieller Approbation unterliegt. Die Konvention enthält im wesentlichen die gegenseitigen Verpflichtungen der Ortskassen und der Ärzte sowie die ärztlichen Honorare. Eine gleichartige Konvention wird auch für Zahnärzte, Hebammen und medizinische Hilfsberufe geschlossen.

Um das Verständnis des gegenwärtigen Konventionssystems aufzuhellen, sollen hier die drei Etappen, die zur jetzigen Situation geführt haben, vorgestellt werden.

Anläßlich der Installierung eines Systems der sozialen Sicherheit im Jahre 1945 dachte man an eine Lösung, nach der für jedes Departement in einem Vertrag zwischen den Ärzten und den Kassen die Tarife der medizinischen Leistungen fixiert werden sollten. Die berufsständischen Ärztevertretungen waren die Vertragsunterzeichner; die Ärzte waren gehalten, sich den vereinbarten Tarifen zu unterwerfen. Die Kassen nahmen diese Tarife als Grundlage ihrer Rückerstattungen. In dieser ersten Etappe des Konventionssystems tauchten zwei Mängel auf: Die Ärzte hielten sich nicht immer an die Vereinbarungen; außerdem konnte sich ein Arzt selbst für "notoire" (bekannt) erklären, was ihm eine nicht konventionsgebundene Honorarberechnung erlaubte. Zudem war man weit davon entfernt, alle Departements an eine Konvention zu binden, da der Arbeitsminister häufig von seinem Recht Gebrauch machte (Dekret vom 2o. Dezember 195o), eine Konvention nicht zu billigen, wenn ihm das Finanzgleichgewicht der "Sécurité sociale" in Frage gestellt schien. In diesem Fall wurden die Honorare einseitig ("tarif d'autorité") durch "arrêté ministeriel" festgelegt, d.h., daß dem Patienten nur dieser, im Vergleich zu den Konventionstarifen sehr niedrige Satz erstattet wurde, die Ärzte jedoch praktisch Honorarfreiheit genossen. Das Rückerstattungssystem (auf der Basis von 8o %) war somit häufig illusorisch geworden. Da die ärztlichen Berufsvertretungen nur insgesamt für ein Departement oder aber gar keine Konvention vereinbaren konnten, war eine ungleiche Behandlung der Patienten auf nationaler Ebene gegeben.

Mit den Dekreten vom 12. Mai 196o und vom 7. Januar 1966 wurde zwar das Prinzip der Konventionierung aufrecht erhalten. Jedoch wurde inhaltlich der Verhandlungsspielraum der Vertragspartner in zweierlei Hinsicht eingeschränkt: In einer Musterkonvention ("convention-type") waren die Klauseln enthalten, die in jede Konvention eingehen sollten. Dazu gehörte insbesondere die Verpflichtung der Ärzte, auf dem Krankenschein das verlangte Honorar zu kennzeichnen. Außerdem war der Höchstbetrag der Honorare durch ein interministerielles "arrêté" vorgegeben.

Die wesentliche Neuerung stellte die Möglichkeit des individuellen Beitritts zur Musterkonvention dar. Somit wurde das Alles-oder-Nichts-Prinzip auf departementaler Ebene gebrochen. Für diejenigen Ärzte, die sich keiner Konvention unterwerfen wollten, kam wieder der niedrigere "tarif d'autorité" zum Zuge, was aber wiederum nur bedeutete, daß der Arzt in der Honorierung nicht limitiert war, der Patient aber nur aufgrund dieses niedrigeren Tarifs Rückerstattung erlangen konnte. De facto bedeutete dies, daß der Konflikt Arzt - Kassen auf dem Rücken der Patienten ausgetragen wurde. Um die Ärzte (und die Angehörigen der paramedizinischen Berufe) zum Konventionsbeitritt anzuregen, wurde für die konventionierten Ärzte ein Krankenversicherungssystem errichtet, das zu großen Teilen von den Krankenkassen finanziert wurde (Gesetz vom 31. Dezember 197o, Dekret vom 2. Juli 1971)[1o4].

1o4 Dazu kommt eine Mutterschafts- und Hinterbliebenenversicherung, sowie eine Alterszusatzversorgung.

Die gegenwärtige Rechtslage beruht weitgehend auf einer nationalen Konvention[105], die am 1. November 1971 in Kraft getreten ist. An diese Konvention sind alle Ärzte gebunden (Art. L. 261 C. séc. soc.). Jedoch besteht für die Ärzte die Möglichkeit, sich individuell von der Konvention zu lösen. In diesem Fall regelt ein interministerielles "Arrêté" die Höhe der Rückerstattung. Gegenwärtig sind etwa 96 % der frei praktizierenden Ärzte der Konvention unterworfen[106].

In die Konvention sind auch Regelungen eingegangen, die der Kostensteigerung im Gesundheitswesen Einhalt gebieten sollen. Die zwei Prinzipien, die hier gelten, sind auf der einen Seite die Selbstdisziplin der Ärzte und auf der anderen Seite das Institut der gerechtfertigten Honorarüberschreitung. Um die Selbstdisziplin der Ärzte kontrollieren zu können, führen die Kassen über jeden Arzt eine Tabelle über erbrachte Leistungen und deren Kosten ("profil médical"). Weicht der Arzt mit seinem Kostendurchschnitt erheblich von dem Durchschnitt der anderen Ärzte ab, greift ein abgestufter Sanktionsmechanismus ein, an dessen Ende der Arzt von der Konvention ausgeschlossen werden kann[107].

Von der Möglichkeit der gerechtfertigten Taifüberschreitung kann ein Arzt zum einen Gebrauch machen, wenn es die besonderen Bedürfnisse des Patienten erfordern. In diesem Fall liegt ein Einzelfallüberschreitungsrecht vor. Ein permanentes Überschreitungsrecht ist gegeben, wenn ein Arzt bestimmte akademische Titel oder Titel aufgrund vorhergehender Tätigkeit in einem Krankenhaus nachweisen kann.

1o5 Abgedruckt in: Droit social 1971, S. 598 ff.

1o6 Zahl bei DUPEYROUX, aaO (Anm. 4), S. 373.

1o7 Zu diesem Verfahren MIGNON, Jean, La procédure du dégagement. Mise hors convention ou sanction disciplinaire, in: Droit social 1971, S. 626 ff.

Das Überschreitungsrecht ist für diese Fälle automatisch gegeben. Bei der "erhöhten medizinischen Autorität" eines Arztes, die aus seiner Funktion in einem Krankenhaus, aus persönlichen Arbeiten, aus der Dauer der Tätigkeit in einem Krankenhaus mit Lehrbetrieb oder aus der ständigen Konsultation seitens der Kollegen der gleichen Disziplin resultieren kann, ist jedoch eine Einzelfalluntersuchung nötig, damit der Arzt in den Genuß des Überschreitungsrechts gelangen kann[1o8].

bb) "Assurance maternité" (Mutterschaftsversicherung)

Die Leistungen der "assurance maternité"[1o9] dürfen nicht losgelöst betrachtet werden von dem Gesamtkomplex der Leistungen, die mit Schwangerschaft, Geburt und postnataler Sorge zusammenhängen. Ein Flügel dieses Leistungskomplexes findet sich organisatorisch bei den Familienleistungen. Da die Familienleistungen fast immer von einem demographischen Impetus getragen werden, der sich in einer geburtenfreundlichen Sozialpolitik manifestiert hat, kann man sagen, daß in diesem Bereich vor allem die begleitenden Hilfen vor- und nachgeburtlicher Art bereitgestellt werden, während die Mutterschaftsversicherung hauptsächlich die typischen Leistungen einer Krankenversicherung anbietet.

Der Kreis der Leistungsempfänger in der "assurance maternité" ist im Vergleich zur "assurance maladie" enger. Leistungsberechtigt sind die selbst sozialversicherten Frauen, denen auch ausschließlich die Einkommensersatzleistungen zustehen. Die Sachleistungen werden auch der Frau eines Sozialversicherten gewährt, ebenso wie dessen Töchtern.

1o8 1974 genossen etwa 2o % der frei praktizierenden Ärzte ein permanentes Tarifüberschreitungsrecht (Zahl bei DUPEYROUX, aaO (Anm. 4), S. 374).

1o9 Zum Ganzen DUPEYROUX, aaO (Anm. 4), S. 399 ff.

Die Sachleistungen, die die Mutter anläßlich der Niederkunft erhält, werden voll von der Kasse (ohne Selbstbehalt) erstattet (Art. L. 296 C. séc.soc.). Die selbst sozialversicherte Frau hat Anspruch auf Einkommensersatz, sofern sie mindestens acht, maximal 14 Wochen Genesungszeit nimmt (6 Wochen vor, 8 Wochen nach der Geburt). Das Mutterschaftsgeld beträgt hier (mit bestimmten Obergrenzen) 9o % des sog. Tagesgrunderwerbes während der Dauer der Genesung.

Die Mutter kann weiter Stillgeld beziehen. Bestimmte Geldleistungen können zusätzlich von den Kassen erbracht werden, sofern medizinische Kontrollen eingehalten werden.

Die vor- und nachgeburtlichen Geldleistungen der Familienkasse (Art. L. 516 ff, 519 ff C. séc. soc.) werden ebenfalls von der Absolvierung medizinischer Kontrollen abhängig gemacht (Art. L. 159 Code de la santé publique).

cc) "Assurance invalidité" (Invaliditätsversicherung)

Die "assurance invalidité"[11o] gewährt Leistungen wegen einer Invalidität, die nicht auf einen Arbeitsunfall oder auf Kriegsereignisse zurückzuführen ist. In den Genuß der Leistungen aus der Invaliditätsversicherung (Art. L. 3o4 ff C. séc. soc.) kommt derjenige, dessen Invalidität die Arbeits- oder Erwerbsfähigkeit um mindestens 2/3 reduziert, d.h. daß der Versicherte wegen seiner Invalidität außerstande sein muß, sich in irgendeinem Beruf ein höheres Arbeitsentgelt als 1/3 dessen zu verschaffen, was die normale Entlohnung von Arbeitnehmern der gleichen Region und in der gleichen Kategorie des Berufes, den der Versicherte vorher ausgeübt hat, ausmacht.

Diese Konzeption der Invaliditätsversicherung hat zur Folge, daß die Invalidität an einem möglicherweise zu erzielenden

11o Zum Ganzen ders., S. 4o3 ff.

Arbeitsentgelt in irgendeinem, nicht nur in dem vorher ausgeübten Beruf gemessen wird. Es wird also kein Berufsschutz, sondern nur - in geringem Maße - Erwerbsschutz gegeben[111].

Die Bewertung der Invalidität einer Person setzt eine gewisse Stabilisierung ihres Zustandes voraus. Das Gesetz (Art. L.3o5 C.sêc.soc.)sieht drei Feststellungszeitpunkte vor:

- nach der Konsolidierung der Verletzung,
- nach der 3-Jahresfrist, in der nach der Krankenversicherung Einkommensersatzleistungen gewährt werden,
- bei vorzeitiger Abnutzung des Organismus zum Zeitpunkt der medizinischen Feststellung der Invalidität.

Diese Feststellungsmöglichkeiten lassen den Kassen einen gewissen Spielraum[112] bei der Verrentung nach der Invalidenversicherung, die ja für den Versicherten im Vergleich zur Kranken- oder Arbeitsunfallversicherung sehr nachteilig ist. So kann ein zu 2/3 Arbeitsunfähiger noch bis zum Auslaufen der 3-Jahresfrist in der Krankenversicherung mit ihren besseren Einkommensersatzleistungen geführt werden. Umgekehrt ist auch bei nicht abzusehender Stabilisierung des Invalidenzustandes und bei Ablauf der 3-Jahresfrist für Geldleistungen aus der Krankenversicherung eine Übernahme in die Invaliditätsversicherung möglich.

---

111 Beispiel: Verliert ein Arbeitnehmer mit einem monatlichen Einkommen von 2.4oo.- FF einen Arm durch einen anderen Unfall als einen Arbeitsunfall, so hat er keinen Anspruch auf Invalidenrente, falls er in seinem oder in einem anderen Beruf bei einem Lohn von 8oo.- FF (weiter)beschäftigt wird.

112 DUPEYROUX, aaO (Anm. 4), S. 4o4 Fußnote 3.

Für die Leistungsgewährung ist der Ablauf einer 12-monatigen Immatrikulationszeit bis zum Eintritt des die Invalidität verursachenden Unfalls erforderlich. Ebenso sind bestimmte Beschäftigungszeiten nachzuweisen. Der Invalide muß jünger als 60 Jahre sein, da sonst die Altersversicherung mit einer besonderen Rente für den Fall der Arbeitsunfähigkeit zwischen 60 und 65 Jahren zum Zuge kommt.

Die Höhe der Invalidenrente bestimmt sich danach, ob der Invalide noch fähig ist, eine bezahlte Tätigkeit auszuüben, ob er absolut unfähig ist, irgendeinen Beruf auszuüben oder ob der Invalide, der absolut unfähig ist, einen Beruf auszuüben, für die Verrichtungen des täglichen Lebens auf die Hilfe einer dritten Person angewiesen ist (Art. L. 310 C. séc.soc.). Die Rentenhöhe beträgt für den ersten Fall 30% des letzten Arbeitsentgeltes innerhalb der jährlichen Bemessungsgrenze, für den zweiten Fall 50%; für den dritten Fall wird die Rente um 40% angehoben. Der Mindestbetrag der Invalidenrente darf nicht unter dem Satz der "allocation aux vieux travailleurs salariés" (Art. L. 315 C. séc.soc.) liegen.

Mit dem Alter von 60 Jahren wird die Invalidenrente durch die Altersrente, die für den Fall der Arbeitsunfähigkeit gewährt wird, ersetzt (Art. L. 322 C. séc.soc.). Diese Altersrente muß mindestens genau so hoch sein wie die Invalidenrente, die mit dem Alter von 60 Jahren gewährt wurde.

Die Invalidenrente entfällt, wenn der Invalide wieder eine Erwerbsfähigkeit von mehr als 50 % erlangt (Art. L. 319 C. séc. soc.).

Der Invalidenrentner kommt ohne Beitragszahlung für sich und seine Familie in den Genuß der Leistungen aus Kranken- und Mutterschaftsversicherungen, jedoch nur für Sachleistungen; der Selbstbehalt fällt weg. Übt der Rentner eine berufliche Tätigkeit aus, kann er unter bestimmten Voraussetzungen auch Lohnersatzleistungen beziehen. Weiter erhält er die Familienleistungen; zudem hat er einen Anspruch auf Umschulung.

Die Invalidenrenten werden jährlich nach einem Koeffizienten angeglichen, der sich aus dem Verhältnis des Durchschnittsgehalts der Versicherten für das vergangene Jahr und dem Durchschnittsgehalt für das Jahr, in dem die Erhöhung erfolgen soll, errechnet (Art. L. 313 C. séc. soc.).

Beim Tod des Invalidenberechtigten hat der überlebende Ehegatte, der keinen eigenen Anspruch auf Sozialversicherungsleistungen hat, nunmehr einen Anspruch auf Rente ("pension de veuf/veuve") falls er selbst Invalide ist. Der überlebende Ehegatte muß dabei diejenigen Bedingungen erfüllen, die ihn auch selbst zum Bezug einer Invalidenrente berechtigen würden. Außerdem darf er nicht wieder verheiratet sein. Mit 6o Jahren wandelt sich diese "pension de veuf/veuve" zu einer Altersrente mit gleichem Betrag.

Die"Witwer/Witwenpension" beläuft sich auf die Hälfte der Rente des verstorbenen Ehegatten; sie muß jedoch mindestens den Betrag der "allocation aux vieux travailleurs salariés" erreichen. Außerdem stehen dem überlebenden Ehegatten und seinen Kindern die Sachleistungen aus der Kranken- und Mutterschaftsversicherung zu.

dd) "Assurance décès" (Hinterbliebenenversicherung)[113]

Für den Fall, daß ein Sozialversicherter bei seinem Tod Hinterbliebene hinterläßt, ist für letztere eine einmalige Unterstützung, das "capital décès" vorgesehen (Art. L. 36o C. séc. soc.). Diese Unterstützung beträgt - in bestimmten Grenzen - das 9o-fache des sog. Tagesgrunderwerbes (vgl. Art. L. 29o C. séc. soc.). Das "capital décès" wird

113 Zum Ganzen ders., S. 432 ff.

an die Rechtsnachfolger des Verstorbenen ausgezahlt und zwar in folgender Reihenfolge: an die Personen, die von dem Verstorbenen voll, dauernd und tatsächlich unterhalten worden sind; sofern auf diese Weise unterhaltene Personen nicht vorhanden sind, an die Ehefrau, die Deszendenten und die Aszendenten. Sinn dieser einmaligen Hinterbliebenenunterstützung ist die Gewährung einer Hilfe für eine Überbrückungszeit an unterhaltsabhängige Personen.

ee) "Assurance vieillesse" (Altersversicherung)

Die Altersversicherung[114] des "régime général" kann eigentlich nicht isoliert von den Systemen betrachtet werden, die sei es Zusatzleistungen,sei es - im Rahmen von speziellen Systemen - eine besondere Alterssicherung bringen. So kommt es, daß das "régime général"zwar einen wichtigen Teil dieses Leistungsbereiches ausmacht, jedoch verschiedene aufstockende oder auch ein Minimum sichernde Leistungen erst eine adäquate Sicherung bieten. Seit dem Gesetz Nr. 72-1223 vom 29. Dezember 1972, durch das die Verpflichtung geschaffen worden ist, alle in der "assurance vieillesse" Pflichtversicherten auch einem Zusatzsystem ("régime complêmentaire") zuzuordnen, kann man generell das französische System der Alterssicherung als ein "zusammengesetztes System" bezeichnen[115].

Die Leistungen aus der "assurance vieillesse" sind sowohl beitragsabhängig wie beitragsunabhängig.

Zu den beitragsabhängigen Leistungen zählt das Altersruhegeld ("pension de retraite", Art. L. 331 C. séc. soc.).

114 Zum Ganzen ders., S. 41o ff.

115 Dazu FAUST, Gisbert F., Alterszusatzversorgung durch Kollektivverträge in Frankreich, Bern-Frankfurt/M.-München 1976, S. 12 ff.

Altersruhegeldberechtigt ist diejenige Person, die ein Alter von 6o Jahren erreicht hat. Das Altersruhegeld berechnet sich nach dem durchschnittlichen zugrunde zu legenden Jahresarbeitsentgelt ("salaire moyen annuel de base"), der Versicherungsdauer in bestimmten Grenzen und dem Alter, in dem der Rentenanspruch geltend gemacht wird.

Die Höchstversicherungsdauer beträgt 37 1/2 Versicherungsjahre (=15o Trimester) oder gleichgestellte Zeiten. Die Höhe des Altersruhegeldes hängt wesentlich davon ab, in welchem Alter (zwischen 6o und 65 Jahren) die Rente geltend gemacht wird. Bei einer Verrentung im Alter von 6o Jahren können nur 25 % des durchschnittlichen Arbeitsentgeltes der 1o besten Versicherungsjahre erzielt werden. Dieser Satz erhöht sich jeweils pro Jahr des späteren Renteneintritts um 5 %, so daß der Versicherte bei einem Rentenantritt im Alter von 65 Jahren den Höchstsatz von 5o % erhalten kann (Art. 7o des Dekrets vom 29. Dezember 1945, modifiziert durch Dekret Nr. 72-78 vom 28. Januar 1972). Beträgt die Versicherungsdauer weniger als 15o Trimester, so wird die Rente entsprechend den belegten Trimestern berechnet. Gleichgestellte Versicherungszeiten für die Berechnung der Versicherungsdauer sind die Perioden, in denen der Versicherte Leistungen wegen Krankheit, Mutterschaft, Invalidität, Arbeitsunfall oder unfreiwilliger Arbeitslosigkeit vor dem Alter von 65 Jahren erhalten hat, sowie die Perioden des Wehr- oder Kriegsdienstes (Art. L. 342 C. sêc. soc.).

Wenn der Rentenberechtigte im Alter von 65 Jahren, oder bei Arbeitsunfähigkeit im Alter zwischen 6o und 65 Jahren, eine niedrigere Rente als die Beihilfe der "allocation aux vieux travailleurs salariês" erhalten würde, wird die Rente auf die Höhe dieser Beihilfe angehoben (Art. L. 345 C. sêc. soc.).

Neben dem Normalfall des Altersrentners, der mit 65 Jahren Altersruhegeld bezieht, sind ebenso nach dem Satz von 5o % rentenberechtigt die Personen, die im Alter zwischen 6o und 65 Jahren als arbeitsunfähig anerkannt sind, sowie Kriegsveteranen ("anciens combattants") und Kriegsgefangene (Art. L. 332 C. sêc. soc.). Für Familienmütter, die wenigstens drei Kinder aufgezogen haben, bestimmte Mindestversicherungszeiten nachweisen können und für bestimmte Zeit eine manuelle Tätigkeit ausgeführt haben, gilt das gleiche. Waren Frauen versichert und haben eines oder mehrere Kinder aufgezogen, werden ihnen pro Kind zwei Jahre zusätzlich zur Versicherungsdauer angerechnet (Art. L. 342 C. sêc. soc.).

Die Altersrente wird unter folgenden Voraussetzungen erhöht:

- um 1o%, wenn der Versicherte drei oder mehr Kinder hat (Art. L. 338 C. sêc. soc.);
- um 3.75o FF (ab 1. Januar 1976), wenn der Gatte des Berechtigten keine Leistungen aus der "Sêcuritê sociale" erhält und ein bestimmtes Alter erreicht hat;
- wenn der Versicherte eine dritte Person als Hilfe benötigt (Art. L. 356 C. sêc. soc.).

Die Rentenbezieher und - unter gewissen Voraussetzungen - auch ihre Familienmitglieder haben Anspruch auf Sachleistungen aus der Krankenversicherung (Art. L. 352, 642bis C. sêc. soc.).

Die Renten werden zweimal jährlich, zum 1. Januar und zum 1. Juli angepaßt ("revalorisation", Dekret Nr. 73-1212 vom 29. Dezember 1973, vgl. auch Arrêtê vom 4. Juli 1975). Der Anpassungskoeffizient wird für das gesamte Jahr berechnet. Für den 1. Januar wird der halbe Anpassungssatz des globalen Anpassungssatzes für das Vorjahr herangezogen. Für den 1. Juli wird der Anpassungskoeffizient nach dem Durchschnittseinkommen der Sozialversicherten in den 12

Monaten vor dem 1. April des Anpassungsjahres berechnet und danach durch den Koeffizienten geteilt, der für die erste Hälfte des Anpassungsjahres entscheidend war.

Zukünftig können selbst sozialversicherte Frauen schon mit 63 Jahren (ab 1. Januar 1978) bzw. 6o Jahren (ab 1. Januar 1979) ihre Vollrente beziehen, sofern sie 37 1/2 Jahre versichert waren (Gesetz Nr. 77-774 vom 12. Juli 1977). Außerdem besteht seit neuestem die Möglichkeit, eine Art vorgezogenes Altersruhegeld zu beziehen.-

Das System der französischen Mindestrente baut zum großen Teil auf beitragsunabhängigen Leistungen auf. Dieses System funktioniert auf der Basis eines zweistufigen Mechanismus. Die sog. Grundsicherungen ("avantages de base") stellen hierbei die erste Stufe dar. Auf dieser Ebene muß ein bestimmter Jahresbetrag erreicht werden (seit dem 1. Juli 1977 4.75o.- FF). Dieser Betrag kann entweder durch das Altersruhegeld aus der Altersversicherung oder über verschiedene beitragsunabhängige Beihilfen erzielt werden. Zu diesen beitragsunabhängigen Beihilfen zählen:

- Die "allocation aux vieux travailleurs salariés" (Art. L. 614 C. séc. soc.), die 1941 eingeführt wurde, um die durch die anläßlich der 193o errichteten Altersversicherung entstandenen Versorgungslücken der damals bereits alten Arbeitnehmer, die noch keine ausreichenden Anwartschaften hatten, zu füllen.

- Die "allocation aux mères de famille" (Art. L. 64o C. séc. soc.), die Familienmütter ab dem Alter von 65 Jahren gewährt wird, wenn sie mindestens 5 Kinder für die Dauer von mindestens 9 Jahren vor deren 16. Lebensjahr aufgezogen haben.

- Der "sécours viager" (Art. L. 628 C. séc. soc.), der eine Altershilfe für Witwen/Witwer eines Bezugsberechtigten der "allocations aux vieux travailleurs salariés" darstellt.

- Die "allocation spéciale" (Art. L. 674 C. séc. soc.), eine Hilfe für Personen, die keinem Altersversicherungs-system angehören.

Auf der zweiten Stufe des Systems der Mindestrenten greift eine zusätzliche Hilfe ein, die "allocation supplémentaire" (Art. L. 685 C. séc. soc.), die aus dem "Fonds national de solidarité" gewährt wird. Diese Beihilfe wird nur zusätzlich zu einem "avantage de base" geleistet. Seit dem 1. Juli 1977 beträgt diese Hilfe 5.25o.- FF jährlich; die Höhe der Mindestrente beläuft sich somit insgesamt auf 1o.ooo.- FF jährlich. Mit diesem Betrag wird etwa die Hälfte des gesetzlich garantierten Mindestlohnes, der seit dem 1. Juli 1977 auf monatlich 1.666,92 FF festgelegt ist, erreicht.

Die französische Mindestrente kann sich also sowohl aus Versicherungs- wie auch sozialhilfeähnlichen Leistungen zusammensetzen. Man hat es hier mit einer eigentümlichen Mischform zu tun. So ist für den Bezug der Mindestrente eine Einkommensgrenze (für eine Einzelperson 1o.9oo.- FF jährlich) festgelegt. Auf der anderen Seite wird der "Fonds national de solidarité", der ursprünglich (Gesetz vom 3o. Juni 1956) aus Steuermitteln gespeist werden sollte, nunmehr (Ordonnance vom 3o. Dezember 1958) über das "régime général" finanziert. Der für Sozialhilfeleistungen charakteristische Zug der Finanzierung durch den Staat bzw. durch die Gebietskörperschaften ist also hier nicht mehr zu finden[116].-

Für den Hinterbliebenen eines Altersrentners kommt die "pension de réversion" (an den hinterbleibenen Teil zurück-

116 Vgl. zur Problematik der Mindestrente noch "Rapport LAROQUE, aaO (Anm. 77), S. 16o f.; BELORGEY, Jean-Michel, La politique sociale, Paris 1976 (Seghers), S. 77 f; FOURNIER/QUESTIAUX, aaO (Anm. 55), S. 61o.

fallenden Rente = Hinterbliebenenrente, Art. L. 351 C. séc. soc.) zum Zuge. Hinterbliebenenrenten werden unter drei Voraussetzungen gezahlt: Der überlebende Gatte muß 55 Jahre alt sein, seit mehr als 2 Jahren verheiratet sein und im Rahmen eines bestimmten Satzes keine persönlichen Einkünfte haben. Unter bestimmten Voraussetzungen ist Kumulierung mit anderen Leistungen möglich. Die Hinterbliebenenrente beträgt die Hälfte der Altersrente des verstorbenen Gatten.

Ist der überlebende Ehegatte eines Alters- und Invalidenberechtigten ebenfalls ein Invalide, so hat er wie bei der Invalidenrente Anspruch auf die Witwenrente (Art. L 323 C. séc. soc.).

Die nachstehende Graphik zeigt die mittleren Altersrenten (Gesamtrentenbeträge dividiert durch die Zahl der Rentner) in Jahresbeträgen. Aus der Graphik wird ersichtlich, daß die Angehörigen von Sondersystemen, wie etwa die Arbeitnehmer der Elektrizitäts- und Gaswerke, Beamte und Eisenbahner weit über den Sätzen der Industriearbeiter liegen. Bei den Arbeitnehmern der Industrie macht das Zusatzsystem ("régime complémentaire") immerhin fast 3o % der Gesamtrente aus.

b) "Accidents du travail et maladies professionnelles" (Arbeitsunfälle und Berufskrankheiten)

Die Art. L. 414 ff C. séc. soc. behandeln die Arbeitsunfälle (einschließlich der Wegeunfälle) und die Berufskrankheiten[117]. Im Unterschied zur Krankenversicherung

117 Zum Ganzen DUPEYROUX, aaO (Anm. 4), S. 434 ff; MELENNEC, Louis, JUTTARD, Jean, Traité de la réparation des accidents du travail, Paris 1969 (L.G.D.J.), insgesamt; FABRY, Christian, Les accidents de trajet: La couverture de ce risque en droit français et en droit comparé, Paris 197o (L.G.D.J.), insgesamt.

ALTERSRENTEN

(durchschnittliche Jahresbeträge)

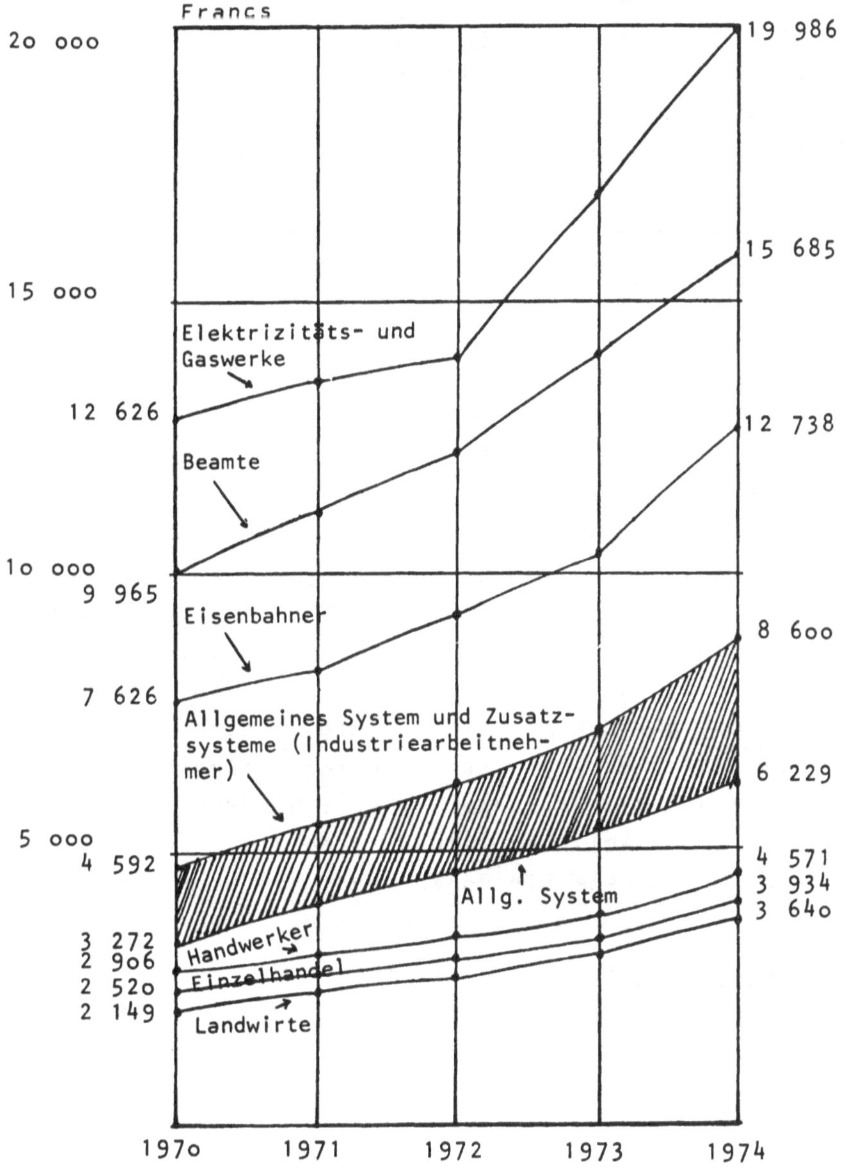

Quelle: Le Monde vom 8.2.1977

erhält das Opfer eines Arbeitsunfalles (gleicherweise beim Wegeunfall und bei der Berufskrankheit) die Sachleistungen ohne jegliche Vorausleistungspflicht. Es besteht freie Arztwahl (Art. L. 436 C. séc. soc.). Ärzte, Krankenhäuser, und Apotheken rechnen direkt - meistens auf der Basis der für die Krankenversicherung geltenden Tarife - mit den Ortskrankenkassen der Krankenversicherung ab. Der Verletzte kommt außerdem in den Genuß der "réadaption fonctionelle" (Wiederherstellung der physischen Fähigkeiten), der "rééducation professionnelle"(Umschulung) und des "reclassement professionnel" (berufliche Wiedereingliederung).

Einkommensersatzleistungen werden für drei verschiedene Fälle gewährt:

- vorübergehende Arbeitsunfähigkeit (Tagesgelder)
- dauernde Arbeitsunfähigkeit (Renten)
- Tod (Renten an Hinterbliebene).

Bei der <u>vorübergehenden Arbeitsunfähigkeit</u> tritt die Ersatzleistung mit dem auf den Unfall folgenden Tag ein (für den Tag des Unfalls läuft das Arbeitsentgelt weiter, Art. L. 448 C. séc. soc.). Für die ersten 28 Tage beträgt das Tagegeld die Hälfte des Arbeitsentgelts (mit Obergrenzen), danach 2/3 dieses Entgelts. Im Vergleich zu den Ersatzleistungen aus der Krankenversicherung steht das Opfer eines Arbeitsunfalles wegen der unterschiedlichen Berechnungsgrundlagen und Obergrenzen besser. Die Höhe der Leistungen kann angeglichen werden, wenn die Arbeitsunfähigkeit über 3 Monate hinausgeht und wenn nach dem Unfall die Löhne allgemein angestiegen sind.

Bei <u>dauernder Arbeitsunfähigkeit</u> ist eine Rente vorgesehen (Art. L. 451 ff C. séc. soc.). Diese Rente wird nach folgender Formel berechnet (Art. L. 453 C. séc. soc.):[118]

---

118 Beispiel: Jahreseinkommen 36.ooo.-FF, Invaliditätsgrad 6o %.
36.ooo FF X $(\frac{5o\ \%}{2}$ + 1o % x 1,5) = 36.ooo FF x (25 % + 15 %)= Rente von 14.4oo.- FF jährlich.

$$\text{Jahres-Einkommen} \times \left[\frac{\text{Teil der Beeinträchtigung die unter 50 \% liegt}}{2} + \text{Teil der Beeinträchtigung, die über 50 \% liegt} \times 1{,}5 \right]$$

In die Berechnung gehen also ein einerseits der Wert der ursprünglich geleisteten Arbeit, ausgedrückt durch das Jahreseinkommen, andererseits die Reduzierung der Arbeitsfähigkeit, jedoch in modizizierter Form, je nachdem, ob und inwieweit die Arbeitsfähigkeit zu mehr als 50 % eingeschränkt ist.

Unter bestimmten, sehr engen Voraussetzungen kann die Rente als Kapital ausgezahlt werden (Art. L. 462 C. séc. soc.).

Für die Hinterbliebenen eines Opfers eines Arbeitsunfalles werden ebenfalls Renten gewährt (Art. L. 455 C. séc. soc.).

Die zivilrechtliche Verantwortlichkeit des Arbeitgebers, die bei den Arbeitsunfällen gemeinhin ausgeschlossen ist (Art. L. 466 C. séc. soc.), lebt bei vorsätzlichem Handeln und bei unentschuldbarem Verhalten ("faute inexcusable") wieder auf. Das Gesetz Nr. 76-1106 vom 6. Dezember 1976 hat hier zudem eine Erhöhung der Renten vorgesehen, die vom Arbeitgeber über einen zusätzlichen Beitrag abgeschöpft wird (Art. L. 468 C. séc. soc.). Außerdem kann der Ersatz immateriellen Schadens in einem solchen Fall verlangt werden. Ein Abschluß einer Versicherung gegen eigene "faute inexcusable" ist nicht zulässig.

Die Aufgaben zur vorbeugenden Verhütung von Arbeitsunfällen sind den "Caisses régionales" und der "Caisse nationale de sécurité sociale" zugeschrieben (Art. L. 419 C. séc. soc.). Das Gesetz Nr. 76-1106[119] hat im präventiven Bereich etliche Neuerungen gebracht. So kann nunmehr das Gericht bei

119 Zu diesem Gesetz das Sonderheft von Droit social Nr. 3, März 1977, "La loi du 6 décembre 1976 relative à la prévention des accidents du travail".

einem Verstoß gegen bestimmte Sicherheitsvorschriften (Art. L. 263-2-1 C. séc. soc.), der zu Tod oder Verletzungen geführt hat, die Zahlung der Geldstrafen dem Unternehmer aufbürden, auch wenn dieser Verstoß von einem verantwortlichen Vorgesetzten verursacht worden ist, der nicht mit dem Unternehmer identisch ist. Mit dieser Vorschrift soll der Tatsache Rechnung getragen werden, daß der Verstoß gegen Sicherheitsvorschriften nicht immer personalisiert (d.h. von der Unternehmensleistung an eine bestimmte Person "delegiert") werden kann, sondern daß der betriebliche Zusammenhang mit in Erwägung gezogen werden muß. Mit der Verurteilung zur Zahlung der Geldstrafen durch den Unternehmer soll also insgesamt die mangelnde Sicherheitspolitik eines Betriebes angesprochen werden.

c) "Prestations familiales" (Familienleistungen)

Die Familienleistungen haben in Frankreich eine doppelte Finalität[12o]. Sie bezwecken einmal den Finanzausgleich zwischen Junggesellen und Familienvätern auf der Basis des gleichen Arbeitseinkommens. Andere Zwecke, die sich vor allem bei den speziellen Beihilfen finden, sind etwa die Steuerung in der Geburten-, Gesundheits-, Wohnungs- oder Wirtschaftspolitik[121].

Der Rechtscharakter der Familienleistungen war schon zur Zeit ihrer erstmaligen Gewährung umstritten. Von der rechtsgarantielosen Leistung seitens der Unternehmer über das Zusatzeinkommen ("sursalaire") bis zum "salaire social" wurden alle denkbaren Thesen vertreten[122]. Die doktrinäre Auseinandersetzung hatte ihre volle Berechtigung zu der Zeit, als die Familienunterstützungen noch nicht obligatorisch waren (bis zum Gesetz vom 11. März 1932). Gegen-

12o HOCHARD, aaO (Anm. 23), S. 163 ff.

121 DUPEYROUX, aaO (Anm. 4), S. 526 f.

122 Dazu PIPPI, aaO (Anm. 25), S. 8 ff.

wärtig ist es kaum möglich, ihren Rechtscharakter exakt zu erfassen[123]. Sobald bei Familienleistungen eine Bedürfnisprüfung zum Zuge kommt, ist man geneigt, sie der Sozialhilfe zuzuschlagen. Am ehesten finden sie jedoch ihren Platz im Bereich der Entfaltungshilfen. Aus diesem Grunde wird auch immer wieder diskutiert, ob man von der Finanzierung der Beihilfen durch reine Arbeitgeberbeiträge abkommen sollte, um sie dem Staatshaushalt zu überbürden.

Aus dem weitverzweigten System der Familienleistungen sollen hier die wichtigsten vorgestellt werden. (Art. L. 51o ff C. séc. soc.):

"Allocations familiales" (Kindergeld) (Art. L. 524 ff C. séc. soc.): Kindergeld wird erst ab dem 2. Kind gewährt. Ein Elternteil muß beruflich tätig sein, wobei abhängig Beschäftigte noch eine Ausgleichszulage erhalten (Art. L. 532 C. séc. soc.). Das Kindergeld wird von einem Grundbetrag (seit dem 1. Juli 1977 768.- FF) errechnet, der in unregelmäßigen Abständen der Preisentwicklung angepaßt wird. Bei 2 Kindern werden 22 % des Grundbetrages, bei 3 Kindern 59 %, bei 4 Kindern 96 % und für jedes weitere Kind jeweils 33 % zusätzlich gewährt. Für Kinder im Alter von 1o bis 15 bzw. von über 15 Jahren werden jeweils zusätzliche Steigerungsbeträge geleistet.

"Allocation de salaire unique" (Beihilfe für Einfachverdiener) (Art. L. 533 ff C. séc. soc.): Die Einfachverdienerbeihilfe ist einkommensabhängig. Die Einkommensgrenzen betragen bei einem Kind jährlich 28.8oo.- FF, bei jedem weiteren Kind zusätzlich jeweils 5.76o.- FF. Die Beihilfe wird auf der Grundlage von 194,5o FF berechnet und beträgt, falls nicht wenigstens ein Kind noch nicht 2 Jahre alt ist, jeweils pro Kind 5o % des genannten Grundbetrages. Ohne ein noch nicht 2-jähriges Kind ist der Satz bei einem Kind 1o %, bei zwei Kindern 25 %, bei drei Kindern und bei jedem weiteren Kind gleichbleibend 5o % des Grundbetrages.

123 DUPEYROUX, aaO (Anm. 4), S. 528 f.

Für andere als abhängig Beschäftigte existiert eine analoge Beihilfe, die "allocation de la mère au foyer" (Art. L. 535-1 C. sêc. soc.).

Die beiden letztgenannten Beihilfen werden, ebenfalls einkommensabhängig (22.85o.- FF bei einem Kind, 4.57o.- FF für jedes weitere Kind), auf der Basis eines Betrages von 433,4o FF erhöht. Mit einem Kind unter drei Jahren beträgt die Erhöhung pro Kind 5o %; bei mindestens vier Kindern über drei Jahren beträgt sie ebenso 5o % des Grundbetrages.

Neben diesen zentralen Familienbeihilfen steht eine Reihe an spezifische Situationen anknüpfende Leistungen (etwa vor und nach der Geburt, Beihilfe für alleinstehende Eltern, Beihilfe beim Schulbeginn, Wohnungsbeihilfen, Kinderhütebeihilfen, Beihilfen für Behinderte und Waisen).

Die Familienleistungen haben kürzlich eine Reform erfahren, die zum 1. Januar 1978 in Kraft tritt[124]. Mit dem Gesetz Nr. 77-765 vom 12. Juli 1977 werden die genannten zentralen Beihilfen und die Kinderhütebeihilfe in einer einzigen Beihilfe, "complément familial" (Familienzulage) genannt, zusammengefaßt. Der Reformgesetzgeber hat sich von dem Gesichtspunkt leiten lassen, daß die Anknüpfung an eine berufliche Tätigkeit, wie sie bisher bei einigen Familienleistungen erforderlich war, nicht dem eigentlichen Zweck der Familienleistungen, nämlich dem Schutz des Kindes entspricht. Diese Voraussetzung soll also künftig wegfallen. Die neue Familienzulage geht an Familien, die wenigstens ein Kind mit weniger als 3 Jahren oder wenigstens drei Kinder haben. Die Familienzulage soll 34o.- FF betragen; ihre Gewährung wird jedoch von bestimmten Einkommensgrenzen (3.666.- FF bei einem Einverdienerhaushalt, 4.32o.- FF monatlich bei einem Zweiverdienerhaushalt) abhängig gemacht. Zusätzlich hat die Reform eine Verbesserung der Alterssicherung jener Frauen, die keine Berufstätigkeit ausüben

124 Vgl. IGL, Gerhard, Teilreform der französischen Familienhilfen, in: FamRZ 1977, S. 443 ff.

und die Familienzulage erhalten, mit sich gebracht. Diese Frauen werden der Altersversicherung des "régime général" obligatorisch zugeordnet. Gleiches gilt für Frauen, die ein behindertes Kind oder einen behinderten Jugendlichen zu Hause pflegen.

In dieser Reform der Familienleistungen wurde neueren Erwägungen in der französischen Familienpolitik Rechnung getragen, die dahin gehen, nur solchen Familien Leistungen zukommen zu lassen, die einen finanziellen Bedarf nachweisen können. Anderen Konzeptionen der Familienpolitik, die darauf hinausliefen, der Mutter, die nicht mehr berufstätig sein kann, eine Art Ersatzgehalt zu gewähren, ist damit eine Absage erteilt worden.

Neben den Familienleistungen im engeren Sinn erfahren die Familien auch sonst zahlreiche tatsächliche Hilfen (so etwa durch Kinderkrippen und Kindergärten), denen hier jedoch nicht nachgegangen werden kann. Durch die Institution des "quotient familial" werden die Familien auch steuerrechtlich im Rahmen der Einkommenssteuerveranlagung ("impôts sur le revenu") bevorzugt. Wegen der Steuerprogression ist dieses System jedoch für höher verdienende Haushalte günstiger als für niedrig verdienende Haushalte.

Zum Bereich der tatsächlichen Erleichterungen zählen auch die Möglichkeiten der Arbeitsbefreiung anläßlich der Geburt und der Erziehung eines Kleinkindes. Anläßlich der Geburt hat jeder Familienvater Anspruch auf einen bezahlten dreitägigen Urlaub (Art. L. 562 ff. C. séc. soc.).

Eine bedeutende Neuerung auf dem Gebiet des Erziehungsurlaubes wurde mit dem Gesetz Nr. 77-766 vom 12. Juli 1977 eingeführt[125]. Mit dieser Neuregelung wird es berufstätigen Frauen, die mindestens 1 Jahr in einem Betrieb arbeiten, ermöglicht, bei Geburt oder Adoption eines Kindes nach dem Mutterschafts- oder Adoptionsurlaub einen

125 Dto.

Erziehungsurlaub ("congé parental d'éducation") von maximal 2 Jahren zu beanspruchen. Während dieser Zeit bleibt der Arbeitsvertrag suspendiert. Es besteht eine Wiedereinstellungsgarantie bei gleichen Lohnbedingungen auf den gleichen oder einen entsprechenden Arbeitsplatz. Verzichtet die Mutter auf den Erziehungsurlaub, so kann der Vater den Urlaub antreten. Liegen die Voraussetzungen vor, so kann die Familie in den Genuß der Familienzulage ("complément familial") kommen. Die Möglichkeit des Erziehungsurlaubes ist jedoch nur für Arbeitnehmer von Betrieben mit mehr als 2oo Beschäftigten eröffnet (ab 1. Januar 1981 auch bei Betrieben mit mehr als 1oo Beschäftigten).

d) Organisation

aa) Versicherungsträger

Die Organisation der Versicherungsträger im Bereich des allgemeinen Systems ("régime général") hat sowohl eine risiko- wie funktionsbedingte Gliederung erfahren[126]. Die risikobedingte Aufgabenverteilung folgt jedoch nicht schematisch der Aufzählung der Risiken, wie sie im "Code de la Sécurité sociale" stattfindet. So sind die Risiken Krankheit, Mutterschaft, Invalidität, Tod unter Zurücklassung Hinterbliebener, Arbeitsunfälle und Berufskrankheit einem einzigen organisatorischen Zweig zugeordnet, der Sach- wie Einkommensleistungen bestreitet. Es handelt sich hierbei um die Krankenkassen, die als einzige im Vergleich zu den übrigen Kassen auf drei Ebenen errichtet worden sind:

---

126 Zur Geschichte s.o. Kapitel A. II. 7). Die Rechtsgrundlagen für die Organisation finden sich in der Ordonnance Nr. 67-7o6 vom 21. August 1967, und in den Dekreten Nr. 67-1o47 vom 3o. Nov. 1967, Nr. 67-1211, Nr. 67-123o, Nr. 67-1232 vom 22. Dezember 1967.

- Caisse nationale d'assurance maladie des travailleurs salariés (Nationalkasse),
- Caisses régionales d'assurance maladie des travailleurs salariés (Regionalkassen),
- Caisses primaires d'assurance maladie des travailleurs salariés (Ortskassen).

Für den Bereich der Familienbeihilfen existieren auf nationaler Ebene eine "Caisse nationale des allocations familiales" und für den Leistungssektor die "Caisses d'allocations familiales". Die Altersversicherung wird getragen von der "Caisse nationale d'assurance vieillesse des travailleurs salariés." Für Elsaß-Lothringen (Departements Haut-Rhin, Bas-Rhin, Moselle) nimmt diese Aufgaben die "Caisse régionale des travailleurs salariés de Strasbourg" wahr.

Funktionsbedingt werden solche Aufgaben wahrgenommen, die teils gemeinsame Aufgaben aller Kassen darstellen, so die Beitragserhebung über die "Unions de recouvrement" oder die gemeinsame Verwaltung der Finanzen in einer "Agence centrale des organismes de sécurité sociale". Außerdem können sich die Kassen untereinander in "unions" oder "fédérations" zusammenschließen.

Die drei Nationalkassen des allgemeinen Systems sind öffentlichrechtliche Einrichtungen("établissements publics")[127]. Wegen dieser Rechtsform ist eine starke staatliche Abhängigkeit gegeben[128]. Die anderen Kassen des allgemeinen

127 Ein"établissement public", ähnlich einer Körperschaft oder Anstalt genießt eine gewisse Autonomie und hat eigene Rechtspersönlichkeit, vgl. de LAUBADERE, André, Traité de droit administratif, Septième Edition entièrement refondue, Bd. 1 , Paris 1976 (L.G.D.J.), S. 2o6 ff.

128 Hierzu DUPEYROUX, aaO (Anm. 4), S. 653.

Systems sind dagegen private Organisationen, die eine öffentliche Aufgabe wahrnehmen[129]. Ihre Konstituierung und Funktionsweise richtet sich dabei grundsätzlich nach den Vorschriften des "Code de la mutualité"[130], sofern der "Code de la Sécurité sociale" nichts anderes bestimmt. Die privatrechtliche Natur dieser Kassen beeinflußt jedoch den öffentlich-rechtlichen Charakter ihrer Akte nicht, sobald öffentliche Aufgaben ("service public") wahrgenommen werden[131].

Die Kassen werden von einem Verwaltungsrat geführt, der sich paritätisch aus Beteiligten zusammensetzt, die von den repräsentativsten Arbeitgeber- und Arbeitnehmerorganisationen ernannt werden. Bei den Familienkassen kommen noch Vertreter der Unabhängigen hinzu, sowie Mitglieder, die von der "Union nationale des associations familiales" ernannt werden. Es wird hier also einmal der Tatsache Rechnung getragen, daß die Familienkassen, anders als die übrigen Kassen des allgemeinen Systems, auch für die unabhängig Erwerbstätigen zuständig sind; weiter wird die Bedeutung der französischen Familienverbände berücksichtigt.

Mit Aufgaben der Leistungsgewährung sind betraut die Ortskrankenkassen ("Caisses primaires d'assurance maladie"),

---

129 Die ständig angewandte Formel lautet "des organismes privés chargés de la gestion d'un service public", vgl. DUPEYROUX, aaO (Anm. 4), S. 654.

13o Die mutualistische Tradition hat sich hier also noch erhalten. GREFFE, aaO (Anm. 1), S. 181, kommt in diesem Zusammenhang zu dem Schluß, daß die mutualistische Tradition, die sich in einer Beteiligung der Betroffenen an der Aufgabenwahrnehmung äußert, eher als Legitimationsquelle der staatlichen Politik dient.

131 DUPEYROUX, aaO (Anm. 4), S. 661 f.

die Familienkassen ("Caisses d'allocations familiales") sowie die nationale Altersversicherungskasse ("Caisse nationale d'assurance vieillesse"), die in diesem Versicherungszweig auch noch die Beitragserhebung sowie die "action sanitaire et sociale"[132] übernimmt. Den beiden anderen Nationalkassen ("Caisse nationale de l'assurance maladie" sowie Caisse nationale des allocations familiales") nehmen für ihren Bereich ebenfalls die letztgenannten Aufgaben wahr, wobei aber bei der Nationalkrankenkasse das Finanzaufkommen aus den Risikozweigen Arbeitsunfall und Berufskrankheiten getrennt von den übrigen Bereichen geführt wird. Der Nationalkrankenkasse steht auch die hierarchische Kontrolle über Regional- und Ortskasse zu, während im Verhältnis der nationalen Familienkasse zu den übrigen Familienkassen die Kontrollbefugnisse weniger ausgeprägt sind. Die Regionalkrankenkassen werden vor allem präventiv im Bereich der Arbeitsunfälle und Berufskrankheiten tätig.

Die "Agence centrale des organismes de sécurité sociale" hat wie die Nationalkassen eigene Rechtspersönlichkeit und ist ebenfalls ein "établissement public"[133]. Gegenüber den "Unions de recouvrement", die autonome Einrichtungen sind, übt die "Agence" ein Direktions- und Kontrollrecht aus.

Auf nationaler Ebene haben sich die Nationalkassen in der "Union des caisses nationales de Sécurité sociale (U.C.A.N.S.S.) zusammengeschlossen. Diese U.C.A.N.S.S. befaßt sich vornehmlich mit Immobiliengeschäften, mit der Koordinierung der "action sanitaire" sowie mit den Personalangelegenheiten der Versicherungsträger[134].

---

132 Dazu unten C.II.3).

133 S. Anm. 127

134 Vor der Schaffung der U.C.A.N.S.S. existierten zwei Organismen, die F.N.O.S.S. und die U.N.C.A.F., die jedoch aus politischen Gründen aufgelöst wurden, vgl. DUPEYROUX, aaO (Anm. 4), S. 648, Fn 2.

ORGANISATION DES ALLGEMEINEN SYSTEMS (REGIME GENERAL)

Aufsichtsführende Ministerien und Behörden	- Ministre chargé de la Sécurité sociale (Arbeits- oder Gesundheitsministerium, oder Ministerium für soziale Angelegenheiten) - Direction de la Sécurité sociale - Directions régionales de Sécurité sociale - Inspection générale des affaires sociales			- Ministère de l'Economie et des Finances	
Organismen auf nationaler Ebene	Caisse nationale de l'assurance maladie (Nationalkrankenkasse)	Caisse nationale d'assurance vieillesse (Nationale Altersversicherungskasse)	Caisse nationale d'allocations familiales (Nationale Familienkasse)	Agence centrale des organismes de sécurité sociale (A.C.O.S.S.)	Union des Caisses nationales de sécurité sociale (U.N.C.A.S.S.; früher F.N.O.S.S.und U.N.C.A.F.)
Organismen auf regionaler Ebene	Caisses régionales d'assurance maladie (Regionalkrankenkassen)	nur für Elsaß-Lothringen: Caisse régionale d'assurance vieillesse de Strasbourg			
Organismen auf lokaler Ebene	Caisses primaires d'assurance maladie (Ortskrankenkassen)		Caisses d'allocations familiales (Familienkassen)	Unions de recouvrement	

bb) Aufsichtsorgane

Der mit der sozialen Sicherheit beauftragte Minister führt die Aufsicht ("tutelle") über die Sozialversicherungs- und Familienkassen (Art. L. 171 ff C. séc. soc.). Das Aufgabengebiet "Sécurité sociale" ist gegenwärtig dem Gesundheitsministerium zugeschlagen. In der Vergangenheit befand es sich entweder beim Arbeitsministerium, oder beim Ministerium für soziale Angelegenheiten. Eine "Direction nationale de la sécurité sociale" sowie auf regionaler Ebene die "Directions régionales de la sécurité sociale" sind ebenfalls zur Kontrolltätigkeit berufen. Eine "Inspection générale des Affaires sociales" wird für alle Bereiche der sozialen Sicherheit, also nicht nur für das "régime général", in dieser Weise tätig.

Die Aufsichtsbehörden verfügen über eine Palette von Aufsichtsmaßnahmen, die von der Vorabkontrolle über die Annullierung bis zur Ersetzungsbefugnis reicht[135].

e) Finanzierung

Das allgemeine System ist fast ausschließlich beitragsgetragen. Die Beiträge kommen für die organisatorischen Zweige Krankheit (mit Ausnahme der Arbeitsunfälle und Berufskrankheiten) und Alter von seiten der Arbeitnehmer wie der Arbeitgeber, für den Zweig der Familienleistungen und der Arbeitsunfälle und Berufskrankheiten nur von seiten der Arbeitgeber.

Für den Bereich Krankheit, Mutterschaft, Invalidität und Tod unter Zurücklassung Hinterbliebener wird ein Gesamtversicherungsbeitrag erhoben, der zu einem gewissen Teil im Rahmen einer Beitragsbemessungsgrenze, zu einem geringen Teil auf der Basis des gesamten Arbeitsentgelts ohne

135 Dazu ausführlich DUPEYROUX, aaO (Anm. 4), S. 672 ff.

Bemessungsgrenze berechnet wird. Die genannten Risikozweige werden zusätzlich über einen 3%igen Betrag aus dem Beitrag für die Versicherung der von Kraftfahrzeugen ausgehenden Risiken gespeist (Dekret Nr. 67-1211 vom 22. Dez. 1967). Die starke Inanspruchnahme der Krankenversicherung aufgrund der mit Kraftfahrzeugen verursachten Unfälle rechtfertigt diese Regelung.

Eine Beitragsbemessungsgrenze existiert ebenso für die Altersversicherung sowie für die Familienleistungen. Letztere werden ausschließlich durch Arbeitgeberbeiträge finanziert. Die Selbständigen tragen die Beiträge zu den Familienkassen selbst. Bei der Branche Arbeitsunfälle und Berufskrankheiten tragen die Arbeitgeber die Beiträge allein. Das Berechnungsprinzip lautet hier: Prozentsatz der betrieblichen Gehälter - Abwandlung in der Höhe des Satzes je nach Betriebsart. Hier greifen sehr diffizile Berechnungsmechanismen ein (Arrêté vom 19. Juli 1954)[136].

Die Beiträge werden auf der Basis des Arbeitsentgeltes ("rémunération") berechnet (Art. 12o C. séc. soc.). Dazu zählen der eigentliche Arbeitslohn ("salaire"), Entgelt für bezahlten Urlaub, der Arbeitnehmeranteil der Sozialversicherungsbeiträge, Zuschläge, Gratifikationen, sachliche Vorteile sowie Trinkgelder. Berufsbedingte Kosten können in gewissen Grenzen hiervon abgezogen werden. Der Begriff des der Berechnung der Sozialversicherungsbeiträge zugrunde liegenden Arbeitslohnes nähert sich dabei immer mehr dem des steuerrechtlichen Begriffs[137].

---

136 Hierzu genauer DUPEYROUX, aaO (Anm. 4), S. 689 ff.

137 Ders., S. 7o2 f.

Die Beitragsbemessung wird - bis auf die genannte Ausnahme beim Krankenversicherungsbeitrag - in bestimmten Grenzen vorgenommen. Die untere Grenze stellt der gesetzliche garantierte Mindestlohn[138] dar, jedoch nur für Arbeitnehmer, die von den Vorschriften über den Mindestlohn betroffen sind. Kollektivvertraglich können ebenfalls Untergrenzen fixiert werden. Unterhalb der genannten Grenzen werden keine Beiträge erhoben. Bei steuerrechtlichen Vorteilen, die ein Arbeitnehmer geltend machen kann (Abschlag wegen berufsbedingter Kosten) und die zu einem niedrigeren Arbeitsentgelt als dem gesetzlichen garantierten Mindestlohn führen würden, wird dennoch die untere Bemessungsgrenze als Berechnungsgrundlage für die Beiträge herangezogen.

Die obere Beitragsbemessungsgrenze ("plafond de cotisations") ist für alle Sozialversicherungsbeiträge (Ausnahme: ein Teil des Krankenversicherungsbeitrages) gleich. Sie wird jährlich in Ansehung der allgemeinen Lohnentwicklung angepaßt[139].

Das Versicherungsprinzip, das im allgemeinen System der "sécurité sociale" angelegt ist, hat in zwei Richtungen Aufweichungen erfahren. Anläßlich der Reform von 1967[14o] wurden die verschiedenen Finanzaufkommen der einzelnen

---

138 Salaire minimum de croissance (S.M.I.C.), gegenwärtig bei 1666,92.- FF monatlich.

139 Der angewandte Koeffizient berücksichtigt dabei nur die Stundenlöhne der Arbeiter ("ouvriers"), nicht die Gehälter der "cadres" (etwa: höhere Angestellte); dazu DUPEYROUX, aaO (Anm. 4), S. 717 f. Fußnote 1.

14o Vgl. oben A.II.7).

Beiträge, ausgedrückt in Prozenten der Löhne (Stand: 1. Juli 1977)

Risiken	Prozentsätze der Beiträge			Berechnungsgrundlagen					
				ohne Bemessungsgrenze auf der Basis des gesamten Arbeitsentgeltes			innerhalb der Bemessungsgrenze (monatl.: 361o FF; jährl.: 4332o FF)		
	Arbeitgeber	Arbeitnehmer	insgesamt	Arbeitgeber	Arbeitnehmer	insgesamt	Arbeitgeber	Arbeitnehmer	insgesamt
Krankheit, Mutterschaft, Invalidität, Tod	13,45	4,5	17,95	2,5	1,5	4,o	1o,95	3,o	13,95
für Elsaß - Lothringen	13,45	6,o	19,45	2,5	1,5	4,o	1o,95	4,5	15,45
Alter unter 65 Jahren	7,7	3,45	11,15	-	-	-	7,7	3,45	11,15
über 65 Jahren	7,7	-	7,7	-	-	-	7,7	-	7,7
Familienleistungen	9,o	-	9,o	-	-	-	9,o	-	9,o
Arbeitslosigkeit (ASSEDIC)	1,76	o,44	2,2	Bemessungsgrenzen: 173.28o FF jährlich 14.44o FF monatlich					

Diese Übersicht enthält nicht die gesamten möglichen Soziallasten für Arbeitgeber und Arbeitnehmer.

(Quelle: Liaisons sociales, Nr. 453o v. 6. Juli 1977)

Leistungszweige getrennt, um eben durch diese Trennung das Finanzgebaren der Kassen eigenverantwortlicher zu gestalten. Diese Vorstellung wurde konterkariert, indem eine "Agence centrale des organismes de sécurité sociale" die gemeinsame Finanzverwaltung übernahm. Auf diese Weise konnten die defizitären Kassen wiederum finanziellen Ausgleich bei den Kassen mit Überschuß suchen. Die Überschüsse der Familienkassen wurden so für die Defizite der Krankenkassen verwendet. Dabei wurden aber die Leistungen der Familienkassen bewußt sehr unvollständig an die allgemeine Lohnentwicklung angepaßt, so daß schon dadurch Überschüsse erzielt werden konnten. Dieser Situation entspricht die Entwicklung der Prioritäten in der sozialen Sicherheit während der letzten zwanzig Jahre: die Gesundheitspolitik hat Vorrang vor der Familienpolitik gewonnen[141].

Die zweite Loslösung vom Versicherungsprinzip wird allgemein unter dem Stichwort "charges indues"[142] diskutiert. Hierunter wird allgemein ein Vorgehen verstanden, bei dem der Solidargemeinschaft der im allgemeinen System Versicherten finanzielle Lasten aufgebürdet werden, die, sei es von der Allgemeinheit insgesamt, sei es von anderen Solidargemeinschaften getragen werden sollten. Im Jahre 1974 fielen beispielsweise der Krankenversicherung das Defizit des Systems der landwirtschaftlichen Arbeitnehmer, die Teilhabe an der Krankenhausfinanzierung und der Einschluß von Ausbildungskosten und von Amortisierungslasten für Krankenhauseinrichtungen in die Krankenhaustagessätze zur Last. Der Zweig der Arbeitsunfälle mußte der knappschaftlichen Versicherung ("régime minier") Gelder überweisen. In der Altersversicherung wurde der "Fonds natio-

141 DUPEYROUX, aaO (Anm. 4), S. 749.

142 Etwa mit "untypische Lasten" zu übersetzen.

nal de solidarité" teilweise aus Versicherungsbeiträgen gespeist; das Defizit des Systems der landwirtschaftlichen Arbeitnehmer mußte übernommen werden, ebenso wie die "allocation aux vieux travailleurs salariés" für die gleiche Gruppe. Dazu kam ein Finanzausgleich mit der knappschaftlichen Altersversicherung und eine Finanzbeteiligung bei der "allocation spéciale". Im Bereich der Familienleistung war die Wohnungsbeihilfe untypisch[143].

Eine weitere Belastung ist auf das allgemeine System durch das Gesetz Nr. 74-1o94 vom 24. Dezember 1974 zugekommen. Art. 2 dieses Gesetzes sieht vor, daß unter den Pflichtversicherungssystemen (nicht für die Zusatzsysteme) für die Zweige Krankheit und Mutterschaft (nur für die Sachleistungen), Alter und Familienleistungen ein Finanzausgleich stattzufinden habe. Mit diesem Finanzausgleich soll den Ungleichheiten, die auf den demographischen Unterschieden und den disparaten Möglichkeiten zur Beitragsleistung innerhalb der verschiedenen Systeme beruhen, abgeholfen werden.

Ein erster Finanzausgleich hat dabei innerhalb der Systeme der abhängigen Arbeitnehmer, ein zweiter zwischen diesen Systemen und denen der "non-salariés" (Selbständige) zu erfolgen[144].

---

143 Auszug aus dem "Rapport BOUTBIEN", Conseil économique et social, 1974, abgedruckt bei DUPEYROUX, aaO (Anm. 4), S. 757 ff; vgl. auch FOURNIER/QUESTIAUX, aaO (Anm. 55), S. 5o2.

144 Vgl. zu den komplizierten Ausgleichsmechanismen DUPEYROUX, aaO (Anm. 4), S. 291 f; FOURNIER/QUESTIAUX, aaO (Anm. 55), S. 514 f.

Diese Finanzierungsreform spiegelt sehr deutlich die Problematik wider, in der sich ein System der sozialen Sicherheit befindet, das von Anfang an vermeiden mußte, mit einer Vielzahl von berufsgruppenspezifischen Versicherungssystemen aufzuräumen. Wenn nunmehr die Tendenz dahin geht, einen "gemeinsamen sozialen Schutz für alle Franzosen" (so der Titel des Gesetzes Nr. 74-1o94 vom 24. Dezember 1974) zu erreichen, so muß die Feststellung erlaubt sein, daß die größte Solidargemeinschaft, nämlich diedes "régime général", die vorher auf bessere Leistungen verzichten mußte, nunmehr die Lasten derjenigen "egoistischen" Solidargemeinschaften mittragen muß, die sich früher im Vergleich zum "régime général" Vorteile durch ihre Sondersysteme versprochen haben und diese auch erhalten haben.

f) <u>Rechtswege</u>

Rechtsstreitigkeiten im Bereich der sozialen Sicherheit können ausgetragen werden
- im allgemeinen Streitverfahren in Sachen der sozialen Sicherheit ("contentieux général de la sécurité sociale")
- in verschiedenen speziellen Streitverfahren
- im verwaltungsrechtlichen oder im ordentlichen Streitverfahren.

Im allgemeinen Streitverfahren ("contentieux général", Art. L. 19o C. séc. soc.) werden diejenigen Streitigkeiten behandelt, zu denen die Anwendung der Gesetz- und Verordnungsgebung der sozialen Sicherheit und der landwirtschaftlichen Sozialversicherung ("mutualité sociale agricole") Anlaß gibt, sofern sie nicht wegen ihrer Natur ("par leur nature") oder wegen anderer gesetzlicher Regelungen (vgl. Art. L. 192, 193 C. séc. soc.) einem anderen Rechtsweg zugewiesen sind.

Zum allgemeinen Streitverfahren[145] gehören die Bereiche des "régime général", des landwirtschaftlichen Systems und der Sondersysteme ("régimes spéciaux"). Insbesondere gehören hierher Streitigkeiten, die die Beziehungen zwischen Träger und Versicherten betreffen, jedoch nicht die interne Funktionsweise der Organismen und weiter nicht Streitigkeiten, die sich im Rahmen der kollektivvertraglich errichteten Zusatzsysteme ("régimes complémentaires") abspielen.

Erste Instanz im allgemeinen Streitverfahren - von einem Gnadenausschuß abgesehen - ist die "commission de première instance", die sich aus dem Präsidenten des "Tribunal de grande instance" und zwei Beisitzern, die jeweils Arbeitnehmer, Arbeitgeber oder Selbständige vertreten, zusammensetzt.

In zweiter Instanz entscheidet eine "chambre sociale" (Kammer für Soziales) des Appellationsgerichtshofes ("cour d'appel"). Die Letztentscheidungen ("décisions rendues en dernier ressort") der erstinstanzlichen Kommissionen und die Urteile der "Cour d'appel" können vor den Kassationsgerichtshof ("Cour de cassation") getragen werden.

Neben dem allgemeinen Streitverfahren existieren verschiedene spezielle Verfahren[146], so für Streitigkeiten anläß-

---

145 Die Prozeßordnung ist im Dekret Nr. 58-1291 vom 22. Dezember 1958 niedergelegt.

146 Ausführlich bei DUPEYROUX, aaO (Anm. 4), S. 918 ff.

lich der Feststellung der andauernden Arbeitsuntätigkeit, für Streitigkeiten im Zusammenhang mit den Beiträgen für den Zweig der Arbeitsunfälle oder für Disziplinarangelegenheiten der medizinischen und paramedizinischen Berufsangehörigen (Art. L. 4o3 ff C. sêc. soc.). Für die speziellen Verfahren sind jeweils eigene Rechtswege vorgesehen.

Im ordentlichen Rechtsweg wird die Verletzung (neben-) strafrechtlicher Tatbestände geahndet (Strafgerichte); die Gerichte der sozialen Sicherheit können hier nicht tätig werden. Die Zivilgerichte sind zuständig sei es aufgrund spezieller Delegation im Recht der sozialen Sicherheit, sei es aufgrund originärer Zuständigkeit. Regreßprozesse der Kasse gegen Drittverursacher müssen ebenfalls vor den Zivilgerichten ausgetragen werden[147].

Die Verwaltungsgerichte haben vor allem Streitigkeiten aus dem Verhältnis Aufsichtsbehörden - Träger der sozialen Sicherheit zu entscheiden.

147 Ders., S. 884 ff.

2) Andere Systeme (oder: Sondersysteme[148])

Es wurde bereits erwähnt, daß das "régime général" zwar von der Intention her das Grundsystem der sozialen Sicherheit ist, daß jedoch zahlreiche Sonder- und Zusatzsysteme existieren. Die Sondersysteme zählen noch zu den gesetzlich verankerten Systemen: sie ersetzen Leistungsbereiche des allgemeinen Systems teilweise oder ganz. Die Zusatzsysteme, von denen später die Rede sein wird, beruhen auf freiwilligem Beitritt. Sie zielen auf einen ergänzenden Schutz ab.

An dieser Stelle können die Unterschiede im Schutzbereich und in der Leistungsgewährung der Sondersysteme nicht detailliert ausgeführt werden. Mit Nachdruck sei aber darauf hingewiesen, daß Sonder- wie Zusatzsysteme in der französischen sozialen Sicherheit trotz der Existenz eines "régime général" eine sehr große Bedeutung haben[149].

Um das verwirrende Bild der Sondersysteme etwas zu ordnen, muß eine erste große Trennungslinie zwischen landwirtschaftlichen und nicht landwirtschaftlichen Berufen gezogen werden. Im nicht landwirtschaftlichen Bereich wird wiederum zwischen den Sondersystemen der "salariés non agricoles" und der "non salariés non agricoles" (die "non-non", also vor allem die Selbständigen, Künstler etc.) unterschieden.

---

148 Zur Terminologie soll hier klargestellt werden, daß der Ausdruck "régimes spéciaux" einmal nur für die Sondersysteme der nicht in der Landwirtschaft abhängig Beschäftigten, zum anderen - in einem weiteren Sinn - für alle gesetzlichen Systeme der sozialen Sicherheit in Abgrenzung zum "régime général" verwendet wird. Hier wird letzterer Sprachgebrauch verwandt.

149 REVOL, Joseph, Régimes spéciaux de sécurité sociale, in: Encyclopédie Dalloz, Droit social, tome II, Paris 1961 (Dalloz), S. 473, Nr. 2.

Bei den nicht in der Landwirtschaft abhängig Beschäftigten ("salariés non agricoles") gibt es Sondersysteme[150], die das "régime général" vollständig ersetzen. Dies gilt für die Systeme der Berufssoldaten, der "Régie autonome des transports parisiens" und der Bergarbeiter. Sondersysteme, die nur bestimmte Risiken abdecken, sind für die Staats- und Kommunalbeamten[151], die Beschäftigten der Strom- und Gasindustrie und der Eisenbahn (S.N.C.F.) einschlägig.

Die Leistungen aus den Sondersystemen müssen denen des "régime général" gleichwertig sein. Das bedeutet aber nicht, daß jede Einzelleistung das Leistungsniveau des allgemeinen Systems erreichen müßte. Vielmehr ist das Leistungswesen global in einem Risikozweig zu betrachten (Art. 62 des Dekrets vom 8. Juni 1946[152]).

Im Vergleich zum "régime général" sei erwähnt, daß z.B. für den Fall der Krankheit teilweise eine Lohnfortzahlung Platz greifen kann. Auch bei Invaliditäts- und Altersrenten treten häufig günstigere Leistungen auf, wohingegen die Familienleistungen - bis auf einzelne zusätzliche Vergünstigungen - denen des "régime général" entsprechen.

Die autonomen Systeme der "non-non" (nicht abhängig Beschäftigte im nicht-agrarischen Bereich)[153] sind die Altersversicherungen des Gesetzes vom 17. Juni 1948 und der

---

15o Vgl. DUPEYROUX, aaO, (Anm. 4) S. 783 ff.

151 Dazu SAINT-JOURS, Yves, Les relations du travail dans le secteur public, Paris 1977 (L.G.D.J.), S. 255 ff.

152 So kann die freie Wahl des Arztes zugunsten 1oo%-iger Kostenerstattung eingeschränkt werden.

153 Vgl. DUPEYROUX, aaO (Anm. 4),S. 817 ff.

Kranken- und Mutterschaftsversicherung des Gesetzes vom 12. Juli 1966. Die Systeme der "non-non" stehen im Augenblick in einer sehr kritischen Entwicklung. Da in Frankreich eine Tendenz zur abhängigen Beschäftigung hin zu verzeichnen ist, verlieren diese Systeme ihre finanzielle Basis. Außerdem fordern die Angehörigen dieser Systeme zunehmend eine Angleichung der Leistungen an die des "régime général". Zunehmend wird auch eine externe finanzielle Unterstützung verlangt. Ein Schritt in Richtung auf eine Harmonisierung wurde bereits mit dem Gesetz Nr. 72-554 vom 3. Juli 1972 (für die Altersversicherung) und dem Gesetz Nr. 73-1193 vom 27. Dezember 1973[154] getan. Das allgemeine Harmonisierungsgesetz vom 24. Dezember 1974 geht ebenfalls in diese Richtung.

Bei der Altersversicherung der "non-non" geht die Zersplitterung der Systeme sehr weit; so haben die Handwerker, die industriellen und kommerziellen Berufe sowie die freien Berufe je ihr eigenes System. Bei den Freiberuflern existieren noch einmal 16 Unterabteilungen (nach der Berufsart). Gerade bei den "non-non" wird deutlich, daß das Konzept des Sozialplans von 1945 scheiterte. Ursprünglich war der Einbezug ins allgemeine System vorgesehen, konnte jedoch wegen des Widerstandes der Betroffenen nicht realisiert werden.

Die Kassen der "non-non" sind autonom und ministerieller Aufsicht unterworfen. Die Altersleistungen sind seit der "Loi Royer" denen des "régime général" angeglichen (jedoch nicht für die freien Berufe). Finanziert wird das System über Beiträge, eine Staatssubvention, eine "contribution sociale de solidarité", die bestimmte Gesell-

154 Orientierungsgesetz für den Handel und das Handwerk, genannt "Loi Royer".

schaften[155]. trifft, und über einen Finanzausgleich innerhalb der Systeme.

Die Sektionen der Alterskassen der Freiberufler (Art. 648 C. séc. soc.) sind unter sich finanziell unabhängig. Ihre Leistungen sind je nach Sektion verschieden hoch. Zum Teil ist eine Bedürfnisprüfung vorgesehen.

Die Kranken- und Mutterschaftsversicherung der "non-non" ist verhältnismäßig spät errichtet worden. Die jetzige Rechtslage geht auf das Gesetz Nr. 7o-14 vom 6.1.197o zurück. Mit diesem Gesetz waren vor allem Leistungsverbesserungen und erhöhte staatliche Bezuschußung eingeführt worden. Das Gesetz sieht obligatorische Leistungen (vor allem bei den Sachleistungen) und zusätzliche Leistungen (für einzelne Berufsgruppen) vor.

Wie in vielen anderen Ländern ist auch in Frankreich das System der sozialen Sicherheit für die Landwirtschaft[156] stark von einer Idee der Autonomie geprägt, die auch auf die Tradition der gegenseitigen Hilfe im Sinne der "mutualité" zurückzuführen ist. Man kann drei Ebenen der agrarischen Sozialversicherung unterscheiden:

- "Mutualité sociale agricole". Sie beinhaltet exklusiv die "assurances sociales", die Arbeitsunfälle und die Familienleistungen vornehmlich der abhängig in der Landwirtschaft Beschäftigten.
- "AMEXA". Hier sind die landwirtschaftlichen Unternehmer ("exploitant") gegen Krankheit, Mutterschaft, Invalidität, gesichert. Es besteht freie Wahlmöglichkeit des Versicherungsträgers.
- Im Rahmen von Kollektivverträgen ist eine zusätzliche Alterssicherung möglich.

155 Vgl. Art. 33 der Ordonnance Nr. 67-82 v. 23. September 1967, eingeführt durch das Gesetz Nr. 7o-13 v. 2. Jan. 197o.
156 Vgl. DUPEYROUX, aaO (Anm. 4), S. 837 ff.

Die "mutualité sociale agricole" arbeitet nach dem Prinzip der Einheitskasse. Die Finanzierung der agrarischen Sozialversicherung erfolgt über Beiträge und staatliche Subentionen für die Ausgaben auf der Leistungsseite. Verwaltungskosten werden nur von den Versicherten getragen.

3) Möglichkeiten zusätzlicher Sicherungen

a) Die "mutualité"[157]

Die Versicherungsvereine auf Gegenseitigkeit ("sociétés mutualistes"), die sich mit der Abdeckung sozialer Risiken befassen[158], haben in Frankreich seit jeher eine große Rolle gespielt. Im "Code de la mutualité" haben sie ihre Regelung gefunden. Nach Art. 1 dieses Code haben die "sociétés mutualistes" die Vermeidung sozialer Risiken und den Ersatz ihrer Folgen, die Ermunterung zur Mutterschaft und den Schutz der Familie sowie die moralische, intellektuelle und physische Entwicklung ihrer Mitglieder zum Ziel.

Die Leistungen der "sociétés mutualistes" werden für die Fälle der Krankheit, der Mutterschaft, des Alters, der Invalidität, des Unfalles und des Todes gewährt. Außerdem können die Vereine Kliniken, Apotheken, Ärztezentren, Pflege- und Altersheime etc. errichten.

Die Vereine sind aufgerufen, eng mit den Trägern der "Sécurité sociale" zusammenzuarbeiten. Unter gewissen Voraussetzungen können sie Aufgaben der Ortskassen wahrnehmen (etwa bei der Kostenerstattung).

---

157 Dazu DUPEYROUX, aaO (Anm. 4), S. 959 ff.

158 Auf Gegenseitigkeitsbasis existieren auch Sachversicherungen und Sparkassen.

b) Die Zusatzsysteme ("régimes complémentaires")[159]

Die Möglichkeiten zusätzlicher Sicherung werden vor allem im Bereich der Altersversorgung wahrgenommen, da hier die Sicherung über das "régime général" sehr unzulänglich ist. Die Zusatzsysteme können jedoch - insbesondere nach dem Gesetz Nr. 72-1223 vom 29. Dezember 1972 - nicht mehr als rein freiwillige Institutionen betrachtet werden. Hier ist gerade (ähnlich bei der Sicherung des Risikos Arbeitslosigkeit) eine Tendenz zu verzeichnen, daß eine zunächst freiwillige Organisation der Risikosicherung auf den Gebieten, in denen staatliche Vorsorge nicht hinreichend abdeckt, durch zunehmend staatliche Einflußnahme immer mehr die Züge einer staatsgesteuerten sozialen Bereichssicherung erhält.

Zusatzsysteme entstehen meistens durch sog. "accords collectifs" in bestimmten Berufs- oder Unternehmensbereichen, die zwischen den Vertretern der Unternehmen und den Berufsvertretungen zustande kommen und der ministeriellen Billigung bedürfen (Art. 4 ff C. séc. soc.). Nunmehr muß jeder nach dem "régime général" oder den "assurances sociales agricoles" Altersversicherte einem Zusatzsystem zugeordnet werden (Gesetz Nr. 72-1223 v. 29. Dez. 1972). Die Alterssicherung ist in Frankreich somit fast generell zweispurig.

4) Arbeitslosigkeit

Das Problem der Arbeitslosigkeit wird in Frankreich mehr und mehr als eines der vielen Probleme der Beschäftigungs-

159 DUPEYROUX, aaO (Anm. 4), S. 965 ff ; BIRK, Rolf, Tarifverträge über Sozialleistungen in rechtsvergleichender Sicht, in: VSSR 1977, S. 1 ff ; FAUST, aaO (Anm. 115), insgesamt.

politik gesehen. In diesem Zusammenhang werden auch der beruflichen Bildung und Fortbildung großer Wert beigemessen. Schon nach 1945 unternahm man große Anstrengungen auf dem Sektor der beruflichen Bildung der Erwachsenen. Seit 1968 haben sich sowohl die Sozialpartner wie der Gesetz- und Verordnungsgeber bemüht, eine einheitliche Konzeption der beruflichen Bildung zu entwickeln (vgl. das Gesetz vom 16. Juli 1971 über die Berufsbildung)[160].

Im eigentlichen Bereich der Beschäftigungspolitik wurden ebenfalls Institutionen bereitgestellt, die den optimalen Einsatz der Arbeitskräfte zum Ziel hatten. Im Jahre 1963 wurde der "Fonds national pour l'Emploi" geschaffen, mit dessen Mitteln die geographische und berufliche Mobilität von Arbeitnehmern, denen gekündigt worden war oder die vor einer Kündigung bedroht waren, begünstigt werden sollten.

Seit 1967 (Ordonnance Nr. 67-578 vom 13. Juli 1967) existiert die "Agence nationale pour l'Emploi", zu deren Aufgaben vor allem die Arbeitsplatzvermittlung zählt.

Das Risiko der Arbeitslosigkeit stellt keinen Versicherungsfall des "régime général" dar. Die Absicherung dieses Risikos erfolgt über ein zweispuriges System, das sich zu einem geringen Teil aus einer staatlichen sozialhilfeähnlichen Unterstützung ("aide publique") und einer kollektivvertraglich errichteten Versicherung zusammensetzt. Die Arbeitslosenversicherung wurde 1958 durch einen

---

160 Vgl. DUPEYROUX, aaO (Anm. 4), S. 1o18 ff ; FOURNIER/QUESTIAUX, aaO (Anm. 55), S. 765 ff ; grundlegende Arbeiten und Übersichten bieten KOECHLIN, H.-F., Le droit de la formation permanente, enjeu politique, Paris 1974 (A. Colin); PILORGE, René, Employeurs et salariés face à la formation permanente, Paris 1977 (J. Delmas); sowie das Sonderheft von Droit social "La formation professionnelle continue", Sept.-Okt. 1973.

"Accord national interprofessionnel ", der zwischen der Arbeitgebervereinigung C.N.P.F. und den großen Gewerkschaften zustande gekommen ist, eingeführt. Durch die Ordonnance vom 7. Januar 1959 wurde der Kollektivvertrag allgemeinverbindlich erklärt und durch die Ordonnance Nr. 67-58o vom 13.7.1967 ausgedehnt. Jeder Arbeitgeber des privaten Sektors ist seitdem verpflichtet, der zuständigen Organisation der Arbeitslosenversicherung (ASSEDIC) anzugehören[161].

Bei Vollarbeitslosigkeit ("chômage total")[162] greift sowohl die "allocation d'aide publique" wie die Versicherungsleistung ein. Weitere mögliche Leistungen bei Vollarbeitslosigkeit sind die "garantie de ressources" und die "allocation supplêmentaire d'attente". Auch die beiden letztbezeichneten Hilfen stammen aus nationalen interprofessionellen Abkommen zwischen Arbeitgeber- und Arbeitnehmerorganisationen.

Die "allocation d'aide publique"[163] wird unter engen Voraussetzungen auch Arbeitslosen auf der Suche nach einer ersten Anstellung gewährt. Arbeitslose, die bereits gearbeitet haben, müssen jünger als 65 Jahre sein, als Arbeitssuchende eingeschrieben sein und in den 12 vorhergehenden Monaten mindestens 15o Tage gearbeitet haben. Bestimmte Einkommensgrenzen dürfen für den Bezug der "aide publique" nicht überschritten werden. Die Beihilfe beträgt für eine Einzelperson pro Tag 15 FF (Steigerungsbetrag 5,- FF für zu unterhaltende Personen) in den ersten 3 Monaten, danach 13,8o FF.

---

161 BIRK, aaO (Anm. 159), S. 1o, nennt diesen Kollektivvertrag als Beispiel eines gesetzesvertretenden Tarifvertrages.
162 Vgl. DUPEYROUX, aaO (Anm. 4), S. 1o25 ff.
163 Dto.

Die Versicherungsleistung wird ohne Berücksichtigung von Einkommensgrenzen gewährt; jedoch besteht eine obere Bemessungsgrenze von 43.32o,- FF pro Trimester. Die Leistung beträgt 35% des durchschnittlichen Tagesentgeltes der letzten 3 Monate, maximal also 168,56 FF täglich. Der Mindestbetrag beläuft sich auf 26 FF. Die Leistungsdauer hängt vom Alter des Arbeitslosen ab: unter 5o Jahren beträgt sie 365 Tage, über 5o Jahren 6o9 Tage, über 55 Jahren 73o Tage.

Die "garantie de ressources"[164] wird an Personen gezahlt, die im Alter von 6o Jahren und mehr gekündigt worden sind, 1o Jahre sozialversichert waren und noch kein Altersruhegeld beantragt haben. Außerdem bestehen teilweise Wartezeiten von 3 bis 6 Monaten. Mit den beiden vorgenannten Leistungen (öffentliche Hilfe und Arbeitslosenversicherung)werden zusammen insgesamt 7o% des Tageslohnes (in der Bemessungsgrenze von 43.32o,- FF pro Trimester) erreicht. Diese Beihilfe wird bis zum Alter von 65 Jahren oder bis zur Verrentung gezahlt.

Kürzlich ist die zeitlich begrenzte Möglichkeit (bis 31. März 1979) eröffnet worden, freiwillig die "garantie de ressources" zu beantragen [165]. De facto handelt es sich hier um ein vorgezogenes Altersruhegeld. Der Antragsteller muß mindestens 6o Jahre alt sein, 1o Jahre sozialversichert sein und als Arbeitsloser eingeschrieben sein. Er darf nicht in der Lage sein, bereits Altersruhegeld zum vollen 5o%-igen Satz zu beziehen und darf weiter kein Altersruhegeld beantragt haben. Die Höhe der Beihilfe beträgt 7o% des letzten Lohnes (mit Ober- und Untergrenzen).

---

164 Kollektivvertrag vom 27. März 1972, abgedruckt in: Liaisons sociales, Législation sociale, No. 452o du 15 juin 1977.

165 Kollektivvertrag vom 13.6.1977, abgedruckt in: Liaisons sociales (wie Anm. 164), allgemeinverbindlich erklärt durch Arrêté ministériel vom 9.7.1977.

Die "allocation supplémentaire d'attente"[166] ist für diejenigen Personen bestimmt, die jünger als 60 Jahre alt sind, 6 Monate arbeitslosenversichert waren und aus wirtschaftlichen Gründen gekündigt worden sind. Zusammen mit den vorher erwähnten Beihilfen kann hier der Arbeitslose 90% seines vorherigen Lohnes erhalten (in den genannten Bemessungsgrenzen). Die maximale Leistungsdauer beläuft sich hier auf 1 Jahr.

Bei Kurzarbeit ("chômage partiel") greift ebenfalls eine sozialhilfeähnliche Leistung und eine zusätzliche Entschädigung ("indemnisation complémentaire") ein[167]. Die Untergrenze der Ersatzleistungen ist der gesetzlich garantierte Mindestlohn auf der Basis 40-stündiger wöchentlicher Arbeitszeit[168].

5)"Aide sociale" (Sozialhilfe)[169]

Der Sozialhilfe (früher "assistance sociale" genannt , seit 1945 "aide sociale") kommt in Frankreich die Funktion

---

166 Kollektivvertrag vom 14. Oktober 1974, allgemeinverbindlich erklärt durch Arrêté ministériel vom 28. November 1974.

167 Kollektivvertrag vom 21. Februar 1968, geändert zuletzt am 25. Februar 1977, allgemeinverbindlich erklärt durch Arrêté ministériel vom 14. April 1977.

168 Eine klare Übersicht über alle bestehenden Regelungen zur Arbeitslosigkeit und Kurzarbeit findet sich in: Liaison sociale, Législation sociale, No. 4512 du 9 mai 1977.

169 Grundlegend hier ALFANDARI, aaO (Anm. 31), insgesamt; THEVENET, A., L'aide sociale d'auhourd'hui, Deuxième édition refondue, Paris 1974 (Les éditions E S F), Mise à jour annuelle 1977, insgesamt.

einer typisierten Basissicherung zu, d.h., daß die Sozialhilfe nicht nur generell und ausschließlich an dem Tatbestand eines individuellen wirtschaftlichen Bedürfnisses im Sinne einer finanziellen Notsituation anknüpft, sondern zusätzlich an typischen Erscheinungsformen von solchen Notsituationen. M.a.W.: Leistungen der Sozialhilfe können nur bezogen werden, sofern ein Bedürftiger auch die Kriterien der vom Gesetzgeber typisierten speziellen Situation(en) erfüllt (Prinzip der Spezialität).

Folgende Situationen berechtigen zu Leistungen:

- Familien mit unzureichenden Einkünften (Art. 15o ff Code de la famille et de l'aide sociale). Diese Familien können Leistungen erhalten, wenn mindestens zwei Kinder aufzuziehen sind. Die Leistungen dürfen nicht höher als das Kindergeld aus dem "régime général" sein.
- Familien, die ihren Unterhalt von einer Person beziehen, die ihren Wehrdienst verrichtet (Art. 156 Code de la famille et de l'aide sociale). Der Höchstbetrag beläuft sich hier - unter Vornahme einer Bedürfnisprüfung - auf 3.6oo FF jährlich, mit Steigerungssätzen für Kinder und Aszendenten.
- Alter von 65 Jahren und mehr (oder bei Arbeitsunfähigkeit Alter von 6o Jahren und mehr) bei unzureichenden Einkünften (Art. 157 ff Code de la famille et de l'aide sociale).Das Leistungsangebot ist hier aufgefächert; es existieren Sach- wie Geldleistungen. Eine Heimhilfe ("aide à domicile") wird entweder in Form der Gestellung einer Haushaltshilfe oder in bar gewährt. Die Barleistung beträgt jährlich 4.75o FF (bei einem eigenen Jahreseinkommen von maximal 1o.9oo FF); die Kosten für eine Haushaltshilfe werden zu 6o% erstattet. Außerdem bestand früher die Möglichkeit, die "carte sociale d'économiquement faibles" (Ausweis für wirtschaftlich Schwache) zu erhalten, die bestimmte Erleichterungen bei medizi-

nischer Hilfe, bei Sozialkantinen und bei Eisenbahnfahrten bietet. Da seit 1963 die jährliche Höchsteinkommensgrenze für den Bezug des Ausweises von den Sozialhilfeleistungen überschritten wird, kann der Ausweis seitdem nicht mehr erteilt werden[170].

Kann einem alten Menschen bei sich zu Hause nicht geholfen werden, so kann er mit seiner Zustimmung in einer Familie oder einem Krankenhaus bzw. Altenheim untergebracht werden. In diesen Fällen behält der Betroffene 10% der Sozialhilfeleistungen als Taschengeld, jedoch mindestens 90 FF monatlich.

- Behinderte Personen (Art. 166 ff Code de la famille et de l'aide sociale)[171]. Das Orientierungsgesetz für behinderte Personen (Gesetz Nr. 75-534 vom 30. Juni 1975) hat auch im Sozialhilfebereich einige Änderungen mit sich gebracht, die vor allem darin bestehen, den Behinderten in einer umfassenden Weise zu helfen. Die Regelungstechniken und das dahinter stehende Verständnis verbieten es aber, das Orientierungsgesetz dem klassischen Bereich der Sozialhilfe zuzuordnen. Im "Code de la famille et de l'aide sociale" wurden aus den gleichen Gründen nur diejenigen Vorschriften geändert, die schon bislang die Hilfen an behinderte Personen behandelt haben (Art. 166-168). So können Behinderte wie alte Personen (bis auf das Heimgeld) aus der Sozialhilfe die gleichen Leistungen erhalten. Für Blinde und Schwerbehinderte ("grands infirmes") bestehen zusätzliche Leistungen (Art. 169 ff Code de la famille et de l'aide sociale)[172].

---

170 ALFANDARI, aaO (Anm. 31), S. 432 ff.

171 Ders., S. 382 ff, vgl. unten C.III.2).

172 Die Anpassung an die bestehenden Gesetze ist hier etwas unklar, vgl. dens., S. 386 ff.

- Krankheit (Art. 179 ff Code de la famille et de l'aide sociale). Der bedürftige Kranke erhält die Pflegeleistungen, die er aufgrund seines Zustandes benötigt ("aide médicale"), sei es zu Hause, sei es in einem Krankenhaus. Außerdem kann für Sozialversicherte der Selbstbehalt von der Sozialhilfe getragen werden. Ist es dem Empfänger der Krankenhilfe nach drei Monaten unmöglich, eine berufliche Tätigkeit auszuüben, so erhält er eine jährliche Beihilfe von 4.75o FF (bei Krankenhausaufenthalt ein Drittel dieser Summe). Die Sozialhilfe kann auch die Kosten für Medikamente, für kontrazeptive Mittel und für einen Schwangerschaftsabbruch übernehmen.
- Wohnungs- und Unterbringungshilfen (Art. 184 ff Code de la famille et de l'aide sociale): Für einen eng begrenzten Personenbereich sind hier Beihilfen für Wohnungen und für Unterbringung von Personen, die soziale Anpassungsschwierigkeiten haben, vorgesehen.

Die an dieser Stelle genannten Leistungen der Sozialhilfe stellen den Kernbereich der Institution "aide sociale" dar. Daneben existieren aber noch zahlreiche Formen der Hilfe, die ebenfalls Sozialhilfecharakter haben[173]. Hierzu werden u.a. gerechnet die Hilfen für Kinder und Waisen, die nicht beitragsgebundenen Leistungen der "Sécurité sociale", juristischer Beistand ("Armenrecht") und die Ausbildungsstipendien.

Zu den tragenden Prinzipien des Sozialhilferechts zählt in Frankreich das Vorliegen eines typisierten Bedürfnisses, die Subsidiarität und die Finanzierung durch die Gebietskörperschaften. Lange Zeit war die Frage nach einem subjektiven Recht auf Leistungen der Sozialhilfe

---

173 Ders., S. 463, nennt diese Formen "dérogatoires" (= Ausnahmeerscheinungen).

sehr strittig. Expressis verbis wird in den einschlägigen Vorschriften nicht von einem Recht auf Hilfe gesprochen[174]. Die Konstruktion der Vorschriften läuft jedoch auf die Anerkennung eines subjektiven Rechtes hinaus.

Die "aide sociale" ist eine departementale Einrichtung. An der Finanzierung beteiligen sich der Staat, das Departement und die Gemeinden. Die verschiedenen Ausgaben für die Sozialhilfe werden in drei Gruppen aufgeteilt, in denen die jeweiligen Finanzierungsanteile variieren. Außerdem werden für die verschiedenen Departements in Ansehung ihrer finanziellen, wirtschaftlichen und demographischen Situation die Finanzierungsanteile noch einmal differenziert[175].

Die Prozedur für einen Antrag auf Sozialhilfe geht von der Antragstellung beim Bürgermeister des Wohnsitzes über die Anfertigung der Akte beim "bureau de l'aide sociale", die Überprüfung der Unterlagen bei der "direction départementale de l'action sanitaire et sociale", die Entscheidung über die Zulassung durch die "commission d'admission" sowie die Zustellung und Ausführung der Entscheidung wiederum durch die "direction départementale de l'action sanitaire et sociale". Neben diesen umständlichen Verfahren existiert für die medizinische Hilfe ein Dringlichkeitsverfahren.

Gegen Entscheidungen der Zulassungskommission ("commission d'admission") kann in erster Instanz gerichtlich vor der "commission départementale d'aide sociale", in zweiter Instanz vor der "commission centrale d'aide sociale" vorgegangen werden. Da es sich hier um einen Verwaltungsrechtsweg handelt, ist in dritter Instanz der "Conseil d'Etat" zuständig.

---

174 Hierzu ders., S. 67 ff.

175 Vgl. die Übersicht bei dems., S. 236 f.

6) Harmonisierung und Generalisierung

In der bisherigen Darstellung des französischen Rechts der sozialen Sicherheit und seiner Entwicklung ist immer wieder angeklungen, daß die ursprüngliche Konzeption, wie sie im "Plan de la Sécurité sociale" des Jahres 1945 eingegangen ist, schon zu Beginn nicht umfassend realisiert werden konnte und daß im Laufe der Jahre sogar mehr und mehr von jener Konzeption abgewichen wurde. Das Ziel eines einheitlichen und generalisierten Schutzes konnte - außer auf dem Sektor der Familienleistungen - nicht erreicht werden. Die wichtigsten Gründe für die Aufsplitterung des Systems sind:

- Das Interesse von sich als Gruppen[176] verstehenden Bevölkerungsteilen (v.a. Landwirtschaft, Selbständige, Mittelstand, "cadres"), über eine "eigene" Sicherung zu verfügen;
- die mutualistische Tradition;
- die Notwendigkeit, Zusatzsicherungen zu den teilweise schwachen Schutzmöglichkeiten des "régime général" zu schaffen[177].

Die Vielzahl der Schutzsysteme gesetzlicher wie kollektivvertraglicher Art hat zu Disparitäten in zweierlei Hinsicht geführt:

- In horizontaler Hinsicht: Für verschiedene Gruppen existieren unterschiedliche Schutzsysteme.

---

176 Über diese Gruppeninteressen EHRMANN, Henry W., Das politische System Frankreichs, Eine Einführung, München 1976, S. 121 ff.

177 Sogar beim Zweig der Krankenversicherung, der immer mehr entwickelt wurde, ist dies zunehmend festzustellen, vgl. BELORGEY, aaO (Anm. 116), S. 99.

- In vertikaler Hinsicht: Innerhalb der Gruppen selbst werden nicht alle Gruppenangehörigen in gleicher Weise von einem Schutzsystem erfaßt (vor allem bei den Sondersystemen der abhängig Beschäftigten).

Einen ersten Anstoß zum Umdenken hat vor allem die demographische Situation einzelner Gruppensicherungssysteme gegeben. Die "Loi Royer" (Gesetz Nr. 73-1193 vom 27. Dezember 1973) war ein erster Schritt in Richtung auf eine Harmonisierung von Schutzsystemen. Zwei weitere Gesetze greifen diese Vorstellungen auf: Das Gesetz Nr. 74-1o94 vom 24. Dezember 1974 bezweckt einen gemeinsamen sozialen Schutz aller Franzosen und den Finanzausgleich zwischen den Basispflichtsystemen. Die Generalisierung der sozialen Sicherheit ist das Ziel des Gesetzes Nr. 75-574 vom 4. Juli 1975.

Das Harmonisierungsgesetz vom 24. Dezember 1974 konzentriert sich auf einen Abbau horizontaler Disparitäten, jedoch nicht in einem globalen Ansatz. Es sind nur die Zweige Krankheit-Mutterschaft, Alter und Familienleistungen betroffen. Die gesetzlichen Vorschriften haben eine Reihe von Fragen[178] aufgeworfen. Bereits der Begriff der Harmonisierung ist nicht erläutert. Weiter ist nicht geklärt, ob über die Leistungen und Beiträge hinaus auch Verwaltungsstrukturen und -prozeduren angeglichen werden sollen.

Bis zum 1. Januar 1978 soll der gemeinsame soziale Schutz aller Franzosen erreicht sein.

---

178 Hierzu die eingehenden Analysen eines ENA-Seminars, in: Revue Française des Affaires sociales 1976, numéro spécial, Perspectives de la sécurité sociale, tome II, S. 278 ff.

Das gleiche Datum gilt auch für das Generalisierungsgesetz vom 4. Juli 1975[179]. Bei diesem Gesetz geht es um den Einbezug bis jetzt nicht gesicherter Personenkreise in die Schutzsysteme der Kranken-, Mutterschafts- und Altersversicherung sowie der Familienleistungen.

IV. Kriegsopfer

Auch in Frankreich sind die Regelungen zur Entschädigung der Kriegsopfer sehr zahlreich und sehr verzweigt. Die einschlägigen Vorschriften finden sich deshalb nicht nur im "Code des pensions militaires d'invalidité et des victimes de la guerre", sondern auch in zahlreichen anderen Rechtsgebieten, so z.B. im Steuerrecht. Die Behandlung der sozialen Situation des Kriegsopfers kann deshalb nicht nur anhand der einschlägigen sozialrechtlichen (im engeren Sinne) Vorschriften erörtert werden, sondern muß sich auf weite Teile anderer Rechtsgebiete erstrecken[18o].

1) Organisation

Frankreich hatte lange Zeit ein eigenes Ministerium für die Kriegsopfer, genannt "Ministère des anciens combattants et victimes de guerre", das unter der dritten Regierung Messmer in ein Staatssekretariat umgewandelt worden ist. An das Sekretariat ist angegliedert das "Office national des anciens combattants et victimes de guerre", das für

179 Hierzu BING, Jacques, Vers la généralisation de la sécurité sociale, in: Questions de sécurité sociale 1976, S. 44-49, 73-79.

18o Vorbildlich für diese Betrachtungsweise PETIT, Claude, Guide social des anciens combattants et victimes de guerre, Paris-Limoges 1975 (Lavanzelle). Die folgenden Ausführungen stützen sich im wesentlichen auf dieses Buch.

alle sozialen Fragen zuständig ist und damit beauftragt ist, den moralischen und materiellen Schutz der betreffenden Personen zu gewährleisten, während das Staatssekretariat mehr im Bereich der Verwaltungsaufgaben tätig wird.

2) Leistungsspektrum

Die Pensionsleistungen, die über die Kriegsopferentschädigung gewährt werden, stellen nicht die einzigen Leistungen dar. Das französische Kriegsopferrecht ist gerade auch im Bereich der Sachleistungen und der Bereitstellung von Diensten sehr entwickelt. Die Pensionsberechtigung stellt jedoch häufig die Voraussetzung dafür dar, daß auch Sachleistungen und sonstige Leistungen gewährt werden. Dies gilt insbesondere für die kostenlose Heilbehandlung, die schon durch ein Gesetz vom 31. März 1919 eingeführt worden ist. Die kostenlose Heilbehandlung greift jedoch nur für solche Komplikationen ein, die auch den Rechtsgrund für die Pensionsgewährung darstellen. Das heißt jedoch nicht, daß andere als kriegsbedingte Krankheiten nicht abgedeckt wären; in einer Vielzahl der Fälle werden die Kosten für andere Krankheiten zu 1oo% über die "Sécurité sociale" erstattet. Kriegsinvaliden mit einem Invaliditätsgrad von mindestens 85% sind auf Kosten des Staates dem "régime général" der sozialen Sicherheit angegliedert.

Wie für alle Invaliden stellen sich auch für die Kriegsinvaliden auf dem Beschäftigungssektor große Probleme. Hier greifen vielfältige Möglichkeiten ein, die teils direkt über die schon vorhandenen Institutionen laufen, z.T. aber auch extra für die Kriegsopfer geschaffen worden sind. Im privaten Sektor muß jeder Betrieb mit mehr als 1o Beschäftigten 1o% der Stellen für Kriegsopfer bereitstellen. Über die Institution der "emplois résevés" versucht man, im Verwaltungssektor Stellen sowohl für ausgediente Militärpersonen als auch für Kriegsopfer bereitzuhalten.

3) Pensionen

Es existieren drei Arten von Pensionen, die Invalidenpensionen, die Pensionen der Rechtsnachfolger ("ayants cause") und die Pensionen der Zivilopfer. Bei den Invalidenpensionen werden endgültige und zeitlich begrenzte Pensionen gewährt, je nachdem, ob die Krankheit heilbar ist oder nicht. Die Höhe der Pensionen errechnet sich aus drei Elementen: dem Grad der Invalidität, dem militärischen Rang, und der Bezugsgröße zu Beamtengehältern. Anders als bei der Invaliditätsrente nach dem "régime général" wird hier der Invaliditätsgrad voll in Stufen von jeweils 5% erfaßt. Die niedrigste Invaliditätsstufe ist 1o%. Neben dieser Grundregelung existieren zahlreiche Zulagen, Erhöhungen, etc.

Die Pensionen der Rechtsnachfolger (Witwen, Waisen, Aszendenten) sind Hinterbliebenenrenten. Die Witwe hat unter bestimmten Voraussetzungen Anspruch auf Familienbeihilfen. In den Fällen des Konkubinats hat die hinterbliebene Lebensgefährtin ebenfalls Anspruch auf eine Pension, die hier jedoch nicht Pension genannt wird, sondern "jährliche Unterstützung". Das Konkubinat muß mindestens drei Jahre gedauert haben und darf nur durch den Tod der Militärperson unterbrochen worden sein. Außerdem darf die Gefährtin keine neue freie Liaison eingegangen sein. Die Waisenrente wird nur bis zum Alter der Volljährigkeit (18 Jahre) gewährt. Für die Aszendenten wird eine Pension gewährt, die in seltenen Fällen an eine Bedürfnisprüfung geknüpft ist. Die Aszendenten müssen ein bestimmtes Alter (6o Jahre für Männer, 55 Jahre für Frauen) erreicht haben oder aber gebrechlich oder unheilbar krank sein. Die Pension für die zivilen Kriegsopfer wird unter ähnlichen Voraussetzungen gewährt wie die Pensionen an Militärpersonen.

Eine einzigartige Institution ist für Kriegswaisen errichtet worden: die "pupilles de la nation" (Mündel der Nation). Die Mündel der Nation stehen unter besonderem Schutz des Staates, was nicht heißt, daß noch vorhandene Familienbande nicht gewahrt werden sollen. Bis zum Alter von 18 Jahren genießen die Mündel der Nation besondere Vorteile, was u.a. die Ausbildung, die Ferien, medizinische Hilfen anbetrifft.

Die Vorteile, die die Kriegsopfer in anderen Rechtsbereichen genießen, sind zahlreich und fast unüberschaubar. Die Skala reicht von der Aufhebung der Hundesteuer bis zu dem Recht, Tiere aus dem Auto heraus jagen zu dürfen. Natürlich sind auch Erleichterungen bei den Transportkosten und im Steuersektor vorgesehen.

C. Sozialpolitische Aspekte zur sozialen Sicherheit

Wie auf der einen Seite die Betrachtung ausländischen Sozialrechts sich nicht auf die Momentaufnahme des aktuellen Rechtsstandes beschränken darf, sondern die historische Entwicklung miteinbeziehen muß, so ist auf der anderen Seite ebenso der sozialpolitische Kontext einzubringen, wenn mann Sozialrecht als Agens der Sozialpolitik versteht.

Die folgenden Ausführungen sind nur als Problemanrisse aufzufassen. Vollständigkeit oder Systematisierung kann in diesem Rahmen nicht erreicht werden.

I. Akteure der Sozialpolitik im Bereich der sozialen Sicherheit

1) Sozialpartner

Die gemeinsamen Berührungszonen des Arbeitsrechts und des Rechts der sozialen Sicherheit[181] haben es den Gewerkschaften erleichtert, insbesondere nach dem 2. Weltkrieg an den Orten des sozialen Defizits im Bereich der sozialen Sicherheit tätig zu werden. Zwei bedeutende Schutzformen der sozialen Sicherheit, so die Arbeitslosenversicherung und die Zusatzaltersversorgung[182], wurden durch Kollektivverträge errichtet. Es handelt sich hierbei um nationale interprofessionelle Kollektivverträge, die an die arbeitsrechtlichen Vorschriften angelehnt sind, jedoch teilweise eigenständigen Regeln folgen[183].

Seit 1968 haben die kollektivvertraglichen Regelungsmöglichkeiten im übrigen einen neuen Aufschwung erfahren[184]. Sie decken in letzter Zeit vor allem den Bereich der Einkommenssicherung im Zusammenhang mit Kündigungen und Arbeitslosigkeit ab[185].

---

181 Dazu CAMERLYNCK/LYON-CAEN, aaO (Anm. 88), S. 29 f.

182 Dazu BIRK, aaO (Anm.159), S. 1o, 16; CAMERLYNCK/LYON-CAEN, aaO (Anm. 88), S. 633 f.

183 CAMERLYNCK/LYON-CAEN, aaO (Anm. 88), S. 634. Auch die rein arbeitsrechtlichen Kollektivverträge können Bestimmungen über soziale Garantien enthalten, Art. L. 132-1 Code du travail.

184 Vgl. die Aufzählung bei CAMERLYNCK/LYON-CAEN, aaO (Anm. 88), S. 634 ff.

185 Jüngstes Beispiel ist die Einkommenssicherung für die über 6o-jährigen Arbeitnehmer, die freiwillig ihre Arbeitsstelle verlassen, Kollektivvertrag vom 13. Juni 1977, abgedruckt in: Liaisons sociales - Législation sociale, No. 452o vom 15. Juni 1977; vgl. oben B. III. 4).

a) Gewerkschaften

Die französischen Gewerkschaften können im Vergleich zur Bundesrepublik Deutschland oder Großbritannien oder gar zu Schweden nur einen geringen Anteil der Arbeitnehmerschaft als Mitglieder verzeichnen (Frankreich 25%, BRD und Großbritannien etwa 4o%, Schweden über 8o%)[186]. Im Vergleich zu dieser schwachen Organisationsbereitschaft haben die französischen Gewerkschaften einen beachtlichen Einfluß im politischen Leben[187], der sicher auch darauf zurückzuführen ist, daß die fünf großen Gewerkschaften (C.G.T., C.F.D.T., C.F.T.C., C.G.T.-F.O. und C.G.C.) für sich jeweils bestimmte politische Grundsätze konsistent[188] vertreten.

Im Bereich der sozialen Sicherheit sind die Gewerkschaften auch bei den staatlichen Planungsarbeiten beteiligt. Innerhalb der Organismen der Träger der sozialen Sicherheit finden sie ihren Platz in den Verwaltungsräten, wobei darauf abgestellt wird, ob die Gewerkschaft "repräsentativ" ist. Diese Eigenschaft wird an folgenden Kriterien gemessen (Art. L. 133-2 Code du travail): Mitgliedszahl, Unabhängigkeit, Beiträge, Erfahrung und Alter der Gewerk-

---

186 Zahlen bei FOURNIER/QUESTIAUX, aaO (Anm. 55), S. 216.

187 Dies., S. 216; EHRMANN, aaO (Anm. 176), S. 124 ff.

188 Vgl. für die politischen Positionen der einzelnen Gewerkschaften FOURNIER/QUESTIAUX, aaO (Anm. 55), S. 237 ff ; REYNAUD, Jean-Daniel, Les Syndicats en France, tome 2, Paris 1975 (Seuil), S. 48 ff.

schaft, patriotische Haltung während der Besatzungszeit[189].

b) Arbeitgeberverbände

Der wichtigste Arbeitgeberverband Frankreichs ist der "Conseil national du patronat français" (C.N.P.F.). Daneben steht die "Confédération générale des petites et moyennes entreprises" (C.G.P.M.E.) für den Sektor der Klein- und Mittelbetriebe[19o]. In jüngerer Zeit sind die Arbeitgeber und ihre Verbände aus ihrer früher gepflegter Isolation herausgetreten, um selbst gestaltend mit in die Sozialpolitik einzugreifen[191]. So haben die Unternehmer beispielsweise im Januar 1977 einen Bericht über die Reform der sozialen Sicherheit vorgelegt[192]. Die Unternehmerschaft wehrt sich in diesem Bericht dagegen, daß sozialer Schutz mit Einkommens(umverteilungs)politik verwechselt werde. Weiter wird die Anhebung bzw. teilweise Aufhebung von Beitragsbemessungsgrenzen sowie die Höhe der

---

189 Vgl. noch allgemein zu den Gewerkschaften LEFRANC, Georges, Le syndicalisme en France, Neuvième édition mise à jour, Paris 1975 (Presses universitaires de France); BRICHET, Robert, Associations et syndicats, 4e édition, Paris 1976 (Librairies techniques), S. 413 ff ; VERDIER, Jean-Marie, Syndicats, Traité de droit du travail, Vol. 5, Paris 1966 (Dalloz).

19o Dazu FOURNIER/QUESTIAUX, aaO (Anm. 55), S. 234.

191 Dies., S. 235 f ; EHRMANN, aaO (Anm. 176), S. 128 f.

192 Rapport CHOTARD, abgedruckt in: Liaisons sociales, Documents, No. 8/77 vom 21. Januar 1977; vgl. dazu die engagierte Stellungnahme von DUPEYROUX, Jean-Jacques, Le rapport Chotard: vers un dégagement patronal?, in: Le Monde vom 15.2.1977.

Soziallasten der Unternehmen gerügt (die Unternehmen tragen etwa 67% der Soziallasten, der Staatsanteil beläuft sich auf etwa 1o%). Die Einbeziehung der Wegeunfälle in die Arbeitsunfallversicherung und die alleinige Finanzierung der Familienleistungen aus Arbeitgeberbeiträgen müßten aufgehoben werden. Die Zusatzsysteme im Bereich der Alterssicherung dürften nicht angeglichen werden und der Selbstbehalt bei der Krankenversicherung müsse aufrechterhalten bleiben.

Über diese stark interessengeprägten Vorstellungen darf nicht übersehen werden, daß die Arbeitgeberverbände in der "politique contractuelle"[193] zusammen mit den Gewerkschaften an der Schaffung bedeutender sozialer Institutionen teilgehabt haben[194, 195].

2) Organisationen mit sozialpolitischer Aktivität

Aus der Vielzahl der Organisationen, die vornehmlich soziale oder sozialpolitische Aktivitäten ausüben und

193 Dazu unten C. II.2).

194 Dazu FOURNIER/QUESTIAUX, aaO (Anm. 55), S. 236 f. Die Haltung der Arbeitgeberschaft wird dort "aufgeklärter Kapitalismus" genannt.

195 Vgl. noch allgemein zu den Unternehmern und ihren Verbänden BRIZAY, Bernard, Le patronat, histoire, structure, stratégie du CNPF, Paris 1975 (Seuil); HARRIS, André, de SEDOUY, Alain, Les Patrons, Paris 1977 (Seuil); LEFRANC, Georges, Les organisations patronales en France du passé au présent, Paris 1976 (Payot); zur Geschichte EHRMANN, Henry W., La Politique du Patronat français 1936-1955, Paris 1959 (A. Colin).

die zum Teil eigene soziale Einrichtungen unterhalten[196], ragt die "Union nationale des associations familiales" (U.N.A.F.) heraus[197]. Nach Art. 3 des "Code de la famille et de l'aide sociale" kann diese Vereinigung gegenüber den staatlichen Stellen ihre Stellungnahme zu allen Familienfragen abgeben und entsprechende Maßnahmen vorschlagen, offiziell die französischen Familien diesen Stellen gegenüber vertreten und alle ihr staatlich anvertrauten Aufgaben dazu wahrnehmen. Finanziert wird die Vereinigung und ihre Unterorganisationen aus dem Aufkommen der Familienkassen (Art. 11 Code de la famille et de l'aide sociale).

3) Träger der sozialen Sicherheit

Die hauptsächlichen Träger der sozialen Sicherheit sind auch in Frankreich die Sozialversicherungen, wobei man hierzu auch die privaten Träger im landwirtschaftlichen Sektor, also die "mutualité" und die durch Kollektivvertrag errichteten Systeme für die Arbeitslosenversicherung (A.S.S.E.D.I.C. - U.N.E.D.I.C.)[198] zählen kann.

---

196 Etwa die "Union nationale des oeuvres privées sanitaires et sociales" (U.N.I.O.P.S.S.), oder die "Union nationale des parents d'enfants inadaptés" (U.N.A.P.E.I.). Zur privaten Wohlfahrt auch LAROQUE u.a., aaO (Anm. 1), S. 318 ff.

197 Dazu BELORGEY, aaO (Anm. 116), S. 21.

198 Dazu ausführlicher oben B. III. 4).

Die Aufgaben, die die Sozialversicherungsträger wahrnehmen, gehen über die reine Verwaltung der Versicherungsleistungen hinaus. Die Kassen können neben den gesetzlich fixierten Leistungen auch zusätzliche Leistungen erbringen oder im Rahmen der "action sanitaire et sociale"[199] tätig werden und soziale Dienste erbringen. Vor der Reform von 1967 genossen die Kassen große Freiheiten bei den Aktivitäten im Rahmen der "action sociale"; später wurde immer mehr der Konflikt deutlich, den eine zentralistische Sozialplanung im Verhältnis zu regionalen oder departementalen Vorstellúngen der Kassen auslösen mußte[2oo].

Die Institution der Sozialversicherungskassen des "rêgime gênêral" war zunächst konzipiert als einheitliche Zelle, die alle Versicherungsaufgaben aller Versicherungszweige wahrnehmen sollte. Diese am Beveridge-Modell orientierte Vorstellung konnte sich jedoch bei der Installierung eines Systems der sozialen Sicherheit im Jahre 1945 nicht durchsetzen[2o1]. Nur auf nationaler Ebene war eine einheitliche Organisation möglich, die sich vor allem mit der Finanzverwaltung der verschiedenen Kassen beschäftigte. In der Reform von 1967 wurde dann auch auf dieser Ebene eine weitere risikoorientierte Aufteilung der Kassen betrieben[2o2].

Ein anderes bei der Errichtung des Systems verfolgtes Prinzip konnte jedoch greifen: die Sozialversicherungs-

---

199 Dazu unten C. II. 3).

2oo ALFANDARI, aaO (Anm. 31), S. 12o f.

2o1 Vgl. DUPEYROUX, aaO (Anm. 4), S. 62o.

2o2 Siehe dazu oben A.II.7), B. II. 2).

träger sollten nicht in die staatliche Verwaltung integriert werden, sondern autonom sein[2o3]. Die "tradition mutualiste" in Frankreich hat hier ihren spürbaren Einfluß ausgeübt, was sich auch in der Zusammensetzung und Wahl der Verwaltungsräte zeigen sollte (Vertretung durch Arbeitgeber- und Arbeitnehmerseite). Die Wahl wurde später durch Designation seitens der Sozialpartner ersetzt.

Die Autonomie der Sozialversicherungsträger, die niemals unbeschränkt war, wurde durch die zunehmende äußere und innere Kontrolle[2o4] der Kassen durch den Staat immer mehr reduziert, so daß man heute zwar noch nicht von einer Staatseinbindung, aber schon von einer intensiven Staatsanbindung der Kassen sprechen kann[2o5].

4) Staat

Die Geschichte der französischen Sozialpolitik - und dies gilt auch für andere Länder - ist die Geschichte der zunehmenden staatlichen Intervention in diesem Bereich, wobei die Kontrolltätigkeit gegenüber eigener Führung sozialer Angelegenheiten überwiegt[2o6]. Die

2o3 LAROQUE u.a., aaO (Anm. 1), S. 315.

2o4 DUPEYROUX, aaO (Anm. 4), S. 622 f. Die "innere" Kontrolle wird verstärkt durch die Vergrößerung der Machtbefugnisse des Direktors im Verhältnis zum Verwaltungsrat.

2o5 Zu den verschiedenen Aufsichtsformen ausführlich DUPEYROUX, aaO (Anm. 4), S. 671 ff.

2o6 GREFFE, aaO (Anm. 1), S. 176.

französische Besonderheit ist dabei, daß sich die staatliche Planung, die zunächst reine Wirtschaftsplanung war, seit dem VI. Plan (1971-1975) auch mit der Sozialplanung befaßt.

Die Ministerien, die im weitesten Sinn mit Sozialem befaßt sind, lassen sich in drei Gruppen unterteilen[207]. Zur ersten Gruppe zählen die "Sozialministerien" im engeren Sinn, also das Arbeits- und das Gesundheitsministerium. Diese beiden Ministerien wurden zeitweise zu einem Ministerium für soziale Angelegenheiten zusammengefaßt. Die Domäne der sozialen Sicherheit war nie fest einem der beiden Ministerien zugeschrieben; im Augenblick ist sie beim Gesundheitsministerium zu finden[208].

Das "Ministêre des anciens combattants" (Ministerium für Kriegsveteranen) - nunmehr zum Staatssekretariat geworden - zählt ebenfalls noch zu den Sozialministerien im engeren Sinn.

Verschiedene andere Ministerien (Landwirtschaft, Industrie) haben Kompetenzen für den Bereich der sozialen Sicherheit, soweit bestimmte Berufsgruppen (Landwirte, Bergleute) betroffen sind.

Voll im sozialen Sektor, jedoch nicht im Kernbereich der sozialen Sicherheit, werden die für Erziehung, Kultur und Sport zuständigen Ministerien tätig.

2o7 So FOURNIER/QUESTIAUX, aaO (Anm. 55), S. 188 ff.

2o8 Die gegenwärtigen Finanzierungsprobleme im Gesundheitssektor waren wohl mit ausschlaggebend für diese Zuweisung.

Eine gemeinsame Institution des Arbeits- und Gesundheitsministeriums, die "Inspêction gênérale des affaires sociales " (IGAS)[2o9] nimmt die ständige Kontrolle im Bereich des sozialen und sanitären Schutzes wahr. Die IGAS hat es sich zur Aufgabe gemacht, in Form von Jahresberichten zu aktuellen Problemen der sozialen Sicherheit eingehende Stellungnahmen zu liefern[21o], die häufig als Ausgangspunkt für Neuregelungen dienen.

5) Gebietskörperschaften

Die Rolle der Gebietskörperschaften auf dem Gebiet der sozialen Sicherheit ist wegen der zentralistischen Verwaltung Frankreichs im Vergleich zur BR Deutschland etwas geringer[211]. Die Kommunen sind vor allem im Bereich der "action sociale" tätig, nachdem ihnen wesentliche Kompetenzen der Sozialhilfe entzogen

---

2o9 Errichtet durch Dekret vom 11. Mai 1967.

21o Diese Berichte sind wegen ihrer Intensität und wegen ihrer interessanten Ansätze zur Analyse ein unentbehrliches Arbeitsinstrument für Forschungen im Bereich der sozialen Sicherheit. Für den Jahresbericht 1976 über die sozialen Ausgaben hat die IGAS beispielsweise einen funktionellen Ansatz zur Analyse der sozialen Kosten gewählt, d.h. es wurde die Gesamtheit der Mittel, die für einen gleichen Zweck im Rahmen aller betroffenen Institutionen ausgegeben wird, in Betracht gezogen. Die bisher übliche sektorielle Kostenanalyse brachte nicht die gewünschten Ergebnisse.

211 BELORGEY, aaO (Anm. 116), S. 41.

worden sind[212], Bei den Departements befinden sich eine "Direction départementale de l'action sanitaire et sociale"[213] und verschiedene Sozialhilfedienste[214]. Den Departements stehen somit die wichtigsten Kompetenzen im Sozialhilfebereich zu.

II. Instrumentarium der Sozialpolitik

Wie schon in den anderen Kapiteln des Abschnittes C. können in diesem Rahmen nur Verständnishinweise zur französischen Sozialpolitik gegeben werden. Bei dem Abschnitt über Instrumente der Sozialpolitik wurden drei landesspezifische Besonderheiten ausgewählt, die bei einer ersten Beschäftigung mit französischem Sozialrecht und französischer Sozialpolitik unerläßlich für deren besseres Verständnis sind. Es handelt sich einmal um die Planung im sozialen Bereich, wobei Planung hier in einem weiteren Sinne, nämlich der 5-Jahresplanung verstanden wird. Nach diesem prospektiven Element der Sozialpolitik soll ein Aspekt behandelt werden, der in der Anlage des französischen Systems der sozialen Sicherheit bedingt ist und der auf der Mitte zwischen Projektion und konkreter Transformation von Sozialpolitik steht, nämlich das regelnde Zusammenwirken der Sozialpartner ("politique contractuelle"). Mit konkreter Transformation in einem Teilbereich beschäftigt sich dann der Abschnitt über die "action sociale", ein Gebiet, das etwa in der Bundesrepublik Deutschland zu einem Teil von einem weit verstandenen Begriff von Sozialarbeit abgedeckt

212 ALFANDARI, aaO (Anm. 31), S. 112; BELORGEY, aaO (Anm. 116), S. 42.

213 Ders., S. 213. Es handelt sich hier um eine dem Gesundheitsministerium unterstellte Behörde.

214 Ders., S. 215 ff.

wird, wo jedoch auch hier wieder ganz spezielle Eigenheiten vorzufinden sind.

Als Hinweis muß noch hinzugefügt werden, daß auch in Frankreich ein sozialpolitisches Instrumentarium im engeren Sinne, also soziale Indikatoren, Statistiken, Modelle und Sozialbudgets, erarbeitet wird[215]. Auf die Darstellung dieses Instrumentariums und die seiner konkreten Anwendung muß hier verzichtet werden.

1) Planung

Die Planung in Frankreich ist vornehmlich eine Wirtschaftsplanung, auch wenn der letzte Plan den Titel "7e plan de développement économique et social" führt. Nachdem nach dem 2. Weltkrieg die Planungspriorität hauptsächlich das wirtschaftliche Wachstum war, wurde man sich mehr und mehr der Faktoren bewußt, die auf dieses Wachstum Einfluß haben oder die damit in Zusammenhang stehen. So bezog man sehr bald die Schaffung öffentlicher Einrichtungen(Krankenhäuser, Wohnungen, Jugendzentren) in die Planung ein. Neben diesen wachstumsfördernden Aspekt trat dann die Frage, wie die Früchte des Wachstums umverteilt werden sollten[216]. Schon anlässlich des V. Planes (1965-1970) wagte man sich an eine Konzeption dieser Umverteilung, die jedoch scheiterte und für den VI. Plan aufgegeben wurde.

Zur Vorbereitung des VI. Planes wurden mehrere Kommissionen geschaffen, die sich mit einzelnen Bereichen der sozialen Entwicklung befaßten. Es existierten Kommissionen für die Bereiche der Sozialleistungen, der Beschäftigung, der Gesundheit, der Ausbildung und für Behinderte und alte

---

215 Vgl. einführend FOURNIER/QUESTIAUX, aaO (Anm. 55), S. 965 ff; BELORGEY, aaO (Anm. 116), S. 121 ff; GREFFE, aaO (Anm. 1), S. 4o ff.

216 FOURNIER/QUESTIAUX, aaO (Anm. 55), S. 911 f; BELORGEY,

Menschen. Die Innovation des VI. Planes im Sozialbereich war die Erstellung von sog. "programmes finalisés", mit denen über die bloße Bereitstellung von Diensten hinausgegangen werden sollte, um auch die Funktionsweise solcher Dienste in einem abgegrenzten Sektor zu rationalisieren und die Resultate meßbar machen zu können. Zu den hier interessierenden finalisierten Programmen zählen die perinatale Prävention, die Beschäftigungspolitik, die neuen Städte und die Belassung alter Menschen in ihrer Wohnung[217].

Die Ziele des VI. Planes decken sich weitgehend mit den politischen Ambitionen, die sich aus der laufenden Tagespolitik ergeben[218] und die im Plan geordnet und artikuliert erscheinen. Darüber hinaus verhilft der Plan - besonders bei den finalisierten Programmen - in den gewählten Problembereichen zu einer zusammenfassenden globalen Sicht, die sich nicht an den Verwaltungsstrukturen orientiert. In diesem Sinne soll ein funktioneller Ansatz bessere Lösungsmöglichkeiten bieten.

Zur Vorbereitung des gegenwärtig laufenden VII. Planes (1976-198o) wurde in der ersten Planungsphase für den sozialen Sektor eine "Commission des inégalités sociales" (Kommission für soziale Ungleichheiten) eingerichtet. Die Schaffung einer derartigen Kommission war insofern bedeutend, als damit eine Gleichstellung von Sozial- und Wirtschaftsplanung ausgedrückt werden sollte. Zunächst sollen die sozialen Ziele fixiert und ihre ökonomischen Auswirkungen untersucht werden, damit die Wirtschaftsplanung

---

216 (Forts.) aaO (Anm. 116), S. 143.

217 Vgl. zum VI. Plan das Sonderheft von Droit Social 4-5, avril-mai 1972, Aspects sociaux du VIe Plan.

218 FOURNIER/QUESTIAUX, aaO (Anm. 55), S. 992.

deren Konsequenzen mit einbeziehen könne[219]. Gleichzeitig stellt dies - zumindest von der Konzeption her - eine Absage an die bloße Korrekturfunktion der Sozialpolitik dar[22o].

Die Kommission war zunächst damit beauftragt, die sozialen Ungleichheiten festzustellen. Sie hat in diesem Zusammenhang drei Phänomene[221] herausgearbeitet:

- die Mannigfaltigkeit der Ungleichheiten, die nicht nur auf ökonomischem Sektor, sondern auch im Verhältnis etwa zur Krankheit und zum Tod sowie im Bildungswesen existieren;
- die Kumulierung von Ungleichheiten, unter der vor allem stark benachteiligte Personen und Gruppen zu leiden haben;
- die Übertragung von Ungleichheiten von einer Generation zur anderen, die aus der Vererbung von Vermögen, aber auch aus der Angehörigkeit zu bestimmten Bevölkerungsschichten resultiert.

Die Kommission hat aufgrund dieser Tatbestandsaufnahme dann die wichtigsten Ziele des Plans eruiert. Es handelt sich dabei einmal um die Vollbeschäftigung und die Verbesserung der Beschäftigungsmöglichkeiten und weiter um die Restrukturierung des sozialen Lebens in den Bereichen Familie und Wohnung[222]. Konkret hat die Kommission vorge-

---

219 Rapport de la commission des inégalités sociales, Préparation de l'orientation du 7^{e}plan, Paris 1975 (La documentation française), S. 9 f. Dieser Kommission standen jedoch nur zwei Monate der Überlegung zur Verfügung, so daß die Frage erlaubt sein muß, wieweit an eine ernsthafte Verwirklichung der neuen Konzeption gedacht worden ist.

22o Dazu unten bei C.IV.

221 Rapport, aaO (Anm. 219), S. 12 ff.

222 Rapport,aaO(Anm. 219), S. 26.

schlagen[223], die Bedingungen für bessere Arbeit sicherzustellen, die Spannweite der Arbeitsentgelte zu reduzieren und hierfür eine wirksamere und gerechtere Umverteilung anzustreben, sowie eine größere Gleichheit beim Zugang zu den kollektiven Dienstleistungen und deren besseres Funktionieren zu gewährleisten.

In der zweiten Planungsphase haben drei Kommissionen (für Erziehung und Ausbildung, für Gesundheit und Krankenversicherung und für soziales Leben) im sozialen Bereich gearbeitet. Außerdem waren noch Komitees und Arbeitsgruppen eingesetzt[224].

Die Vorstellungen aus diesen Arbeiten sind - mit Modifizierungen - zunächst in einem Bericht[225] über die vorläufige Orientierung des VII. Planes eingegangen, der die Grundlage für den endgültigen Plan bildet.

Im VII. Plan[226] wird auf zwei Ebenen vorgegangen: Ein erstes Buch beschreibt die einzelnen Politiken, ein zweites

---

223 Rapport, aaO (Anm. 219), S. 43 ff.

224 Vgl. hier die folgenden Berichte des Commissariat général du plan:
- Rapport de la commission Santé et Assurance maladie
- Rapport de la commission Education et Formation
- Rapport de la commission Vie sociale
- Rapport du comité Revenus et Transferts
- Rapport du comité Habitat
- Rapport du comité Emploi et Travail
- Rapport du groupe de travail indicateurs sociaux et économiques,

alle Paris 1976 (La documentation française).

225 Rapport sur l'orientation préliminaire du VIIe Plan, Paris 1975 (La documentation française).

226 VIIe plan de développement économique et social 1976-198o, Paris 1976 (La documentation française). Der Plan ist offiziell als Annex zum Gesetz Nr. 76-67o vom 21. Juli 1976 veröffentlicht (Journal officiel v. 23. Juli).

die Aktionsprogramme[227]. Die Beschäftigungspolitik wird dabei unter globalen Aspekten, von der Schaffung neuer Arbeitsplätze bis zur Ausbildung, behandelt[228]. In der Familienpolitik[229] geht es vor allem darum, die Familienlei stungen neu zu ordnen und für die Familien bessere Dienste zur Verfügung zu stellen. Die Einkommensdisparitäten sollen über mehr Steuergerechtigkeit und Anhebung der niedrigeren Primäreinkommen aus unselbständiger Arbeit reduziert werden. Die letzte Aufforderung richtet sich vor allem an die Tarifpartner[23o].

Unter den 25 Aktionsprogrammen befassen sich 1o mit sozialen Problemen. Es sind dies:

- Intensivierte Betätigung auf dem Beschäftigungssektor (Programm Nr. 1o)
- Berufliche Ausbildung der Jugendlichen (Programm Nr. 11)
- Verbesserung der Arbeitsbedingungen (Programm Nr. 12)
- Gewährleistung der Chancengleichheit durch Erziehung und Bildung (Programm Nr. 13)
- Neue Familienpolitik (Programm Nr. 14)
- Belassung alter Personen in ihrer Wohnung (Programm Nr. 15)
- Entwicklung der Prävention und der freiwilligen sozialen Tätigkeit (Programm Nr. 16)
- Erleichterter Zugang zur Justiz (Programm Nr. 17)
- Verstärkte Stellung des Verbrauchers (Programm Nr. 18)
- Humanisierung der Krankenhäuser (Programm Nr. 19).

An dieser Stelle soll beispielhaft das Programm Nr. 15 und Nr. 16 behandelt werden.

---

227 Zu diesen Programmen ("programmes d'action prioritaires") vgl. auch BELORGEY, aaO (Anm. 116), S. 149, und VIIe Plan, aaO (Anm. 226), S. 13 f.

228 VIIe Plan, aaO (Anm. 226), S. 29 ff.

229 Dto., S. 4o f; s. auch oben B.III. 1) c).

23o VIIe Plan, aaO (Anm. 226), S. 43 f.

Die Belassung alter Menschen in ihrer Wohnung[231] war schon unter dem VI. Plan angestrebt worden. Mit diesem Programm soll vermieden werden, daß alte Personen bei auftauchenden medizinischen oder sozialen Problemen jedesmal in ein Krankenhaus oder in ein Heim verbracht werden. Bis 198o soll etwa 27o.ooo alten Menschen ein Ensemble verschiedener sog. "services de proximité" zur Verfügung gestellt werden, die der Hälfte dieser Personen eine Unterbringung in einem Heim oder einem Krankenhaus ersparen. 1/7 der 198o über 65 Jahre alten Personen (also etwa 1 Mio. von 7 Mio. alten Personen) soll zumindest einen dieser "services de proximité" in Anspruch nehmen können.

Diese Dienste sollen in bestimmten geographischen Sektoren errichtet werden, wobei ein Wohnungsdienst und ein Freizeitdienst obligatorisch sind. Unter einer Liste von neun Diensten müssen weitere drei Dienste gewährleistet werden. Dazu können gehören die Vorbereitung auf den Ruhestand, die Gestellung von Haushaltshilfen, die medizinische Behandlung in der Wohnung, Tageszentren, sanitäre Hilfen, Telefonwachdienst, Diäternährung, Gymnastik und telefonischer Informationsdienst.

Das Aktionsprogramm Nr. 16 befaßt sich mit der Prävention und der freiwilligen sozialen Tätigkeit[232]. Die Prävention soll sowohl gesundheitlicher wie sozialer Art sein. Bei der sozialen Prävention geht es vor allem um den Kampf gegen soziale Unangepaßtheit und gegen Delinquenz in kritischen Zonen. Hier wird eine Verbesserung der Sozialarbeit angestrebt. Eine präventive Tätigkeit soll weiter gegenüber Strafentlassenen und Strafgefangenen ausgeübt werden.

231 Dto., S. 128 ff.

232 Dto., S. 13o ff.

Mit dem zweiten Flügel des Aktionsprogrammes Nr. 16 sollen die Bürger zur freiwilligwn sozialen Tätigkeit aufgerufen werden. Dies soll hauptsächlich im Wege von Vereinigungen geschehen, die hierzu finanzielle und sächliche Mittel erhalten sollen.-

Die Kritik an der französischen Wirtschafts- und Sozialplanung setzt in zwei Punkten an: Es wird gerügt, daß die Regierung nicht verpflichtet ist, die Orientierungen des Plans zu übernehmen. Außerdem sind die Planungskommissionen immer weniger ein Ort der Konzertation zwischen Regierung und Sozialpartnern, da die Regierung die externen Konsultationen gerade bei der Erstellung des VII. Planes sehr limitiert hat, so daß es sich bei den Ergebnissen des VII. Planes weniger um Vorstellungen der repräsentativen nationalen Gruppen als vielmehr um solche der Regierung handelt[233].

2) Konzertation ("politique contractuelle")[234]

Unter der "politique contractuelle"[235] wird in Frankreich ein Zusammenwirken von Arbeitgeber- und Arbeitnehmerorganisationen bzw. vom Staat als Arbeitgeber und den Arbeitnehmerorganisationen verstanden. Dieses Zusammenwirken findet vor allem auf dem Gebiet der Arbeitsbedingungen statt. Da in Frankreich jedoch - wie bereits erwähnt - in zunehmendem Maß die Sozialpartner sowohl gesetzesvertretend wie gesetzesergänzend auf dem Sektor der sozialen Sicherheit

233 Hierzu und zum Ganzen BELORGEY, aaO (Anm. 116), S. 147 ff; FOURNIER/QUESTIAUX, aaO (Anm. 55), S. 994. Grundlegen NIZARD, Lucien, Changement social et appareil d'état du 5eme au 6eme plan, Paris 1972 (Cerat).

234 "Vertragspolitik", s. auch oben C.I.1).

235 Dazu allgemein BELORGEY, aaO (Anm. 116), S. 225 ff; FOURNIER/QUESTIAUX, aaO (Anm. 55), S. 252 ff.

tätig werden, ist die "politique contractuelle" hier kurz zu erläutern.

Obwohl vor der Mitte der sechziger Jahre die Fronten zwischen den Sozialpartner sehr verhärtet waren[236], so daß von einer konsequenten Konzertationspolitik nicht gesprochen werden konnte, sind gerade auf der Grenzzone zwischen Arbeitsrecht und Recht der sozialen Sicherheit die anerkannt bedeutendsten Kollektivverträge geschlossen worden (Schutz gegen Arbeitslosigkeit, Dauer des Urlaubs, Altersrente der "cadres"). Von Seiten des Staates wurden dann 1967[237] die Sozialpartner zu Verhandlungen auf fünf konkreten Gebieten aufgefordert, darunter solche auf dem Gebiet der sozialen Sicherheit, wie die Verbesserung der Arbeitslosenversicherung und die Einkommenssicherung bei Kurzarbeit. Auch später waren der Schutz der Arbeitslosen und - als neue Domäne - die berufliche Bildung ("formation professionnelle") Gegenstand von Kollektivverträgen.

Bei den genannten Kollektivverträgen handelt es sich um nationale Übereinkommen ("accords nationaux") auf interprofessioneller Ebene[238]. Auf den beiden anderen Ebenen, den Branchen und den Betrieben, ist die Bedeutung der Verträge im Bereich der sozialen Sicherheit geringer[239]. Bei den "accords d'entreprise" (Verträge auf betrieblicher Ebene) stehen vor allem die Regelung der Arbeitszeit und des ergänzenden Schutzes bei den Sozialversicherungen im Vordergrund.

---

236 ADAM, Gerard, REYNAUD, Jean-Daniel, VERDIER, Jean Maurice, La négociation collective en France, Paris 1972 (Les éditions ouvrières), S. 11 ff.

237 Brief des Premierministers Pompidou vom 3. August 1967 an die Arbeitgeber- und Arbeitnehmerorganisationen.

238 ADAM u.a., aaO (Anm. 236), S. 65 ff.

239 FOURNIER/QUESTIAUX, aaO (Anm. 55), S. 256.

In einer ersten Bestandsaufnahme läßt sich sagen, daß die Sozialpartner dort erfolgreich auf interprofessioneller Ebene regelnd eingreifen konnten, wo ganze Bereiche nicht oder nur unzulänglich abgedeckt waren. Dies gilt an erster Stelle für das Risiko der Arbeitslosigkeit und für die berufliche Bildung und - mit Einschränkungen - für die Altersversorgung. Auf betrieblicher Ebene scheint es dagegen eher um Zusatzsicherungen in Bereichen zu gehen, die prinzipiell gut abgesichert sind, aber in Einzelfällen dennoch zu Belastungen führen können, wie es vor allem bei der Krankenversicherung der Fall ist. Um ein umfassendes, einem funktionellen Ansatz entsprechendes Bild von der sozialen Absicherung der französischen Bevölkerung zu geben, müßte nach Berufsgruppen gegliedert jeweils ein Einzelbild der Schutzregelungen gezeichnet werden. In diesem Zusammenhang könnte dann auch eine Analyse geleistet werden, ob die arbeitnehmerbezogene Schutzpolitik der Sozialpartner nicht dem Bestreben des Gesetzgebers widerläuft, einen "gemeinsamen Schutz aller Franzosen" zu erreichen[24o].

3) "Action sociale"

Bei dem Terminus "action sociale"[241] ist eine eindeutige Begriffsbestimmung nur schwer auszumachen, teilweise wird sogar darauf verzichtet[242]. Diese definitorische Schwierigkeit spiegelt die tatsächliche Situation der "action sociale" wider. Eine Aufzählung der Bereiche, in denen man qua "action sociale" tätig wird, würde nichts über die Konzeption der "action sociale" aussagen, so wie umgekehrt

24o Vgl. oben B.III.6).

241 Am ehesten mit "soziale Maßnahmen" zu übersetzen; zuweilen wird auch die Zusammenstellung "action sanitaire et sociale" gebraucht.

242 ALFANDARI, aaO (Anm. 31), S. 1o2.

eine häufig verwandte Definition der "action sociale" als den Ausgleichsmaßnahmen gegenüber den "Unangepaßtheiten" ("inadaptations")[243] zwar einigermaßen treffend, jedoch der Gefahr der Relativierung ausgesetzt ist. Eine Vorstellung von Ausmaß und Bedeutung des Begriffes kann man sich am ehesten machen, wenn man die Domäne der "action sociale" als das Gebiet beschreibt, in dem generalisierende sozialrechtliche Regelungen aus den verschiedensten Gründen nicht oder noch nicht Platz greifen können. In einem sehr weit verstandenen Sinn könnte man von Sozialarbeit in einem gehobenen Rahmen sprechen, wie ja die Sozialarbeit ("travail social") konventioneller Art zum Bereich der "action sociale" zählt.

Bringt man die "action sociale" in eine Relation zu den klassischen Vorgehensweisen auf sozialrechtlichem Feld (mittels der Sozialversicherung und der Sozialhilfe), so zeigen sich ihre Charakteristika sehr deutlich. Die "action sociale" hat einen prospektiven Aspekt. Ihre Einsatzmittel sind eher persuasiv denn imperativ. Schließlich muß sich die "action sociale" schnell auf Neuentwicklungen einstellen können[244].

Die Tätigkeitsebenen der "action sociale" sind unterschiedlich. So existiert "action sociale" auf ministerieller Ebene gleichermaßen wie auf lokaler und regionaler Ebene. Die Sozialversicherungskassen sind ebenfalls berufen, in der "action sociale" mitzuwirken. Für die Tätigkeitsformen der "action sociale" sind gewisse Kategorien herausgearbeitet worden. Bei der "action sociale globale"[245] - die Idealkonzeption jeder "action sociale" - versucht man, das Indivi-

243 Ders., S. 1o5 f.

144 Ähnlich ders., S. 1o3

145 Ders., S. 1o5; BELORGEY, aaO (Anm. 116), S. 215 ff; FOURNIER/QUESTIAUX, aaO (Anm. 55), S. 948; LORY, Bernard, La politique d'action sociale, Toulouse 1975 (Privat), S. 131 ff.

duum im Kontext seiner gesamten Umweltbeziehungen zu sehen und ganz generell die Umwelt zu verbessern. Andere Kategorien sind die "action sociale ponctuelle" und die "action sociale catégorielle"[246], mit denen entweder die Aspekte der Individualfallbehandlung oder der gruppenbezogenen Vorgehensweise angesprochen werden.

Die Träger der "action sociale" können aus dem öffentlichen und dem privaten Sektor stammen; wie bereits erwähnt, sind die Sozialversicherungskassen ebenfalls komplementär zu ihren originären Funktionen im Bereich der "action sociale" tätig. Mit dem Gesetz Nr. 75-535 vom 3o. Juni 1975[247] über soziale und medico-soziale Institutionen wurde ein Rahmen für die Einrichtungen geschaffen, die in der "action sociale" tätig werden. Das Gesetz Nr. 75-535 geht auf die "nachgiebigen" Strukturen der "action sociale" ein und versucht deshalb, in der Hauptsache nur Regelungen über Koordinierung und Finanzierung zu treffen, sowie Statute und Definitionen für Einrichtungen der "action sociale" zu geben.-

Die Tätigkeit privater Organismen, die sich früher vor allem auf den Fürsorgebereich erstreckte, hat sich nach der Verrechtlichung der "assistance" auf das Gebiet der "action sociale" ausgedehnt. Da heute "action sociale" kaum mehr nur von karitativ veranlagten Individuen, sondern schon in unternehmensähnlichen Formen betrieben wird, können private Träger hier auch gewerblich - mit dem Zweck der Gewinnerzielung - tätig werden. Da die Angebote der "action sociale", die von den öffentlichen Trägern ausgehen, nicht ausreichend sind, können private Organismen hier ergänzend eintreten[248].

---

246 Zu den beiden letzten Kategorien vgl. ALFANDARI, aaO (Anm. 31), S. 1o4; FOURNIER/QUESTIAUX, aaO (Anm. 55), S. 946 ff (mit einer Differenzierung nach Gruppen und Problemstellungen).

247 Zu diesem Gesetz ALFANDARI, aaO (Anm. 31), S. 1o8 ff.

248 Ders., S. 126.

Die Transformatoren der "action sociale" sind gemeinhin die Sozialarbeiter ("travailleurs sociaux")[249]. Unter den Sozialarbeitern selbst scheint sich eine sehr weite Auffassung vom Begriff der Sozialarbeit durchgesetzt zu haben. So soll Sozialarbeit eine organisierte Tätigkeit mit dem Ziel sein, jedwelche Unangepaßtheiten ("inadaptations") zu reduzieren oder ihnen zuvorzukommen. Weiter soll Sozialarbeit auch mehr und mehr im Rahmen schon"angepaßter" Gruppen Aufgaben finden[25o].

Innerhalb dieses weiten Begriffs vom Sozialarbeiter und von der Sozialarbeit hat sich der Typus des "assistant social" oder der "assistante sociale"[251] herauskristallisiert, auf den das 6. Buch des "Code de la famille de l'aide sociale" Bezug nimmt (Art. 218 ff). Das Dekret Nr. 59-146 vom 7. Januar 1959 umreißt den Aufgabenbereich der Sozialarbeiter im Zusammenhang mit der Definition des Begriffes "soziale Dienste". Danach werden als soziale Dienste alle Dienste von öffentlichen und privaten Organismen betrachtet, durch die eine soziale Tätigkeit gegenüber Einzelpersonen, gegenüber Familien oder gegenüber Gruppen ("collectivités") durch Assistenten oder Hilfspersonen des sozialen Dienstes ausgeübt wird (Art. 9 des Dekretes Nr. 59-146). Diese Personen müssen die Bedingungen der Art. 218 und 219 des "Code de la famille et de l'aide sociale" erfüllen. Art. 218 bestimmt, daß niemand eine Beschäftigung als Assistent

249 Ders., S. 133; LORY, aaO (Anm. 245), S. 2o3.

25o Definition in: Esprit 4-5 avril-mai 1972, Normalisation et contrôle social (Pourquoi le travail social?), S. 4; dazu ausführlich LORY, aaO (Anm. 245), S. 2o3 ff.

251 Zur Ausbildung WITTERSTÄTTER, Kurt, Frankreichs Sozialarbeiterausbildung - medizinisch-kurativ geprägt, in: Archiv für Wissenschaft und Praxis der sozialen Arbeit 3/77, S. 237 ff.

in einem öffentlichen oder privaten sozialen Dienst ausüben kann, noch den Titel des Assistenten des Sozialdienstes tragen darf, wenn er nicht Träger eines staatlichen Diploms nach den gesetzlichen Vorschriften ist. Die "Association nationale des assistantes sociales et des assistants sociaux" (ANAS) hat einen inoffiziellen Berufskodex erarbeitet, an den alle Mitglieder der Vereinigung gebunden sind[252]. In einer "Circulaire interministérielle pour l'application de la loi de titularisation des assistantes sociales de l'état" vom 22. Oktober 1959 werden ebenfalls die Berufspflichten der Sozialarbeiter umrissen[253]. In dieser Verwaltungsvorschrift werden die herkömmlichen Aufgaben des Sozialarbeiters beschrieben: das Erforschen der Gründe, die das physische, psychologische, wirtschaftliche oder moralische Gleichgewicht eines Individuums, einer Familie oder einer Gruppe in Frage stellen, und die Ausführung der hierzu erforderlichen Abhilfemaßnahmen.

Neben diesem hier wiedergegebenen engen Begriff der "service social" existiert ein weiterer Begriff, der sich etwa mit der schon oben dargestellten "action sociale" deckt[254].

Der französische "service social "im engeren Sinn ist sehr komplex. Auf technischer Ebene unterscheidet man gemeinhin zwischen dem "service social polyvalent" und dem "service social spécialisé". Ebenso wie die "action sociale" kann auch der "service social " im engeren Sinne von Seiten des Staates, von Seiten der Gebietskörperschaften, von Seiten der Gebietsköperschaften, von Seiten der Träger der sozia-

252 Abgedruckt in: Déontologie en service social, 4e édition, Paris 1976 (Hrsg. ANAS).

253 Abgedruckt in: Déontologie, wie Anm. 252, S. 17 ff.

254 Schlagwort:"service social" in: Encyclopédie Dalloz, Droit social (Paris 1960).

len Sicherheit sowie von privaten Organismen getragen werden. Auch innerhalb der Betriebe ist ein "service social" vorgesehen. Zur Koordination der sozialen Dienste existieren Verbindungsausschüsse auf departementaler Ebene[255].

III. Einzelne Zielgruppen der Sozialpolitik

1) Familien

Die Familien stehen in Frankreich am Kreuzungspunkt zahlreicher sozialpolitischer Maßnahmen. Zwar ist zu Beginn dieses Jahrhunderts Familienpolitik hauptsächlich als Bevölkerungspolitik verstanden worden, jedoch sind im Laufe der Jahre immer neue Orientierungen hinzugetreten, die aus der gesellschaftspolitischen Diskussion erwachsen sind. Dies sind vor allem die Umverteilungsproblematik und die Stellung der Frau im Familienverband einschließlich ihrer sozialen Sicherung. Neben diesen prinzipiellen Achsen der Familienpolitik - Natalismus, Umverteilung, Situation der Frau - existieren natürlich zahlreiche andere Aspekte, die hier vernachlässigt werden müssen[256].

---

255 Einführend zum"service social" de BOUSQUET, Marie-Hélène, Le service social, Deuxième édition mise à jour, Paris 1971 (P.U.F.).

256 Eingehend hierzu Commissariat général du Plan, La famille, Paris 1975 (Hachette).

a) Aspekte zur Geburtenpolitik

Ein Teil der französischen Familienleistungen ist dazu bestimmt, einen direkten Einfluß auf die "Geburtenpolitik" einer Familie zu nehmen. Es zählen dazu vor allem die Geldleistungen anläßlich der Schwangerschaft sowie das Kindergeld, das erst mit dem zweiten Kind einsetzt und so berechnet wird, daß gerade kinderreiche Familien eher begünstigt sind. Auch bei der Altersversorgung sind Erleichterungen für Frauen vorgesehen, die Kinder aufgezogen haben.

Die Relevanz dieses direkten monetären Einflusses auf die Kinderfreudigkeit französischer Familien ist weitgehend unerforscht [257]. Jedoch hat sich die Auffassung durchgesetzt, daß finanzielle Familienhilfen einen immer geringeren Platz gegenüber sächlichen Dienstleistungen, wie Bereitstellung von Wohnungen, Vorschulen, Kinderkrippen etc., einnehmen müssen[258].

Auf der anderen Seite der Medaille der Geburtenpolitik stehen die Maßnahmen bezüglich der Abtreibung und der Empfängnisverhütung. Mit dem Gesetz vom 17. Januar 1975 ist die Schwangerschaftsunterbrechung, die von einem Arzt in einem öffentlichen oder agregierten privaten Krankenhaus vor Ende der zehnten Woche der Schwangerschaft bei einer Frau in einer Notsituation vorgenommen wird, straffrei geworden. Da der Eingriff nicht von der Krankenkasse ersetzt wird, sind bestimmte preisregulierende Vorschriften anzuwenden. Im Gesetz vom 17. Januar 1975 sind auch präventive Maßnahmen im Rahmen der Geburtenregelung vorgesehen, so die Schaffung der "Centres de protection maternelle et infantile" und von "Centres de planification ou d'éducation familiale".

257 FOURNIER/QUESTIAUX, aaO (Anm. 55), S. 557.

258 BELORGEY, aaO (Anm. 116), S. 7o.

Das Gesetz ist als Interimsgesetz konzipiert; es hebt die entsprechenden Strafvorschriften des Code pênal für fünf Jahre auf. Der "Conseil constitutionel" hat die Übereinstimmung des Gesetzes mit der Verfassung festgestellt[259].

Auf dem Gebiet der Empfängnisverhütung haben die Gesetze Nr. 67-1176 vom 28. Dezember 1967 und Nr. 74-1o26 vom 4. Dezember 1974 eine Liberalisierung gebracht. Gegenstände und Medikamente zur Empfängnisverhütung dürfen nur verkauft werden, wenn ihre Vermarktung zuvor ministeriell genehmigt ist. Die Krankenkassen ersetzen diese Gegenstände und Medikamente ebenso wie die Untersuchungen in diesem Zusammenhang. Die "Centres de planification ou d'éducation familiale" können Minderjährigen sowie nicht sozialversicherten Personen empfängnisverhütende Mittel, Gegenstände oder Medikamente kostenlos gestellen.

b) Aspekte zur Einkommensumverteilung im Rahmen der Familienpolitik

Bei den Umverteilungsmaßnahmen im Rahmen der französischen Familienpolitik wird nur das Einkommen, nicht jedoch das Vermögen avisiert. Die Möglichkeiten der Umverteilung bestehen einmal in zusätzlichen finanziellen Leistungen, die sei es direkt, etwa im Wege der Familienleistungen, sei es indirekt, durch Gewährung von kostenlosen Dienstleistungen, etwa der Schulausbildung, erreicht werden. Die andere Möglichkeit besteht in der Reduzierung von sonst obligatorischen Abgaben, also Steuererleichterungen aufgrund bestimmter Familiensituationen[26o]. In Frankreich werden diese klassischen Mittel der Umverteilung eingesetzt.

259 Zur französischen Diskussion um die Schwangerschaftsunterbrechung FOURNIER/QUESTIAUX, aaO (Anm. 55), S. 558 ff.

26o Wie Anm. 256, S. 119 ff.

Die direkte Zuweisung finanzieller Mittel wird an der Tatsache orientiert, daß das Vorhandensein von Kindern in einem Haushalt zusätzliche Kosten verursacht. Die sog. Beihilfen mit Unterstützungsfunktion, also diejenigen Leistungen, die nunmehr im "complément familial"[261] zusammengefaßt werden sollen, dienen dazu, diesem Kostenfaktor Rechnung zu tragen. Bei diesen unterstützenden Beihilfen galten bislang zwei Konzeptionen: Das eigentliche Kindergeld wurde unabhängig von Einkommensgrenzen, die anderen Beihilfen unter Beachtung solcher Grenzen gewährt. Neuerdings wird jedoch verstärkt das Kriterium des Bedürfnisses - also die Beachtung von Einkommensgrenzen - eingeführt.

Betrachtet man den Anteil der Familienleistungen im Verhältnis zu anderen Sozialleistungen und im Verhältnis zum Einkommen, so läßt sich hier ein Rückgang feststellen[262]. Innerhalb des Gefüges der gesamten Familienleistungen nehmen die Unterstützungsleistungen ab, während die spezifischen Hilfen (Wohnungsbeihilfen, Beihilfen anlässlich der Geburt) ansteigen[263].

Die Steuererleichterungen für Familien folgen in Frankreich dem System des "quotient familial". Das einkommensteuerpflichtige Einkommen wird je nach Familienmitglied und Familienstellung (pro Elternteil je ein Teil, pro Kind je o,5 Teile) geteilt und die dadurch erhaltenen Teile jeweils für sich besteuert, so daß die Summe der Steuerbe-

---

261 Dazu oben B.III.1)c).

262 Zwischen 1962 und 1973 ist die Kaufkraft des Bruttoeinkommens vom Index 1oo auf 187,4, die Kaufkraft der Sozialleistungen auf den Index 232,3, die Kaufkraft der Familienleistungen jedoch nur auf den Index 141,9 angestiegen; vgl. die Zahlen bei FOURNIER/QUESTIAUX, aaO (Anm. 55), S. 565.

263 Wie Anm. 256, S. 2oo ff.

lastung sich aus diesen Teilsummen zusammensetzt. Diese Berechnung bringt Erleichterungen bei einem System der progressiven Besteuerung wie es bei der französischen Einkommenssteuer Platz greift. Der "quotient familial" führt jedoch dazu, daß Familien mit geringem zu versteuerndem Einkommen bei wachsender Kinderzahl nicht mehr in den Genuß der Erleichterungen kommen können, während höher verdienende Haushalte erhebliche Einsparungen verzeichnen können[264]. Die Ersetzung des "quotient familial" durch ein pauschales Abschlagsystem wurde zwar diskutiert; an eine Abschaffung des "quotient familial" wird jedoch nicht ernsthaft gedacht[265].

c) Situation der Frau und soziale Sicherheit

Die soziale Sicherung der Frau hängt von ihrem Personenstand, von der Art ihrer Tätigkeit und von Zahl und Alter eventueller Kinder ab. Obwohl man bei einem System der sozialen Sicherheit wie dem französischen mit seiner ursprünglichen Anbindung des sozialen Schutzes an die Arbeitnehmereigenschaft davon ausgehen könnte, daß zumindest die berufstätige Frau den gleichen sozialen Schutz wie der berufstätige Mann genießt, sind hier jedoch juristische wie faktische Ungleichbehandlungen auszumachen. Der Bezug der Familienleistungen etwa ist primär an die Arbeitstätigkeit

264 1974 betrug bei einem Jahreseinkommen von 12.5oo FF bei zwei Kindern die Steuererleichterung 235 FF; das dritte und jedes weitere Kind wirkten sich nicht mehr aus. Bei einem Jahreseinkommen von 1oo.ooo FF betrug die Erleichterung bei einem Kind 3.237 FF, für jedes weitere bis zum vierten Kind jeweils zusätzlich 2.5o3 FF; vgl. die Zahlen bei FOURNIER/QUESTIAUX, aaO (Anm. 55), S. 567.

265 GREFFE, aaO (Anm. 1), S. 194, kommt zu dem Schluß, daß innerhalb des Systems der sozialen Sicherheit Einkommensumverteilung in zwei Richtungen stattfinde: von den Unverheirateten zu den kinderreichen Familien hin, und von den schwachen zu den hohen Einkommen.

des Mannes geknüpft; die Berufstätigkeit der Frau eröffnet diesen Anspruch - bei einem Doppelverdienerhaushalt - erst subsidiär. Bei der Altersversicherung wird die faktische Ungleichbehandlung sehr deutlich. Da die Frauen häufig keine geschlossene Berufskarriere nachweisen können, ist der Prozentsatz der Mindestrentenbezieher wesentlich höher als bei den Männern. Ein Ausgleich findet nur für die Frauen statt, die Kinder aufgezogen haben. Pro Kind werden zwei Jahre auf die Versicherungszeit angerechnet (Art. L. 342-1 C. séc. soc.).

Für die nicht berufstätige Frau bestimmt sich die Situation nach ihrem Personenstand. Die verheiratete Frau leitet ihren sozialen Schutz zum großen Teil von dem ihres Ehegatten ab. In der Kranken- und Mutterschaftsversicherung erhält sie alle Sachleistungen; Einkommensersatzleistungen werden nicht gewährt, da die Hausfrauentätigkeit nicht als berufliche Arbeit gewertet wird.In der Altersversicherung bestehen in den meisten Fällen keine eigenen Rechte der Frau. Hier greift wiederum die Mindestrente ein.

Für Witwen und geschiedene Frauen läuft die Kranken- und Mutterschaftsversicherung ein Jahr weiter; falls Kinder vorhanden sind, so lange, bis das letzte Kind drei Jahre alt ist. Danach besteht die Möglichkeit der freiwilligen Versicherung. In der Altersversicherung erhalten die Witwen die Hälfte des Ruhegeldes des Mannes. Da jedoch die Voraussetzungen eines bestimmten Alters (55 Jahre) und der Heirat zwei Jahre vor dem Tod des Ehemannes erfüllt sein müssen, erhalten viele Witwen keine abgeleitete Rente. Die geschiedene Frau verliert bei der Altersversicherung grundsätzlich ihre Ansprüche. Es greifen aber je nach der Zugehörigkeit zu den verschiedenen Systemen Modifikationen ein, die zum Teil am Verschulden an der Scheidung anknüpfen.

Diese Ergebnisse beruhen weitgehend darauf, daß das französische System der sozialen Sicherheit auf einer professionellen Solidarität, nicht jedoch auf einer Solidarität der gesamten Nation aufbaut. Da die verheiratete Frau meist ihre soziale Sicherung aus der beruflichen Situation ihres Ehemannes ableitet, wächst sie nur aufgrund der ehelichen Verbindung in diese professionelle Solidarität hinein. Die Wahrnehmung von Aufgaben, die für die Gemeinschaft von Interesse sind, also das Aufziehen der Kinder und die Sorge für die Familie, werden kaum berücksichtigt. Der berufstätigen Frau, die wegen ihrer familiären Aufgaben meist keine vollständige Karriere ausüben kann, bleibt zudem oft wegen nicht hinreichender Versicherungszeiten in der Altersversicherung nur die Mindestrente.

Das Staatssekretariat für die Situation der Frau ("Sécrétariat d'Etat à la condition féminine") hat diese Probleme erfaßt und ist der Ansicht, daß in einem anders konzipierten System der sozialen Sicherheit diese Disparitäten ausgeräumt werden könnten[266]. Wegen der Schwierigkeit einer Systemumstellung wird jedoch die Verbesserung der sozialen Situation der Frau über palliative Maßnahmen vorgeschlagen.

Das Gesetz Nr. 75-574 vom 4. Juli 1975[267] hat schon bei der Weiterführung der Krankenversicherung der Witwen und geschiedenen Frauen einen Fortschritt gebracht. Diese Weiterversicherung soll ausgedehnt werden[268]. Auch in der Altersversicherung bestehen Möglichkeiten, der nicht berufstätigen Frau zu einer eigenen Versorgung zu verhelfen. Beim Bezug der "allocation de salaire unique" einschließlich des Steigerungssatzes[269] ist der Beitritt der Frau zur Altersversicherung kostenlos; in den anderen Fällen kann sich

266 Secrétariat d'Etat à la condition féminine, Cent mesures pour les femmes présentées par Françoise Giroud, Paris 1976 (La documentation française), S. 139 ff.

267 Dazu oben B.III.6).

268 Cent mesures, aaO (Anm. 266), S. 145

269 Dazu oben B.III.1)c).

die Frau, die ein Kind oder mehr aufzieht, beitragspflichtig versichern lassen. Die Verbesserungsvorschläge[270] laufen hier auf eine Pflichtversicherung hinaus, wobei die Frauen unter bestimmten Voraussetzungen von der Beitragszahlung entbunden werden sollen.

Bei der Hinterbliebenenrente ("pension de rêversion")[271], die nur unter Einhaltung bestimmter, sehr niedriger Einkommensgrenzen gewährt wird, gehen die Vorschläge dahin, die Einkommenshöchstgrenze zu verdoppeln[272]. Das Kumulierungsverbot, das beim Bezug einer Hinterbliebenenrente und dem Bezug einer eigenen Altersrente in gewissen Grenzen besteht, soll weiter gelockert werden[273].

Die hier geschilderten Maßnahmen sollen dazu verhelfen, den größten Ungerechtigkeiten abzuhelfen, die die Frauen in ihrer sozialen Sicherheit benachteiligen. Das Programm zur Verbesserung der sozialen Situation der Frau sieht zudem noch weitere Schritte vor, die hauptsächlich die berufliche Diskriminierung der Frau betreffen.

2) Behinderte Personen

Die Artikulation der Behindertenproblematik hat sich in Frankreich in dem Orientierungsgesetz Nr. 75-534 vom 3o. Juni 1975 niedergeschlagen[274]. Die Situation vor der Existenzdes Orientierungsgesetzes war von einer Aufsplitterung

---

27o Cent mesures, aaO (Anm. 266), S. 147.

271 Dazu oben B.III.1)a)ee).

272 Cent mesures, aaO (Anm. 266), S. 173

273 Dto. S. 174 f.

274 Da ein Orientierungsgesetz in hohem Maße ausfüllungsbedürftig ist und die entsprechenden Dekrete hierzu erst nach und nach ergangen sind und noch ergehen müssen - das Gesetz hat den 31. Dezember 1977 als letzten Termin hierzu bestimmt -, kann über die praktischen Erfahrungen und Auswirkungen dieses Gesetzes noch nichts gesagt werden.

der einschlägigen gesetzlichen Regelungen gekennzeichnet. Die wichtigsten Bestimmungen befanden sich hauptsächlich in der Sozialhilfegesetzgebung; weiter war das Arbeitsrecht, das Kriegsopferrecht, das Wohnungsrecht und das Recht der sozialen Sicherheit jeweils in Teilbereichen zuständig. Die Aufspaltung der Behindertenproblematik führte auch zu einer Trennung der Bereiche, die sich mit den gesundheitlichen Fragen und den sozialen Aspekten befassen. Schließlich lag die Last der Sorge um die Behinderten sehr stark bei den Familien und bei der freien Wohlfahrtstätigkeit[275].

Ausgehend von diesen Tatbeständen hat das Orientierungsgesetz drei Ziele. Es sucht die Situation der Behinderten in einem globalen Ansatz in den Griff zu bekommen. Art. 1 des Gesetzes zählt in diesem Sinn die Prävention, die medizinischen Leistungen, die Erziehung, die Ausbildung und berufliche Orientierung, die Beschäftigung, die Garantie eines Mindesteinkommens, die soziale Integration und den Zugang zu Sport und zu Freizeitmöglichkeiten auf. Gleichzeitig wird festgehalten, daß alle diese Aufgaben eine nationale Verpflichtung darstellen. Um diesen Aufgaben nachzukommen, sind (in der Reihenfolge des Gesetzes) die Familien, der Staat, die öffentlichen Gebietskörperschaften, die öffentlichen Einrichtungen, die Organisationen der sozialen Sicherheit und alle öffentlichen und privaten Organisationen aufgerufen, ihre Maßnahmen zusammenzufassen. Dem Staat kommt hierbei die Vermittlerrolle zu; dies geschieht über einen interministeriellen Koordinationsausschuß, dem ein nationaler Beirat zur Seite steht. Der Beirat setzt sich aus Vertretern der einschlägigen privaten und öffentlichen Organisationen zusammen.

Auch wenn in Art. 1 die "obligation nationale" (nationale Verpflichtung) festgeschrieben ist, so ruht die Kostenträgerschaft doch zu großen Teilen bei den Trägern der sozialen Sicherheit und nicht beim Staatsbudget.

Das zweite Ziel, die verstreuten Regelungen über Behinderte zusammenzuführen, wird so ausgeführt, daß das Orientierungsgesetz die entsprechenden Vorschriften, die an anderen Orten vorzufinden sind, zwar anpaßt, sie jedoch an diesen Orten, also vor allem im Code de la sécurité sociale, im Code du travail und im Code de la famille et de l'aide sociale beläßt.

In der Frage der Leistungsvereinheitlichung, dem dritten Ziel, konnte eine durchgehende Bereinigung zwar nicht konsequent verwirklicht werden, insbesondere was die Kriegsopfergesetzgebung anbelangt, jedoch sind einige Beihilfen zusammengefaßt worden.

Im Aufbau des Gesetzes wird zunächst unterschieden zwischen behinderten Kindern und Heranwachsenden, sowie erwachsenen Behinderten. Der erste Regelungskomplex befaßt sich vor allem mit der Sondererziehung von Kindern und Heranwachsenden. Für behinderte Kinder wird eine "allocation d'éducation spéciale" gewährt, die an die Stelle anderer Beihilfen tritt. Unter gewissen Voraussetzungen sind Mütter, die ein behindertes Kind haben, obligatorisch der Altersversicherung zugeordnet.

Im zweiten Regelungskomplex werden vor allem die Bestimmungen des Arbeitsgesetzbuches an die Bedürfnisse der Behinderten angepaßt. Für bestimmte Behinderte, die weder auf dem Arbeitsmarkt noch in beschützenden Werkstätten Arbeit finden können, sollen "Centres d'Aide par le Travail" geschaffen werden. Den Behinderten wird ein bestimmtes Mindesteinkommen gewährt. Erwachsene Behinderte erhalten die "allocation aux adultes handicapés". Außerdem können Behinderte, die keine Beschäftigung finden, Leistungen der Sozialhilfe erhalten. Die Einfügung einer speziellen Vorschrift für die Sozialhilfe Behinderter war notwendig, da in Frankreich Sozialhilfe nicht allein wegen materieller Bedürftigkeit gewährt wird, sondern nur unter den Voraussetzungen der Bedürftigkeit und einer typischen sozialen Lage, die

144

vom Gesetzgeber fixiert wird[276]. Das Gesetz beschäftigt sich weiter mit der sozialen Integration Behinderter (Beseitigung baulicher Hindernisse, Wohnungszuschüsse etc.). Neben der globalen Erfassung der Situation der Behinderten findet sich ein erster Ansatz, von den Prinzipien der Sozialhilfe zu den Prinzipien einer Sozialversicherung zu gelangen. Dies wird bewerkstelligt durch den teilweisen Wegfall des Subsidiaritätsprinzips. Außerdem wird programmatisch die Autonomie der Behinderten anerkannt[277].

IV. Konzepte der Sozialpolitik

Den Versuch, sich mit der französischen Sozialpolitik unter theoretischen Aspekten zu beschäftigen, hat in Frankreich in neuerer Zeit vor allem X. GREFFE[278] unternommen. GREFFE bestimmt den Ausgangspunkt aller sozialen Maßnahmen folgendermaßen: Soziale Maßnahmen beziehen sich auf die Situation des Individuums in der Gesellschaft[279]. Dabei kann

---

276 Dazu oben B.III.5).

277 Insgesamt zum Orientierungsgesetz ALFANDARI, aaO (Anm. 31), S. 145 ff; LEVY, Michel, La politique sociale française et les personnes handicapées, acquis et perspectives, in: Prévision 1974, S. 243-316; ders., La loi d'orientation du 3o juin 1975 en faveur des handicapés: un essai d'approche "globale" d'une situation "spécifique", in: Droit sanitaire et social 1976, S. 1o8-162.

278 Vgl. aaO (Anm. 1), die umfassende Abhandlung von FOURNIER/QUESTIAUX, aaO (Anm. 55), und das Buch von BELORGEY, aaO (Anm. 116) sind eher deskriptiv und befassen sich weniger mit theoretischen Modellen, vgl. hierzu IGL, Gerhard, Literaturbericht zum Recht der sozialen Sicherheit und zur Sozialpolitik Frankreichs, in: VSSR 1/1977, S. 97 ff (1o3 ff).

279 GREFFE, aaO (Anm. 1), S. 1.

diese Situation des Individuums unter zwei Gesichtspunkten gesehen werden. Von Seiten des Individuums ist zu fragen, welche Möglichkeiten der Veränderung und Verbesserung seiner Situation bestehen. Von Seiten der Gesellschaft ist zu fragen, ob angemessene Situationen gegeben sind, und ob diese unter sich gleichwertig sind. Hierbei sind zwei extreme Fälle denkbar: So können einmal die Individuen frei ihren Ort in homogenen Situationen bestimmen, oder die Gesellschaft weist ihnen diesen Ort innerhalb ungleicher und hierarchischer Strukturen zu. In einer liberalen Wirtschaft wird für die Individuen qua Sozialpolitik die Möglichkeit der Befriedigung der Bedürfnisse geschaffen, die auf dem Markt nicht zu finden ist, wobei die Marktmechanismen jedoch nicht gestört werden dürfen.

GREFFE versucht ebenso[28o], eine Definition der Sozialpolitik herauszuarbeiten, indem er die Kriterien für das Verhältnis vom "Wirtschaftlichen" zum "Sozialen" sucht.

Man könne sich etwa empirischer Methoden bedienen, indem entweder Gegenstände und Personen, Individuen und Gruppen, ungestilltes Bedürfnis und gestillte Nachfrage oder Mittel und Ziele gegenübergestellt werden. Nimmt man das Begriffspaar Gegenstände - Personen auf, so beschäftigt sich das "Wirtschaftliche" mit der Produktion und Verteilung der Gegenstände, das "Soziale" mit dem Schutz der Personen, wobei die Personen jeweils in bestimmten Rollen (Arbeitnehmer, nicht mehr Erwerbstätige, Behinderte etc.) verstanden werden müssen. Bei dieser Trennung wird jedoch nicht gesehen, daß auch im wirtschaftlichen Bereich Personen in Rollen auftreten. Weiter hat die Auffassung zur Konsequenz, daß Sozialpolitik stets positive Korrekturen an einem Wirtschaftssystem anbringt, das negative Ergebnisse zeitigt.

Bei der Gegenüberstellung Individuum - Gruppen wird zwar die Realisierung einer Sozialpolitik erleichtert, die auf

---

28o Ders., S. 15 ff.

Gruppenbefriedigung zielt. Auf der anderen Seite geraten hier sehr schnell Gesichtspunkte außer Acht, die das Gemeinwohl im Auge haben (etwa der Schutz der Umwelt). Gruppenbezogene Sozialpolitik hat weiter zur Folge, daß es - wegen der nicht begrenzbaren Zahl der Gruppen - immer bevorzugte und benachteiligte Gruppen gibt. Außerdem ist die Bestimmung der homogenen Elemente, die eine Gruppe als solche konstituieren, willkürlich. Die Gegenüberstellung Individuum - Gruppen geht auch davon aus, daß Sozialpolitik immer für die Betroffenen (hier: die Gruppen) nützlich ist. Das Nützlichkeitskriterium ist jedoch offensichtlich zu wenig differenziert, um Begriffsbestimmungen zu erlauben.

Ordnet man dem Wirtschaftssektor die Nachfrage zu, die auf dem Markt gestillt wird, und dem sozialen Bereich das "wesentliche Bedürfnis", das nicht befriedigt wird, so folgt daraus, daß Sozialpolitik dazu bestimmt ist, diesen Bedürfnissen abzuhelfen[281]. Diese Zuordnung krankt vor allem an der Schwierigkeit der Bestimmung eines "wesentlichen" Bedürfnisses.

Die letzte empirische Methode der Aufteilung besteht darin, dem Wirtschafsbereich die Domäne der Mittel, dem Sozialbereich die Domäne der Zwecke zuzuschlagen. Die Kritik an dieser Methode kommt zu dem Ergebnis, daß hier nur formal vorgegangen wird, daß die Unterscheidung auf andere Bereiche ebenso anwendbar ist, und daß schließlich unklar ist, was die Zwecke sind und in welchem Verhältnis die Mittel dazu stehen.

Durch die erwähnten vier empirischen Methoden zieht sich wie ein roter Faden eine uniforme Vorstellung von der Sozialpolitik als korrigierendes und ausgleichendes Element.

281 So auch andeutungsweise FOURNIER/QUESTIAUX, aaO (Anm. 55), S. 2.

Andere Konzeptionen der Betrachtung vom Sozialen und Wirtschaftlichen[282] gehen davon aus, daß die Individuen für sich nicht imstande sind, die durch das Funktionieren der Wirtschaft hervorgerufenen Ungleichheiten und Ungerechtigkeiten zu korrigieren. Somit wird die Intervention seitens des Staates notwendig, die sich meist darin niederschlägt, daß neue Einrichtungen zur Verfügung gestellt und daß Einkommensumverteilungsmechanismen angewandt werden. In der Geschichte hat sich diese "soziale Frage" vor allem an den Problemen der Armut, des Eigentums und zuletzt der Chancengleichheit entzündet.

Die Konzeption der Sozialpolitik, deren Ziel die Herbeiführung der Chancengleichheit ist, reduziert sich heute in Frankreich[283] darauf, Mitgliedern von benachteiligten Gruppen den Zugang zu mehr bevorzugten Gruppen zu öffnen. Die Konsequenz dieser Konzeption ist, daß die Chancengleichheit den Übergang eines Individuums innerhalb gegebener sozialer Strukturen ermöglichen kann, jedoch die Strukturen selbst nicht verändert werden. Auf gleiche Weise wird dem Individuum die Verantwortlichkeit darüber aufgebürdet, ob es den Übergang zur erstrebten Struktur bewältigen kann oder nicht. Die Bereitstellung der Ausgangsbedingungen für die Chancengleichheit schließlich muß der Staat übernehmen, da der Markt hierfür nicht sorgt. Dadurch erhält der Staat die Rolle eines "arbitre bienfaisant"[284], der die Mechanismen für den Schutz der Individuen liefert.

---

282 GREFFE, aaO (Anm. 1), S. 2o ff.

283 Ders., S. 172.

284 Ders., S. 173.

EINFÜHRUNG IN DAS RECHT DER SOZIALEN SICHERHEIT VON GROSSBRITANNIEN

Dr. Bernd Schulte

I N H A L T

1. Vorbemerkung

"Nous avons senti qu'avant de procéder par voie de synthèses comparatives, il nous fallait connaître par le menu détail, dans son analyse intégrale, chacun des domaines juridiques et legislatifs qui devaient servir de points de comparaison."[1] Dieses Zitat sagt mit hinreichender Klarheit, welche Bedeutung die Kenntnis des ausländischen Rechts für spätere rechtsvergleichende Untersuchungen hat. Es umreißt zugleich die Rolle, die einem rechtskundlichen Landesbericht bei der Rechtsvergleichung zukommt. Darüber hinaus ist ein derartiger Bericht jedoch auch von unmittelbarem Nutzen: er befriedigt das Interesse an ausländischen Rechtsordnungen und vermittelt auslandsrechtskundliche Erkenntnisse, welche bei der praktischen juristischen Arbeit überall dort von Bedeutung sind, wo die zu behandelnde Problematik einen Auslandsbezug aufweist oder wo der Blick über den Tellerrand des eigenen nationalen Rechts hinaus nützlich sein kann. Ein Landesbericht im eigentlichen Sinne hätte demgemäß das Ziel, das Recht der sozialen Sicherheit in Großbritannien darzustellen und möglichst detailliert zu beschreiben. Diesen Zweck verfolgt dieser Aufsatz nicht. Im Hinblick auf künftig erst noch zu leistende auslandsrechtskundliche und rechtsvergleichende Arbeit liegt der Schwerpunkt der Darstellung auf der Behandlung der Frage, ob es - wie im deutschen Recht - ein spezifisch ausgeprägtes Sozialrecht gibt bzw. was in Großbritannien die Stelle dessen einnimmt, was in der Bundesrepublik Deutschland als "Sozialrecht" bezeichnet wird.

---

1 SOLEILLES, Vorwort zu dem Buch von LYON-CAEN, La femme mariée allemande. Ses droits et ses intérêts pécuniaires, Paris 19o3 (zitiert nach: Léontin-Jean CONSTANTINESCO, Rechtsvergleichung, Bd. II: Die rechtsvergleichende Methode, Köln u.a., 1972, S. 145).

In unmittelbarem Zusammenhang damit steht die Frage nach der Rolle, die das Recht im System der sozialen Sicherheit Großbritanniens spielt; denn man muß sich immer des Umstandes bewußt sein, daß rechtliche Lösungen nur eine der möglichen Antworten auf soziale Probleme darstellen[2]. Eng damit verbunden ist die weitere Frage, in welchem Umfang soziale Probleme, die als einer rechtlichen Lösung bedürftig erkannt sind , auch wirklich eine positivrechtliche Regelung erfahren. Das hängt auch in den Staaten, die sich heute sozio-ökonomisch und kulturell auf einem annähernd gleichen Stand befinden, von der wirtschaftlichen und politischen Entwicklungsgeschichte ab. Ein Beispiel dafür liefert etwa der Vergleich des Arbeitsrechts in Großbritannien und den USA. In den Vereinigten Staaten, in denen die Entstehung der politischen Demokratie früher lag als der Prozeß der Industrialisierung, ist die Verrechtlichung der Arbeitsbeziehungen sehr viel weiter fortgeschritten als in Großbritannien, wo die Industrialisierung und in ihrem Gefolge auch die Entstehung von Gewerkschaften der Teilhabe der Arbeiterschaft an der politischen Macht vorangegangen ist[3]. Die sich für einen Rechts-

2 Darum interessiert den Rechtsvergleicher ja auch insbesondere die Frage, welche Probleme, für die unser Rechtssystem rechtliche Lösungen bereithält, im ausländischen Recht außerrechtlich gelöst werden. Als aktuelles Beispiel mag hier die Frage angeführt werden, ob es sich empfiehlt, die Tätigkeit sozialer Dienste gesetzlich zu vertypen oder ob man ihre Tätigkeit sich jenseits detaillierter gesetzlicher Regelungen vollziehen lassen soll mit der Rechtsordnung als lediglich äußerem Rahmen. Diesem Aspekt der Alternativität rechtlicher und nichtrechtlicher Problemlösungen soll im folgenden gleichfalls Aufmerksamkeit geschenkt werden.

3 Vgl. Otto KAHN-FREUND, Collective Bargaining and Legislation. Complementary and Alternative Sources of Rights and Obligations, in: Ius Privatum Gentium. Festschrift für Max Rheinstein, Tübingen 1969, Bd. 2, S. 1o23 ff., 1o24.

vergleich aus dem Grad der Verrechtlichung der jeweiligen Staats- und Gesellschaftsordnungen ergebende Notwendigkeit, gegebenenfalls Recht und Nicht-Recht zueinander in Beziehung zu setzen, ist auch bei einer auslandsrechtskundlichen Betrachtung zu berücksichtigen. Um bei dem obigen Beispiel zu bleiben: die Darstellung des britischen Arbeitsrechts für amerikanische Leser darf nicht unerwähnt lassen, daß der Bereich der Arbeitsbeziehungen, der durchnormiert ist, in Großbritannien wesentlich kleiner ist als in den USA. An die Stelle gesetzlicher Normierung können dort gewohnheitsrechtliche Regelungen oder bloße Usancen treten, die dann ihrerseits in ihrer Qualität dargestellt und dem Adressaten verständlich gemacht werden müssen[4].

Damit ist zugleich ein weiterer Aspekt auslandsrechtskundlicher (und rechtsvergleichender) Arbeit erwähnt, nämlich derjenige der Rücksichtnahme auf den Adressaten. Eine Darstellung des Rechts der sozialen Sicherheit in Großbritannien wird für deutsche Leser anders ausfallen als etwa für einen amerikanischen Adressatenkreis. Die Darstellung, die sich an einen deutschen Leserkreis wendet, muß das Vorverständnis deutschen Sozialrechts in Rechnung stellen. Das Recht der sozialen Sicherheit in Großbritannien wird also auf dem Hintergrund des deutschen Sozialrechts dargestellt, in Bezug auf dieses werden Übereinstimmungen betont und Unterschiede hervorgehoben. Diese Verfahrensweise stellt auch spezifische Anforderungen an die Terminologie. Zunächst einmal sind bestimmte Rechtsbegriffe in verschiedenen Rechtsordnungen mit unterschiedlichem Inhalt gebräuchlich. So meint "social security" im internationalen

---

4 Als Beispiel sei etwa das Problem genannt, den "social contract" (Sozialkontrakt), der als Vereinbarung zwischen Labour-Regierung und Gewerkschaften entscheidende Bedeutung für die Arbeits- und Sozialbeziehungen in Großbritannien hat, rechtlich einzuordnen.

Recht (Völkerrecht) - etwa im Recht der UNO - etwas anderes als im englischen Recht. Genauso haben Begriffe, die aus dem Ausland übernommen worden sind, nach der Übernahme häufig einen Bedeutungswandel erfahren und einen eigenständigen Inhalt erhalten. So meint "soziale Sicherheit" in der Bundesrepublik Deutschland ebenfalls etwas anderes als der Begriff "social security" des amerikanischen oder englischen Rechts[5]. Dieser Problematik soll im folgenden in der Weise begegnet werden, daß bei der Verwendung englischer Fachausdrücke entweder der englische Terminus beibehalten oder aber darauf hingewiesen wird, in welchem Sinne der Begriff gebraucht wird, ob im Sinne des deutschen oder des englischen Rechts oder aber allgemein beschreibend. Um Mißverständnisse mit deutschen "termini technici" soweit wie möglich auszuschließen, wird der Weg der (insbesondere funktionellen) Beschreibung vorzugsweise dann gewählt, wenn es darum geht, solche englischsprachige Begriffe zu erläutern, für die es im deutschen keine eigenen

---

5 Vgl. zu diesen terminologischen Problemen allgemein Ulrich DROBNIG, Methodenfragen der Rechtsvergleichung im Lichte der "International Encyclopedia of Comparative Law", in: Ius Privatum Gentium. Festschrift für Max Rheinstein, Band 1, Tübingen 1969, S. 221 ff., 230 ff.- Was das hier angeführte Beispielspaar "soziale Sicherheit" und "social security" angeht, so wird "soziale Sicherheit" als Rechtsbegriff - etwa in "Recht der sozialen Sicherheit" - teilweise umfassend verwandt zur Kennzeichnung eines Inbegriffs öffentlicher Leistungen von der Zahlung der Renten aus der Sozialversicherung über den Lastenausgleich bis hin zur Arbeitsvermittlung und zu Rehabilitationsmaßnahmen; vgl. Walter BOGS, Verhandlungen des 43. Deutschen Juristentages, München 1960, Band II, Sitzungsberichte, G 5. Demgegenüber umfaßt der Begriff "social security" im englischen Sprachgebrauch lediglich einen bestimmten Kernbereich sozialer Leistungen, nämlich - auf den Bereich des deutschen Sozialrechts übertragen - Sozialversicherung, Kindergeld, Unfallversicherung, Kriegsopferversorgung, Sozialhilfe, allesamt Vorkehrungen gegen Einkommensausfall; Einzelheiten zum Begriff "social security" und seinen verschiedenen Ausprägungen, insbesondere auch zu seiner unterschiedlichen rechtlichen Verwendung vgl. später 2.3.2.

Übersetzungen gibt; zur Übersetzung oder Erläuterung wird in derartigen Fällen der deutschen Umschreibung der englische Fachterminus in Klammern beigefügt. Ziel muß es sein, die englischen Fachtermini in ihrer Funktion zu erklären.

Zu guter Letzt einige Anmerkungen zur Auswahl der im folgenden behandelten Fragen:
Das britische System der sozialen Sicherheit ist in viel stärkerem Maße als etwa das französische oder das italienische in seinen Prinzipien und in seiner Ausgestaltung verschieden von dem System der sozialen Sicherheit in der Bundesrepublik Deutschland. Dasselbe läßt sich vom englischen Rechtssystem generell sagen. Daraus folgt,daß zur Erschließung des Zugangs zum Recht der sozialen Sicherheit in Großbritannien tiefer angesetzt werden muß, als das vielleicht bei den beiden anderen angesprochenen Sozialrechtsordnungen notwendig ist. Es erscheint wichtig, den deutschen Leser zunächst mit einer ihm unbekannten und fernliegenden Denkweise vertraut zu machen. Daher liegt das Schwergewicht der folgenden Ausführungen auf einigen grundsätzlichen Fragen. Sollte darüber die "Feinarbeit" etwas zu kurz kommen, der Blick nicht auf alle Seitenschiffe des Gebäudes des Rechts der sozialen Sicherheit in Großbritannien gelenkt werden, so ist dies vielleicht umso eher verzichtbar, als zu den rein technischen Aspekten des Systems - Leistungsträger, Art der Leistungen, Finanzierung etc. - noch am ehesten auch für denjenigen, der sich nicht intensiver mit dem Recht der sozialen Sicherheit in Großbritannien befaßt, ein Zugang zu finden ist[6]. Zu diesen Informationen hinzuführen und Hinweise zu den Besonderen

6 Vgl. die allgemeinen Informationen der zum Teil auch in deutscher Sprache erhältlichen Publikationen des Central Office of Information, London, sowie die im folgenden angeführte englischsprachige Literatur.

derheiten des britischen Rechts zu geben, welche einen eigenständigen Zugang zu diesem besonderen Rechtsgebiet eröffnen können, ist Ziel dieser Einführung. Dabei ist die ganze Fülle der sozialpolitischen und sozialrechtlichen Literatur nicht auch nur annähernd vollständig erfaßt und verarbeitet worden; die Darstellung stützt sich vielmehr auf eine beschränkte Literaturauswahl vorwiegend jüngerem Datums. Dabei geht es nicht darum, irgendwelche Thesen aufzustellen und zu belegen, sondern es sollen Perspektiven aufgezeigt und Entwicklungstendenzen verdeutlicht werden. Um möglichst weitgehend auszuschließen (ganz vermeiden läßt es sich sicher nicht), daß das britische Recht der sozialen Sicherheit mit der Brille des deutschen Sozialrechts betrachtet wird, bleibt ausländische (insbesondere deutsche) Literatur weitgehend unberücksichtigt. Dieser Verzicht fällt umso leichter, als das hier behandelte Rechtsgebiet gerade in jüngster Zeit stark in Bewegung gekommen ist, die hierfür maßgebenden Gesetzgebungsakte und die dazu geführte wissenschaftliche Diskussion in der Bundesrepublik Deutschland aber bislang nicht (oder doch kaum) aufgearbeitet worden sind.

Als erste Annäherung an die Thematik wird bewußt ein nominalistischer Ansatz gewählt. Um Mißverständnissen vorzubeugen: mit "nominalistischem Ansatz" ist hier nicht eine rechtsvergleichende Vorgehensweise gemeint, welche gleichartig benannte Institutionen, Regelungen u.ä. in zwei oder mehreren Vergleichsrechtsordnungen - hier: Großbritannien und die Bundesrepublik Deutschland - miteinander in Beziehung setzt. "Nominalistischer Ansatz" bedeutet vielmehr, auf die Weise den auslandsrechtskundlichen Zugang zu einem fremden Rechtssystem zu gewinnen, daß zunächst einmal die Begriffe, deren sich das fremde Recht, die fremde Politik bedienen, geklärt, in die eigene Begriffswelt eingeordnet und "übersetzt" werden. Dieses Vorgehen erscheint deshalb erforderlich, weil nur über die fremden Begriffe die eigentlich interessierenden Rechts- und Sachprobleme angegangen werden können (die dann bei einer späteren Rechtsvergleichung den Gegenstand des Vergleichs bilden).

Aus diesem Grunde folgt unter 2. zunächst eine Einführung in die Begriffswelt des Rechts der sozialen Sicherheit in Großbritannien unter Einschluß seines sozialpolitischen Ambiente.

Unter 3. wird kurz die geschichtliche Entwicklung angesprochen, die zum heutigen System der sozialen Sicherheit geführt hat.

Unter 4. schließlich wird das gegenwärtige System der sozialen Sicherheit in einigen Grundzügen unter Hervorhebung einiger Charakteristika dargestellt.

2. Begriffliches

2.1. Die Überschrift der vorliegenden Untersuchung bedarf der Erläuterung. Das Adjektiv "britisch" wie das zugehörige Substantiv "Großbritannien" ("Great Britain") werden in zweifacher Weise verwandt: in einem engeren Sinne dient der Ausdruck "Großbritannien" als Sammelbezeichnung für England, Wales und Schottland; in einem weiteren Sinne wird er gleichgestellt mit der Bezeichnung "Vereinigtes Königreich von Großbritannien und Nordirland" ("United Kingdom of Great Britain and Northern Ireland"). Im folgenden wird der Ausdruck "Großbritannien" in dem erstgenannten engeren Sinn verwandt, welcher dem staatsrechtlichen Begriff entspricht[7]. Für ein derartiges Vorgehen sprechen auch Zweck-

7 Vgl. BRITAIN 1975. AN OFFICIAL HANDBOOK, hrsg.vom CENTRAL OFFICE OF INFORMATION, London 1975, S. 23 f.; ausführlich E.C.S. WADE/Godfrey PHILIPS,Constitutional Law, 8. Aufl. (hrsg.v.E.C.S.WADE/A.W.BRADLEY), London 197o,

mäßigkeitserwägungen: in England, Wales und Schottland gelten weitgehend einheitliche sozialrechtliche Vorschriften, während Nordirland sein eigenes Rechtssystem hat. Eine weitere Einschränkung muß dahingehend getroffen werden, daß vorrangig die Situation in England und Wales abgehandelt wird; in Schottland ist die Lage zwar weitgehend ähnlich, doch gibt es auf verschiedenen Rechtsgebieten - man denke etwa an das Zivilrecht - auch andere gesetzliche Vorschriften. Es würde die Darstellung unnötig belasten, wenn bei jeder einzelnen behandelten Frage auf die jeweiligen Unterschiede zwischen England und Wales einerseits, Schottland und insbesondere Nordirland andererseits hingewiesen würde; wo relevante und für die Darstellung interessante Unterschiede auftauchen, wird dies im Einzelfall berücksichtigt. Was den Kernbereich der hier behandelten Rechtsmaterie angeht - z.B. Sozialversicherung, Sozialhilfe u.a. -, so sind die gesetzlichen Vorschriften für England, Wales und Schottland identisch. Während über Gesetze, die in England und Schottland gleichermaßen Anwendung finden, in England durch englische, in Schottland durch schottische courts und tribunals judiziert wird, bilden England, Wales und Schottland in Ansehung der Judikatur in Sozialversicherungsangelegenheiten auch eine Rechtsprechungs- bzw. Verwaltungseinheit, d.h. ein und derselbe Commissioner kann z.B. Fälle aus England, Wales und Schottland entscheiden.

---

7 (Forts.) S. 416 ff.; S.A. DE SMITH, Constitutional and Administrative Law, 2. Aufl., 1973, S. 637 ff.

2.2. Der Gegenstand der Untersuchung

2.2.1. Die Darstellung befaßt sich mit dem "Recht der sozialen Sicherheit" in Großbritannien.
Der Begriff "soziale Sicherheit" bezeichnet heute im allgemeinen internationalen Sprachgebrauch in erster Linie Organisationen des öffentlichen Rechts, deren Aufgabe es ist, einem gesetzlich festgelegten Personenkreis bestimmte Leistungen im Falle der Realisierung bestimmter Risiken zu gewähren[8]. Der Begriff "soziale Sicherheit" wird insofern instrumental verwandt. Er ist im übrigen amerikanischen Ursprungs; als "social security" wurde er in den USA zur Bezeichnung des Social Security Act vom 14.8.1935 verwandt, durch den im Rahmen des New Deal Arbeitslose, Bergarbeiter, Arbeitsunfähige u.a. ein gewisses Maß an sozialem Schutz erhielten[9].

Im deutschen juristischen Sprachgebrauch hat sich als Ordnungsbegriff statt "Recht der sozialen Sicherheit" der Begriff "Sozialrecht" eingebürgert; auch wenn er im einzelnen unterschiedlich definiert wird, so dient er doch als Ordnungsbegriff einheitlich zur Abgrenzung gegenüber z.B. Arbeitsrecht, Wirtschaftsrecht, Steuerrecht.

---

8 Franz Xaver KAUFMANN, Sicherheit als soziologisches und sozialpolitisches Problem, 2. Aufl., Stuttgart 1973, S. 91.

9 Vgl. Helmut FRIEDRICHS, Soziale Sicherheit als Rechtsbegriff, JZ 1967, 278 ff., 278, der im übrigen auch ausführlich dalegt, wie die Begriffe "soziale Sicherheit" und "social security" im deutschen und internationalen Recht verwandt werden.-
In den USA wird seit dem 2. Weltkrieg der Begriff "social security" auch als Synonym für ein bestimmtes einzelnes bundesstaatliches Sicherungsprogramm verwandt, nämlich die Old Age, Survivors and Disability Insurance (OASDI); vgl. Peter W. MARTIN, Welfare Law, the Problem of Terminology, Cornell Law Review 1975, 792 ff., 793.

2.2.2. Ein dem deutschen Begriff "Sozialrecht" entsprechender Terminus "social law" - vergleichbar dem Begriffspaar "soziale Sicherheit" und "social security" - wird in Großbritannien zwar vereinzelt verwandt[1o], er hat aber keine spezifische, ein Rechtsgebiet abgrenzende Ordnungsfunktion wie das etwa in der Bundesrepublik Deutschland oder in Frankreich ("droit social") der Fall ist.

Der Begriff "Sozialrecht" wird in der Bundesrepublik Deutschland nicht einheitlich definiert[11]. Eine genaue Begriffsbestimmung ist für die Umschreibung dessen, was im folgenden Gegenstand der auslandsrechtskundlichen Erfassung sein soll, aber auch nicht notwendig (und vielleicht sogar nicht wünschenswert), geht es an dieser Stelle doch allein darum, die Phänomene zu bezeichnen, mit denen sich die Untersuchung befaßt. Als praktikable Arbeitshypothese bietet es sich an, als "Sozialrecht" im Sinne der vorliegenden Untersuchung alles zu bezeichnen, was sich als Ergebnis der Sozialpolitik im Recht niedergeschlagen hat; es handelt sich bei dieser Arbeitshypothese letztlich um einen sozialpolitischen Sozialrechtsbegriff, der den Rechtsstoff bezeichnet, der sich durch eine "gesteigerte Intensität seines sozialpolitischen Gehal-

---

1o Vgl. B.A. HEPPLE/J.M.NEESON/Paul O'HIGGINS, A Bibliography of the Literature on British and Irish Labour Law, London 1975, die in der Einleitung immerhin den Terminus "labour and social law" bringen, worunter sie im folgenden labour law, poor law und social security erfassen. Richard M. TITMUSS, Social Policy. An Introduction, London 1974, S. 24, illustriert u.a. am Beispiel "social law" die verschiedenartige und vielfältige Verwendung der Adjektivs "social". Im allgemeinen Sprachgebrauch hat der Begriff "social law" bislang jedoch nicht Fuß gefaßt.

11 Vgl. u.a. Helmar BLEY,Sozialrecht, Frankfurt/Main 1975, S. 19 ff.; Karlheinz RODE, Was ist Sozialrecht?,ZfS 1969, 641 ff. u. 724 ff.; Hans F. ZACHER, in: Methodische Probleme des Sozialrechtsvergleichs, Berlin 1977, S. 11 ff.

tes"[12] auszeichnet. Nach deutschem Verständnis handelt es sich dabei um den Teil des Rechts, welcher der "Verwirklichung von Gleichheit und Freiheit in den unmittelbar oder mittelbar ökonomischen Lebensbedingungen durch Sicherung eines menschenwürdigen Daseins für alle, durch Abbau von Wohlstandsunterschieden sowie der Beseitigung von Abhängigkeitsverhältnissen" dient[13]. Diese Definition ist zwar nicht gerade operational, grenzt aber für die Bundesrepublik Deutschland unter anderem folgende Schwerpunktbereiche als zum Sozialrecht gehörig aus: Sozialversicherungsrecht; Kriegsopferversorgung; Recht der Beamten- und Soldatenversorgung; Recht der Ausbildungs- und Arbeitsförderung sowie der Arbeitslosenversicherung; Kindergeldrecht; Wohngeldrecht; Sozialhilferecht[14]. Seine spezifische Unschärfe verleiht einem sozialpolitischen Sozialrechtsbegriff die notwendige Flexibilität, anders gearteten Schwerpunktbildungen in fremden Rechtsordnungen Rechnung tragen zu können.

Im folgenden soll versucht werden, eine entsprechende Abgrenzung für das Recht der sozialen Sicherheit in Großbritannien vorzunehmen.

---

12 Hans F. ZACHER, aaO (Anm. 11), S. 11/12.

13 Vgl. Hans F. ZACHER, aaO (Anm. 11), S. 12.

14 Im Sinne einer derartigen Schwerpunktbildung bietet es sich auch an, als "Sozialrecht" das zu bezeichnen, was vom Sozialgesetzbuch erfaßt wird; vgl. in diesem Sinne u.a. Georg WANNAGAT, Das Sozialgesetzbuch, RdA 1973, 2o9 ff.; Helmar BLEY, Sozialrecht, Frankfurt/M. 1975, S. 21; Bertram SCHULIN, Sozialversicherungsrecht, 1976, S.4.

2.2.3. JAMES unterscheidet in seiner Einführung in das englische Recht "private law" und public law"; letzteres unterteilt er in "law of the constitution", den Bereich "the individual and the state", "criminal law" und "law of the welfare state". Der letztgenannte Begriff wird definiert als "the law relating to state responsibility for the well-being of the individual and of the community"[15]. Er umfaßt mithin alle Rechtsvorschriften, welche die Verantwortung des Staates für das Wohlergehen des einzelnen betreffen.

2.2.4. Das Substantiv "welfare" schlägt die Brücke zu "social welfare" und gibt damit den Blick frei auf ein ganzes Spektrum von Begriffen, welche für Großbritannien das umschreiben, was in der Bundesrepublik Deutschland unter "Sozialpolitik", "Sozialrecht", "soziale Sicherheit", "soziale Sicherung", "Sozialstaat", "Sozialverfassung", "Sozialgesetzgebung", "Sozialreform" verstanden wird[16]. Das Eindringen in diese Begriffswelt ist notwendig, um den dahinterstehenden Inhalt annäherungsweise erschließen zu können[17]. Ein weiteres kommt hinzu: Durch die Darstellung des britischen Systems der sozialen Sicherheit, seines Ambientes, sowie der Rolle, die das Recht in ihm spielt,

---

15 Philip S. JAMES, Introduction to English Law, 8. Aufl., London 1972, S. 197.

16 Begriffe wie "social policy", "social services", "social administration", "social needs", "social legislation", "social security", "social security law", "poor law", "poverty law", "welfare law".

17 Dabei soll aber die Mahnung von Richard M. TITMUSS, Social Policy. An Introduction, London 1974, S. 48/49 beherzigt werden, daß "... there is an intellectual limit to the amount of theorising about definitions that is of educational use in, so to speak, a conceptual value vacuum".

in der ihm eigenen Begriffswelt entsteht ein in sich verschränkter, sich überlagernder und ergänzender, sich zugleich aber auch relativierender Gesamtzusammenhang, innerhalb dessen erst einzelne Erscheinungsformen dieses Systems sinnvoll begriffen werden können.

2.2.5. Das in der vorstehend zitierten Definition von "law of the welfare state" zum Ausdruck kommende Staatsverständnis hat seine Entsprechung in dem Begriff "welfare state".

Seit Mitte der 4o-er Jahre dient dieser Begriff dazu, die staatliche Verantwortung für die Bereitstellung bestimmter sozialer Einrichtungen zu bezeichnen, wie z.B. national insurance (Sozialversicherung), family allowances (Kindergeld), National Health Service (staatlicher Gesundheitsdienst)[18]. In diesem Sinne ist der "welfare state" ein Gegenpol zum Konzept des "Laissez-Faire", welches die Aufgabe des Staates darauf beschränkte, durch die Gewährung von innerer und äusserer Sicherheit und rechtlichem Schutz wirtschaftlicher Betätigung und privatem Erfolgsstreben einen äußeren Rahmen zu geben, und welches öffentliche Dienstleistungen nur insoweit als gerechtfertigt ansah, als privates Unternehmertum sie nicht bereitzustellen vermochte (was dann im 18. und bis Mitte des 19. Jahrhunderts allenfalls Fürsorge für die Armen noch einschloß[19]).

---

18 Der Begriff selbst wird Archbishop William TEMPLE zugeschrieben, der 1941 feststellte:"In place of the concept of the power state we are led to that of the welfare state", zitiert nach J.F.SLEEMAN, The Welfare State, Its Aims, Benefits and Costs, London 1973, der diesen "neuen Staat" wie folgt beschreibt:"No longer was the State merely the policeman who kept law and order or arbiter who settled disputes and upheld the sanctity of contracts. No longer was its concern only to relieve the most acute cases of need or inequality. Its business was now positively to promote the welfare of all its citizens" (SLEEMAN,aaO, S. 1).

19 Vgl. z.B. SLEEMAN, aaO (wie Anm. 18), S. 4/5.

Penelope HALL sieht es als Charakteristikum des "welfare state" an, daß "die Gemeinschaft, durch den Staat handelnd, es verantwortlich übernimmt, die Mittel bereitzustellen, durch welche alle ihre Mitglieder Mindeststandards erreichen können in Bezug auf Gesundheit, wirtschaftliche Sicherheit und angemessenen Lebensunterhalt sowie entsprechend ihren Fähigkeiten Anteil nehmen können am sozialen und kulturellen Erbe"[2o].

Versucht man, vom Begriff "welfare" her den Zugang zum britischen System sozialer Sicherheit zu gewinnen, so bieten sich zwei verschiedene methodische Annäherungsweisen an. Zum einen könnte man versuchen, von einem Idealtypus im Sinne Max WEBERS auszugehen. Das hieße, man müßte den "welfare state" reinen Typs darstellen mit all den Erscheinungsformen, die ihn idealiter auszeichnen, und dann anhand dieses Modells das System sozialer Sicherung in Großbritannien auf Entsprechungen und Abweichungen (denn in der Praxis wird nie ein Staat diesen Idealtypus verkörpern können) hin untersuchen[21]. Der zweite Weg wäre der, von der Prämisse auszugehen, daß einem Gemeinwesen, welches bestimmte Charakteristika aufweist, die Bezeichnung "welfare state" zuerkannt wird, um von da her ein Gemeinwesen, welches dieses Attribut trägt, gleichsam empirisch auf seine Besonderheiten hin zu untersuchen. Für die Zwecke der vorliegenden Untersuchung ist der zweite Weg zu wählen. Da es darum geht, das fremde System der sozialen Sicherheit so, wie es sich darstellt, zu erfassen, nicht darum, es etwa im Sinne der Feststellung des Grades der Annäherung an einen bestimmten Idealtyp zu bewerten oder mit einem anderen System zu vergleichen.

2o M.Penelope HALL, The Social Services of Modern England, London 1952, S. 3o3(die Übersetzung wurde, wie auch bei allen übrigen Zitaten aus der englischsprachigen Literatur, vom Verfasser vorgenommen).-Im folgenden werden die wesentlichen Elemente, die institutionell den "welfare state"ausmachen-social security und social services -

Aus den vorstehenden Ausführungen ergibt sich bereits, daß der Begriff "welfare state" einen besonderen Aspekt betont, welcher Staat und Gesellschaft im Großbritannien von heute charakterisiert und sie von Staat und Gesellschaft des 19. Jahrhunderts unterscheidet.

Sieht man "welfare" als eines der tragenden Prinzipien der heutigen Staats- und Gesellschaftsordnung in Großbritannien an, so sind gleichzeitig zwei weitere zu nennen: das eines kapitalistischen, marktwirtschaftlichen Systems ("market economy") sowie das einer westlichen Demokratie ("democracy"). Dieser Hinweis ist deshalb wichtig, weil sich aus der Interdependenz dieser drei Prinzipien wesentliche Charakterzüge des welfare state-Konzepts ergeben, ein Umstand, der an dieser Stelle nur nachdrücklich betont, dem aber nicht eingehender nachgegangen werden kann. Bei der Behandlung eines Problems aus dem hier abzugrenzenden Rechtsbereich ist aber - das folgt aus der vorstehend angezeigten Interdependenz - jeweils das ökonomische, politische und juristische Ambiente, in dem sich die beiden zuletzt genannten Prinzipien widerspiegeln, in die Betrachtung einzubeziehen.

"Welfare" bedeutet zweierlei: einmal die "experience of well-being", die Erfahrung des "Wohlseins", die Wohlbefindlichkeit; zum anderen die "work conditions which produce well-being", d.h. die Voraussetzungen der Wohlbefindlichkeit[22]. "Welfare" hat insofern eine objektive und eine

---

2o (Forts.) eingehend dargestellt.

21 Vgl. Max WEBER, Wirtschaft und Gesellschaft, 5. Aufl., Tübingen 1972, S. 4, zum Begriff des Idealtypus .

22 ROOS, Welfare Theory and Social Policy, A Study in Policy Sciences, Helsinki 1973, S.29 Fn.1, sieht diese Ausrichtung gleichfalls als für das angelsächsische welfare-Konzept charakteristisch an: "In the anglo-american usage the concept of welfare has two different meanings: that of well-being and that of social measures for social security and assistance". In einem allgemeineren Sinn definiert er "welfare" als auf das Wohlergehen des

subjektive Komponente. Eine Politik, welche sich das Wohlergehen der Bürger zum Ziel setzt, muß beide Komponenten berücksichtigen, um die äußeren Bedingungen zu schaffen, unter denen sich objektives Wohlergehen und die entsprechende subjektive Empfindung einstellen können[23]. Die Realisierung auch der zweiten Komponente setzt dabei voraus, daß die Individualbedürfnisse des einzelnen Berücksichtigung finden. Das bedeutet, daß über die Gewährleistung eines gewissen einheitlichen Standards für alle hinaus. durch notwendigerweise auf den Durchschnittsfall abstellende Regeln gleichzeitig Vorkehrungen getroffen werden müssen, welche auf die auch im Begriff "welfare" implizierten individuumsbezogenen Zielvorstellungen abheben[24].

---

22 (Forts.)Menschen bezogen und "social welfare" als auf das Wohlergehen der Mitglieder der Gesellschaft gerichtet, zwei Beziehungen, die im Idealfall zusammenfallen sollten.

23 Es kann an dieser Stelle nur am Rande erwähnt werden, daß neben "welfare" eine Reihe anderer Prinzipien - oder auch "Rechte" -eine "good society"ausmachen, nämlich z.B."freedom"(Freiheit),"justice"(Gerechtigkeit), "equality"(Gleichheit); diese Prinzipien haben ihrerseits Rückwirkungen auf das welfare-Konzept(und müssen auch dem welfare-Gedanken Rechnung tragen, wie es z.B. in der angelsächsischen Rechts-und politischen Philosophie auch geschieht; vgl. etwa John F. RAWLS, A Theory of Justice, Oxford 1973, und NOZIK, Anarchy,State and Utopia, New York 1974; RAWLS,aaO, S. 27/28, führt z.B. aus:"...we distinguish as a matter ofprinciple between the claims of liberty and right on the one hand and the desirability of increasing aggregate social welfare on the other; and...we give certain priority, if not absolute weight, to the former"). Dieser Hinweis erscheint notwendig, um dem Eindurck entgegenzuwirken, daß "welfare", welche hier im Mittelpunkt der Erörterung steht, isoliert betrachtet werden könne. Eine weitere Auseinandersetzung mit der hier angesprochenen Problematik ist etwa dann geboten, wenn in einem Rechtsvergleich der Versuch unternommen wird, für verschiedene Rechts- und Gesellschaftsordnungen bestimmte Prinzipien und Rechtswerte als charakteristisch hervorzuheben.

24 Vgl. T.H. MARSHALL, Social Policy in the Twentieth Century, 4. Aufl., London 1975, S. 12 ff.-

2.2.6. Mit der Durchsetzung von "social welfare" befaßt sich "social policy".

Der Begriff "policy" bezeichnet die Prinzipien eines bestimmten Verhaltens zur Erreichung vorgegebener Ziele[25]. Er ist damit handlungs- und problemorientiert zugleich[26]. Das Adjektiv "social" in dem Begriff "social policy" soll diese Zielsetzung in bestimmter Weise werthaft kennzeichnen, wobei die Wertvorstellungen, die im Einzelfall dem Begriff beigelegt werden, durchaus unterschiedlich sind. Stellvertretend für die daraus resultierende Vielzahl von unterschiedlichen Definitionen sollen hier drei von Titmuss entwickelte Modelltypen unterschieden werden, die eine grobe Einteilung der in Großbritannien - und auch anderswo - vertretenen Konzeptionen zulassen[27]:

---

24 (Forts.) Im politischen Sprachgebrauch allerdings dient der Begriff "welfare state" sowohl dazu, in positiver Weise als Aufgabe des Staates die Förderung der Wohlfahrt des einzelnen zu beschreiben, wie auch dazu, in negativer Weise diese Staatstätigkeit als versorgungsstaatlich, als die Eigenverantwortlichkeit und die Eigeninitiative lähmend zu kritisieren("featherbedding"). Die Kontroverse geht jedoch auch insoweit nicht mehr um die Frage, ob der Staat überhaupt in der erstgenannten Weise tätig werden soll, sondern vielmehr um das Ausmaß, in welchem er solches tun soll sowie um die Effektivität dieser seiner Tätigkeit(etwa im Verhältnis zu denkbaren privatwirtschaftlicher Alternativen).

25 Vgl. Richard M. TITMUSS, Social Policy. An Introduction, London 1974, S. 23:"... the word "policy" can be taken to refer to the principles that govern action directed towards given ends".

26 Ausführlich - und mit umfassenden weiteren Nachweisen - zur Thematik von "social welfare" und "social policy" ROOS,aaO(Anm.22).ROOS, aaO, S.12 betont, daß "social policy" zugleich ein Prozeß und ein Produkt(Ergebnis) ist und definiert "policy" als"a course of action in which the decision maker...attempts consciously to secure a set of given goals or principles,in short: a conscious, co-ordinated course of action".

27 Vgl. Richard M. TITMUSS, aaO (Anm. 25), S. 3o/31.

Modell A: the residual welfare model of social policy.
Es geht von der Prämisse aus, daß es zwei "natürliche" Wege gibt, auf denen individuelle Bedürfnisse befriedigt werden, nämlich Familie und (privatwirtschaftlicher) Markt. Nur wenn und solange diese Wege nicht zu dem gewünschten Erfolg führen, treten soziale Einrichtungen (Institutionen, Leistungen) auf den Plan (im Sinne der Formulierung von PEACOCK:"The true object of the welfare state is to teach people how to do without it").
Dieses Konzept entstammt der Vorstellungswelt des englischen Poor Law (Armenrecht) und klingt heute an etwa bei HAYEK und FRIEDMAN.

Modell B: the industrial achievement - performance model of social policy
Nach diesem Modell haben Sozialeinrichtungen eine Ersatzfunktion neben der Wirtschaft; als generelle Zielvorstellung gilt: Bedürfnisse sollen nach Maßgabe von Verdienst ("merit"), Arbeitsleistung und Produktivität befriedigt werden.

Modell C: the institutional redistributive model of social policy
Nach dieser Konzeption schließlich ist "social welfare" ein bedeutender und integrierter Bestandteil der Gesellschaft, erbringt außerhalb des Marktes eine Vielzahl von Einrichtungen und Leistungen nach Maßgabe vorhandener anerkannter Bedürfnisse, hat insbesondere auch unter dem Leitgedanken sozialer Gleichheit redistributive Effekte.

In dem vorstehend abgesteckten Rahmen hat es "social policy" mit der Entscheidung zwischen unterschiedlichen, auch konträren politischen Zwecken und Zielsetzungen sowie mit deren Formulierung zu tun; der Ausdruck umschreibt Maßnahmen, welche darauf abzielen, diese Ziele zu verwirklichen. In einem weiteren Sinne ist also auch "economic policy"

(Wirtschaftspolitik) Bestandteil von "social policy"[28].

In einem engeren Sinne ist "social policy" bezogen auf die drei Kernbereiche "social security" - "health" - "welfare", schließt damit aber auch "housing" und "community services" ein, letztlich auch "education", wenn auch der zuletzt genannte Bildungsbereich im allgemeinen wegen seines Umfanges und seiner Besonderheiten ausgeklammert wird.

Für die Beurteilung einzelner sozialpolitischer Maßnahmen und sozialrechtlicher Regelungen ist es unbedingt erforderlich, im Sinne des erstgenannten weiten Begriffes von "social policy" sämtliche ökonomischen Voraussetzungen, Begleitumstände und Folgewirkungen in die Betrachtung einzubeziehen. Eine Verwendung des engeren Begriffes von "social policy" entgegen der oben angedeuteten Notwendigkeit erscheint nur dann gerechtfertigt, wenn sie rein pragmatisch zu dem Zweck erfolgt, den Kernbereich des Problemfeldes abzugrenzen, der Blick ansonsten aber auf das ganze Umfeld gerichtet bleibt. Im übrigen gibt es ein breites Spektrum unterschiedlicher Definitionen von "social policy", die unterschiedlichste Kriterien in den Vordergrund rücken, was nicht Wunder nimmt, wenn man die Vielzahl und Vielfalt der sozialpolitischen Literatur in Rechnung stellt[29].

---

28 So Anthony FORDER, Concepts in Social Administration, S. 11.-Vgl. dazu auch den deutschen Begriff "Sozialpolitik", der in ähnlicher Weise immer auch zugleich wirtschafts- und finanzpolitische Aspekte erfaßt; vgl. LIEFMANN-KEIL, Ökonomische Theorie der Sozialpolitik, Berlin u.a. 1961, IV.

29 Ohne Anspruch auf Vollständigkeit seien im folgenden einige der wichtigsten Autoren erwähnt, die sich nicht mit einzelnen speziellen sozialpolitischen Problemen, sondern allgemein mit "social policy" befassen und auch auf die begrifflichen und konzeptuellen Fragen eingehen, die sich mit diesem Begriff verbinden: Michael H.COOPER, Social Policy. A Survey of Recent Developments, Oxford 1973; T.H. MARSHALL, Social Policy in the Twentieth Century, 4.Aufl., London 1975; Joyce WARHAM, Social Policy in Context, London 197o; Richard M.TITMUSS, Social Policy. An Introduction, London 1974.

Unabhängig davon, wie weit oder wie eng der Begriff "social policy" im Einzelfall gefaßt wird: von maßgeblicher Bedeutung für die Prinzipien, die eine social policy bestimmen, sind die "social values"(sozialen Werte), von welchen sie getragen ist; schlägt sich eine bestimmte social policy in Rechtsnormen nieder, so sind diese "social values" wohl identisch mit dem, was man in der deutschen Diskussion mit "Rechtswerten" bezeichnet. So wie "social values" das gesellschaftliche Wertsystem, die social policy prägen, so hängen sie ihrerseits wiederum von dem gesamten ökonomischen, politischen und sozialen System des jeweiligen Landes ab.

Diese Zusammenhänge und ihre Auswirkungen sollen nachstehend an einem Beispiel verdeutlicht werden. Als die britische Sozialpolitik der letzten hundert Jahre in entscheidendem Maße prägende Wertvorstellungen (social values) seien "freedom" (Freiheit), "individualism" (Individualismus), und "equality" (Gleichheit) genannt, die von allen politischen Gruppen anerkannt, aber in durchaus unterschiedlicher Weise und mit unterschiedlichen Folgerungen verwandt werden. Idealtypisch sollen ein liberales und ein sozialistisches Konzept (jeweils im britischen Sinne) gegenübergestellt werden.

Der klassische Liberalismus versteht Freiheit ("freedom", "liberty") im wesentlichen als Freiheit des einzelnen von Zwang, Einmischung und Kontrolle insbesondere des Staates (jedenfalls so lange, wie der einzelne nicht die Freiheit des anderen einschränkt). Dem steht gegenüber ein Konzept, welches unter Freiheit auch die Freiheit von ökonomischen Zwängen versteht, die zu erreichen der Staat eingreifen müsse, gerade auch in die wirtschaftliche Freiheit einzelner. In der Sozialpolitik spiegelt sich dieses letztgenannte Konzept wider in der staatlichen Tätigkeit etwa in den Bereichen Gesundheitswesen und Wohnungsbau. Dem oben skizzierten idealtypischen Begriff der Freiheit im klassisch-liberalen Sinne entspricht eine derartige Ausweitung staatlicher Tätigkeit nicht. Wenn auf der anderen Seite der Staat, der seinen Bürgern ein Gesundheitssystem zur Verfügung stellt, darauf verzichtet, etwa die Ärzte des staatlichen Gesundheitsdienstes, die wiederum unter Einsatz staatlicher Mittel ausgebildet worden sind, den verschiedenen Regionen Großbritanniens nach der jeweiligen örtlichen Bedarfslage zuzuweisen, ihnen vielmehr die Freiheit der Wahl des Tätigkeitsortes überläßt, so trägt er damit dem klassisch-liberalen Verständnis von der Freiheit des Individuums Rechnung unter Hintansetzung des Interesses der Bevölkerung an einer ausgewogenen ärztlichen Versorgung.

"Individualism" ist nach liberaler Vorstellung deshalb ein positiver gesellschaftlicher Wert, weil er den einzelnen anspornt, seine Fähigkeiten zum Äussersten anzuspannen, und ihn dadurch von fremder Hilfe unabhängig macht. Da nach liberalem Credo der einzelne sich aber nur in dieser Weise frei entfalten wird und kann, wenn er von äußeren Zwängen frei ist, sind Freiheit und Individualismus, "freedom and individualism" sich ergänzende Werte[3o]. Sozialpolitisch findet "individualism" seinen Niederschlag in Bestrebungen, die darauf gerichtet sind, den einzelnen in die Lage zu versetzen, selbst für den Unterhalt von sich und den Seinen zu sorgen. Dem entspricht etwa auch das Versicherungsprinzip im System sozialer Sicherung, welches auf dem Gedanken kollektiver Selbsthilfe beruht und dem

---

3o Hierzu und allgemein zu den social values "freedom", "individualism", "equality", wie sie hier beschrieben werden, vgl. Paul WILDING/Vic GEORGE, Social Values and Social Policy, in: Journal of Social Policy, 1975, 373 ff.; dieselben, Ideology and Social Welfare, London/Boston 1976, S. 22 ff.

einzelnen das Gefühl vermittelt, daß die Versicherungsleistung mit eigenen Beiträgen erkauft ist, und aus diesem Grunde den Vorzug genießt vor aus Steuermitteln finanzierten Sozialleistungen. Der Gedanke eines Systems der Basissicherung fußt auf ähnlichem Gedankengut: es soll zur darüber hinausgehenden Eigenvorsorge anreizen und damit die Eigenverantwortlichkeit des einzelnen stärken.

"Equality" (Gleichheit) bedeutet nach traditionell liberaler Vorstellung Gleichheit der Chancen und Entfaltungsmöglichkeiten bei gleichzeitiger Anerkennung der "naturgegebenen" menschlichen Ungleichheit in Ansehung individueller Fähigkeiten. Dieser erstgenannte Tatbestand wird auch von einem sozialistischen Gleichheitsverständnis bejaht, jedoch nur berücksichtigt, soweit er die Funktionen und Verantwortlichkeiten des einzelnen betrifft, nicht aber - in scharfem Gegensatz zum liberalen Standpunkt - in Zusammenhang mit der Gewährung von Leistungen[31]. Die Vertreter dieser beiden "Philosophien" unterscheiden sich in dem Punkt, daß die einen eine ungleiche Verteilung von Einkommensgütern gleichsam als "natürlich" und von da her gerechtfertigt ansehen, während die anderen diesen Umstand auf kulturelle und gesellschaftliche Ursachen zurückführen, ihn gewissermaßen als "künstlich" ansehen. Es ist

---

31 RAPHAEL, Taxation and Social Justice, in: CRICK/ROBSON, Taxation Policy, London 1973, S. 54 (zitiert nach: WILDING/GEORGE, Social Values and Social Policy, aaO (Anm. 3o), S. 385/386) beschreibt diesen Gegensatz mit folgenden Worten:"The egalitarian is not blind to the range of differences in man's capacities for action. He is thinking of the lesser range of differences in their needs and capacity for enjoyment and he believes that the monetary benefits which are used to meet needs and to give enjoyment should reflect that narrower range, not the less relevant wider range of difference in capacities for action".

offenkundig, daß zwei solch gegensätzliche Ausgangspunkte zu unterschiedlichen Ergebnissen führen gerade auch in der Frage der Gewährung monetärer Sozialleistungen.

Die eingehendere Darstellung des Systems der sozialen Sicherheit wird aufzeigen, wo und in welchem Maße Elemente der hier nur beispielhaft angedeuteten und skizzierten Werthorizonte ihren Ausdruck gefunden haben.

2.2.7. In der Antrittsvorlesung vom 1o. Mai 1951, mit welcher er den neu geschaffenen Lehrstuhl für Social Administration an der London School of Economics and Political Science übernahm, betitelt "Social Administration in a Changing Society",definierte Richard M.TITMUSS, "social administration" als das Studium der "social services", deren Zweck die Verbesserung der Lebensbedingungen des einzelnen im Rahmen der Familie und sonstiger Gruppenbeziehungen sei;"social administration" befasse sich mit der historischen Entwicklung dieser Einrichtungen, mit den ihnen immanenten Wertvorstellungen, mit ihrer Rolle und ihrer Funktion, ihren ökonomischen Aspekten sowie dem Anteil, den sie daran haben, bestimmten Bedürfnissen, die in der Gesellschaft zutage treten, nachzukommen[32]. Historisch ist das Fach "social administration" aus den Ausbildungsgängen für "social workers" (Sozialarbeiter) hervorgegangen.

"Social administration" befaßt sich danach in zweifacher Weise mit den Sozialeinrichtungen: zum einen mit der Verwaltung im weitesten Sinne, welche die verschiedenen Formen sozialer Betätigung organisiert und bereitstellt, zum anderen mit den sozialen Biographien, den Bedürfnissen,

32 Vgl. Richard M. TITMUSS, Essays on 'The Welfare State', 2. Aufl., London 1973, S. 14.

den wechselseitigen Beziehungen der Glieder der Gesellschaft, denen die sozialen Einrichtungen dienen[33]. Soziale d.h. gesellschaftliche Probleme resultieren jedoch auch (und gerade) aus individuellen Bedürfnissen, und zwar insbesondere aus solchen, die ihrer Natur nach alle Glieder der Gesellschaft betreffen, wie z.B. das Bedürfnis sich zu ernähren, sich zu kleiden, sich eine Unterkunft zu beschaffen. Diesen fundamentalen menschlichen Bedürfnissen begegnet der einzelne zunächst persönlich oder in seinem Familienverband bzw. im Rahmen einer anderen sozialen Gruppe. Werden sie auf diese Weise nicht befriedigt, so stellen sie eine Herausforderung für die Gesellschaft als Ganze dar. Es rührt daher, daß als Ausdruck obiger existenzieller Bedürfnisse - soweit sie monetär befriedigt werden können - das Problem der "poverty" (Armut) in das Zentrum der sozialpolitischen Diskussion und Aktion in Großbritannien gerückt ist[34].

---

33 Muriel BROWN, Introduction to Social Administration in Britain, 3.Aufl., London 1976, S. 13.

34 Während B. Seebohm ROWNTREE, Poverty, A Study of Town-Life, 19o1 (vgl. S. 117 ff. der 1971 in New York neu gedruckten Auflage von 1922), um die Jahrhundertwende eine Person als "arm" ansah, deren Gesamteinkünfte zur Gewährleistung des Existenzminimums (i.S. des nackten Überlebens) nicht ausreichen, definiert A.B. ATKINSON, Poverty in Britain and the Reform of Social Security, Cambridge 1963, S. 15 "poverty" nach Maßgabe des im Rahmen der supplementary benefits (Sozialhilfe) staatlich festgesetzten Mindesteinkommens; "arm" ist danach eine Person, deren Einkommen geringer ist als der Satz, welcher zum Bezug von Sozialhilfe berechtigt. Dabei ist hinzuzufügen, daß das Einkommen eines Sozialhilfeempfängers in der Regel über diesem Mindestsatz liegt, da - wie in der Bundesrepublik Deutschland auch - bestimmte Bezüge nicht angerechnet werden und Sonderbedarfe geltend gemacht werden können.
Im Zusammenhang mit "poverty" wird u.a. diskutiert, aus welchen Gründen Menschen trotz Berechtigung zum Bezug von supplementary benefits unterhalb der Armutsgrenze ("poverty-line") leben, welche Gruppen der Bevölkerung typischerweise dazugehören (z.B. alte Menschen) was die Ursachen der Armut sind etc. Vgl."POVERTY REPORT 1974",

Es bedarf wohl keiner weiteren Ausführungen, daß die Analyse sozialer Probleme ein Bereich ist, für welchen den Sozialwissenschaften, aber auch z.B. Medizin und Psychologie eine ausschlaggebende Bedeutung zukommt; die Antwort auf die Frage nach Ursachen, Auswirkungen, Umfang sozialer Probleme erfordert den Rekurs auf andere Wissenschaften und deren Methoden. Ökonomie befaßt mit der Verteilung knapper Güter und der wirtschaftlichen Effizienz der Maßnahmen zur Erreichung von social welfare (vgl. "welfare economics"), politische Wissenschaft befaßt mit dem Problem von Herrschaft und Macht, Soziologie, befaßt mit Strukturen und Entwicklung der Gesellschaft, Psychologie, befaßt mit menschlichem Verhalten und Motivationen, können bei der Behandlung der vorstehend angesprochenen Probleme helfen. Da die genannten Wissenschaften zum Verständnis sozialer Probleme, sozialer Institutionen, sozialer Prozesse unentbehrlich sind, ist "social administration" als akademische Disziplin notwendigerweise und von Natur aus interdisziplinär angelegt[35]. Ihre Besonderheit gegenüber den Wissenschaften, bei denen sie Anleihen macht, liegt in der spezifischen problemorientierten Anwendung der aus diesen Wissenschaften gewonnenen Erkenntnisse und Methoden auf soziale Probleme; so sind Problemfelder von "social administration" etwa die Frage der sozial gerechten Verteilung knapper Güter und die Beseitigung von Ungleichheiten.

---

34 (Forts.) "POVERTY REPORT 1975", London, hrsg.v. Michael YOUNG(u.a. mit einem Vergleich Bundesrepublik Deutschland -Großbritannien; Roger LAWSON/Michael YOUNG, Cross National Comparison, in: POVERTY REPORT 1975, S. 139 ff.); ferner Peter TOWNSEND, The Concept of Poverty, London 1971; Brian RODGERS, The Battle against Poverty, London 1968 (insbes. zur historischen Entwicklung), sowie die Publikationen und die Tätigkeit der Child Poverty Action Group (CPAG), welche auch das sich diesem Tätigkeitsbereich widmende "POVERTY JOURNAL" herausgibt.

35 Vgl. Richard M. TITMUSS, Social Policy, An Introduction, London 1974, S. 57.

Dieser interdisziplinäre Ansatz soll an einem Beispiel - dem sozialen Risiko der Invalidität - verdeutlicht werden: Eine wirksame Antwort auf die durch Invalidität hervorgerufenen sozialen Probleme verlangt tiefere Einsichten als die generellen Erfahrungen, daß Invalidität Abhängigkeiten schaffen, Arbeits-bzw. Erwerbsunfähigkeit und damit Einkommensausfall herbeiführen, psychische Auswirkungen wie Vereinsamung, Schwächung des Selbstwertgefühls u.a. hervorrufen kann. Man muß beispielsweise wissen: die Zahl der Invaliden; ihren prozentualen Anteil an der Gesamtbevölkerung; ihre Altersstruktur; ihre demographische Entwicklung (d.h. ob ihre Zahl zu- oder abnimmt); die Art und Weise ihrer Integration in die Gesellschaft; ihre Selbsteinschätzung; ihre familiäre Situation; ihre Stellung in Ausbildung, Beruf, Erwerbsleben; ihre Einstellung zu Arbeit und Beruf; ihre wirtschaftliche Situation; ihre subjektiven Bedürfnisse; ihre Hoffnungen und Befürchtungen; die Haltung der übrigen Bevölkerung ihnen gegenüber. Die Antwort des Gemeinwesens auf derartige Probleme setzt Wissen über die diesbezügliche Politik, Gesetzgebung, Verwaltung, Finanzierung usw. voraus. Um bei dem Invaliden-Beispiel zu bleiben: es geht nicht allein darum, zu wissen, ob Sozialeinrichtungen vorhanden sind, die sich dieser Probleme annehmen; es geht vielmehr auch um die Verwaltung und Finanzierung dieser Einrichtungen, die Entscheidungsträger, die politischen Ziele und die Wertvorstellungen, an denen ihre Tätigkeit ausgerichtet ist, die Art der Maßnahmen, die mit ihrer Hilfe durchgeführt werden, die Prinzipien, an denen sich die Durchführung dieser Maßnahmen ausrichtet, den rechtlichen Rahmen, innerhalb dessen sich ihre Durchführung vollzieht, schließlich um die Effizienz der ergriffenen Maßnahmen.

Schlagwortartig - und entsprechend grob - läßt sich "social administration" von "social policy" wie folgt unterscheiden: befaßt sich "social policy" mit der Frage, welche Bedürfnisse als Bedarfe anerkannt und befriedigt werden sollen ("objectives"), so ist Gegenstand von "social administration" die Frage danach, wie diese Bedarfsbefriedigung vorgenommen weden soll ("means"). In der Praxis freilich verwischen sich die Grenzen. Die Frage, welche Ressourcen wie zur Bedarfsbefriedigung verwandt werden sollen, erfordert Überlegungen, die auch bei der Entscheidung darüber, welche Bedürfnisse als vorrangig zu behandeln sind, angestellt werden müssen. "Social administration" rückt die Technik der Bedarfsbefriedigung - ihre Einrichtungen und Maßnahmen - in den Vordergrund der Betrachtung[35a].

2.2.8. Einrichtungen und Maßnahmen im vorstehend bezeichneten Sinne sind die "social services", die insofern als Instrumente, zugleich aber auch als Resultate der Sozialpolitik anzusehen sind.

Genausowenig wie die Begriffe "welfare state" oder "social policy" wird der Begriff "social service" einheitlich definiert. In offiziellen Dokumenten wird er zumeist pragmatisch verwandt und hat demnach einen unterschiedlichen Inhalt, je nachdem, in welchem Zusammenhang er auftritt[36].

35a Zu social policy und social administration vgl. auch demnächst Bernd SCHULTE, Sozialpolitik und Recht der sozialen Sicherheit in Großbritannien. Eine Einführung anhand ausgewählter Literatur, VSSR, Band V, Heft 2, 1977.

36 Vgl. entsprechende Beispiele bei Joyce WARHAM, Social Policy in Context, London 197o, S. 38 ff. WARHAM weist insbesondere darauf hin, daß viele staatliche Behörden den Begriff der "social services" nach Maßgabe ihrer eigenen administrativen Belange definieren, ohne nach der Allgemeingültigkeit ihrer Definition zu fragen; so zählt nach Warham z.B. das Central Office of Statistics Krankenhäuser und hausärztliche Dienste zu den "social services", nicht aber die Gesundheitsdienste, welche von den örtlichen Behörden (local authorities) bereitgestellt werden (S. 39.)

Die "social services", welche im Sinne der obigen Ausführungen in gewisser Weise als die Essenz dessen angesehen werden können, was den "welfare state" ausmacht, sind mehr als die Gewährleistung eines Minimums an medizinischer Versorgung, Schulausbildung, Fürsorge; sie umfassen die Gewährleistung eines Einkommensminimums, der notwendigen medizinischen Behandlung im Krankheitsfall, des chancengleichen Zugangs zu Bildungseinrichtungen, der Bereitstellung einer angemessenen Wohnung und ähnliches[37]. Ihre Besonderheit gegenüber anderen staatlichen Gewährleistungen wie z.B. Verteidigung, öffentliche Sicherheit und Ordnung, allgemeine Verwaltung, Infrastrukturmaßnahmen u.a. besteht darin, daß sie im Gegensatz zu den letztgenannten auch vom Markt bereitgestellt werden können, etwa in Gestalt von Privatversicherung, privatärztlicher Gesundheitsfürsorge, Privatschulen etc., daß dann aber nicht garantiert ist, daß jedermann in ihren Genuß kommt, da sie vom einzelnen erkauft werden müssen; der Grund, weshalb der Staat diese "social services" (z.T. auch kostenlos) erbringt, liegt daher letztlich auch darin, daß nur so die sozial erwünschte optimale Menge dieser Leistungen erbracht wird. Trifft man die Abgrenzung gegenüber öffentlichen Gewährleistungen ("public services and utilities") vom Nutznießerkreis her, so besteht der Unterschied darin, daß die letztgenannten der Allgemeinheit zugute kommen, während "social services" dem Wohle des einzelnen zu dienen bestimmt sind; so nimmt der einzelne eine Rente individuell in Anspruch im Gegensatz etwa zu der Benutzung einer Straße, an der er zusammen mit allen anderen teilhat[38].

---

37 Dies ist zunächst als eine erste Vororientierung gemeint. Zu dem historisch gewachsenen Verständnis dessen, was die "social services" ausmacht, vgl. z.B. Richard M. TITMUSS, Essays on 'The Welfare State', S. 4o f.

38 Vgl. Muriel BROWN, Introduction to Social Administration in Britain, 3. Aufl., London 1976, S. 13.

Über diesen individuellen Bezug hinaus gehört zum Konzept des "welfare state", wie bereits gezeigt[39], jedoch auch die Vorstellung, daß jede Art staatlicher Betätigung welfare-orientiert sein muß, d.h. daß der Staat auch eine Verpflichtung hat, den nicht staatlicher Kontrolle unterworfenen marktwirtschaftlichen Bereich in einer Richtung zu lenken, die sozial wünschenswert ist; von da her machen auch Steuer-, Geld-, Investitions- und Beschäftigungspolitik den "welfare state" aus, indem sie Arbeitslosigkeit und Geldentwertung entgegenwirken und ständiges Wirtschaftswachstum anstreben[4o]. Bei einer derartigen Betrachtung sind "social services" die Mittel zur Erreichung am Konzept des "welfare state" orientierter und durch eine bestimmte "social policy" konkretisierter Zielvorstellungen[41]. In einem solchen weiten Sinne werden dann auch die Aspekte der Wirtschaftspolitik, welche einen hohen Beschäftigungsgrad und hohes Wirtschaftswachstum sicherstellen sollen, als die obschon selbst nicht als "social services" im engeren Sinne klassifizierten, gleichwohl wertvollsten "social services" bezeichnet[42]. Eine so weit gefaßte Definition faßt "social services" letztlich als Instrumente der verschiedenen Formen von "social policy" auf und ist von daher konturenlos und nicht geeignet, bestimmte staatliche Einrichtungen in einer spezifischen Art und Weise zu kennzeichnen. Im folgenden wird deshalb der Begriff "social services" in Übereinstimmung mit der überwiegenden Praxis

---

39 Vgl. unter 2.2.5.

4o Vgl. dazu unter 2.2.5. die Gegenüberstellung der drei interdependenten Prinzipien "welfare" - "market economy" - "democracy".

41 Vgl. so auch sinngemäß J.F. SLEEMAN, The Welfare State. Its Aims, Benefits and Costs, S. 7.

42 Joyce WARHAM, Social Policy in Context, London 197o, S. 38.

und dem größeren Teil des Schrifttums enger gefaßt; es werden solche Einrichtungen, Institutionen etc. darunter gefaßt, die nicht zufällig auch, sondern unmittelbar und gezielt das Wohlergehen des einzelnen fördern[43].

Die den "social services" zugrunde liegende Leitidee ist "welfare"; die Förderung von "welfare" ist ihre Aufgabe, die Erfüllung dieser Aufgabe besteht in der Lösung sozialer Probleme, die wiederum einzelnen (individuell) oder aber auch einzelnen im Verbund bestimmter sozialer Gruppen zugute kommen kann. Das Beispiel des National Health Service zeigt, daß eine soziale Einrichtung beide Ziele verfolgen kann: die Linderung von Not (Krankheit) des einzelnen (individuell) sowie die Verbesserung der Gesundheit der Bevölkerung ganz allgemein (generell). Soweit eine Einrichtung, z.B. das System der social security, neben der sozialen Sicherung des einzelnen durch Gewährleistung eines gewissen Einkommenstandards eine allgemeine Funktion hat (etwa Einkommensumverteilung), unterscheidet sie sich von anderen das Einkommen des einzelnen tangierenden, aber gezielt die Gemeinschaft betreffenden Maßnahmen durch die unmittelbar auf die Förderung individueller Wohlfahrt gerichtete Zweckrichtung.

---

43 So bereits Penelope HALL, The Social Services of Modern England, London 1952, S. 3:"The generally accepted hallmark of social service is that of direct concern with the personal well-being of the individual".- Die Unterschiedlichkeit der Definitionen - einmal weiter, einmal enger - läßt sich, wie Joyce WARHAM, Social Policy in Context, London 197o, S. 39 mit Recht hervorhebt, letztlich auf die Orientierung ihres jeweiligen Urhebers zurückführen; ein Volkswirtschaftler wird die weite, jemand, der sich mit social administration befaßt, die engere Definition bevorzugen. Für die hier anzustellenden Betrachtungen, die sich mit dem befassen, was "Sozialrecht" im Sinne des deutschen Sprachgebrauchs entspricht, ist daher der engeren Definition zu folgen.

Entscheidend für die Abgrenzung unterschiedlicher staatlicher Maßnahmen ist also letztlich ihre primäre Ausrichtung. Der unmittelbare Bezug auf das individuelle Wohlergehen unterscheidet mithin nach diesem wohl heute vorherrschenden Verständnis "social services" von anderen "public services" (z.B. Polizei, Straßenbau, öffentliche Bibliotheken u.ä.)[44]. Mit der weiteren Einschränkung, daß "social services" dem individuellen Wohlergehen des Leistungsadressaten zu dienen bestimmt sind, werden solche Einrichtungen ex definitione ausgeschlossen, die zugleich auch kommerziellen Zwecken (nämlich denjenigen des Leistungsträgers) dienen[45].

2.2.9. Letztendlich ist zu diesem Komplex festzustellen, daß weitgehend synonym zu "social services" die Bezeichnung "social welfare" (im organisatorischen Sinne) verwandt wird[46].

---

44 Vgl. Joyce WARHAM, Social Policy in Context, London 197o, S. 41; David MARSH, The Welfare State, London 197o, S. 5 ff.:"... direct concern with personal well-being..."(S.6); desgl. Penelope HALL, aaO (Anm. 43), S. 3.

45 David MARSH, aaO (Anm. 44), S. 6:"... the social services are those provided by community for no other reason than that of maintaining or improving individual well-being".-Den Gegenpol des gewinnorientierten, vom Profitgedanken beherrschten Unternehmers beschreibt Adam SMITH, An Inquiry into the Nature and Causes of the Wealth of Nations, 1776, mit den Worten:"Not from the benevolence of the butcher do we expect our dinner but from his regard for his own interest"(zit. nach MARSH, ebenda).

46 Vgl. Richard M. TITMUSS, Social Policy. An Introduction, London 1974. S. 47.- Das kommt auch zum Ausdruck, wenn Eugen PUSIC, Report to the Secretary General on a Repraisal of the United Nations Social Service Programme, 1965, (E/CNS/AC 12/L3/Add.I.) feststellt:"Social Welfare is the sum of measures developped by a society in order to cope with its social problems"(zit. nach Titmuss, ebenda).

Ferner ist darauf hinzuweisen, daß "social welfare" nur eines der möglichen - und tatsächlich vorhandenen - kollektiven Systeme sozialer Sicherheit darstellt. Neben "social welfare" stehen nämlich "fiscal welfare" und"occupational welfare", d.h. steuerliche und betriebliche Sozialleistungssysteme[47]. Diese drei Kategorien von "welfare" unterscheiden sich weniger in ihren Zwecken und Funktionen als vielmehr in ihrer organisatorischen Struktur, die ihre Wurzel in der Art der Arbeitsteilung in einer komplexen und spezialisierten Gesellschaft hat, welche eben wegen dieser ihrer Qualität spezifische und zusätzliche Abhängigkeiten schafft[48].

---

47 Vgl zu dieser Unterscheidung Richard M. TITMUSS, The Social Division of Welfare, in: Essays on 'The Welfare State', 2. Aufl., London 1963, S. 34 ff., 42.

48 Damit ist das bereits von Emile DURKHEIM konstatierte Faktum gemeint, daß eine Gesellschaft, welche wegen ihres hohen Entwicklungsstandes dem einzelnen immer mehr - insbesondere berufliche - Fähigkeiten abverlangt, damit zusätzliche neue Anhängigkeiten schafft (etwa durch die Dauer der Ausbildung, die Erfordernisse beruflicher Qualifizierung, die Herausbildung spezifischer Formen von Berufsunfähigkeit u.a.).- Richard M. TITMUSS, The Social Division of Welfare, aaO (wie Anm. 47), S. 34 ff., 42/43 unterscheidet demgemäß (1) natürliche Abhängigkeiten (natural dependancies) wie z.B. Kindheit, Alter, Mutterschaft, (2) zumindest zum Teil auch kulturell vermittelte Abhängigkeiten wie physische und psychische Krankheit oder Berufs- bzw. Erwerbsunfähigkeit) sowie (3) durch soziale und kulturelle Faktoren bestimmte Abhängigkeiten, die er als "man-made" bezeichnet, wie Arbeitslosigkeit, Unterbeschäftigung, verzögerter Eintritt ins Erwerbsleben, zwangsweise Pensionierung; dieser Prozeß, dessen Auswirkungen hier nicht näher erörtert werden können, bestätigt die Beobachtungen von Emile DURKHEIM, The Division of Labour and Society, 1933, S. 131 (zit. nach TITMUSS, aaO S. 44), daß der Mensch umso stärker sozial abhängig wird, je individueller und spezialisierter er wird.-
Die im Text angesprochene Dreiteilung der Wohlfahrtssysteme in ihrer Organisationsstruktur ist nur eine der vielfältigen Konsequenzen, welche die vorstehend angesprochene Problematik für das System der sozialen Sicherheit und für die Entwicklung der ihm zugrunde liegenden Konzeptionen und Politiken hat.

2.2.9.1. Wegen ihrer weitgehenden Zwecks- und Funktionsidentität sind Leistungen aus den organisatorisch getrennten Bereichen "social welfare", "fiscal welfare"und "occupational welfare" in erheblichem Umfange austauschbar. So kann z. B. das sozialpolitische Ziel, kinderreichen Familien einen finanziellen Ausgleich zukommen zu lassen, sowohl durch direkte staatliche Zuwendungen, aber auch durch Steuererleichterungen ("relief from income tax") erreicht werden; der Child Benefit Act 1975 schlägt für die Neuregelung des britischen Kindergeldsystems den ersten Weg ein. Im ersten Fall ist das Mittel zur Erreichung dieses Zieles eine unmittelbare monetäre Leistung, im zweiten Fall (Steuererleichterung) eine rein administrative steuerliche Anrechnung[49]. Berücksichtigt man, daß auch mit Steuergesetzen auf diese Weise sozialpolitische Zwecke verfolgt werden, dann kann man Steuergesetze auch nicht mehr allein einseitig als finanziell belastende Regelungen auffassen.[5o]. Sie haben dann auch selbst bei grundsätzlich progressiver Ausgestaltung des Steuertarifs nicht

---

49 Nur am Rande sei erwähnt, daß die Art des Vorgehens z.B. für die Ermittlung der Höhe des Sozialbudgets - und insbesondere für den Vergleich der Sozialbudgets verschiedener Länder - ein wichtiger Faktor ist; denn derartige Steuererleichterungen werden statistisch nicht als Sozialausgaben (social service expenditure) in Ansatz gebracht, ein Umstand, der die Aussagekraft der Angaben über das Sozialbudget - und auch den Vergleich von Sozialbudgets - stark relativiert.-
Zum Kindergeld-Beispiel vgl. unter 4.1.7. und Fn. 185a.

5o Um es mit den Worten FRIEDMANNS, Law and Change in Contemporary Britain, 1954, S. 262 (zit. nach TITMUSS, aaO (Anm. 47), S. 46 zu sagen: Taxation acts sind heute (zumindest auch) als"social purpose acts" anzusehen.

mehr unbedingt eine Umverteilungswirkung zugunsten des weniger verdienenden Teils der Bevölkerung auf Kosten der Wohlhabenderen und Einkommensstärkeren; denn je nach steuerrechtlicher Ausgestaltung im Einzelfalle führen sozialpolitisch motivierte Steuererleichterungen bei den Besserverdienenden und deshalb im Prinzip zur Zahlung höherer Steuern Verpflichteten auch zu einer größeren steuerlichen Entlastung. Der Umfang derartiger steuerrechtlich ausgestalteter sozialer Maßnahmen ist erheblich: man denke etwa an die Freibeträge für Wohnungsbau oder für den Unterhalt in der Berufsausbildung befindlicher Kinder; der Staat begünstigt hier nicht nur bestimmte Abhängigkeiten und Unterhaltsverpflichtungen, wie sie etwa das Vorhandensein von Kindern mit sich bringt, sondern z.B. im Bereich der Berufsausbildung auch Maßnahmen der individuellen Qualifizierung. TITMUSS sieht als Triebfeder dieser kontinuierlich wachsenden Bemühungen auf steuerlichem Sektor - man denke allein an alle die steuerlichen Maßnahmen, die mit Ehe und Familie in Zusammenhang stehen - die ständige Suche nach einem ausgewogenen Unterhaltsminimum für den Steuerzahler. Er weist dabei auf die bemerkenswerte Tatsache hin, daß diese Bemühungen zur gleichen Zeit erfolgten (und erfolgen), in welcher auf dem Gebiete der Sozialpolitik (im engeren Sinn) ebenfalls nach der Bestimmung eines angemessenen Lebensstandardminimums gesucht wurde, ohne daß dieser Umstand berücksichtigt worden wäre[51]. Dieses Beispiel zeigt anschaulich, wie notwendig es ist, Sozialpolitik (und Sozialrecht) im Gesamtrahmen der übrigen welfare-orientierten Politiken zu sehen.

---

51 Richard M. TITMUSS, aaO (Anm. 47), S. 49.

2.2.9.2. Der dritte große Bereich von Sozialleistungen, der Bereich der "occupational welfare" oder der "social indirect services" (Potter) reicht von Betriebsrenten, Kindergeld, Gesundheitsdiensten, Kleidungs- und Reisekosten, Wohnungsbeihilfen bis zu verbilligten Mahlzeiten und allen möglichen Annehmlichkeiten (Bereitstellung eines Kraftfahrzeuges, Spesen etc.). Er umfaßt zusätzliche soziale Leistungen, die neben die bestehenden staatlichen Sozialleistungen treten, schließt aber zum Teil auch besondere Formen von Arbeitsentgelten ein, die dann eben nicht in Geld bestehen oder unmittelbar in Geld umgesetzt werden können. Das Anwachsen derartiger Leistungen führt dazu, daß es immer schwerer fällt, die wirkliche Höhe bestimmter Einkommen zu ermitteln mit der Folge, daß Teile des realen Arbeitsentgeltes der Besteuerung entgehen (und mit der weiteren Folge, daß diese Leistungen letztlich auch auf Kosten des Steuerfiskus und damit der Allgemeinheit erbracht werden). Zugleich läßt sich an dieser Entwicklung ablesen, daß die Gefahr besteht, daß sozialpolitisch motivierte Maßnahmen letztlich neue Privilegien schaffen und neue Ungleichheiten herbeiführen[52].

2.2.1o. Oben[53] waren als social services solche Einrichtungen, Institutionen etc. bezeichnet worden, die unmittelbar und gezielt das Wohlergehen des einzelnen fördern. Diese Funktion erfüllen die social services dadurch, daß sie bestimmte Bedürfnisse ("needs"), die als Bedarfe anerkannt sind, befriedigen[54].

---

52 Mit den Worten von TITMUSS, aaO (Anm. 47), S. 55: "That is the paradox: the new division of equity which is arising from the separate responses to social change".

53 Vgl. unter 2.2.8.

54 Zur Unterscheidung von "Bedürfnis" und "Bedarf" nach deutscher Terminologie vgl. in jüngster Zeit Dieter SCHÄFER, Bedürfnisse und Bedürftigkeit, Überlegungen zur Reform des Sozialhilferechts, in: Archiv für Wissenschaft und Praxis der Sozialarbeit, 1976, 257 ff., 258.

Die Frage nach den Bedarfen, an denen ein bestimmtes Sozialleistungssystem seine Leistungen orientiert, ist von da her von elementarer Bedeutung für die Beurteilung des Systems der sozialen Sicherheit. Die Bestimmung dessen, was als Bedarf anerkannt und "von Rechts wegen" befriedigt wird, ist überdies im Sinne der funktionalen Methode der Rechtsvergleichung ein zentraler Ansatzpunkt sowohl für auslandsrechtskundliche als auch für rechtsvergleichende Arbeit[55]. Diese methodische Bedeutung des Bedürfnis-Ansatzes beruht auf der rechtsvergleichenden Erfahrung, daß jede Gesellschaft ihrem Recht im wesentlichen gleiche Probleme stellt, daß aber die verschiedenen Rechtsordnungen diese Probleme unterschiedlich (wenn auch zum Teil mit gleichen Ergebnissen) lösen[56]. Auf dem Gebiete des Sozialrechts besteht diese Identität der Probleme in der gleichen Bedürfnislage von Individuen und bestimmten sozialen Gruppen[57].

---

55 Auf diesem Ansatz bauen letztlich auch ein Großteil der Studien und Statistiken auf, die von nationalen und inter- und supranationalen Organisationen erstellt werden und welche die Sozialleistungssysteme verschiedener Länder miteinander vergleichen. Vgl. etwa die einschlägigen Studien für die Mitgliedstaaten der Europäischen Gemeinschaften durch die Brüsseler Kommission, die regelmäßig veröffentlicht werden,und die Studie des UNITED STATES DEPARTMENT OF HEALTH,EDUCATION AND WELFARE.SOCIAL SECURITY ADMINISTRATION.OFFICE OF RESEARCH AND STATISTICS. Research Report Nr. 48, Social Security Programmes throughout the World, 1975.

56 Vgl. so für die Privatrechtsvergleichung Konrad ZWEIGERT/Hein KÖTZ, Einführung in die Rechtsvergleichung auf dem Gebiete des Privatrechts, Bd. I: Grundlagen, Tübingen 1971, S. 3o.

57 Die sozialen Probleme stellen dann das vorrechtliche Problem dar, von dem dann die rechtsvergleichende Untersuchung ausgehen kann.

Der Terminus "need" hat zwei untrennbar verbundene Komponenten: eine individuelle, die sich daraus ergibt, daß es letztlich darum geht, die Existenz und das Wohlergehen des einzelnen zu sichern, sowie eine soziale/gesellschaftliche, die darin ihren Ausdruck findet, daß das Gemeinwesen als Ganzes diese Sicherungsaufgaben übernimmt[58]. In beiderlei Hinsicht ist die Definition jeweils von den sozio-ökonomischen Gegebenheiten und dem gesellschaftlichen Kontext im weitesten Sinne abhängig. An dieser Stelle kann die Fülle der Probleme, welche die Selektion von Bedürfnissen und ihre Anerkennung als Bedarfe der Sozialpolitik, aber auch dem Recht stellt, nur angedeutet werden. Je nachdem, ob der einzelne Bedürftige, das Gemeinwesen oder etwa Fachleute sich dieser Aufgabe annehmen, lassen sich etwa subjektiv empfundener Bedarf, staatlich festgelegter Bedarf sowie ein wissenschaftlich ermittelter Bedarf unterscheiden[59]. Es bedarf wohl keiner näheren Illustrierung, daß die von diesen verschiedenen Seiten anhand unterschiedlicher Kriterien und verschiedenartiger Zwecksetzungen festgelegten Bedarfe sich im Ergebnis sehr stark unterscheiden.

---

58 Vgl. TITMUSS, aaO(Anm. 47), S. 39.

59 Als Beispiel für einen staatlich festgesetzten Bedarf kann das Mindesteinkommen abgeführt werden, welches der Berechtigung für supplementary benefits (Sozialhilfe) zugrunde gelegt wird(der Bedürftigkeitsgrenze des deutschen Sozialhilferechts vergleichbar);vgl. dazu Anm.34 und A.B. ATKINSON, aaO (Anm. 34).
Die Probleme, die dabei auftauchen, Bedarfe "von Fachleuten"wissenschaftlich feststellen zu lassen, sind im Anschluß an den Ansatz von B. Seebohm ROWNTREE,"poverty" im Sinne eines absoluten Existenzminimums zu ermitteln, diskutiert worden(vgl. Anm. 34); vgl. dazu A.B.ATKINSON, aaO (Anm. 34), S. 16 ff.m.w.N. ATKINSON weist zu Recht darauf hin, daß jede Festlegung eines Existenzminimums unvermeidlich durch die jeweiligen Lebensstandards beeinflußt wird, da es unmöglich ist,Armut in einem"Vakuum" zu definieren, sondern eine derartige Definition immer in Bezug auf die Lebensstandards einer bestimmten Gesellschaft zu einem bestimmten Zeitpunkt vorgenommen werden muß.

Die Frage nach der Bestimmung von Bedarfen läßt sich auch von der Formulierung bestimmter Ziele her angehen. Von hier aus lassen sich etwa Mindeststandards, vergleichsorientierte Bedarfe und nationale Bedarfe entwickeln[6o]. Gemeinsam ist den verschiedenen Möglichkeiten, Bedarfe zu definieren, daß sie - mit Ausnahme des mit "Bedürfnis" identischen subjektiven Bedarfs ("felt need") - normativen Charakter haben[61].

6o Vgl. die Unterscheidung bei Anthony FORDER, Concepts in Social Administration. A Framework for Analysis, London 1974, S. 39 ff.:"felt need"; "basic minimum standards of need defined in terms of specific technics;"comparative need" und "national need".
Als vergleichsorientierter Bedarf ist ein Bedarf anzusehen, der auf einem Vergleich der Standards beruht, welche von einzelnen Gruppen der Gesellschaft erreicht werden; einem derartigen Bedarfsbegriff wohnt eine gewisse egalitäre Tendenz inne. Als Anwendungsfall für einen derartigen Bedarfsbegriff bietet sich etwa der Behinderte an, für den danach Voraussetzungen zu schaffen wären, die denen seiner nicht behinderten Mitbürger entsprechen, vom Einkommen bis hin zu persönlichen Entfaltungsmöglichkeiten; vgl. zu den möglicherweise sehr weit gehenden Konsequenzen eines derartigen Konzepts Wendy GREENGROSS, Entitled to Love, The sexual and emotional needs of the handicapped, London 1976.
Unter nationalem Bedarf kann man schließlich die Summe der verschiedenen Bedarfe sowie dessen zusammenfassen, was die Mitglieder eines Gemeinwesens kollektiv (die Nation) als Mangel erleben; eine derartige globale Bedarfssituation wird umso mehr Bedeutung erlangen, je mehr der einzelne als Glied der Gesellschaft gesehen wird, hängt also entscheidend von der jeweils dominierenden Vorstellung von der Stellung des einzelnen in Staat und Gesellschaft ab.

61 Doch auch die subjektive Befindlichkeit des einzelnen im Sinne von "felt need" kann -auch normativ - zum Anknüpfungspunkt für "social services" gewählt werden. Erziehungswesen und Sozialarbeit sind solche Bereiche, in denen das subjektive Verlangen nach Veränderung, die Motivation des einzelnen in besonderem Maße und unmittelbar relevant sind. Das Beispiel der Sozialarbeit zeigt zugleich, wie unterschiedliche Ziel-(und Bedarfs-)bestimmungen etwa von Klienten, Sozialarbeitern und Anstellungsbehörden Konflikte hervorrufen können, die auch das Recht vor besondere Probleme stellen.

Dem Begriff Bedarf, abhängig von bestimmten zeitlichen, räumlichen und gesellschaftlichen Bedingungen, ist also eine gewisse Relativität eigen: das, was heute als lebensnotwendiger Bedarf anerkannt ist, mag um die Jahrhundertwende als Luxus erschienen sein und in den Ländern der Dritten Welt auch heute noch als solcher erscheinen[62].

Eine Beurteilung bestimmter social services -z.B. Bildungseinrichtungen - in Großbritannien und ein Vergleich mit entsprechenden Einrichtungen etwa in der Bundesrepublik Deutschland muß sich bei der Ermittlung von Gleichem oder Ungleichem vor Augen halten, daß Besonderheiten und Unterschiede auf abweichende Definitionen im obigen Sinne zurückzuführen sein können; unterschiedliche Beurteilungen hinsichtlich der Bedeutung etwa genetischer Faktoren für die Intelligenz als einer Bildungsvoraussetzung können unmittelbare Rückwirkung haben auf die Definition des Bedarfs an Bildung und damit auch auf die Art und Ausformung der angebotenen Bildungseinrichtungen[63].

Dieser Hinweis auf die Komplexität und Problematik des Bedürfnis-bzw. Bedarfsbegriffes mag genügen, um auf die Schwierigkeiten hinzuweisen, die hinter der schlagwortartigen Definition stehen, daß social services "kollektive soziale Fürsorgeeinrichtungen für individuelle Bedürfnisse" seien[64].

---

62 Vgl. so auch VAN HEDDEGEM, Les besoins en matière de sécurité sociale: un inventaire provisoire, Revue Belge de Sécurité Sociale 1974, 857 ff., 858.

63 Vgl. Anthony FORDER, Concepts in Social Administration. A Framework for Analysis, London 1974, S. 42.

64 Muriel BROWN, Introduction to Social Administration in Britain, 3.Aufl., London 1976, S. 13:"This concept of collective provision to meet individual needs is the hallmark of a social service".

2.2.11. Herkömmlicherweise werden, von Abweichungen in dem einen oder anderen Falle aus meist pragmatischen Gründen abgesehen, als social services angesehen:

- national insurance (Sozialversicherung)
- supplementary benefit (Sozialhilfe)
- family allowances (Kindergeld)
- family income supplements (Familienbeihilfe)
- redundancy paymants (Überbrückungsgeld für Arbeitnehmer)
- the National Health Service (Staatlicher Gesundheitsdienst)
- the education service (Staatliches Erziehungswesen)
- housinq (Wohnungswesen)
- local welfare services (Wohlfahrtseinrichtungen auf örtlicher Ebene sowie solche freiwilliger Organisationen)
- employment services (Arbeitsvermittlung und Rehabilitation)
- childrens services (Jugendfürsorge)
- the probation and after-care services (Bewährungshilfe und Entlassenenfürsorge)
- youth service (Jugendarbeit)[65]

---

65 Vgl. diese Aufteilung bei W.E. BAUGH, Introduction to the Social Services, 2. Aufl., London 1975, S. 11/12.- Die in Klammern beigefügten Übersetzungen sind untechnisch gemeint und sollen nur eine ungefähre Vorstellung vom Inhalt des jeweiligen social service ermöglichen. Im übrigen entspricht diese von BAUGH vorgenommene Einteilung nicht mehr dem aktuellsten Stand der Gesetzgebung: auf die vom Social Security Act 1975 und vom Child Benefit Act 1975 gebrachten Änderungen wird später einzugehen sein.

Der Katalog der Einrichtungen, die vorstehend als zu den social services gehörig aufgeführt worden sind, bringt bereits zum Ausdruck, daß der Bereich der social services weiter ist als derjenige, welcher gemeinhin in der deutschen Terminologie etwa mit Sozialdiensten umrissen wird[66]. Ursprünglich wurde auch in Großbritannien der Begriff social service enger gefaßt, da er sich im Zusammenhang mit der Ausbildung von Sozialarbeitern herausgebildet hat und ursprünglich ihre Tätigkeitsbereiche kennzeichnete; er beschränkte sich damals auf die Sozialeinrichtungen, deren Kenntnis für Sozialarbeiter wichtig war, um ihren Klienten helfen und ihre eigene Rolle verstehen zu können, und er lebte noch fort in der Bezeichnung "Social Services Department" für Sozialarbeitseinrichtungen auf lokaler Ebene. Auch wenn im amtlichen Sprachgebrauch der Begriff social services zum Teil so weit gefaßt wird, daß er von allen Vorkehrungen zur Förderung der Gesundheit, des Wohlergehens und der Lebensumstände der britischen Bevölkerung letztlich bis hin zu wirtschaftlichen Maßnahmen, Beschäftigungs- und Wachstumspolitik reicht[67], soll er im folgenden auf die oben angegebenen Bereiche beschränkt bleiben.

---

66 In der Bundesrepublik Deutschland fallen Vorkehrungen zur Einkommensicherung nicht unter diesen Begriff; es gibt vielmehr eine ausgeprägte Alternativität zwischen einer auf das Individualeinkommen gezielten monetär ausgerichteten Politik als der Hauptstoßrichtung sozialer Bemühungen und einer Politik der Verbesserung der Lebensvoraussetzungen durch soziale Dienste und entsprechende Einrichtungen(vgl. SOZIALENQUETE, Soziale Sicherung in der Bundesrepublik Deutschland, Stuttgart u.a., 1966, S. 345/346).

67 Vgl. z.B. die Studie "THE UNITED KINGDOM OF GREAT BRITAIN AND NORTHERN IRELAND" des DEPARTMENTS OF ECONOMIC AND SOCIAL AFFAIRS der VEREINTEN NATIONEN unter dem Obertitel "ORGANIZATION AND ADMINISTRATION OF SOCIAL WELFARE PROGRAMMES", New York 1967..

Diese Einschränkung soll dazu dienen, den Rahmen der nachfolgenden Erörterungen abzustecken, nicht soll damit jedoch der Zusammenhang zwischen Wirtschaftspolitik und Sozialpolitik ausgeklammert werden. Die Notwendigkeit der Berücksichtigung dieses Zusammenhanges ist gerade in jüngster Zeit angesichts der Konjunkturabschwächung und der Arbeitsmarktentwicklung in den Industrieländern und ihrer Auswirkungen auf die Sozialpolitik offenkundig geworden. Der Katalog zeigt im übrigen, daß die obige schlagwortartige Definition von social services als "kollektiver sozialer Fürsorgeeinrichtungen für individuelle Bedürfnisse" sehr weit ist und Maßnahmen erfaßt (wie etwa Bildung und Erziehung), die sich in der deutschen Systematik unter soziale Förderung subsumieren lassen[68].

2.3. Das Recht der sozialen Sicherheit in Großbritannien

2.3.1. Das Recht ist eines der maßgeblichen Instrumente, mit dem social policy oder besser: social policies in die Praxis umgesetzt werden. Dabei ist aufgrund der vorstehenden Ausführungen zu beachten, daß das Recht von den unterschiedlichen social policies insofern bedingt ist, als seine Rolle sich mit der jeweils vorherrschenden social policy wandelt; eine Philosophie des "Laissez-Faire" räumt dem Recht einen anderen Raum ein als eine "Philosophie", die welfare-orientiert ist. Public Law (öffentliches Recht) im heutigen Sinne war im 19. Jahrhundert zur

---

68 Vgl. in diesem Sinne auch die Unterscheidung von VAN HEDDEGEM,aaO (Anm. 62), S. 858, zwischen "besoins" und "aspirations", wobei die ersteren "impérieux", die letztgenannten mehr "au niveau de l'opportunité" angesiedelt seien.

Zeit eines vorherrschenden "Laissez-Faire"-Konzepts vornehmlich befaßt mit "freedom from interference", d.h. dem Problem des Schutzes vor staatlichen Ein- und Übergriffen. Dieser Einstellung verdankt im wirtschaftlichen Bereich heute noch das Wirtschaftsrecht ("economic law") seine Existenz[69] und im Recht der sozialen Sicherheit spielt dieser Gedanke auch heute noch insofern eine maßgebliche Rolle, als die Eigeninitiative als primäre Quelle des Unterhalts für den einzelnen und diejenigen, für deren Unterhalt er zu sorgen hat, angesehen wird[7o]. Das oben erläuterte welfare-Konzept hat die fundamentale Bedeutung der Eigeninitiative und Selbstvorsorge dahingehend modifiziert, daß ergänzend dazu der Staat tätig wird, und zwar insbesondere dann,wenn die Maßnahmen des einzelnen nicht ausreichen, ihm einen kulturell angemessenen Lebensstandard zu gewährleisten.

---

69 Vgl. Harry CALVERT, Social Security Law, London 1974, S. 2/3.- Von daher erscheint es einleuchtend, wenn es in den sozialistischen Staaten kein Wirtschaftsrecht in diesem Sinne gibt; zur Frage, ob es überhaupt ein economic law gibt und wie dieses aussieht, vgl. INTERNATIONAL ENCYCLOPEDIA OF COMPARATIVE LAW, Vol. II:The legal systems of the world, their comparison and unification, Tübingen/Den Haag/Paris , Chapter 2: Structure and the Division of the Law, IV: Victor M. TSCHICHIKVADZE/ Samuel L. ZIVS, The System of Socialist Law, sect. 155 ff., 187 (S. 13o ff.). Nur eine Wirtschaftsordnung, welche die Beschaffung von Bedarfsgütern der autonomen Entscheidung des einzelnen überläßt, muß bestimmte Handlungen definieren, die als "rechtmäßige" Beschaffung von Gütern angesehen werden, eine derartige Wirtschaftsordnung bedarf eines rechtsinstitutionellen Rahmens, innerhalb dessen sich wirtschaftliches Handeln vollzieht. Zu dieser Rolle rechtlicher Normen in einer kapitalistischen Wirtschaftsordnung vgl. z.B. Peter RAISCH, Unternehmensrecht 1, Unternehmensprivatrecht: Handels- und Gesellschaftsrecht, Reinbeck 1973, S. 15.

7o Vgl. Harry CALVERT, aaO (Anm. 69), S. 3.

Die rechtlichen Maßnahmen, welche der Staat zu diesem Zweck trifft, fallen in den Bereich des "welfare law", das insofern mit dem, was JAMES, wie einleitend ausgeführt[71], als "law of.the welfare state" bezeichnet, identisch ist. Die Art und Weise, in welcher der Staat dabei durch Rechtssetzung tätig wird, ist durchaus unterschiedlich: der Staat kann zum einen selber Leistungen und Dienste erbringen, zum anderen kann er aber auch, der Existenz und den Prinzipien einer Marktwirtschaft Rechnung tragend, dem einzelnen die Mittel an die Hand geben, sich die nötigen Leistungen und Dienste zu kaufen. Die rechtlichen Instrumente, welche die letztgenannte Art staatlicher Tätigkeit umsetzen, gehören, soweit sie der Einkommenssicherung zu dienen bestimmt sind, in den Bereich des "social security law".

2.3.2. "Social security law" ist mithin ein Unterfall von welfare law; die Gesetzgebung, die das "social security law" konstituiert, ist dementsprechend auch nur ein Teil dessen, was "social legislation" ausmacht, nämlich diejenigen rechtlichen Regelungen, welche sich mit der Institutionalisierung und der Tätigkeit der social services befassen[72]. Unter "social legislation" fallen nicht nur die gesetzgeberischen Maßnahmen, die durch Gewährung finanzieller Mittel Vorsorge für bestimmte soziale Lagen treffen, sondern auch die unmittelbar vom Staat bereitgestellten rechtlichen Leistungen und Einrichtungen, wie z.B. der National Health Service, die personal social services, die legal services etc. Demgegenüber bezeichnet der Terminus "social security law" das Rechtgebiet, welches sich mit den rechtlichen Vorschriften befaßt, die "social security" regeln.

71 Vgl. unter 2.2.3.
72 Vgl. N.J. SMITH, A Brief Guide to Social Legislation, London 1972.

Was nun "social security" als Rechtsbegriff angeht, so mag ein Blick auf die Praxis des Gesetzgebers die hier herrschende terminologische Unsicherheit erklären. Das für die Sozialversicherung zuständige Ministerium hieß bis 1966 Ministry of Pensions and National Insurance. Der Ministry of Social Security Act 1966 änderte diese Bezeichnung ab in Ministry of Social Security; dieses Ministerium wurde 1968 durch den Secretary of State for Social Security Order 1968 Teil des Departments for Health and Social Security, welches auch heute noch zuständig ist. Durch den Ministry of Social Security Act 1966 wurde im übrigen die Sozialhilfe der national assistance durch supplementary benefits - den bis heute noch gebräuchlichen Ausdruck - ersetzt; poor law oder national assistance haben als juristische Fachtermini heute also lediglich noch historische Bedeutung.

Die vorstehend erwähnten Regelungen brachten es mit sich, daß der Ausdruck "social security" heute z.T. in einem weiten Sinne gebraucht und auch dann verwandt wird, wenn supplementary benefits gemeint sind[73]. "Social security"

---

73 Vgl. zu diesen Ausführungen Robert MICKLETHWAIT, The National Insurance Commissioners, London 1976, S. 21 ff. Diese terminologischen Ausführungen sind erforderlich, weil in der Praxis und im Schrifttum die Begriffe unterschiedlich verwandt werden und eine ziemliche Begriffsverwirrung herrscht; dies geht so weit, daß der Gesetzgeber in sect. 99 subsection (18) des Social Security Act 1973 den Social Security Act 1966 zitiert als "the Supplementary Benefit Act", ein Terminus, den man in keinem Gesetz des Jahres 1966 findet, weil er damals noch nicht bekannt war (der Gesetzgeber hat hier also nachträglich eine Umbenennung vorgenommen). Bezeichnenderweise umschreibt MICKLETHWAIT das Kapitel seiner Abhandlung, dem der vorstehende Hinweis entnommen ist und in dem er die terminologischen Probleme des britischen Sozialversicherungsrechts abhandelt, mit "Confusion".

kann auch - insbesondere im Sprachgebrauch von juristischen Laien - supplementary benefit (Sozialhilfe) unter Ausschluß von national insurance (Sozialversicherung) meinen, während andererseits, insbesondere im fachlichen und wissenschaftlichen Sprachgebrauch, die Sozialversicherung der national insurance zum Kern von "social security" gehört.

Es lassen sich danach vier verschiedene Begriffe von "social security" unterscheiden:

(1) "Social security" als Inbegriff aller monetären Leistungen, welche durch das Department of Health and Social Security bereitgestellt werden. In diesem Sinne wird der Begriff in der sozialpolitischen Diskussion (social policy) verwandt.

(2) "Social security" wird in einem institutionellen Sinne verwandt zur Bezeichnung derjenigen Einkommensersatzleistungen, welche das Department of Health and Social Security aufgrund folgender Gesetze erbringt:
- Social Security Act 1975
- Family Income Supplements Act 197o
- Supplementary Benefit Act 1976
- Child Benefit Act 1975
- Royal Warrants betreffend war pensions (Kriegsopferversorgung)
- die Fortsetzung der alten Workmen's Compensation Acts

(3) "Social security" im legislativen Sinne als Inbegriff aller contributory benefits (beitragsbezogene Leistungen) und non-contributory benefits (nicht-beitragsbezogene Leistungen) mit Ausnahme von supplementary benefit, family income supplements, child benefit. Dieser Begriff entspricht dem Begriff von "social security", wie ihn der Social Security Act 1975 verwendet.

(4) "Social security" in einem volkstümlichen Sprachgebrauch in der Bedeutung von supplementary benefit (Sozialhilfe).

Angesichts dieser unterschiedlichen Begriffsbestimmungen ist es erforderlich, sich für eine Definition zu entscheiden. Im Zusammenhang mit "social security law" wird der Begriff "social security" im folgenden weit gefaßt und verwandt zur Kennzeichnung aller der gesetzlichen Vorkehrungen, welche vorrangig zum Ziel haben, Vorsorge für den Einkommensausfall zu treffen[74]. Der legislatorische Begriff "social security" (3), wie er im Social Security Act 1975 seinen Ausdruck gefunden hat, wird natürlich bei der Behandlung dieses Gesetzes zugrundegelegt; in diesem Zusammenhang ist anzumerken, daß die Bezeichnung "national insurance" (Nationalversicherung) für die klassischen Zweige der Sozialversicherung wegfallen und eben durch den Terminus "social security" in dem unter (3) erläuterten engeren Sinne ersetzt worden ist; an die Stelle der Unterscheidung zwischen Leistungszweigen der national insurance und sonstigen monetären Sozialleistungen ist die zwischen "contributory benefits" (beitragsbezogene Leistungen) und "non-contributory benefits" (nicht beitragsbezogene Leistungen) getreten[75].

---

74 Vgl. Harry CALVERT, aaO (Anm. 69), S. 1: "By social security law I mean those legal mechanisms primarily concerned to ensure the provision for the individual of a cash income adequate, when taken along with the benefits in kind provided by other social services, to ensure for them a culturally acceptable minimum standard of living, when the normal means of doing so fail". Dieser weite Begriff von social security law ist dabei immer noch enger als die deutschen Begriffe "Recht der sozialen Sicherheit" oder "Sozialrecht".

75 Vgl. dazu die noch folgende Darstellung der Sozialleistungssysteme unter 4.

2.3.3. Teilbereiche dessen, was man im deutschen Recht mit Sozialrecht bezeichnet, nämlich schwerpunktmäßig das Recht der sozialen Sicherheit und das Wohnungsrecht, werden auch unter der Bezeichnung "poverty law" zusammengefaßt. Hoath/Smith sprechen in diesem Zusammenhang auch von "the law of the underprivileged" (Recht der Unterprivilegierten), einem Begriff, den sie gleichbedeutend mit "poverty law" verwenden[76].

Beide Termini dienen weniger im Sinne rechtlicher Ordnungsbegriffe der Ausgrenzung eines bestimmten Rechtsgebietes als vielmehr dem Zweck, eine spezifische sozialpolitische Prägung bestimmter materieller Rechtsinhalte zu kennzeichnen.

2.3.4. Den Begriffen "Sozialrecht" und "Recht der sozialen Sicherheit" entspricht von den oben vorgestellten Begriffen am ehesten der des "welfare law".

CALVERT geht so weit, im Zusammenhang mit welfare law von einem neuen "welfare legal system" zu sprechen, welches neben das bisherige Rechtssystem getreten sei, wie einst equity neben das common law, um dessen Mängeln abzuhelfen[77]. Das Recht habe durch diese Entwicklung nicht nur

76 Chris SMITH/David C. HOATH, Law of the Underprivileged, London 1975, S. 1.

77 Harry CALVERT, The Welfare Legal System, University of Newcastle upon Tyne 1973, S. 3. Das Wesen von equity beschreibt LORD COWPER in: Dudley v. Dudley (19o5), Prec. Ch. 241 ff., 244 - zitiert bei R.J. WALKER/M.G. WALKER, The English Legal System, 3. Aufl., London 1972, S. 33/34 - plastisch wie folgt: "Now equity is no part of the law but a moral virtue, which qualifies, moderates and reforms the riguor, hardness, and edge of the law, and is an universal truth; it does also resist the law where it is defective and weak in the constitution (which is the life of the law) and defends the law from crofty evasions, delusions and new subtilities, invented and contrived to evade and delude the common law, whereby such as have undoubted right are made remediless;...".

eine quantitative Ausweitung erfahren, sondern habe auch seinen Charakter und seine Funktion geändert, indem es die - früher seltene - Aufgabe übernommen habe, soziale Institutionen ins Leben zu rufen. Das spezifisch Neue dieser Aufgaben werde häufig deswegen verkannt, weil das Institut, welches diese Aufgabe erfülle, die Gesetzgebung, dasselbe geblieben sei[78].

Es drängt sich auf, diese von CALVERT ermittelte neue Aufgabe des Rechts auf dem Hintergrund des vorstehend erörterten welfare state-Konzepts[79] sowie etwa auch in Verbindung mit den von TITMUSS entwickelten drei Modelltypen von social policy[8o] zu sehen.

Zu der vorstehend wiedergegebenen Beobachtung von CALVERT ist anzumerken, daß an sich ein selbständiges Rechtsgebiet welfare law - oder auch poverty law, social security law - in Großbritannien bereits seit dem frühen poor law existiert. WEDDERBURN stellt aber in einem Überblick über den Stand der Rechtslehre und Rechtsforschung auf den Gebieten des Arbeitsrechts und des Rechts der sozialen Sicherheit fest, daß für den englischen Juristen das common law noch immer das "klassische" Recht darstelle; Gesetzesrecht ("statutory law") werde als etwas neu hinzutretendes angesehen[81]. Von da her wird verständlich, warum in Rechts-

---

78 Harry CALVERT, aaO (wie Anm. 77), S. 5/6.

79 Vgl. unter 2.2.5.

8o Vgl. unter 2.2.6.

81 K.W. WEDDERBURN, in: Actes des Sixième Congrès International de Droit du Travail et de la Sécurité Sociale, Stockholm 1966, Bd. 3: L'Etat Actuel du Droit du Travail et de la Sécurité Sociale dans le Domaine de l'Enseignement et de la Recherche, ainsi que les Rapports de cette Discipline avec les Sciences connexes. Rapport National 11: Grande Bretagne, S. 1 ff., 2.

wissenschaft und praktischer Juristenausbildung Arbeitsrecht ("labour law" oder "industrial law") und Recht der sozialen Sicherheit ("welfare law") bislang nur eine untergeordnete Rolle spielen[82].

Folgt man CALVERT, so hat die Rolle des Rechts im Bereich der sozialen Sicherheit sich gewandelt von einem Recht, welches Vorkehrungen traf für bestimmte Notsituationen (zum einen poor law als Armenrecht, zum anderen Abdeckung bestimmter Risiken auf der Grundlage des Versicherungsprinzips), zu einem Recht, welches staatliche Gewährleistungen - insbesondere auch Förderungsmaßnahmen - institutionalisiert,und hat es aufgrund dieses Funktionswandels die von CALVERT konstatierte neue Qualität erhalten.

2.3.5. Den Termini welfare legal system und welfare law, wie sie vorstehend in Anlehnung an CALVERT nach ihrer Stellung innerhalb des allgemeinen Rechtssystems beschrieben worden sind, wohnt wegen dieser Ausrichtung ein gewisses systematisierendes Moment inne. Aus der Sicht der Bürger als der Adressaten jener Rechtsregeln scheint der Terminus "welfare rights"[83] besser geeignet zu sein,

---

82 Zur Rolle des Rechts der sozialen Sicherheit in Ausbildung und Lehre vgl. Martin PARTINGTON, The Scope and Teaching of Welfare Law: Report of a Symposium, in: Law Teacher 8 (1974), S. 135 ff. - Dem Arbeitsrecht ist demgegenüber bereits etwas früher, nämlich in den 5oer Jahren, zunehmendes Interesse entgegengebracht worden.

83 Vgl. diesen Ausdruck bei PARTINGTON/HULL/KNIGHT, Welfare Rights, A Bibliography on Law and the Poor, 197o-1975, London 1976, die darunter folgende juristische Probleme fassen: (1) legal advice, legal aid and legal services, (2) social security law, (3) selected family issues, (4) housing, (5) consumer law, (6) the citizen and the state.

"Sozialrecht" und die im deutschen Sprachgebrauch damit verbundenen Vorstellungen zu bezeichnen[84]. Die Existenz derartiger "welfare rights" allein gewährleistet naturgemäß noch nicht, daß diese Rechte von denjenigen, denen sie zustehen, auch tatsächlich in Anspruch genommen werden. Die Schwelle, die zwischen Rechten und ihrer Realisation besteht, läßt sich auch nicht allein durch verfahrensmäßige Regelungen überwinden. Hinzutreten muß auch die personelle Vermittlung. In diesem Bereich wirkt es sich negativ aus, daß welfare law in der juristischen Ausbildung und Praxis immer noch ein Schattendasein führt[85]. SCARMAN konstatiert insoweit eine strikte Trennung zwischen dem Recht, wie es etwa von Rechtsanwälten praktiziert wird, und dem System der sozialen Sicherheit[86]. Eine der Fragen, welche in diesem Zusammenhang heute in Großbritannien kontrovers diskutiert werden, ist diejenige, ob und in welchem Umfang es wünschenswert ist, den Bereich der sozialen Sicherheit in das Rechtssystem einzubinden, m.a.W. wieweit der Bereich der sozialen Sicherheit verrechtlicht werden soll. Einerseits scheinen das Verhältnis von Staat und Bürger, um welches es in diesem Bereich geht, die Abhängigkeit der Leistungen von der Erfüllung gesetzlicher Voraussetzungen, die Existenz von Rechtsansprüchen auf Leistungen, aber auch die Gewährung von Ermessensleistungen nach rechtli-

84 Als - vorsichtige - Parallele bietet sich hier der Ausdruck "soziale Rechte" an, wie er im § 2 SGB Eingang gefunden hat, wenn man diesen zunächst einmal in einem informativen Sinne versteht und ihnen darüber hinaus die Bedeutung beimißt, allgemeine Standards sozialer Sicherung zu verkörpern; vgl. zur Problematik der sozialen Rechte und ihrer möglichen Bedeutung Hans F. ZACHER, Materialien zum Sozialgesetzbuch, Percha am Starnberger See 1974, A. 45 u. A 63 - A 65.

85 Vgl. unter 2.3.4.

86 Leslie SCARMAN, English Law - the new Dimension, London 1974, S. 37.

cher Kontrolle und rechtlicher Beratung zu verlangen; auf der anderen Seite führt die Verrechtlichung zu einem Mehr an Verwaltung und Formalitäten, damit aber auch zu der Gefahr, daß eine zusätzliche Barriere zwischen Bürger und sozialen Leistungen errichtet wird[87]. Einer der Haupteinwände, der gegen die verstärkte Einbeziehung von Rechtsanwälten in das System der sozialen Sicherheit vorgebracht wird, besteht deswegen auch darin, daß die mangelnde Vertrautheit der Rechtsanwälte mit dieser spezifischen Materie dazu führen könnte, daß sie, im case law geschult, welfare-Entscheidungen auf Präzedenzfälle (precedents) stützen und nach case law-Grundsätzen entscheiden würden, wobei dann aber zugleich wesentliche Charakteristika dieses neuen Rechts verkannt würden. Bei dieser Sachlage plädiert SCARMAN zunächst einmal für eine Bestandsaufnahme dessen, was das Recht leisten könne bei der den Rahmen des traditionellen common law sprengenden Aufgabe, Gerechtigkeit zwischen Staat und Bürger geschehen zu lassen; es gehe um die grundsätzliche Frage nach der Stellung des public law in einem common law-System[88]. Letztlich stelle diese Entstehung einer "new legal world" jenseits des common law eine Herausforderung an den Juristenstand dar, der sich um eine adäquate Antwort bemühen müsse[89].

Die Wissenschaft befaßt sich in bewußter Abkehr von der Tradition, wie sie etwa BENTHAM und AUSTIN um die Jahr-

---

87 Leslie SCARMAN, aaO (Anm. 86), S. 43/44.

88 Leslie SCARMAN, aaO (Anm. 86), S. 45.

89 Leslie SCARMAN, aaO (Anm. 86), S. 5o. - Diese Problematik wird noch im Zusammenhang mit der gerichtlichen Kontrolle von social security-Leistungen und der Darstellung der Arbeit von tribunals behandelt.

hundertwende verkörpert haben, mit der Verknüpfung des Rechts mit den Sozialwissenschaften[9o]; sie trägt dadurch auf ihre Weise dazu bei, das Recht für neue Fragestellungen und neue Aufgaben zu öffnen. Auch die Juristenausbildung vollzieht, Bedürfnissen der Praxis Rechnung tragend, diese Entwicklung nach[91]. Die Zukunft wird zeigen, in welcher Weise das englische Recht diese sich nicht zuletzt im Bereich des Sozialrechts stellenden Herausforderungen bewältigt.

2.3.6. Die gesetzgeberischen Maßnahmen, durch welche welfare law, welfare legal system, welfare rights, social security law entstehen, lassen sich mit dem Ausdruck "social legislation"(Sozialgesetzgebung) erfassen.

Im Stadium der Vorbereitung der Gesetzgebung kommt in Großbritannien besondere Bedeutung Kommissionen und bestimmten richtungweisenden Stellungnahmen zu. Wichtig sind insbesondere die folgenden Instrumente: Royal Commissions, d.h. Kommissionen, die zum Studium bestimmter Probleme eingesetzt werden und nach Beendigung ihrer Tätigkeit dem Parlament Berichte (reports) vorlegen. Royal Commissions werden üblicherweise zur Untersuchung größerer Problemkreise eingesetzt, etwa in jüngster Zeit zur Untersuchung des Pressewesens ("ROYAL COMMISSION ON THE PRESS"); im übrigen sind die ihnen übertragenen Befugnisse zur Beweiserhebung größer als dies bei den departmental oder inter-departmental committees der Fall ist, welche gemeinhin die Durchleuchtung spezieller Fragenkomplexe zur Aufgabe haben. Departmental oder inter-

9o Vgl. dazu etwa TWINING, Law and Social Science: the Method of Detail, New Society 1974, 758 ff., der einen kurzen Überblick über diese Entwicklung gibt.

91 Vgl. Martin PARTINGTON, The Scope and Teaching of Welfare Law: Report of a Symposium, in: Law Teacher 8(1974) 135 ff.; ferner den REPORT OF THE COMMITTEE ON LEGAL EDUCATION, London 1974, para. 1o9, (S. 48).

departmental committees sind Kommissionen bzw. Arbeitsgruppen, die von einzelnen Ministerien eingesetzt werden und gleichfalls bestimmte Themen aufbereiten (der BEVERIDGE REPORT entsprang z.B. einem inter-departmental committee).

KAHN-FREUND sieht die wichtigste Aufgabe dieser Gremien in der Enquête nicht nur der relevanten Tatsachen, sondern vor allem einschlägiger Stellungnahmen von interessierter Seite. Ihre Aufgabe lasse sich dahingehend umschreiben, daß sie Tatsachen klarstellen und bei der Bildung der öffentlichen Meinung eine "Hebammenfunktion" ausüben[92]. Das Wachsen des Systems der sozialen Sicherheit in Großbritannien läßt sich ideengeschichtlich anhand derartiger Kommissionsberichte verfolgen; beginnend etwa mit dem "REPORT OF THE ROYAL COMMISSION ON THE ADMINISTRATION AND PRACTICAL OPERATION OF THE POOR LAWS" (1834) über den "REPORT TO HER MAJESTY'S PRINCIPAL SECRETARY OF STATE FOR THE HOME DEPARTMENT FROM THE POOR LAW COMMISSIONERS ON AN INQUIRY INTO THE SANITARY CONDITION OF THE LABOURING POPULATION OF GREAT BRITAIN" (1842) bis hin zu BEVERIDGEs "REPORT ON SOCIAL INSURANCE AND ALLIED SERVICES" (1942). In jüngster Zeit verdient etwa der "REPORT OF THE COMMITTEE OF ONE-PARENT FAMILIES" (FINER REPORT), London 1974, besondere Aufmerksamkeit[93].

White papers enthalten Absichtserklärungen der Regierung zu bestimmten Fragen, welche informieren und zur öffentlichen Diskussion anregen soller.

---

92 Otto KAHN-FREUND, Reform des Arbeitsrechts in Großbritannien, 1969, 336 ff.; 336.

93 Einen historischen Überblick verschafft Brian WATKIN, Documents on Health and Social Services, 1834 to the Present Day, London 1975, der Auszüge aus wichtigen Dokumenten zusammengestellt hat.

Green papers sollen bestimmte Fragen zur Diskussion stellen, zu denen die Regierung ein white paper veröffentlichen möchte.

Annual reports geben über die Arbeit der Ministerien Auskunft und weisen auf zukünftige Entwicklungen hin.

Hauptinstrumente für die Schaffung von welfare law sind Acts of Parliament (Parlamentsgesetze). Sie haben das britische Sozialrecht entscheidend geprägt, welches auf gesetztem Recht ("statute law") beruht[94]. Die unter 4. dargestellten Sozialeinrichtungen ("social services") beruhen auf entsprechenden Gesetzgebungsakten.

3. Die historische Entwicklung des Rechts der sozialen Sicherheit in Großbritannien.

3.1. Versucht man, die Etappen der britischen Sozialgesetzgebung nachzuzeichnen, so bietet es sich an, mit dem Jahr 16o1 zu beginnen, in welchem der Poor Relief Act in Kraft trat, der in der Folgezeit bis weit ins 19. Jahrhundert hinein die rechtliche Grundlage des Fürsorgesystems darstellte[95]. Dieses Gesetz, das bereits einige Vorgänger hatte, konsolidierte die bisherige Gesetzgebung und verpflichtete die Grund- und Hausbesitzer, nach Maßgabe des Wertes ihres Besitzes einen Beitrag zugunsten

94 Im Gegensatz dazu wird z.B. das Zivilrecht noch zu weiten Teilen vom common law bestimmt, und zwar besteht dessen Einfluß auch dort, wo der Gesetzgeber tätig wird, da dieser insoweit auf Regeln und Techniken des common law Rücksicht nimmt.

95 N.J. SMITH, A Brief Guide to Social Legislation, London 1972, beginnt beispielsweise seine Darstellung der Entwicklung der britischen Sozialgesetzgebung mit diesem Gesetz.

der Armen ihrer Gemeinde zu erbringen. Eine derartige Maßnahme war notwendig geworden, da sich die bisherigen Mittel und Wege, für die Bedürftigen zu sorgen, als unzulänglich erwiesen hatten. In der Feudalzeit war Armut nicht als soziales Problem, sondern als Standesproblem gesehen worden. Von daher erschien es als natürlich, daß große Teile der Bevölkerung in Not und Elend lebten. Ständische Ordnung und Religion verlangten jedoch zugleich, daß die Wohlhabenderen den Armen auf freiwilliger Basis Hilfe leisteten[96]; dagegen wurde es nicht als Aufgabe des Staates bzw. der Obrigkeit angesehen, Vorkehrungen zum Schutze der Bevölkerung vor den Wechselfällen des Lebens zu treffen. Eine wichtige Rolle als Träger und Vermittler der oben erwähnten Wohltätigkeit spielten die Klöster. Gleichzeitig mit dem Verfall der feudalen Ordnung trat eine neue Form der Armut auf, die als "vagabundierend" bezeichnet wird und welche neben anderen Ursachen auch auf Naturkatastrophen, Seuchen u.a. zurückzuführen war[97]. Der Wandel der Agrarstruktur bewirkte eine höhere Mobilität der Bevölkerung und erhöhte dadurch gleichzeitig die Zahl der Menschen, die aus eigener Kraft nicht den notwendigen Lebensunterhalt bestreiten konnten. Die Klöster, die sich in der Vergangenheit solcher Leute angenommen hatten, konnten diese Aufgabe nach der im Laufe der Reformation erfolgten Säkularisierung nicht mehr erfüllen. Ihren Platz mußten deswegen die Städte und Pfarrbezirke ("parish") einnehmen. Da sie die dafür notwendigen finanziellen Mittel nicht freiwillig erhielten, mußten schließ-

---

96 Zur ständischen Ordnung und den durch sie vermittelten Vorkehrungen gegen Armut und Not vgl. u.a. Harold E. RAYNES, Social Security and Society in Britain. A History, London 1957.

97 Vgl. zu dieser Entwicklung Victor GEORGE, Social Security and Society, London 1973, S. 4 ff.

lich die wohlhabenderen Bürger durch Gesetz dazu verpflichtet werden, entsprechende Abgaben zu entrichten. Eigentliches Motiv für die einsetzende Armengesetzgebung war nach GEORGE[98] die Furcht vor sozialen Unruhen, so daß die Armengesetzgebung mithin vor allem auch der Aufrechterhaltung der öffentlichen Ordnung diente. Die durch sie eingeleiteten Maßnahmen hatten deswegen auch zugleich immer den Charakter von Repressionsmitteln und Strafsanktionen, was sich insbesondere in der Ausgestaltung der Armenhäuser niederschlug.

Die nächste Etappe nach dem Poor Law Relief Act 16o1 stellt der Poor Law Amendment Act 1834 dar, durch den erstmalig eine staatliche Aufsicht über das Armenwesen eingeführt wurde. Ansonsten blieben jedoch grundlegende Veränderungen aus. Empfänger von Fürsorgeleistungen erhielten weniger als der schlechtest bezahlte Arbeiter ("principle of less eligibility"). Zugleich wurden arbeitsfähige Bedürftige in Arbeitshäuser eingewiesen, in welchen die Arbeits- und Lebensbedingungen bewußt sehr hart waren, um Hilfsbedürftige von ihrer Inanspruchnahme abzuschrecken. Dabei wurden die Armen eingeteilt in vier Armenklassen: gesunde Männer, gesunde Frauen, Kinder sowie Alte und Schwache. Diese Einrichtung von Arbeitshäusern entsprang der Abneigung gegen finanzielle Hilfen, welche der vermeintlichen mangelnden Fähigkeit der Betroffenen zur Eigenvorsorge und den Erfordernissen der öffentlichen Ordnung nicht zu entsprechen schienen (jedenfalls was arbeitsfähige Personen anging). Das poor law (Armenrecht) differenzierte nicht zwischen einzelnen sozialen Lagen. Es prüfte die Bedürftigkeit im Einzelfall und war bei der

---

98 Victor GEORGE, aaO (Anm. 97), S. 6 ff. - Entsprechendes gilt für die poor houses (Armenhäuser), in welche die nicht arbeitsfähigen Personen eingewiesen wurden.

Gewährung von Leistungen von dem bereits erwähnten Prinzip der "less eligibility" beherrscht. Die Leistungen, die aufgrund des poor law erbracht wurden - und das hieß u.a. ganz konkret: die Bedingungen im Armenhaus - sollten so beschaffen sein, daß die Lebensbedingungen der ärmsten nicht unterstützten Personen immer noch besser waren als die eines Fürsorgeempfängers. Das entsprach der Vorstellung, daß Armut ("poverty") das Ergebnis individueller Untüchtigkeit und gleichsam ein schuldhaftes Vergehen sei[99]. Eine Differenzierung wurde nur insofern vorgenommen, als man zwischen "deserving" (würdigen) und "undeserving" (unwürdigen) Bedürftigen unterschied: Kranke, Waisen und alte Leute erhielten günstigere Konditionen als etwa Arbeitslose. In allen Fällen waren Fürsorgeleistungen von einem strengen Bedürftigkeitsnachweis ("means-test") abhängig.

3.2. Die zweite Hälfte des 19. Jahrhunderts ist gekennzeichnet durch eine Zunahme privater Wohlfahrtstätigkeit und die Entstehung von sozialen Hilfsvereinen insbesondere der Arbeiterschaft. Die letztgenannten Institutionen - hier sind vor allem die "friendly societies" zu nennen - bemühten sich, den Risiken, die den Einzelnen und seine Angehörigen bedrohen, dadurch zu begegnen, daß sie als Hilfskassen auf Gegenseitigkeit in Notlagen wie Krankheit und Tod ihren Mitgliedern und deren Angehörigen Unterstützung gewährten. Der dann allmählich einsetzende Wandel hin zu verstärkter staatlicher Tätigkeit auf sozialem Gebiet

99 Vgl. Paul O'HIGGINS, The Role of Fault in Social Security Legislation, Rapport National Grande Bretagne, in: Actes du VIème Congrès International du Droit du Travail et de la Sécurité Sociale, Warschau, vom 14.-17. Sept. 197o, Warschau 1973, Bd. 2, S. 2o5 ff., 221:"It is no exaggeration to say that in the past poverty was a crime...".

wird verschiedenen Faktoren zugeschrieben: der Zuerkennung des Wahlrechts an breitere Bevölkerungsschichten, die deren politischen Einfluß stärkte; der Verbreitung sozialen und sozialistischen Gedankengutes; einem allgemein wachsenden öffentlichen Bewußtsein um die Verbesserungsbedürftigkeit der sozialen Verhältnisse sowie der Erkenntnis, daß diese Verhältnisse negative Auswirkungen auf die Gesellschaft ganz allgemein hatten (und damit auch diejenigen berührten, die unmittelbar nicht von ihnen betroffen waren). In zunehmendem Maße wurde erkannt, daß es ökonomische Faktoren gibt, welche Armut verursachen und zugleich außerhalb der Kontrolle des einzelnen liegen[100].

3.2.1. Was nun die konkreten Maßnahmen angeht, die auf dem Gebiete der sozialen Sicherheit getroffen wurden, so setzt die Entwicklung ein mit der Sorge für diejenigen Personenkreise, die von den negativen Begleitumständen der Industrialisierung in besonderem Maße betroffen wurden, nämlich

---

100 Die Gründe, die zu dieser Entwicklung - und letztlich damit zur Entwicklung dessen, was man als "welfare state" bezeichnet - führten, sind ähnlich denjenigen, die zu den Bismarck'schen Reformen Anlaß gaben: J. SAVILLE, The Welfare State: A Historical Approach, in: Eric BUTTERWORTH/Robert HOLMAN, Social Welfare in Modern Britain, London 1975, S. 56 ff., faßt sie thesenhaft wie folgt zusammen (S. 56): "The welfare state ...has come about as a result of the interaction of three main factors: (1) the struggle of the working class against their exploitation; (2) the requirements of industrial capitalism (a convenient abstraction) for a more efficient environment in which to operate and in particular the need for a highly productive labour force; (3) recognition by the property owners of the price that has to be paid for political security". Der Zusammenhang zwischen dem Kampf der Arbeitnehmerschaft um mehr Rechte in Staat und Gesellschaft und dem Entstehen und Wachsen des Systems der sozialen Sicherheit ist wie in Deutschland offenkundig.

die Arbeiter und ihre Angehörigen. Die Workmens' Compensation Acts der Jahre 1897, 19oo, 19o6 verpflichteten die Unternehmer, ihren Arbeitnehmern bei einem Arbeitsunfall auch dann Ersatz zu leisten, wenn ihnen (den Unternehmern) kein Verschulden nachgewiesen werden konnte. Diese Gesetze stellten insofern eine Verbesserung gegenüber dem common law (in Gestalt des law of torts[1o1]) dar, als dieses den Nachweis von negligence (Fahrlässigkeit) verlangte. Dem Arbeitgeber ("employer") mußte ein individuelles Verschulden nachgewiesen oder es mußte der Nachweis geführt werden, daß er wissentlich einen ungeeigneten Angestellten beschäftigt hatte. Nach der Doktrin des "volenti non fit iniuria" konnte ein Arbeitnehmer überdies dann keinen Schadensersatz verlagen, wenn er in Kenntnis bestimmter Risiken eine Arbeit übernahm und dadurch - wie unterstellt wurde - ausdrücklich oder implizit das Risiko daraus

---

1o1 Das law of torts entspricht unserem Haftungs- und Deliktsrecht; mit aller gebotenen Vorsicht vor einer derartig oberflächlichen Analogie ist es am ehesten mit dem Recht der unerlaubten Handlung zu vergleichen. Sein Anwendungsbereich ist jedoch größer und erfaßt auch Tatbestände, die im deutschen Recht zu anderen Ansprüchen als denen aus §§ 823 ff. BGB berechtigen, wie etwa Besitzschutzansprüche, Ansprüche aus dem Eigentümer-Besitzer-Verhältnis u.a. Vgl. etwa R.J. WALKER/M.G. WALKER, The English Legal System, 3. Aufl., London 1972, S. 7o ff., 7o: "A tort may be defined as the infringement of a legal right not arising exclusively out of a contract or trust and giving rise to a cause of action for unliquidated damages... The eneral function of the law of torts is to provide compensation to a person in respect of damage caused by another... A right protected by the law of torts involves a correlative duty owed by every member of the community, unlike a contractual right which only involves a duty on the part of the other contracting party";ferner A.I. OGUS, The Law of Damages, London 1973, S. 18.

resultierender Schädigungen übernommen hatte. Ein Mitverschulden des Anspruchstellers wurde immer auf seinen Anspruch gegen den Arbeitgeber angerechnet. Besonders schwerwiegend wirkte sich darüber hinaus die Doktrin des "common employment" aus, welche besagte, daß der Arbeitgeber nicht haften mußte, wenn der Unfall auf das Verhalten eines Arbeitskollegen des Verletzten zurückzuführen war (in solchen Fällen gab das common law dann lediglich einen - in der Praxis wertlosen - Anspruch gegen den betreffenden Arbeitskollegen).

Gegenüber diesen beschränkten Ansprüchen des common law stellten zunächst der Employers' Liability Act 188o und dann später die bereits erwähnten Workmen's Compensation Acts eine Verbesserung dar. Sie legten Arbeitgebern in bestimmten Industrien (die zunächst etwa 6 Mio. Arbeitnehmer umfaßten) die Pflicht auf, bei Personenschäden, welche durch einen Arbeitsunfall hervorgerufen wurden ("personal injury by accident"), Ersatz zu leisten. Der bei einem solchen Unfall geschuldete Höchstbetrag lag normalerweise bei der Hälfte des wöchentlichen Durchschnittsverdienstes des Anspruchsberechtigten; auch dafür gab es jedoch noch eine Höchstgrenze, und den Unternehmern war überdies die Möglichkeit eingeräumt, einen Schaden in bestimmten Fällen pauschal abzugelten. Für den Arbeitnehmer hatte die Regelung der Workmen's Compensation Acts den Nachteil, daß er nachweisen mußte, daß der Unfall "out of and in the course of his employment" geschehen war; er mußte also einen bestimmten Ursächlichkeitsnachweis erbringen. Überdies mußte der Arbeitnehmer im Streitfalle gegen seinen Arbeitgeber klagen. Mit Ausnahme einiger Branchen wie etwa des Bergbaus bestand ursprünglich keine Verpflichtung der Unternehmer, eine Unfallversicherung abzuschließen; wenn auch viele Unternehmer sich freiwillig versicherten, so war doch insbesondere in kleinen Betrieben keine Gewähr dafür geboten, daß die Versicherungsbeiträge immer erbracht wurden. Gewißheit, für einen erlittenen Arbeitsunfall auch angemessen entschädigt zu werden, bestand mithin nicht. Immerhin brachte die Workmen's Compensation, die allmählich auf andere Industriezweige erweitert wurde, einen erheblichen Fortschritt.

Rechtsdogmatisch stellen die Workmen's Compensation Acts eine Brücke dar zwischen dem tort-System des common law und dem heutigen social security-System: sie wurden zum einen erlassen, um den Mängeln des tort-Systems abzuhelfen; zum anderen steht die sie später ablösende Arbeitsunfallgesetzgebung in Gestalt der national insurance (industrial injuries) von allen sozialrechtlichen Regelungen noch dem tort-System relativ am nächsten[1o2]. Beide Systeme ergänzen sich in der Weise, daß Ansprüche auf industrial injury benefit (Leistung bei Arbeitsunfall) und zivilistische Schadensersatzansprüche nach common law nebeneinander geltend gemacht werden können. Allerdings sahen bereits die Workmen's Compensation Acts vor, daß Leistungen, die auf dieser gesetzlichen Grundlage erbracht wurden, zum Teil auf zivilrechtliche Schadensersatzansprüche anzurechnen waren. Dies gilt auch für das System der heutigen Arbeitsunfallversicherung: der Law Reform Act (Personal Injuries) 1948 sieht vor, daß 5o% der Leistungen, die als industrial injury benefit bezogen werden, auf etwaige zivilistische Schadensersatzansprüche angerechnet werden; diese Anrechnung findet allerdings nur für den Zeitraum von 5 Jahren seit Eintritt des Arbeitsunfalls statt[1o3]. Ursprünglich beruhte diese Beschränkung

---

1o2 P.S. ATIYAH, Accidents, Compensation and the Law, 2. Aufl., London 1975, S. 316 ff.

1o3 Vgl. Anthony I. OGUS, The Law of Damages, London 1973, S. 324.- Die Anrechnung gilt im übrigen auch für disablement benefit, sickness and invalidity benefit, nicht aber für Leistungen des National Health Service (zu diesen Leistungsarten vgl. später unter 4.1.2.2.).

auf eine Teilanrechnung auf der Vorstellung, daß der Arbeitnehmer eigene Beträge in Höhe etwa der Hälfte der Gesamtbeiträge zur Arbeitsunfallversicherung - nämlich 5/12 - erbrachte und diese eigenen Beiträge nicht zu einer Reduzierung seiner zivilrechtlichen Ansprüche führen sollten. Im Ergebnis hat diese Regelung zur Folge, daß es (insbesondere in Fällen, in denen die 5-jährige Anrechnungsgrenze überschritten wird) zu einer Anspruchsverdoppelung kommen kann. Das Zustandekommen einer derartig inkonsequenten Regelung erklärt sich daraus, daß ihr ein Kompromiß zwischen den gegensätzlichen und unüberbrückbaren Standpunkten von Arbeitgebern und Arbeitnehmern bei der Neugestaltung der Arbeitsunfallversicherung nach dem 2. Weltkrieg zugrunde liegt, ein Kompromiß, dessen Wurzeln in die Zeit der frühen Workmen's Compensation Acts zurückreicht und dessen Auswirkungen bis zum heutigen Tage nicht geändert worden sind[1o4].

Der vorstehend unternommene Exkurs mag exemplarisch zeigen, wie auch das heutige System der sozialen Sicherheit in Großbritannien in der Tradition der Gesetzgebungsakte der letzten beiden Jahrzehnte des vorigen Jahrhunderts steht und in welchem Maße das Wissen um die historische Entwicklung zum Verständnis des heutigen Systems unentbehrlich ist.

1o4 Man muß dabei berücksichtigen, daß die dadurch auftretenden haftungsbedingten Mehraufwendungen der Arbeitgeber auf die Preise von Gütern und Dienstleistungen abgewälzt werden.- Zu der gesamten Problematik vgl. eingehend und kritisch P.S. ATIYAH, Accidents, Compensation and the Law, 2. Aufl., London 1975, S. 389 ff., insbes. S. 4o7 ff. ATIYAH beschreibt dort auch die ursprünglich von BEVERIDGE formulierten Vorstellungen und den oben angesprochenen Kompromiß, der in dem speziell zur Untersuchung dieser Problematik eingesetzten MONCKTON COMMITTEE zustande kam.

Zu Beginn des 2o. Jahrhunderts setzte sich dann - nicht zuletzt unter dem Einfluß des Beispiels der Sozialgesetzgebung in Deutschland und Österreich -Ungarn in den 8o-er und 9o-er Jahren des vorigen Jahrhunderts - die Auffassung durch, daß auch in Großbritannien der Staat die Verantwortung für den Schutz vor bestimmten Risiken übernehmen müsse. Entscheidenden Anteil an dieser Erkenntnis hatte die Arbeit der "ROYAL COMMISSION ON THE POOR LAW AND THE RELIEF OF DISTRESS" (19o5-19o9), welche die Aufgabe hatte, die Auswirkungen der Armengesetze sowie die verschiedenen Maßnahmen zu untersuchen, die außerhalb der Armengesetzgebung insbesondere gegen die Arbeitslosigkeit unternommen wurden.

19o8 wurde durch den Old Age Pensions Act ein beitragsloses Altersrentensystem eingeführt. Es sah Leistungen (25 p wöchentlich) an Personen vor, die über 7o Jahre alt waren und ein geringeres Einkommen als £ 21 jährlich hatten; eine geringere Rente wurde an solche Personen gezahlt, die zwischen £ 21 und £ 31 Jahreseinkommen hatten. Dieses Altersrentengesetz war die erste Maßnahme, welche einen entscheidenden Schritt weg von der Armengesetzgebung des poor law tat.

1911 wurde auf der Grundlage des Berichts der oben erwähnten royal commission ein National Insurance Act (Volksversicherungsgesetz) erlassen. Dieses Gesetz führte eine Krankenversicherung und eine Arbeitslosenversicherung ein. Versicherungspflichtig waren alle Arbeiter über 16 Jahre, die im Jahr weniger als £ 16o verdienten. Nur die Arbeiter selbst, nicht ihre Angehörigen waren versichert. Die Leistungen umfaßten die allgemeine ärztliche Versorgung (ohne Krankenhausbehandlung) sowie Krankengeld ("sickness benefit"), Invaliditätsleistung ("invalidity benefit") und Mutterschaftsleistung ("maternity benefit").

Die Arbeitslosenversicherung galt zunächst nur für die in bestimmten, von Arbeitslosigkeit besonders betroffenen

Wirtschaftsbereichen Beschäftigten und wurde später auf andere Wirtschaftszweige ausgedehnt.

1925 wurden durch den Widows, Orphans and Old Age Contributory Pensions Act beitragspflichtige Renten für Witwen, Waisen und alte Leute eingeführt. Zugleich wurde das bestehende Rentensystem beitragspflichtig gemacht und auf die Ehefrauen der Versicherten ausgedehnt.

1929 wurde das Fürsorgewesen umgestaltet. Seine Verwaltung wurde geändert, die Fürsorge selbst wurde in public assistance umbenannt. Die Zunahme der Arbeitslosigkeit in den 2o-er und 3o-er Jahren führte auch hier zu weitgreifenden Maßnahmen. Die übrigen Sozialleistungssysteme wurden gleichfalls erweitert und ausgebaut[1o5]. Die damalige Sozialversicherung fußte auf dem Versicherungsprinzip, sah Standardleistungen vor sowie Beiträge von Arbeitgebern und Arbeitnehmern. Bemerkenswert war die Betonung des Prinzips einheitlicher Beiträge und einheitlicher Leistungen, durch welche sie sich von der Sozialversicherung Bismarck'scher Prägung unterschied.

1934 wurde in Anbetracht der wachsenden Arbeitslosigkeit, deren Folgen die Arbeitslosenversicherung nicht Herr wurde, Arbeitslosenhilfe in Form von unemployment assistance eingeführt.

1o5 Einen kurzen und prägnanten Überblick über die Entwicklung des Systems der sozialen Sicherheit zwischen 19oo und 1948 bringt J.F. SLEEMAN, The Welfare State. Its Aims, Benefits and Costs, London 1973, S. 23 ff. Vgl. ferner z.B. Bentley B. GILBERT, The Evolution of National Insurance in Great Britain, London 1973.- Hier kann nur eine ganz kursorische Übersicht über einige wichtige Etappen der Entwicklung gegeben werden.

In Anbetracht des Anstiegs der Lebenshaltungskosten im Gefolge des Krieges wurden 194o Sozialrenten (supplementary pensions) eingeführt.

Sowohl unemployment assistance als auch supplementary pensions waren "means-tested", d.h. von einem Bedürftigkeitsnachweis abhängig, und wurden von einem Unemployment Assistance Board - 194o in Assistance Board umbenannt - verwaltet.

3.2.2. Eine einschneidende Zäsur stellen die Jahre von 1939 bis 1945 dar. Der 2. Weltkrieg machte eine umfassende staatliche Kontrolle der gesamten volkswirtschaftlichen Produktion und Distribution erforderlich. Dieses Potential, ursprünglich angehäuft, um den Erfordernissen des Krieges Rechnung tragen zu können, sollte nach Kriegsende eingesetzt werden zum Wiederaufbau des Landes und zur Förderung der allgemeinen Wohlfahrt[1o6]. Diese Phase der Neubesinnung nach dem Kriege wurde durch zwei hauptsächliche Faktoren gefördert:

- die kriegsbedingte Erhöhung der Staatsquote am Bruttosozialprodukt (die damit einherging, daß diese Quote zwar nach dem Kriege absank, aber im Vergleich mit dem Vorkriegsstand doch wesentlich höher blieb)[1o7];

1o6 Harry CALVERT, Social Security Law, London 1974, S. 5, drückt die zu diesem Zeitpunkt einsetzende Umorientierung der Sozialpolitik folgendermaßen aus: "The social services had undergone a shift from being casuality-rescue services to being a 'centrepiece in the tableau vivant of the good society' (Marshall)". Eine grundlegende Beschreibung und Analyse dieses Stadiums der Entwicklung findet sich bei Richard M. TITMUSS, Problems of Social Policy (History of the Second World War),195o.

1o7 J.F.SLEEMAN, The Welfare State. Its Aims, Benefits and Costs, London 1973, S. 39/4o, sieht darin ein allgemeines Phänomen: bereits im Gefolge des 1. Weltkrieges hatte sich der Staatsanteil am Bruttosozialprodukt von

- der subjektiven Erfahrung der Bevölkerung von Elend und Not; selbst die "middle classes" lernten im Laufe der Kriegsereignisse selbst, der Lebensmittelrationierung, der Evakuierungen von Müttern und Kindern u.a. die Auswirkungen sozialer Risiken kennen, welche ihnen bislang erspart geblieben waren.

Ausdruck dieser Neubesinnung war der BEVERIDGE REPORT, der nach seinem Verfasser benannt wurde, aber das Ergebnis der Arbeit eines ministeriellen Ausschusses war[108]. Der Bericht empfahl nicht lediglich den Ausbau und die Verbesserung der bsilang bestehenden und historisch gewachsenen Sozialeinrichtungen, sondern schlug ihre Ersetzung durch ein einheitliches und umfassendes System sozialer Sicherung vor. Dieses System sollte die Not (want) bekämpfen, welche BEVERIDGE neben Krankheit, Unwissenheit, Schmutz und Müßiggang zu den "Fünf Giganten" zählte, welche es zu bekämpfen gelte[109].

1o7 (Forts.) 12% im Jahre 1914 auf 25-3o% in den 2o-er Jahren erhöht (nachdem er in den Kriegsjahren selbst 1918 mit 5o% eine Spitze erreicht hatte).

1o8 Nämlich das INTERDEPARTMENTAL COMMITTEE ON SOCIAL INSURANCE AND ALLIED SERVICES.

1o9 BEVERIDGE umschrieb diese Aufgabe mit den Worten:"... any proposals for the future, while they should use to the full the experience gathered in the past should not be restricted by consideration of sectional interests established in the obtaining of the experience. Now, when the war is abolishing landmarks of every kind, is the opportunity for using experience in a clear field. The revolutionary moment in the world's history is a time for revolutions, not for patching... organization of social insurance should be treated as one part only of the comprehensive policy of social progress. Social insurance fully developed may provide income security; it is attack upon Want. But Want is only one of five giants on the road of reconstruction and in some ways the easiest to attack. The others are Disease, Ignorance, Squalor and Idleness" (SOCIAL INSURANCE AND ALLIED SERVICES REPORT by SIR WILLIAM BEVERIDGE, London 1942, paras. 7, 8, S. 6).

Das von BEVERIDGE vorgeschlagene System sozialer Sicherheit sollte folgende Grundzüge aufweisen:

- es sollte allumfassend sein, also die gesamte Bevölkerung einschließlich der besser verdienenden Arbeitnehmer, der Selbständigen und der bisher sonst von der Sozialversicherung ausgenommenen Personenkreise umfassen;
- es sollte grundsätzlich auf einheitlichen Beiträgen[110] aufbauen und einheitliche Leistungen gewähren, da der Staat nur das Lebensminimum garantieren müsse, eine bessere Vorsorge von denen, welche sie wünschten, im Wege privater Sicherung erkauft werden sollte. Der unterschiedlichen Stellung der Versicherten im Erwerbsleben sollte aber durch eine Einteilung in drei Hauptgruppen abhängige Erwerbstätige - selbständig Erwerbstätige - nicht Erwerbstätige Rechnung getragen werden; die Angehörigen dieser drei Gruppen sollten unterschiedliche Beiträge bezahlen und auch unterschiedliche Leistungen erhalten (die Beiträge und Leistungen innerhalb dieser drei Gruppen wiederum sollten gleich sein)[111];

11o Dabei sollte aber die bisher schon bestehende Dreiteilung, also die Beteiligung von Versicherten, Arbeitgebern, Staat an der Finanzierung beibehalten werden.

111 So sollten z.B. die Selbständigen ("self-employed") mehr als die Arbeitnehmer, aber weniger als Arbeitnehmer und Arbeitgeber zusammen an Beiträgen zahlen; allerdings sollten sie keinen Anspruch auf Arbeitslosengeld haben wegen der Schwierigkeit, im Falle der Gewährung dieser Art von Leistungen Mißbräuche auszuschließen.- Insbesondere in Ansehung der hier nicht im einzelnen abzuhandelnden Leistungen unterschied der BEVERIDGE REPORT von seiner Konzeption her sechs personale Gruppen: Arbeitnehmer - Selbständige - Nicht-Erwerbstätige - Hausfrauen - Kinder - Leute im Rentenalter; die Bevölkerung wurde also im Hinblick auf die soziale Sicherheit eingeteilt in vier Klassen, die im arbeitsfähigen Alter standen, und zwei Klassen - Kinder und Rentner -, die unterhalb bzw. oberhalb des arbeitsfähigen Alters lagen.

- ein besonderes Arbeitsunfallversicherungssystem sollte das alte System der Haftung ablösen;
- ein Sozialhilfesystem als "Auffangnetz" war insbesondere für diejenigen gedacht, welche die Beiträge zur Sozialversicherung nicht aufbringen konnten, und sollte an die oben bereits erwähnte unemployment assistance anknüpfen, die insoweit erweitert werden sollte.

Durch dieses einheitliche System sollten die Risiken abgedeckt werden, welche den regelmäßigen Einkommensbezug unterbrechen: Krankheit - Invalidität - Alter - Mutterschaft - Arbeitslosigkeit; hinzutreten sollten einmalige Leistungen bei Geburt - Eheschließung - Tod.

Dieses System sozialer Sicherung baute auf folgenden weiteren Maßnahmen auf:

- einem Kindergeldsystem, welches der besonderen sozialen Lage großer Familien Rechnung tragen sollte[112];
- einem umfassenden Gesundheits- und Rehabilitationssystem, welches allen Staatsbürgern unabhängig von der Zugehörigkeit zur national insurance zur Verfügung stehen sollte;
- der staatlichen Gewährleistung eines hohen und stabilen Beschäftigungsgrades (Ziel der Vollbeschäftigung)[113].

---

112 Diese wäre ja, solange das Familienoberhaupt einer Erwerbstätigkeit nachgeht, vom Sozialversicherungssystem unmittelbar nicht berücksichtigt worden (läßt man einmal die Sozialhilfe, die erst unterhalb der Armutsgrenze ansetzt, beiseite).

113 Hier klingen KEYNES'sche Gedanken an: auch der BEVERIDGE REPORT ging von der Erkenntnis aus, daß der Staat durch finanzpolitische Maßnahmen die Vollbeschäftigung gewährleisten könne; vgl. dazu Sir William BEVERIDGE, Vollbeschäftigung in einer freien Gesellschaft (Full Employment in a Free Society), Hamburg 1946, insbes. S. 23 ff.

Die maßgeblichen Gesetzgebungsakte, welche die im Beveridge Report enthaltenen Vorstellungen in die Tat umsetzten, waren:

- Family Allowances Act 1945 (Kindergeld)
- National Insurance Act 1946 (Volksversicherung)
- National Insurance (Industrial Injuries) Act 1946 (Unfallversicherung)
- National Assistance Act 1948 (Sozialhilfe)

Diese Gesetze wurden in der Folgezeit naturgemäß in vielerlei Hinsicht geändert und ergänzt. Bereits die ursprünglichen Gesetze wiesen jedoch einige Abweichungen vom Konzept des BEVERIDGE REPORTs auf:

- der Gedanke der Garantie des Existenzminimums wurde in Ansehung der Höhe der Sozialversicherungsleistungen nicht durchgehalten[114];
- in vorher nicht vorgesehenem Umfang wurden staatliche Zuschüsse zur Rentenversicherung erforderlich, weil das neue Rentensystem nicht, wie bei BEVERIDGE ursprünglich vorgesehen, nur allmählich für die Neurentner in Anwendung gebracht wurde, die ihre Rentenberechtigung nach Inkrafttreten des National Insurance Act 1946 erlangten, sondern sofort auf alle Rentner ausgedehnt wurde mit der Folge, daß das Beitragsaufkommen bei weitem nicht zur Deckung der Rentenlasten ausreichte.

Festzuhalten ist jedoch, daß ein entscheidendes Prinzip durch die Sozialgesetzgebung nach dem 2. Weltkrieg in Großbritannien verwirklicht wurde, nämlich das der Universalität ("universalism"). War es früher üblich gewesen, bestimmte Gruppen auszusondern ("selectivism"), wenn die Gesellschaft sich ihrer Bedürfnisse bewußt wurde, und ihnen besondere Sozialeinrichtungen zur Verfügung zu stellen, so

---

114 Die Auswirkungen zeigten sich insbesondere im Bereich der Sozialhilfe, die dadurch eine Bedeutung erlangte, welche Beveridge ihr nie zugedacht hatte.

zielte das neue Konzept darauf ab, allen Teilen der Bevölkerung ohne Rücksicht auf Einkommen und gesellschaftliche Stellung zu gleichen Bedingungen allgemeine Sozialeinrichtungen bereitzustellen. Im Bereich der Einkommenssicherung ("social security") wurde dabei die Gewährleistung eines Minimumstandards für alle angestrebt. Dagegen wurde, wie später noch zu zeigen sein wird, auf dem Gebiet der Bereitstellung von sächlichen Mitteln und Diensten - etwa in den Sektoren Gesundheit und Erziehung - versucht, jedem ein Optimum dessen zur Verfügung zu stellen, was überhaupt vorhanden war[115].

Kernstücke des Systems der sozialen Sicherheit waren der National Health Service (Gesundheitsdienst) und die national insurance (Volksversicherung).

Die national insurance kannte drei Klassen von Versicherten:
1. Klasse: abhängig Beschäftigte ("employed")
2. Klasse: Selbständige ("self-employed")
3. Klasse: Nicht-Erwerbstätige ("non-employed")

Die wesentlichen Leistungstypen der National Insurance waren:
- sickness benefit (Krankengeld)
- invalidity benefit (Invaliditätsleistung)
- retirement pension (Altersrente)
- unemployment benefit (Arbeitslosenunterstützung)
- maternity benefit (Mutterschaftsleistung)
- widow's benefit (Witwenrente)

---

115 Der Unterschied tritt vielleicht am deutlichsten im Bereich des Gesundheitswesens zutage. Die Bereitstellung erstrangiger medizinischer Leistungen, die vor dem Kriege nur diejenigen erhielten, welche in der national health insurance versichert waren, kam in Gestalt des National Health Service nun jedermann zugute.-
Hier spiegelt sich in der Ausgestaltung der Social Services wider, was oben unter dem Gesichtspunkt verschiedener Social policies und social values angesprochen worden ist (vgl. unter 2.2.6.).

Den Arbeitnehmern (Klasse 1) standen alle diese Leistungen zu; für die Selbständigen (Klasse 2) entfiel die Arbeitslosenunterstützung, für die Nicht-Erwerbstätigen (Klasse 3) entfielen Arbeitslosenunterstützung, Krankengeld und Mutterschaftsgeld.

Grundsätzlich waren alle Briten, welche in diese Kategorie fielen, zur Versicherung in der national insurance verpflichtet. Einzelne Gruppen - Studenten, Strafgefangene, bestimmte Empfänger von Sozialleistungen - waren von der Beitragspflicht befreit. Selbständige und Nicht-Erwerbstätige, deren Jahreseinkommen einen bestimmten Betrag nicht überstieg, konnten sich befreien lassen. Für Ehefrauen bestanden Sonderregelungen.

Was die Finanzierung der national insurance anging, so ist zunächst auf die grundsätzliche Unterscheidung zwischen beitragspflichtigen ("contributory") und nicht-beitragspflichtigen ("non-contributory") Leistungssystemen ("schemes") hinzuweisen, welche auch heute noch von grundsätzlicher Bedeutung ist. Nicht beitragspflichtig waren danach z.B. family allowances (Kindergeld) und supplementary benefit (Sozialhilfe)[116]; dagegen war die national insurance

116 Die Finanzierung der nicht beitragspflichtigen Leistungssysteme ("non-contributory schemes") erfolgt über das allgemeine Steueraufkommen. Sie sollen vornehmlich den einkommensschwachen Bevölkerungsschichten zugute kommen. Daher sind auch supplementary benefit und family income supplement von einem Bedürftigkeitsnachweis ("means test") abhängig.- Family allowances (Kindergeld) und child benefit wurden (und werden) unabhängig von einer etwaigen Bedürftigkeit gezahlt; die family allowances wurden allerdings bei der Einkommenssteuer als Einkommen berücksichtigt und mußten daher, soweit eine Verpflichtung zur Zahlung von Einkommenssteuer bestand, versteuert werden (da die Einkommensteuer progressiv ausgestaltet ist, die besser verdienenden Schichten der Bevölkerung also von ihr - jedenfalls dem Prinzip nach - härter betroffen werden sollten als die weniger verdienenden, wohnt den aus Steuermitteln gespeisten Leistungssystemen sowie den zu versteuernden Sozialleistungen jedenfalls im Grundsatz eine Umverteilung inne).

mit ihren einzelnen Zweigen - wie im übrigen auch die Unfallversicherung - beitragspflichtig. Dabei ist allerdings anzumerken, daß bei einigen Leistungen die Erfüllung von Beitragspflichten nicht Voraussetzung für den Bezug der Leistungen war. Im übrigen ist jedoch festzuhalten, daß die national insurance grundsätzlich vom Versicherungsprinzip beherrscht wurde[117].

Was die Leistungen der national insurance angeht, so sollen sie nach der Vorstellung von BEVERIDGE das Existenzminimum garantieren[118]. Sein Konzept fußte auf einheitlichen Beiträgen ("flat rate of insurance contribution") und einheitlichen Leistungen ("standard benefit rates"), die aufgrund der von Fachleuten zu ermittelnden Bedarfsituation jeweils an die wirtschaftliche Entwicklung angepaßt werden sollten[119].

In der Folgezeit nach Inkrafttreten des National Insurance Act 1946 erwies sich diese fehlende Differenziertheit des Systems als Mangel. Zum einen variierten nämlich die Lebenshaltungskosten und sonstigen Bedürfnisse der einzelnen Individuen und Gruppen, zum anderen gab es auch regionale Unterschiede gerade was die Kosten der Lebenshaltung anging; beides wurde in diesem System nicht berücksichtigt[12o].

---

117 Der leistende Einbezug des von der national insurance gegen die Risiken Krankheit - Invalidität - Mutterschaft - Alter - Arbeitslosigkeit geschützten Personenkreises charakterisierte die national insurance als Vorsorgesystem i.S. der deutschen sozialrechtlichen Terminologie. Allerdings ist anzumerken, daß der Staatsanteil an der Finanzierung immerhin bis zu 15% betrug.

118 SOCIAL INSURANCE AND ALLIED SERVICES, (BEVERIDGE REPORT, London 1942, para. 27, S. 14.

119 Zur Problematik der Ermittlung, Bestimmung und Definition von Bedarfen vgl. unter 2.2.1o.

12o Zu dieser Kritik am BEVERIDGE Konzept vgl. Harry CALVERT, Social Security Law, London 1974, S. 19.

Im übrigen hielten die Leistungen der national insurance mit der allgemeinen Entwicklung nicht Schritt; es erwies sich auch als unmöglich, sie wenigstens im Gleichschritt mit der Preisentwicklung zu erhöhen. In der Praxis zeigte sich dieser Mangel zunächst bei den Mieten, die wegen des Fehlbestandes an Wohnungen stark angestiegen und zu einer erheblichen Belastung der privaten Haushalte - insbesondere auch derjenigen der Sozialleistungsbezieher-führten. Der Weg, dieser Entwicklung durch eine Erhöhung der Versicherungsleistung zu begegnen, war dadurch verbaut, daß den Beziehern niedriger Einkommen eine Erhöhung der Beiträge zur national insurance nicht zugemutet werden konnte. Das führte dazu, daß erstmalig mit dem National Insurance Act 1959 für die Altersrente eine Abkehr von dem Einheitssatz-System (flat rate-principle)vorgenommen wurde. Nach dem Einkommen gestaffelte Beiträge für Altersrenten wurden eingeführt und entsprechend wurde die Rentenhöhe an der Höhe der Beiträge orientiert. Allerdings war diese Form der Altersrente freiwillig. Im Jahre 1966 wurden Krankengeld und Witwenleistung sowie die Arbeitslosenunterstützung auf dasselbe Prinzip umgestellt.

Parallel zu den hier erwähnten Maßnahmen auf dem Gebiet der social security wurden auch die übrigen social services ausgebaut. Diese Entwicklung kann hier aus Platzgründen jedoch nicht nachgezeichnet werden. Soweit der historische Hintergrund für das gegenwärtige Verständnis der social services wichtig ist, wird er bei der nachfolgenden Behandlung ausgewählter social services berücksichtigt.

4. Die social services im einzelnen

Im folgenden wird ein Überblick gegeben über die Vorkehrungen, welche zur Erreichung von social welfare in Gestalt von von social services gegenwärtig in Großbritannien vorhanden sind[121]. Aus dem an anderer Stelle bereits vorgestellten Spektrum der social services kann nur der Kernbereich - und auch dieser nur in sehr beschränktem Umfange - näher dargestellt werden. Die folgenden Ausführungen konzentrieren sich daher auf die auszugsweise Darstellung folgender Bereiche:

- social security
- health services
- personal social services
- legal services

Dabei soll die Komplementärfunktion der voluntary organizations (freiwilliger Organisationen bzw. freier Verbände) berücksichtigt werden. Ausschlaggebend für die oben getroffene Auswahl ist neben der zentralen Bedeutung dieser Bereiche für das System der sozialen Sicherheit der Umstand, daß sich hier auch die Rolle des Rechts im System der sozialen Sicherheit, seine Prinzipien, die spezifischen Probleme, denen es sich gegenübersieht, dargestellt werden können.

---

121 Zu einem Überblick über die social services allgemein vgl. W.E. BAUGH, Introduction to the Social Services, 2. Aufl., London 1975, der social service wie folgt definiert:"... a social service can be defined as a service provided by the community to help those in need; need not necessarily being need of money" (S. 11); in dieser kurzen Definition klingt auch deutlich an, daß social services sowohl monetäre als auch nicht-monetäre (und insbes. personale) Leistungen erfaßt.-
Nur der Vollständigkeit halber sei erwähnt, daß man in der Literatur auch abweichende Klassifizierungen findet, die etwa den Bereich der Einkommenssicherung durch

4.1. Social Security

4.1.1. In der britischen Gesellschaft sind, wie in der unsrigen, die Haupteinkommensquellen Arbeit und Vermögen. Eine Minderheit bezieht Einkünfte aus Eigentum und Kapital. Die Mehrheit der Bevölkerung ist unmittelbar Einkommensbezieher aufgrund Erwerbstätigkeit oder erhält ihren Unterhalt mittelbar von einem solchen (knüpft also an die Verdienerrolle eines anderen an).

Probleme der Einkommenssicherung stellen sich zunächst einmal dann, wenn der Einkommensbezug kurzfristig unterbrochen ist, sei es aufgrund Krankheit, Mutterschaft, Unfall oder Arbeitslosigkeit. Auf längere Sicht stellen sie sich in den Fällen langfristiger Abhängigkeit, sei es aufgrund Alters (Kindheit, Alter), statusbedingter Abhängigkeit (Hausfrau und Mutter) oder aber länger dauernder Behinderung (Invalidität)[122].

Der kurze historische Überblick hat drei verschiedene Wege aufgezeigt, auf welchen Einkommensersatz geleistet wird: (1) die Versicherung gegen Einkommensverluste, die aus bestimmten typischen sozialen Lagen (insbesondere Risiken) herrühren; (2) unmittelbare Leistungen an Bedürftige, wenn die Bedürftigkeit nachgewiesen wird; (3) Leistungen an bestimmte Kategorien von Personen, denen Bedürftigkeit oder ein erhöhter Bedarf unterstellt wird. Diesen unterschiedlichen Strategien entsprachen früher die Leistungssysteme der national insurance (Sozialversicherung), der national assistance bzw. später supplementary benefit (Sozialhilfe)

---

121 (Forts.) social security nicht unter die social services fassen.

122 Vgl. zu dieser Unterscheidung Anthony FORDER, Income and Need, in: PENELOPE HALL'S SOCIAL SERVICES OF ENGLAND AND WALES, 9. Aufl., London 1975, S. 89 ff., 89. FORDER sieht als gesonderten dritten Problemkreis noch den Faktor besonders hoher Unkosten ("high overheads") an, wie sie etwa durch Wohnungslasten oder Kosten für den Weg zum Arbeitsplatz verursacht werden.

und bestimmte Sondersysteme wie etwa family allowances (Kindergeld)[123].

Mit der oben erwähnten[124] neuen Sozialgesetzgebung durch den Social Security Act 1975 ist diese Einteilung hinfällig geworden, so insbesondere die Ausgliederung eines spezifischen Bereiches national insurance; einen rechtlichen Begriff "national insurance" gibt es nicht mehr, wenn auch das Versicherungssystem als solches fortbesteht[125]. Es bietet sich deswegen heutzutage an, das social security-System zunächst nach dem Kriterium der für es zuständigen ministeriellen Verwaltungsspitze abzugrenzen. Die ministerielle Verantwortung obliegt dem Department of Health and Social Security (Ministerium für Gesundheit und soziale Sicherheit); für die Sozialhilfe gibt es eine besondere Zuständigkeit der dem Department of Health and Social Security zugeordneten Supplementary Benefits Commission (Sozialhilfekommission). Die Verwaltung unterhalb der ministeriellen Ebene ist für social security und supplementary benefits einheitlich. Wichtige Unterschiede bestehen dagegen beim Rechtsschutz, auf den an anderer Stelle eingegangen wird.

---

123 Vgl. Muriel BROWN, Introduction to Social Administration in Britain, 3. Aufl., London 1976, S. 3o.- Stellt man diese verschiedenen Lösungen dem deutschen Sozialrecht und seiner Systematik gegenüber, so entsprechen sie etwa (1) dem Vorsorgesystem der Sozialversicherung, (2) dem generellen Ausgleichssystem der Familienleistungen und (3) dem speziellen Ausgleichssystem der Sozialhilfe; den deutschen Entschädigungssystemen korrespondieren dann etwa die war pensions (Kriegsrenten).

124 Vgl. unter 2.3.2.

125 "National Insurance" taucht begrifflich im Social Security Act 1975 nur noch in Zusammenhang mit dem National Insurance Fund auf, d.h. dem Fonds, aus dem die im folgenden aufgeführten Leistungen des social security-Systems erbracht werden; vgl. SSA 1975, s 133.

Als Kriterien für die Unterscheidung einzelner Zweige des social security-Systems bieten sich die Art der Finanzierung und die technische Ausgestaltung an. Danach gibt es Leistungszweige die (a) contributory (beitragsbezogen), (b) non-contributory (nicht beitragsbezogen), (c) means-tested (von einem Bedürftigkeitsnachweis abhängig) sind. Dabei werden die zu der ersten Kategorie gehörigen Leistungszweige aus Beiträgen, die zu den beiden anderen Kategorien gehörenden Leistungszweige aus dem allgemeinen Steueraufkommen finanziert[126]. Im übrigen ist anzumerken, daß - - worauf an anderer Stelle bereits hingewiesen wurde[127] - in eine Gesamtbetrachtung des Systems der sozialen Sicherheit noch die Bereiche occupational welfare und fiscal welfare einzubeziehen sind, und zwar sowohl was den Umfang sozialer Leistungen als auch was ihre Finanzierung angeht. Ein Vergleich der Sicherung gegen das Risiko Krankheit in Großbritannien und in der Bundesrepublik Deutschland macht diesen Unterschied deutlich. In beiden Ländern wird das Krankengeld aus einem Beitragsaufkommen der Versicherten finanziert, dagegen besteht ein tiefgreifender Unterschied in der Frage der Sachleistungen, welche in der Bundesrepublik nach dem Versicherungsprinzip erstattet werden, während sie in Großbritannien über den staatlichen Gesundheitsdienst unmittelbar gewährt werden. Zu den folgenden Ausführungen ist deshalb nicht nur bei der Behandlung der Sicherung gegen das Risiko Krankheit, sondern generell der Vorbehalt zu machen, daß die Leistungen des social security-Systems auf dem Hintergrund des Umstandes zu sehen sind, daß sie durch eine Reihe sonstiger Maßnahmen - z.B. betrieblicher, steuerlicher, privatversicherungsrechtlicher, freiwilliger Natur - ergänzt werden.

---

126 Diese grundsätzliche Unterscheidung wird allerdings nicht in reiner Form durchgeführt: ein kleiner Teil der Beiträge wird für andere Zwecke abgezweigt, so z.B. zur (geringen) Teilfinanzierung des National Health Service.

127 Vgl. unter 2.2.9.

KAIM-CAUDLE[128] trifft in diesem Zusammenhang folgende Unterscheidungen:

1. Statutory provisions (gesetzliche Maßnahmen)

   1.1. ohne Bedürftigkeitsnachweis und ohne Beitragsvoraussetzungen (Beispiel: Gesundheitsleistungen in Großbritannien)

   1.2. means and/or income test (mit Bedürftigkeitsnachweis)

   1.3. compulsory insurance contributions (Sozialversicherung als Pflichtversicherung) (Beispiel: Krankenversicherung in der Bundesrepublik Deutschland)

   1.4. voluntary insurance contributions (freiwillige Sozialversicherung) (Beispiel: class 3 contributions der contributory schemes)

2. Tax allowances (Steuererleichterungen)

   2.1. universal (allgemein) (Beispiel: Steuererleichterungen bei Unterhaltsverpflichtungen in Großbritannien)

   2.2. restricted to persons participating in approved schemes (Steuererleichterungen in Bezug auf bestimmte Vorsorgemaßnahmen)

3. Obligations on employers (Verpflichtungen für Arbeitgeber)

   3.1. mandatory on all (für alle verbindlich) (Beispiel: Lohnfortzahlung im Krankheitsfalle in der Bundesrepublik Deutschland)

   3.2. elective or optional (wahlweise) (Beispiel: occupational pensions (Betriebsrenten) in Großbritannien)

4. Non-statutory provisions by employers (nicht gesetzlich angeordnete Maßnahmen von Arbeitgebern

   4.1. to all staff (an die gesamte Belegschaft) (Beispiel: betriebliche Gesundheitsdienste)

   4.2. to certain grades of staff (an Teile der Belegschaft) (Beispiel: betriebliche Altersrenten)

---

128 P.R. KAIM-CAUDLE, Comparative Social Policy and Social Security. A Ten Country Study, London 1973, S. 9 ff.

5. By voluntary organizations (Leistungen freier Verbände)
   5.1. Leistungen, auf die ein Anspruch besteht (Beispiel: trade union pensions, d.h. gewerkschaftliche Pensionssysteme)
   5.2. charity (freie Wohltätigkeit)

Ein Vergleich des britischen Systems der sozialen Sicherheit mit einem anderen System - etwa dem der Bundesrepublik Deutschland - hätte diese Ergänzungssysteme und -leistungen in die Betrachtung einzubeziehen: es wäre von dem jeweiligen Risiko - etwa Krankheit, Arbeitslosigkeit u.a. - oder allgemein: dem jeweiligen Bedürfnis ausgehend zu fragen, wie diese konkreten Probleme in Großbritannien und dem Vergleichsland gelöst werden[129].

Im folgenden sollen angesichts der begrenzten Aufgabenstellung der Arbeit lediglich die sozialen Leistungen dargestellt werden, welche durch das social security-System bereitgestellt werden. Entsprechend der vom Social Security Act 1975 vorgenommenen Einteilung werden dabei zunächst die in diesem Gesetz unter dem Begriff "social security" zusammengefaßten beitragsbezogenen ("contributory") und nicht-beitragsbezogenen ("non-contributory") Leistungen ("benefits") sowie Arbeitsunfallversicherung und Kriegsopferversorgung als Formen gehobener sozialer Sicherung dargestellt (unter 4.1.2. bis 4.1.5.)

Im Anschluß daran wird das Basissystem der Sozialhilfe ("supplementary benefit") behandelt, wie es im Supplementary Benefit Act 1976 seinen Niederschlag gefunden hat. Auch wenn die Sozialhilfe wie die zu social security im Sinne des Social Security Act 1975 gehörigen Leistungen der Einkommenssicherung dient, wird sie, der technischen Ausgestaltung des Gesetzes entsprechend, nicht dazu gerechnet, sondern unter 4.1.6. getrennt behandelt. Entsprechendes gilt für die Familienleistungen unter 4.1.7.

---

129 Vgl. auch unter 2.2.9.

Um die Darstellung nicht mit zu vielen Details zu belasten, werden einige Angaben zu der Höhe der Beiträge und Leistungen gesondert unter 4.1.8. gemacht. Die zusammenfassende Darstellung des Beitrags- und Leistungsniveaus hat zudem den Vorteil, daß deutlich wird, wie sich contributory benefits, non- contributory benefits und supplementary benefits in ihrem Leistungsniveau unterscheiden.

4.1.2. <u>Contributory benefits (beitragsbezogene Leistungen)</u>

Beitragsbezogen bedeutet nicht, daß diese Leistungszweige ausschließlich aus Beiträgen finanziert werden; der Staatsanteil, der aus Steuermitteln erbracht wird, beträgt immerhin ca. 15 %. Die Beitragssysteme werden aber im wesentlichen Umfang aus Beiträgen gespeist, während die nicht beitragsbezogenen Systeme allein aus Steuermitteln gespeist werden.

4.1.2.1. <u>Contributions (Beiträge)</u>

Es gibt vier Beitragsklassen:

(1) Employed earners
Beiträge der 1. Klasse sind von erwerbstätigen Arbeitnehmern zu zahlen. Der Beitrag ist lohnbezogen und besteht aus einem bestimmten Prozentsatz des relevanten Verdienstes, d.h. des Wochenlohnes zwischen 11 Pfund und 69 Pfund. Der Arbeitnehmer (employed earner) zahlt selbst 5,5 % dieses relevanten Verdienstes. Hinzu kommt ein Arbeitgeberanteil von 8,5 %, Social Security Act 1975 (= SSA 1975),s 4 (6)[130].

130 Die Zahlenangaben beziehen sich auf das Jahr 1975 und sind dem Social Security Act 1975 und seinen schedules entnommen. Der aktuelle Stand ist jeweils den regierungsamtlichen Veröffentlichungen zu entnehmen.

(2) Self-employed earners

Beiträge der 2. Klasse sind von Selbständigen ("self-employed earners") zu zahlen.

(3) Earners and others voluntarily

Diese 3. Klasse umfaßt freiwillig Versicherte.

(4) Beiträge der 4. Klasse werden gezahlt von Einkünften aus gewerblicher oder beruflicher Tätigkeit ("profits or gains of a trade or profession") und belaufen sich auf 8 % des Einkommens zwischen 1600 und 3600 jährlich.

Diese Unterteilung nach Beitragsklassen hat die früher übliche Einteilung nach Versichertengruppen ersetzt; der wesentliche Unterschied liegt wohl darin, daß die Neuregelung flexibler ist und ein und dieselbe Person Beiträge in verschiedenen Klassen zahlen kann[131]. Da sich die 2. und 4. Beitragsklasse beide auf Selbständige beziehen, kann man, nimmt man eine personale Zuordnung vor, die Versichertengruppen unterscheiden in abhängig Beschäftigte, selbständig Beschäftigte, freiwillig Versicherte. Einzelne Gruppen - Strafgefangene, Studenten, sowie bestimmte Sozialleistungsempfänger - sind von der Beitragspflicht befreit. Selbständige und nicht Erwerbstätige, deren Jahreseinkommen einen bestimmten Betrag nicht übersteigt, können sich befreien lassen. Für Ehefrauen gelten Sonderregelungen.

Beiträge zur 1. Klasse berechtigen zu allen beitragsbezogenen Leistungen. Beitragszahler der 2. und 4. Klasse können keine Leistungen für die Risiken Arbeitslosigkeit und Arbeitsunfall beanspruchen[132]. Beiträge der 3.Beitrags-

---

131 Die ausgeprägte Kasuistik zur Frage der Qualifizierung bestimmter Tätigkeiten als abhängig oder als selbständig ist aber dadurch kaum berührt worden; vgl. Harry CALVERT, Social Security Law, London 1974, S. 13 ff.

132 Darüber hinaus ist zu berücksichtigen, daß die lohnbezogenen Ergänzungsleistungen natürlich nur Lohnempfän-

klasse geben nur einen Anspruch auf maternity grant, widow's benefit, retirement pension, child special allowance und death grant[133]. Ansprüche auf Leistungen bei Arbeitsunfall entstehen, wenn der Anspruchsteller abhängig Beschäftigter ist. Im übrigen ist zu beachten, daß für die einzelnen Leistungen im Einzelfall unterschiedliche Beitragsvoraussetzungen gegeben sein müssen (Dauer und Höhe der Beitragszahlungen etc.).

4.1.2.2. Benefits (Leistungen)

Ausgehend von den klassischen Risiken Krankheit, Invalidität, Mutterschaft, Alter, Tod, Arbeitsunfall, Arbeitslosigkeit, welche auch der britischen Sozialgesetzgebung zugrunde liegen, sind - die Einteilung beruht auf Social Security Act 1975 - folgende Leistungen zu unterscheiden[134]:

4.1.2.2.1. Unemployment benefit

Ein Angehöriger der ersten Beitragsklasse (SSA 1975, s 13), der zumindest ein Jahr lang die beitragsmäßigen Vorausset zungen erfüllt hat, ist grundsätzlich zum Bezug von unemployment benefit (Arbeitslosengeld) berechtigt, SSA 1975 s 14 (1). Zu den Voraussetzungen, bei deren Vorliegen Arbeitslosigkeit ("unemployment") angenommen wird, gehört, daß der Anspruchsteller arbeitsfähig ("capable of work") und verfügbar ("available to be employed in employed earner's employment") ist, SSA 1975, s 17 (1). Das Gesetz

---

132 (Forts.) gern und damit Angehörigen der 1. Beitragsklasse zustehen können.

133 Zu diesen Leistungen vgl. die folgenden Ausführungen unter 4.1.2.2.

134 Im folgenden wird der Social Security Act 1975 "SSA 1975" abgekürzt.

führt nicht näher aus, was unter Arbeitsfähigkeit zu verstehen ist; aus dem Zusammenhang mit der Krankengeldregelung und der dort als Leistungsvoraussetzung genannten Arbeitsunfähigkeit ("incapacity of work") ist jedoch zu entnehmen, daß Arbeitsfähigkeit im Sinne von Nichtvorliegen krankheitsbedingter Arbeitsunfähigkeit zu verstehen ist[135]. Verfügbarkeit bedeutet, daß der Anspruchsteller fähig und willens ist, eine geeignete Arbeit aufzunehmen.

Gründe für Leistungseinschränkungen bzw. -ausschlüsse ("disqualifications") stellen u.a. die Beteiligung an einem Arbeitskampf und der Umstand des Verlustes des Arbeitsplatzes durch eigenes Fehlverhalten ("misconduct") dar; solches Fehlverhalten sind etwa bestimmte Formen unredliche chen Verhaltens ("dishonesty"), Trunkenheit oder bestimmte Formen von Pflichtverletzungen ("breach of work place rules"). Einen Grund für "disqualification" bildet ferner z. B. die freiwillige und grundlose ("voluntarily... without just cause") Aufgabe des Arbeitsplatzes, SSA 1975, s 2o (1) [136]. Eine Beschäftigung ist dann nicht geeignet ("suitable") - und ihre Ablehnung stellt keinen Ausschlußgrund dar - wenn sie etwa aufgrund eines Arbeitskampfes freigeworden ist, schlechter bezahlt ist oder sonstwie schlechtere Bedingungen bietet als in dem betreffenden Bezirk gemeinhin üblich.

---

135 Vgl. Chris SMITH/ David HOATH, Law and the Underprivileged, London/Boston 1975. S. 1o.

136 Vgl. zu den "grounds of disqualification" ausführlich Harry CALVERT, aaO (Anm 131), S. 119 ff.- Zur Arbeitslosenunterstützung und möglicherweise damit konkurrierenden Ansprüchen gegen den Arbeitgeber bzw. zu sonstigen damit in Zusammenhang stehenden Sozialleistungen vgl. John MESHER, Compensation for Unemployment, London 1976.

Es gibt zwei verschieden hohe Sätze, nach deren Maßgabe Arbeitslosengeld gewährt wird: der höhere Satz wird Anspruchstellern gezahlt, die das Rentenalter noch nicht erreicht haben, wenn sie alle beitragsmäßigen Voraussetzungen ("contribution conditions", SSA 1975, s 13) erfüllen. Ein niedrigerer Satz nur steht verheirateten Frauen (ebenfalls unterhalb des Rentenalters) zu.

Arbeitslosengeld wird nicht gezahlt für die ersten drei Tage der Arbeitslosigkeit. Danach wird es für längstens 312 Tage gewährt, SSA 1975, s 18 (1). Danach muß, bevor die Leistung wieder einsetzt, zumindest 13 Wochen lang eine Beschäftigung von 21 Stunden wöchentlich oder mehr ausgeübt worden sein, SSA 1975, s 18 (2). Vom 13. Tag der Arbeitslosigkeit an wird für längstens 156 Tage ein einkommensbezogener Zuschlag gewährt ("earnings-related supplement", SSA 1975, s14 (7); schedule 6).

4.1.2.2.2. Sickness benefit

Sickness benefit (Krankengeld) wird bei Arbeitsunfähigkeit gewährt, die infolge von Krankheit oder körperlicher oder geistiger Behinderung ("by reason of some specific disease or bodily or mental disablement") eintritt, SSA 1975, s 17 (1) (a) (ii). Diese Arbeitsunfähigkeit muß der Anspruchsteller nachweisen, was in der Regel durch ärztliches Attest geschieht.

Als "grounds of disqualification" kommen in Betracht: eigenes Fehlverhalten (z.B. unter bestimmten Umständen Alkoholismus), Verweigerung ärztlicher Untersuchung oder Behandlung in bestimmten Fällen, Verstoß gegen bestimmte Pflichten (z.B. unentschuldigte Abwesenheit von zuhause oder die Ausübung einer entgeltlichen Arbeit während der Krankheit)[137].

137 Vgl. dazu SMITH/HOATH, aaO (Anm. 135), S. 15 mit ausführlichen Hinweisen auf einschlägige Entscheidungen.

Entsprechend der Regelung beim Arbeitslosengeld wird auch Krankengeld in den ersten drei Tagen der Arbeitsunfähigkeit nicht gezahlt. Die Höhe der Leistungen und ihre sonstigen Modalitäten entsprechen denjenigen des Arbeitslosengeldes ("unemployment benefit").

4.1.2.2.3. Invalidity benefit

Die Leistungen bei Invalidität in Gestalt von invalidity benefit unterteilen sich in invalidity pension (Invaliditätsrente) und einer zusätzlichen Invaliditätsbeihilfe (invalidity allowance). Anders als es die Bezeichnung "invalidity" nahelegt ist diese Leistung nicht auf den Fall der Invalidität beschränkt. Invalidity pension tritt vielmehr an die Stelle des Krankengeldes, wenn dieses nach 168 Tagen ausläuft, SSA 1975 ,s 15 (1) (b). Der Anspruch auf invalidity pension ist ausgeschlossen, wenn der Anspruchsteller zum Bezug einer Altersrente berechtigt ist, SSA 1975, s 15 (1) (2). Die oben[138] erwähnten Disqualifikationen für Krankengeld ("sickness benefit") gelten auch für die Invaliditätsleistung ("invalidity benefit").

Ein Anspruch auf invalidity allowance (zusätzliche Invaliditätsbeihilfe)besteht, wenn das Alter des Anspruchstellers mehr als 5 Jahre unter dem Rentenalter liegt. Auch die Höhe dieser Zusatzleistung hängt vom Lebensalter ab: je nachdem, ob der Berechtigte jünger als 35, 45 oder 6o Jahre ist, erhält er eine höhere bzw. abgestuft niedrigere Beihilfe, SSA 1975, s 16 (2).

Es ist anzumerken, daß es zu invalidity benefit entgegen der Regelung beim Arbeitslosen- und Krankengeld keine lohnbezogene Ergänzungsleistung gibt; trotz Invaliditätsbeihilfe kann also die dem einzelnen zustehende Gesamtleistung geringer sein als das Krankengeld.

138 Vgl. unter 4.1.2.2.2.

4.1.2.2.4. Maternity benefit

Es gibt zwei Arten von Mutterschaftsleistungen (maternity benefits): maternity grant und maternity allowance.

Bei der maternity grant handelt es sich um einen einmaligen festen Betrag, der Frauen bei der Niederkunft gewährt wird, SSA 1975, s 21 (1). Die Leistung kann auch bereits während der Schwangerschaft verlangt werden, und zwar frühestens 11 Wochen vor der Woche, in welcher die Niederkunft erwartet wird[139]. Entweder die Frau selbst oder ihr Ehemann müssen die beitragsmäßigen Voraussetzungen erfüllen len; das ist automatisch dann der Fall, wenn ein Anspruch auf maternity allowance besteht.

Mutterschaftsgeld in Form der maternity allowance steht nur Frauen zu, welche Beiträge für die 1. oder 2. Beitragsklasse gezahlt haben. Sie kann von der 11. Woche vor der erwarteten Woche der Niederkunft ab bis 6 Wochen nach diesem Zeitraum beansprucht werden; bei einer verspäteten Niederkunft verlängert sich die Regeldauer von 18 Wochen um die Anzahl von Wochen, um welche die Niederkunft später als erwartet erfolgt, SSA 1975, s 22 (2) (7).

Es gibt drei Disqualifikationsgründe: Arbeit während der Zeit, für welche Mutterschaftshilfe gewährt wird (d.h. während der "maternity allowance period"), Verstoß gegen bestimmte Verhaltensregeln und Nichtbeachtung einer erforderlichen medizinischen Untersuchung; diese Gründe entsprechen insofern denjenigen, die für das Krankengeld gelten. Eine Frau, die Beiträge in die 1. Beitragsklasse zahlt, hat zusätzlich Anspruch auf einen einkommensbezogenen Zuschlag ("earnings-related supplement") vom 13. Tag nach Aufgabe der Arbeit ab. Die Höhe dieses Zusatzbetrages errechnet sich wie der einkommensbezogene Zuschlag zum Arbeitslosen- oder Krankengeld.

139 SSA 1975, s 21 (5); Social Security (Maternity Benefit) Regulations 1975, para. 3.

4.1.2.2.5. Widow's benefit

Es gibt insgesamt drei verschiedene Leistungen an Witwen ("widow's benefit"):widow's allowance, widowed mother's allowance and widow's pension. Nur eine dieser drei Leistungen kann jeweils in Anspruch genommen werden, SSA 1975, s 25 (3), 26 (3). Alle drei Leistungen sind davon abhängig, daß der Ehemann entsprechende Beiträge erbracht hat. Daraus folgt, daß die Witwe aus einer common law-Ehe oder die geschiedene Ehefrau keinen Anspruch auf diese Leistungen haben. Für alle drei Leistungsarten gilt, daß die Berechtigung zu ihrem Bezug im Falle einer Wiederheirat oder eines Konkubinates ("for any period during which she is cohabitating with a man as his wife") erlischt, SSA 1975, s 24 (2), 25 (3), 26 (3).

4.1.2.2.5.1. Widow's allowance

Witwengeld in Gestalt von widow's allowance steht einer Frau zu, die beim Tode ihres Ehemannes das Rentenalter - 6o Jahre für Frauen - noch nicht erreicht hat und deren Mann bei seinem Tode auch noch keinen Anspruch auf eine category A retirement pension[14o] erworben hatte. Der verstorbene Ehemann muß darüber hinaus die beitragsmäßigen Voraussetzungen erfüllt haben, wie sie im schedule 3, para. 4 niedergelegt sind, SSA 1975, s 24 (1). Diese Beihilfe wird vom Tode des Ehemannes ab 26 Wochan lang gezahlt, SSA 1975, s 24 (2).

Witwen von Angehörigen der 1. Beitragsklasse erhalten einen Zuschlag, der nach dem Lohn des verstorbenen Ehemannes im vorletzten Lebensjahr errechnet wird[141].

14o Zur category A retirement pension vgl. unter 4.1.2.2.5.

141 Näheres regeln schedule 6, paras.1-3 .

4.1.2.2.5.2. Widowed mother's allowance

Witwen mit zumindest einem Kind erhalten eine widowed mother's allowance (Beihilfe für Witwen mit Kind), wenn sie ein Kind bei sich haben oder für ein Kind einen wöchentlichen Unterhaltsbetrag in bestimmter Höhe erbringen; das Kind muß entweder im Sinne des Family Allowances Act 1965, schedule para. 3, zur Familie des verstorbenen Ehegatten gehören oder ein Kind der Anspruchstellerin und des Verstorbenen oder eines vorverstorbenen Ehegatten sein. Gleiches gilt, wenn die Witwe von dem verstorbenen Ehegatten ein Kind erwartet,.SSA 1975, s 25. Der verstorbene Ehegatte muß die beitragsmäßigen Voraussetzungen erfüllt haben.

Die Leistung kann solange beansprucht werden, wie die oben genannten Voraussetzungen vorliegen.

Da, wie oben[142] bereits erwähnt, die verschiedenen Arten von widow's benefit nicht gleichzeitig in Anspruch genommen werden können, bezieht eine Witwe mit Kind im Regelfall in den ersten Wochen nach dem Tode ihres Ehemannes zunächst widow's allowance, danach widowed mother's allowance. Dieser Anspruch steht ihr so lange zu, bis das Kind bzw. die Kinder 19 Jahre alt werden.

4.1.2.2.5.3. Widow's pension

Eine Frau, die beim Tode ihres Ehemannes älter als 4o und jünger als 65 Jahre ist, hat bei Erfüllung der beitragsmäßigen Voraussetzungen durch ihren verstorbenen Mann Anspruch auf Witwenrente ("widow's pension"); gleiches gilt, wenn sie innerhalb dieser Altersgrenzen die Berechtigung zum Bezug von widowed mother's allowance verliert, SSA 1975, s 26 (1).

---

142 Vgl. unter 4.1.2.2.5. "widow's benefit".

Die widow's pension greift ein, wenn die Ansprüche auf widow's allowance and widowed mother's allowance nicht mehr bestehen.

Ist die Frau beim Tod ihres Mannes noch keine 5o Jahre alt, so vermindert sich der normale Rentensatz für jedes Jahr, um welches sie dieses Limit unterschreitet, um 7 %. Diese Regelung zeigt, daß bei Frauen unter 5o Jahren noch die Ausübung einer Erwerbstätigkeit angenommen wird.

4.1.2.2.6. Retirement pensions

Das britische System der Altersrente ist im Umbruch begriffen. Der Social Security Pensions Act 1975 hat auf diesem Gebiet eine Neuregelung gebracht, die nach und nach in Kraft gesetzt wird. Dieser Reform liegt das Bestreben zugrunde, die Rente in ihrer Höhe an die früheren Einkünfte des Berechtigten zu koppeln und sie überdies vor inflationären Entwicklungen zu schützen.

Bevor kurz auf diese Neuregelung eingegangen wird, sollen die derzeit geltenden Regelungen der Altersrente angesprochen werden. Voraussetzung für alle Arten von Altersrenten ist zunächst einmal das Erreichen des Rentenalters ("retirement age") von 65 Jahren für Männer und 6o Jahren für Frauen. Jemand, der diese Altersgrenze erreicht, wird, gleichgültig ob er bis dahin eine Erwerbstätigkeit ausgeübt hat oder nicht, grundsätzlich nunmehr als aus dem Erwerbsleben ausgeschieden ("retired") behandelt (etwas anderes gilt nur in dem Fall, daß der Betreffende seine Erwerbstätigkeit fortsetzt, es sei denn, er tue dies nur gelegentlich in unbedeutendem Umfang oder unter Umständen, die mit dem Ausscheiden aus dem Erwerbsleben in Einklang stehen ("only occasionally or to inconsiderable extent or in circumstances not inconsistent with retirement"), SSA

1975, s 27 (3)[143]); das Ausscheiden aus dem Erwerbsleben muß der Anspruchsteller allerdings schriftlich kundtun, SSA SSA 1975, s 27 (4).

Von den nachfolgend aufgezeigten verschiedenen Rentenarten kann immer nur eine Rente beansprucht werden, SSA 1975, s 27 (6).

Die einzelnen Rentenarten:

4.1.2.2.6.1. Category A retirement pension

Diese Rente wird jemandem, der die beitragsmäßigen Voraussetzungen erfüllt, bis zum Lebensende gewährt. Eine verheiratete Frau kann diese Rente nur beanspruchen, wenn sie im Alter von 55 Jahren und später geheiratet hat oder aber wenn sie eine besondere weitere Beitragsvoraussetzung erfüllt, wobei letztlich auf die Erbringung weiterer Beiträge im Laufe des Erwerbslebens abgestellt wird[144]. Witwen, deren Ehemann verstorben ist, bevor sie das Rentenalter erreicht haben, werden die Beiträge des Ehemannes angerechnet, um ihnen die Erreichung der Rentenberechtigung zu erleichtern, SSA 1975, s 28 (3) und schedule 7.

Category A retirement pensions können (von Zuschüssen für Unterhaltsverpflichtungen abgesehen) auf zwei Weisen erhöht werden: zum einen findet dann eine Erhöhung statt, wenn nach Erreichen des Rentenalters die Inanspruchnahme der Rente hinausgeschoben wird ("increment for deferred retirement"). Dabei erhöht sich die wöchentliche Rente um 1/8 % je Zeitraum von 6 Tagen (außer Sonntagen), um den dies geschieht; der Mindestzeitraum, um den der Rentenbezug hinausgeschoben werden muß, beträgt 48 Tage. Eine ähnliche

143 Einzelheiten und Nachweise zu der umfänglichen Kasuistik zu den Bedingungen, unter denen eine Fortsetzung der bisherigen oder die Aufnahme einer neuen Erwerbstätigkeit zulässig sind, vgl. bei SMITH/HOATH, aaO (Anm. 135), S. 12 f.

144 Vgl. dazu SSA 1975, s 28 (2) und schedule 3, para. 5.

Regelung gibt es für Frauen, wenn der Ehemann weiterarbeitet, SSA 1975, s 28 (4) (5). Ebenso wird eine Erhöhung gewährt, wenn der Rentenberechtigte in einem Zeitraum zwischen 13 Wochen und dem Tag, welcher dem Tag, an welchem das Rentenalter beginnt, vorausgeht, Anspruch auf eine invalidity allowance[145] hatte; die Erhöhung entspricht dem Betrag der invalidity allowance, welche der Berechtigte zum obigen Zeitpunkt bezog, SSA 1975, s 28 (7).

4.1.2.2.6.2. Category B retirement pension

Diese Rente steht nur Ehefrauen zu und fußt auf den Beitragsleistungen ihres Ehemannes. Eine Frau hat dann einen Rentenanspruch, wenn sie verheiratet ist oder war, das Rentanalter erreicht hat und eine der folgenden Bedingungen erfüllt:

- bei Erreichen des Rentenalters mit einem Mann verheiratet ist, der auch das Rentenalter erreicht hat, in seiner Person die Beitragsvoraussetzungen erfüllt und wie die Frau selbst keine Erwerbstätigkeit mehr ausübt, SSA 1975, s 29 (2), (Fall 1);
- unter im übrigen gleichen Voraussetzungen nach Erreichen des Rentenalters heiratet, SSA 1975, s 29 (3), (Fall 2);
- beim Tode ihres Ehegatten, in dessen Person die Beitragsvoraussetzungen vorlagen, bereits das Rentanalter erreicht hatte, SSA 1975, s 29 (4), (Fall 3);
- vor Erreichen des Rentenalters ihren Mann verloren, ihre Erwerbstätigkeit aufgegeben und aufgrund des Todes ihres Mannes die Berechtigung zum Bezug von widow's pension[146] erworben hat, SSA 1975, s 29 (5), (Fall 4).

145 Zur invalidity allowance vgl. unter 4.1.2.2.3.
146 Zur widow's pension vgl. unter 4.1.2.2.5.

Es gibt zwei verschiedene Leistungssätze[147]: der geringere Satz wird gezahlt, solange der Ehemann noch lebt (Fälle 1 und 2). Den höheren Satz erhalten die Ehefrauen der Fallgruppen 1 und 2, wenn ihr Ehemann stirbt, sowie solche Frauen, die in die dritte Fallgruppe gehören. Frauen der Fallgruppe 4 erhalten eine Rente in Höhe ihrer widow's pension. Hat der Ehemann durch Fortsetzung seiner Erwerbstätigkeit den Rentenbezug hinausgeschoben, so erhält seine Frau zu seinen Lebzeiten einen Zuschlag von 1/16 % für jeweils 6 Tage[148] nach Erreichen ihres Rentenalters (Fallgruppe 1) bzw. nach Eheschließung (Fallgruppe 2); nach dem Tode ihres Ehemannes erhält sie eine weitere Zulage von 1/16 % für jeweils 6 Tage, in welchen ihr Ehemann durch Hinausschieben des Rentenalters die Voraussetzungen für eine Erhöhung der category A pension erworben hat, SSA 1975, s 29 (1o).

Eine Zulage in Gestalt einer invalidity increase erhält eine Frau, welche, bestünde nicht das Verbot der Kumulierung zweier oder mehrerer Renten, Anspruch hätte auf eine category A pension mit einer Invaliditätserhöhung ("invalidity increase"); diese invaliditätsbedingte Zulage wird ihr unter diesen Umständen zu der category B pension gewährt.

Für beide Rentenarten gilt die sog. "earnings rule", d.h. die Renten werden gekürzt, wenn der Rentenberechtigte weiterhin einer Erwerbstätigkeit nachgeht. Die Kürzung setzt ein, wenn die Einkünfte aus dieser Tätigkeit £ 2o[149] pro Woche übersteigen; der Mehrverdienst bis zu £ 4 wird zur

---

147 Vgl. SSA 1975, s 29 (7).

148 Vgl. die entsprechenden Regelungen für die category A retirement pension.

149 Ab April 1976 soll diese Grenze auf £ 35 , ab April 1977 auf £ 5o angehoben werden; vgl. SSA 1975, s 3o (2).

Hälfte, der £ 4 übersteigende Mehrbetrag ganz auf die Rente angerechnet, SSA 1975, s 3o (1) (2). Entschließt sich ein Rentenbezieher, wieder eine Erwerbstätigkeit aufzunehmen und auf die Rente zu verzichten, so kann er dadurch seine spätere Rente erhöhen, SSA 1975, s 3o (3). Beziehen Eheleute jeweils eine category A bzw. category B pension, so bedarf der Ehemann, der eine Erwerbstätigkeit aufnehmen und auf seine Rente verzichten will, (grundsätzlich) der Einwilligung seiner Ehefrau, SSA 1975, s 3o (4).

4.1.2.2.6.3. Der Social Security Pensions Act 1975, der sich in 2o Jahren voll auswirken wird, ersetzt das bisherige System der Standardrenten ("flat-rate pensions") plus eventueller einkommensbezogener Zuschläge ("earnings-related supplements") durch ein duales System, wonach grundsätzlich in der Zukunft jeder Brite zwei Renten erhalten soll:

- <u>basic pension</u>

  Eine basic pension wird das Äquivalent zur derzeitigen flat rate pension (Basisrente) sein.

  Eine additional pension, die einkommensbezogen sein wird, soll die basic pension aufstocken.

  Die basic pension wird jährlich der Lohn- und Preisentwicklung angepaßt werden, je nachdem, welche Bezugsgröße für den Rentenbezieher günstiger ist. Die additional pension wird im Einklang mit der Preisentwicklung erhöht werden. Die Renten werden nach den 2o besten Verdienstjahren berechnet.

  Diese Neuregelung wird sich im übrigen nicht allein auf die Altersrenten erstrecken, sondern auch auf die Hinterbliebenenrenten entsprechend angewandt werden. Sie soll 1978 in Kraft treten.

- occupational pension

  Die bestehenden occupational pension schemes (betriebliche Rentensysteme) - zur Zeit ca. 65.000, die nahezu die Hälfte der erwerbstätigen Bevölkerung erfassen - werden nach Maßgabe des Social Security Pension Act 1975 mit dem neuen staatlichen Rentensystem koordiniert und sollen später die Rolle der additional pension übernehmen.

  Im Grundsatz soll es danach eine staatliche Grundrente und eine zusätzliche Betriebsrente geben.

  Ein Occupational Pensions Board soll über die Durchführung der occupational pensions und die Einhaltung der für sie geltenden Bestimmungen wachen[150].

4.1.2.2.7. Child's special allowance

Bei der child's special allowance handelt es sich um eine Beihilfe für geschiedene Mütter. Sie wird unter folgenden Voraussetzungen erbracht:

- wenn der geschiedene Mann gestorben ist und zu Lebzeiten die Beitragsvoraussetzungen erfüllt hat, Social Security Act 1975, s 31 (a)[151]; und

---

150 Die Einleitung zum Social Security Pensions Act 1975 faßt die Ziele des Gesetzes in den folgenden Worten zusammen, welche zugleich die wesentlichen Änderungen gegenüber dem früheren Rentensystem deutlich werden lassen: "An act to provide for relating the rates of social security retirement and certain other benefits to the earnings on which contributions have been paid; to enable employed earners to be contracted-out of full social security contributions and benefits where the requisite benefits are provided by an occupational pension scheme; to make provisions for securing that men and women are accorded equal access to occupational pensions schemes;...".

151 Die Beitragsvoraussetzungen sind in SSA 1975, schedule 3, para. 6 geregelt.

- wenn zu der Familie der Antragstellerin ein Kind gehört, welches beim Tode des geschiedenen Ehemannes nach Maßgabe des Family Allowances Act 1965 entweder zu ihrer oder zu seiner Familie gehörte (oder dazu gehört hätte, wenn es in Großbritannien gewesen wäre, SSA 1975, s 31 (b), bzw. wenn sie zu Lebzeiten ihres geschiedenen Mannes von diesem für das Kind Unterhaltsleistungen mindestens in Höhe des vorgeschriebenen Wochenbetrages bezog oder beanspruchen konnte, SSA 1975, s 31 (c).

Der Anspruch auf child's special allowance ist ausgeschlossen, wenn die Frau wieder heiratet oder "in cohabitation" lebt[152].

4.1.2.2.8. Death grant

In bestimmten Fällen wird beim Tode einer Person ein Sterbegeld in Form von death grant gewährt. Es sind hier vier Fallgruppen zu unterscheiden:

(a) Tod eines Beitragszahlers, der die Berechtigung für die Erlangung von death grant erworben hat, SSA 1975, s 32 (1) (2) (a);

(b) Tod des Ehegatten, des verwitweten Ehegatten oder des Kindes eines nach Maßgabe der Fallgruppe (a) Berechtigten, SSA 1975, s 32 (2) (b);

(c) Tod eines Kindes aus der Familie eines vorverstorbenen im Sinne der Fallgruppe (a) Berechtigten oder des postum geborenen Kindes einer der Kategorie (a) zugehörigen Person, SSA 1975, s 32 (2) (c);

(d) Tod einer Person, die älter als 19 Jahre ist und die zum Zeitpunkt ihres Todes entweder (1) seit Erreichen des Alters von 19 Jahren außerstande gewesen ist, eine regelmäßige Erwerbstätigkeit auszuüben, oder (2) bei einem nahen Verwandten lebte, der entweder selbst Beitragszahler

152 Vgl. dazu unter 4.1.2.2.5.

war oder als Ehefrau oder Witwe eines solchen die Beitragsvoraussetzungen erfüllte (dasselbe gilt, wenn der Betreffende bei einem derartigen Verwandten leben würde, wäre er nicht in einer Einrichtung für Behinderte untergebracht), SSA 1975, s 32 (2) (d).

Beim Tode einer Person, welche das Rentenalter vor dem 5. Juli 1948 erreicht hat, besteht kein Anspruch auf Sterbegeld; gleiches gilt - von Ausnahmen in bestimmten Fällen abgesehen - dann, wenn der Todesfall außerhalb Großbritanniens eingetreten ist, SSA 1975, s 32 (5).

4.1.2.2.9. Leistungszuschläge bei Unterhaltsverpflichtungen

Erhöhungen einiger der vorstehend aufgeführten Leistungen gibt es dann, wenn der Leistungsempfänger andere Personen zu unterhalten hat. Dabei wird unterschieden zwischen Kindern und unterhaltsberechtigten Erwachsenen.

(1) Beneficiary's dependent children (unterhaltsberechtigte Kinder)
Unemployment benefit, sickness benefit, invalidity pension, widow's allowance, widowed mother's allowance sowie category A und B retirement pensions werden um einen bestimmten Betrag erhöht für jedes Kind, das zur Familie des Berechtigten gehört, SSA 1975, s 41 (1).

Gleiches gilt, wenn der Berechtigte mit einer Frau zusammenlebt und mit ihr ein nichteheliches Kind hat oder wenn die Frau, mit welcher er zusammenlebt, ihrerseits ein Kind hat, welches von dem Berechtigten seit mindestens 6 Monaten vor Beantragung des Kinderzuschlages bzw. - im Falle einer Altersrente - vor dem Ausscheiden aus dem Erwerbsleben unterhalten wird, SSA 1975, s 42 (1) (2).

Voraussetzung für den Kinderzuschlag ist in allen Fällen, daß der Berechtigte das Kind bei sich hat oder aber daß er einen festgelegten wöchentlichen Betrag zum Unterhalt des

Kindes beisteuert, SSA 1975, s 43 (1).

Eine Ehefrau kann einen solchen Zuschlag nur bekommen, wenn ihr Ehemann außerstande ist (und wahrscheinlich auch für längere Zeit außerstande bleiben wird), für sich selber zu sorgen ("incapable of self-support"), SSA 1975, s 41 (6). Diese Voraussetzung ist dann als gegeben anzusehen, wenn der Ehemann aufgrund körperlicher oder geistiger Gebrechlichkeit ("by reason of physical or mental infirmity") nicht in der Lage ist, für sich selber zu sorgen, SSA 1975, schedule 2o; diese mangelnde Fähigkeit zur Selbstvorsorge ist also nicht mit Arbeitsunfähigkeit gleichzusetzen[153].

Die Zuschläge werden in festen Sätzen erbracht, hängen also - im Gegensatz zur Regelung bei der Sozialhilfe ("supplementary benefit") - nicht vom Alter des Kindes ab.

(2) Beneficiary's adult dependants (erwachsene Unterhaltsberechtigte)
Unemployment benefit, sickness benefit, invalidity pension, category A retirement pension werden um eine Zulage erhöht, wenn der zu diesen Leistungen Berechtigte mit seiner Ehefrau zusammenlebt oder doch zumindest einen der Zulage entsprechenden Betrag zu ihrem Unterhalt leistet, SSA 1975,ss 44 (1) (2), 45 (2).

Die vorstehend aufgeführten Leistungen, sowie die maternity allowance werden noch einmal erhöht, wenn: (a) der Ehemann einer Anspruchstellerin außerstande ist, für sich selbst zu sorgen ("incapable of self-support") und mit ihr zusammenlebt oder von ihr einen Unterhaltsbetrag erhält, der mindestens so hoch ist wie die in Frage stehende Zulage, SSA 1975, ss 44 (2) (3), 47; (b) der Berechtigte einen Verwandten bei sich aufgenommen hat, SSA 1975, ss 44 (2) (3), 47; (c) die Sorge für das Kind oder die Kinder des Berechtigten von einer Frau wahrgenommen wird, SSA 1975, ss 44 (2) (3), 46.

---

153 Vgl. SMITH/HOATH, aaO (Anm. 135), S. 28; vgl. zu dieser Unterscheidung auch unter 4.1.9.2.

Soweit unter den vorstehend genannten Voraussetzungen category A oder B retirement pensions oder eine invalidity pension mit Rücksicht auf die Ehefrau oder eine weibliche Pflegeperson erhöht werden, findet die bereits an anderer Stelle erwähnte "earnings rule" Anwendung: Einkünfte dieser Personen, die eine bestimmte Grenze überschreiten, werden angerechnet, SSA 1975, s 45[154].

4.1.2.2.1o. Age addition

Es ist noch anzumerken, daß für alle Altersrenten bei Überschreiten der Altersgrenze von 8o Jahren ein geringer Alterszuschlag ("age addition") gezahlt wird zu der jeweils bezogenen Rente, und zwar auf Lebenszeit, SSA 1975, s 4o.

4.1.3. Non-contributory benefits (nicht beitragsbezogene Leistungen)

4.1.3.1. Attendance allowance

Ein Pflegegeld in Gestalt von attendance allowance wird einer Person gewährt, die körperlich oder geistig so schwer behindert ("so severely disabled physically or mentally") ist, daß sie entweder tagsüber oder des Nachts häufiger Hilfe bedarf, um eine Gefährdung von ihr oder einem Dritten auszuschließen, SSA 1975, s 35 (1).

Es gibt zwei unterschiedliche Leistungssätze, je nachdem, ob diese Hilfe nur tagsüber oder auch des Nachts notwendig ist.

Ein Attendance Allowance Board setzt den Zeitraum fest, für den die Leistung gewährt wird, SSA 1975, s 35 (2). In der Praxis wird diese Aufgabe an Ärzte delegiert.

Der Bezug der attendance allowance ist ausgeschlossen, wenn

154 Vgl. dazu unter 4.1.2.2.5.

aus anderen öffentlichen Mitteln Hilfe gewährt wird.

4.1.3.2. Non- contributory invalidity pension

Eine beitragslose Invalidenrente ist für diejenigen Personen bestimmt, die keinen Anspruch auf beitragsbezogene invalidity benefit haben. Diese Invalidenrente kann beansprucht werden, wenn der Anspruchsteller mindestens 126 Tage lang arbeitsunfähig gewesen ist, SSA 1975, s 36 (1). Ausgeschlossen von dieser Leistung sind Personen unter 16 Jahre sowie solche, die noch in der Ausbildung stehen. Gleiches gilt für Frauen, die mit ihrem Ehemann zusammenleben oder von ihm Unterhaltsleistungen erhalten, welche den Wochensatz der Rente nicht unterschreiten; entsprechendes gilt für Frauen, die mit einem Mann in einem Konkubinat zusammenleben (es sei denn, sie seien zur normalen Haushaltsführung außerstande), SSA 1975, s 36 (2). Einzelheiten dazu sind in regulations geregelt. Personen, die das Rentenalter erreicht haben, können diese Rente nicht beziehen, es sei denn, sie hätten die Berechtigung dazu unmittelbar vor Erreichen dieser Altersgrenze erlangt. Die Disqualifikationsgründe, die für den Bezug von sickness benefit (Krankengeld) vorgesehen sind, gelten auch für diese Rente, SSA 1975, s 36 (9)[155]. Die non-contributory invalidity pension wird zu einem festen Satz gezahlt.

4.1.3.3. Invalid care allowance

Bei dieser Leistung handelt es sich um ein Pflegegeld, welches an Personen gezahlt wird, die dauernd jemanden pflegen, der schwer behindert ist ("regularly and substantially engaged in caring for a severely disabled person") und selber keiner Erwerbstätigkeit ("not gainfully employed") nachgehen, SSA 1975, s 37 (1). Bei der betreuten Person muß es

155 Vgl. dazu unter 4.1.2.2.2. und für den konkreten Fall SMITH/HOATH, aaO (Anm. 135), S. 29.

sich um jemanden handeln, für den eine attendance allowance oder eine ähnliche öffentliche Leistung gewährt wird.

Die Höhe der Leistung entspricht einem Standardsatz.

4.1.3.4. Guardian's allowance

Für ein Kind, welches in der Familie des Anspruchstellers lebt, kann unter bestimmten Umständen ein Vormundschaftsgeld beansprucht werden. Voraussetzung ist, daß die Eltern - ggf. auch die Adoptiveltern - beide tot sind oder daß ein ein Elternteil tot, in Haft oder verschollen ist, SSA 1975, s 38 (2). Im übrigen muß das Kind bei dem Berechtigten leben oder von diesem durch einen Betrag in bestimmter Höhe unterhalten werden, SSA 1975, s 43 (1) (2). Ist das Kind von einem Ehepaar aufgenommen worden, so steht der Anspruch von Rechts wegen der Frau zu, doch kann auch der Mann die Leistung entgegennehmen, SSA 1975, s 38 (5). Für ein eigenes Kind kann diese Leistung nicht beansprucht werden.

4.1.3.5. Retirement pensions

Wie die beitragsbezogene Altersrente setzt auch die nichtbeitragsbezogene Altersrente voraus, daß das Rentenalter erreicht ist und keine reguläre Erwerbstätigkeit mehr ausgeübt wird; gelegentliche oder geringfügige Beschäftigungen ("only occasionally or to an inconsiderable extent or in circumstances not inconsistent with retirement") bleiben außer Betracht, SSA 1975, s 27 (3).

Es werden zwei unterschiedliche beitragslose Altersrenten unterschieden, die beide auf Lebenszeit gewährt werden:

4.1.3.5.1. Category C pension

Altersrenten der category C pension sind für folgende Personenkreise vorgesehen:

(1) Personen, die am 5. Juli 1948 bereits das Rentenalter erreicht hatten, SSA 1975, s 39 (1) (a);

(2) Ehefrauen von Angehörigen der unter (1) aufgeführten Personengruppe; sie erhalten die Rente zu einem geringeren Satz, solange die Ehe besteht; nach Beendigung der Ehe erhalten auch sie den höheren Satz, SSA 1975, s 39 (1) (b) (2);

(3) Witwen und ehemalige Ehefrauen, die das Rentenalter am 5. Juli 1948 bereits überschritten hatten, SSA 1975, s 39 (4).

Die Höhe der Rente, die, wie aus den vorstehenden Ausführungen ersichtlich, für sehr alte Personen bestimmt ist, ist in regulations geregelt.

4.1.3.5.2. Category D pension

Renten der category D pension entsprechen in ihrem Leistungsniveau denjenigen der category C. Sie können von Personen beansprucht werden, die über 8o Jahre alt sind und keinen Anspruch haben auf category A, B oder C pensions bzw. die aus diesen Renten lediglich Leistungen erhalten, die geringer sind als die Leistungen, welche eine category D pension gewährt, SSA 1975, s 39 (1) (c).

Auch diese Leistungen werden bei Bestehen von Unterhaltsverpflichtungen sowie dann, wenn der Berechtigte älter als 8o Jahre geworden ist ("age addition")[156], erhöht.

4.1.3.6. Mobility allowance

Durch den Social Security Pensions Act 1975 - SSPA 1975, s 22 - ist in den Social Security Act 1975 - SSA 1975, s 37 A - eine mobility allowance (Mobilitätsbeihilfe) für

156 Gemäß SSA 1975, schedule 4, part III beläuft sich dieser Zuschlag allerdings lediglich auf £ o,25.

solche Personen eingeführt worden, die außerstande sind, zu gehen; diese Beihilfe beläuft sich nach Maßgabe des SSA 1975, schedule 4, part III, auf £ 5.

4.1.4. <u>Benefits for industrial injuries</u> (Leistungen bei Arbeitsunfällen)

Die Arbeitsunfallversicherung gewährt Leistungen für Personenschäden, die aus Unfällen resultieren, die sich in ursächlichem und unmittelbarem Zusammenhang mit dem Arbeitsverhältnis ereignet haben (SSA 1975, s 5o (1)· "... personal injury... by accident arising out of and in the course of his employment, being employed earner's employment...") sowie für anerkannte Berufskrankheiten, deren Ursache in der Natur der im Rahmen des Arbeitsverhältnisses ausgeübten Tätigkeit liegt. Der Anspruch auf Leistungen bei Arbeitsunfällen ist nicht von der vorherigen Erfüllung von Beitragsvoraussetzungen abhängig.

Folgende Hauptleistungen sind zu unterscheiden:

4.1.4.1. <u>Injury benefit</u>

Unfallgeld in Gestalt von injury benefit wird mit Ausnahme der ersten drei Tage für jeden Tag gezahlt, an welchem der Anspruchsteller aufgrund eines Arbeitsunfalles arbeitsunfähig ist. Die Leistung wird 156 Tage lang (Sonntage nicht eingerechnet) gewährt, SSA 1975, s 56. Es handelt sich also um eine kurzfristige Einkommensersatzleistung ("short-term benefit").

Bezieher von injury benefit, die, hätten sie nicht einen Arbeitsunfall erlitten und wären sie nicht deshalb zum Bezug des höheren injury benefit berechtigt, sickness benefit beanspruchen könnten, erhalten unter den gleichen Voraussetzungen wie beim Krankengeld einen einkommensbezogenen Zuschlag ("earnings-related supplement").

4.1.4.2. Disablement benefit

Wenn aufgrund des Unfalles oder der Krankheit eine Einbuße an körperlichen oder geistigen Fähigkeiten von zumindest 1 % eingetreten ist (SSA 1975, s 57) (1) ("... loss of physical or mental faculty such that the assessed extent of the resulting disablement amounts to not less than 1 percent"), besteht ein Anspruch auf disablement benefit.

Disablement benefit ist im Gegensatz zu injury benefit eine langfristige Einkommensersatzleistung ("long-term benefit"), der im Regelfall der Bezug von injury benefit vorausgeht.

Disablement benefit kann vom 3. Tage nach dem Unfall bzw. der Krankheit beansprucht werden und ist ausgeschlossen, solange der Berechtigte injury benefit bezieht, SSA 1975, s 57 (4). Disablement benefit setzt keine Arbeitsunfähigkei keit voraus und ist zeitlich nicht beschränkt.

Die Behinderung wird nach Prozentsätzen bemessen und,liegt sie unter 2o %,durch eine disablement gratuity ausgeglichen, d.h. als Abfindung in einer festen Summe ausgezahlt; macht die Beeinträchtigung 2o % oder mehr aus, so erhält der Berechtigte eine disablement pension (Arbeitsunfallrente), SSA 1975, s 57 (6).

Diese Rente kann sich unter bestimmten Umständen erhöhen:

4.1.4.2.1. Unemployability supplement

Eine solche Erhöhung tritt zunächst dann ein, wenn der Berechtigte aufgrund der Behinderung arbeitsunfähig ist und es vermutlich auf Dauer bleiben wird, SSA 1975, s 58 (1).

4.1.4.2.2. Special hardship allowance

Gleiches gilt (alternativ), wenn er unfähig ist - und es

vermutlich auch bleiben wird - seine bisherige Beschäftigung wieder aufzunehmen und er auch keine gleichwertige Tätigkeit ausüben kann, SSA 1975, s 6o (1); statt dessen kann auch eine gratuity (Abfindung) gezahlt werden, SSA 1975, s 6o (7). Hier wird also die Differenz zwischen dem früheren Einkommen und den jetzigen Einkünften berücksichtigt.

4.1.4.2.3. Constant attendance allowance

Einen Zuschlag zur disablement pension gibt es auch dann, wenn der Rentenberechtigte ständiger Pflege bedarf, SSA 1975, s 61 (1).

4.1.4.2.4. Exceptionally severe disablement allowance

Diese weitere Erhöhung kommt in Betracht, wenn die Behinderung sehr schwer ist und vermutlich andauern wird, SSA 1975, s 63.

4.1.4.2.5. Hospital treatment allowance

Eine Zulage wird auch unter bestimmten Umständen dann gewährt, wenn der Behinderte hospitalisiert ist, SSA 1975, s 62. Diese Beihilfe wird in der Weise erbracht, daß ein nicht 1oo %-iger Grad der Behinderung auf 1oo % angehoben wird, solange der Betreffende sich in einem Krankenhaus aufhält.

Die genannten Zulagen gelten alle nur für disablement benefit (und schließen sich im übrigen z.T. aus, können also nicht allesamt beansprucht werden).

4.1.4.2.6. Im übrigen gibt es Zuschläge für injury benefit und disablement pension, wenn der Berechtigte andere Personen unterhält, SSA 1975, ss 64, 65, 66.

4.1.4.3. Industrial death benefit

Auch die Arbeitsunfallversicherung sieht eigenständige Leistungen an Hinterbliebene vor. Sechs Leistungstypen lassen sich unterscheiden:
(1) Die Witwe eines Versicherten hat Anspruch auf death benefit (Hinterbliebenenleistung), wenn sie bei seinem Tod entweder mit ihm zusammenlebte oder von ihm, hätte er nicht einen Arbeitsunfall gehabt oder wäre er nicht erkrankt, Unterhalt in einer bestimmten Mindesthöhe erhalten hätte, SSA 1975, s 67.

In den ersten 6 Monaten nach dem Tode des Ehegatten wird die Rente zu einem höheren Satz gezahlt, SSA 1975, s 68 (1).

(2) Ein Witwer erhält nur dann eine Rente beim Tode seiner Ehefrau, wenn er, hätte sich der Arbeitsunfall nicht ereignet, von ihr unterhalten worden wäre und er im übrigen auf Dauer unfähig ist, sich selbst zu versorgen ("permanently incapable of self-support"), SSA 1975, s 69. Diese Existenz einer Witwerrente markiert einen wichtigen Unterschied zur normalen (non-industrial) Hinterbliebenenrente.

(3) Death benefit in Gestalt einer wöchentlichen Beihilfe wird an jede Person gezahlt, die ein Kind des Versicherten oder ein Kind, welches in der Familie des Versicherten lebte, bei sich aufgenommen hat oder unterhält, SSA 1975, s 7o.

(4) Die Eltern eines Versicherten erhalten death benefit (Hinterbliebenenrente), wenn sie von dem Versicherten unterhalten wurden oder unterhalten worden wären, SSA 1975, s s 71.

(5) Gleiches gilt unter bestimmten Voraussetzungen für sonstige Verwandte, die von dem Versicherten unterhalten wurden oder unterhalten worden wären, SSA 1975, s 72.

(6) Eine wöchentliche Beihilfe ("allowance") erhält schließlich auch eine Frau, die bei dem Versicherten wohnte und für ein Kind sorgte, SSA 1975, s 73.

4.1.4.4. Old cases

Die vorstehend behandelten Leistungen der Unfallversicherung beziehen sich lediglich auf Versicherungsfälle, die nach dem 4. Juli 1948, also nach Inkrafttreten des National Insurance (Industrial Injuries) Act 1946 eingetreten sind. Für Arbeitsunfälle, die sich in dem Zeitraum davor ereignet haben ("old cases") gelten die oben erwähnten[157] Workmen's Compensation Acts in hier nicht näher zu spezifizierender Form fort[158].

Weitere Einzelheiten sollen hier zu der Behandlung von Arbeitsunfällen nicht mitgeteilt werden. Es ist jedoch anzumerken, daß sich auf diesem Gebiet das Recht der sozialen Sicherheit und das Arbeitsrecht ("labour law" oder - heute gebräuchlicher - "industrial law") berühren[159]. Dementspre-

157 Vgl. unter 3.1.

158 Vgl. dazu SSA 1975, s 159.

159 Wie auch im deutschen Recht, lassen sich im britischen Recht Arbeitsrecht und Sozialrecht als Ordnungsbereiche relativ klar unterscheiden; es gibt jedoch Bereiche, in denen sie sich berühren, so z.B. bei der hier angesprochenen Arbeitsunfallversicherung sowie etwa auch im Zusammenhang mit Abfindungen bei Kündigung ("redundancy payments"). Im übrigen soll jedoch auch die Interdependenz von social security law und industrial law herausgestellt werden, die sich vornehmlich aus der - zumindest teilweisen - gemeinsamen Zielsetzung beider Rechtsbereiche herleitet; Gegenstand des Arbeitsrechts sind die individuellen und kollektiven Arbeitsbeziehungen, welche u.a. regeln, in welcher Weise die Arbeitnehmer durch Verwertung ihrer Arbeitskraft in die Lage versetzt werden, sich die Mittel zu ihrer Existenzsicherung in Form von Lohn und betrieblich vermittelten Sozialleistungen zu verschaffen; ein Beispiel aus jüngster Zeit sind die betrieblichen Altersrenten (occupational pension schemes),denen heute, aber auch im künftigen Rentenrecht (vgl. unter 4.1.2.2.5.) große Bedeu-

chend behandeln auch viele Autoren, welche sich mit der Darstellung des Arbeitsrechts befassen, die sozialrechtliche Regelung des Arbeitsunfalles mit[160].

4.1.5. War pensions

Die Durchführung der Kriegsopferversorgung liegt in Großbritannien gleichfalls in den Händen des Department of Health and Social Security. War pensions (Kriegsrenten) können Männer und Frauen beanspruchen, die im Dienste der Armed Forces (Streitkräfte), der Merchant Navy (Handelsmarine), der Civil Defence (Zivilverteidigung) oder als Zivilisten durch Feindeinwirkung verletzt worden sind.

---

159 (Forts.)tung zukommt. Das social security law befaßt sich u.a. mit öffentlichen Leistungen, die letztlich demselben Zweck dienen, den Arbeitnehmer aber nicht so sehr in dieser seiner Eigenschaft, sondern als Staatsbürger ansprechen; dennoch wird auch hier die enge Beziehung von Arbeits- und Sozialrecht offenkundig, wenn man sich vor Augen hält, daß auch das social security law häufig an den Arbeitnehmerstatus anknüpft (vgl. unter 4.1.2.1., wo sich Vorsorgefähigkeit und Beitragsrecht aus dem Arbeitnehmerstatus herleiten).

160 Vgl. z.B. Denis KEENAN/Cyril CRABTREE, Essentials of Industrial Law, London 197o, S. 2o2 ff.; John WOOD, Cooper's Outlines of Industrial Law, 6. Aufl., London 1972, S. 387 ff.; Charles D. DRAKE, Labour Law, 2. Aufl., London 1973, S. 4o1 ff.; J.B. CRONIN/ R.P. GRIME, Introduction to Industrial Law, London 1974, S. 56 ff.; Roger W. RIDEOUT, Principles of Labour Law, 2. Aufl., London 1976, S. 4o8 ff. Die genannten Autoren behandeln im Rahmen ihrer arbeitsrechtlichen Abhandlungen Leistungen im Falle von Krankheit, Arbeitsunfall, Arbeitslosigkeit sowie zum Teil auch Ansprüche auf Sozialhilfe; darüber hinaus werden naturgemäß Berufs-, Krankheits- und Arbeitsunfallverhütungsvorschriften etc. behandelt.

Kriegsrenten werden ferner an Witwen, Waisen und sonstige Unterhaltsberechtigte gezahlt. Die Finanzierung der war pensions erfolgt über den Staatshaushalt. 1974 etwa gab es 447.ooo Bezieher von war pensions; die Aufwendungen dafür beliefen sich auf £ 2o6 Mio. (entsprechend 2,3 % der öffentlichen Ausgaben für monetäre Sozialleistungen)[161].

4.1.5.1. War disablement pension

Eine war disablement pension (Kriegsbeschädigtenrente) besteht normalerweise aus einem Grundbetrag und einem sich an den individuellen Umständen des Einzelfalles orientierenden Zuschlag. Der Grundbetrag richtet sich nach dem medizinisch ermittelten Grad der körperlichen und geistigen Schädigung im Vergleich zu einer gesunden Person gleichen Alters und Geschlechts; die Erwerbsfähigkeit wird dabei nicht berücksichtigt.

4.1.5.2. Die Zuschläge ("supplements") richten sich nach dem militärischen ("Armed Forces") oder seemännischen Rang ("Merchant Navy"), der familiären Situation und besonderen Schwierigkeiten, die aus der Kriegsbeschädigung resultieren. Ferner gibt es Erziehungsbeihilfen für Kinder.

In schweren Fällen der Kriegsbeschädigung werden ähnlich wie in der Arbeitsunfallversicherung ("industrial injuries scheme")[162] zusätzliche Beihilfen gewährt, die hier aus Platzgründen nur kurz aufgeführt, nicht aber erläutert werden können:

---

161 Vgl. CENTRAL STATISTICAL OFFICE, Social Trends, No. 6 1975, London 1975, 13.16.

162 Vgl. unter 4.1.4.2.

- unemployability supplement
- constant attendance allowance
- exceptionally severe disablement allowance
- comforts allowance
- severe disablement occupational allowance
- allowance for lowered standard of occupation
- clothing allowance
- age allowance
- treatment allowance

4.1.5.3. Kriegsopferrenten werden an Witwen, Waisen und sonstige Personen("widow's, orphans and others") gezahlt.

Die Kriegerwitwenrente hängt in ihrer Höhe zunächst von den persönlichen Umständen ab (insbesondere Alter und Vorhandensein von Kindern). Je nach Dienstgrad des Verstorbenen gibt es Zuschläge[163].

4.1.6. Supplementary benefit (Sozialhilfe)

Die Sozialhilfe in Form der national assistance wurde durch den Ministry of Social Security Act 1966 in supplementary benefit umgewandelt. Die Aufgabe des supplementary benefit Systems kann ganz grob so beschrieben werden, daß es sicherstellen soll, daß niemand unterhalb des Lebensstandardminimums leben muß. Insofern ist dieses Leistungssystem mit ähnlichen Basissystemen in allen entwickelten Industrieländern zu vergleichen. Zugleich schlägt das System der

163 Einen umfassenden und gründlichen Überblick über die Entwicklung der war pensions, das Verfahren der Rentengewährung, den Umfang der Leistungen usw. vermittelt der REPORT ON WAR PENSIONERS FOR THE YEAR 1975, London 1976.

supplementary benefit die Brücke vom System der sozialen Sicherheit des welfare state zum alten poor law. Wie bereits erwähnt, stellte das poor law seiner Intention nach eine Mischung aus Arbeits- und Sozialrecht dar; es zielte darauf ab, denen, die arbeiten konnten, Arbeit zu verschaffen - und zwar im Arbeitshaus -, und denen, die nicht arbeiten konnten, dennoch das Existenzminimum zu geben, nämlich im Armenhaus[164]. Dieses Armenrecht litt an zwei entscheidenden Mängeln: zum einen wurde es von den örtlichen Gebietskörperschaften finanziert, was dazu führte, daß dort, wo die wirtschaftliche Lage am schlechtesten war, wo infolgedessen auch das größte Bedürfnis nach Armenhilfe auftrat, auch die meisten finanziellen Mittel zu diesem Zweck aufgebracht werden mußten (was zur Folge hatte, daß die Hilfe, die gewährt wurde, im Regelfall unzureichend blieb). Das zweite Negativum, welches das poor law prägte, war die stigmatisierende Wirkung, welche von ihm ausging[165]. Bis heute hält dieser Ruch von Wohltätigkeit und "Arme-Leute-Hilfe" an sich Berechtigte davon ab, Sozialhilfe in Form von supplementary benefit in Anspruch zu nehmen, wird auf der anderen Seite in der Öffentlichkeit die Forderung erhoben, die Praxis der Sozialhilfegewährung so zu gestalten, daß von ihrer Inanspruchnahme möglichst abgesehen wird[166].

---

164 Vgl. unter 3.1.; ferner zu dieser Unterscheidung auch Harry CALVERT, Social Security Law, London 1974, S. 278.

165 Harry CALVERT, aaO (Anm. 164), S. 278/279, faßt diese Problematik in die Worte:"Right from the start two defects were built into the poor law system... The second defect was confusion between the lack of willingness and the lack of opportunity to work.... Deterrence from a presumed laziness became a cardinal objective of social policy, calouring poor law administration and causing the confession of need to be equated to the profession of vice".

166 Harry CALVERT, aaO (Anm. 164), S. 275.

An anderer Stelle[167] war bereits darauf hingewiesen worden, daß das Beveridge-Konzept ursprünglich darauf abzielte, die gehobene soziale Sicherung in Gestalt der national insurance so weit auf die gesamte Bevölkerung zu erstrecken, daß die Sozialhilfe nur noch in bestimmten Ausnahmesituationen zum Zuge käme[168]. Demgegenüber erfaßt das System der supplementary benefit heute nahezu 8 % der britischen Bevölkerung, wenn man die Leistungsnehmer und die von ihnen abhängigen Personen zusammenrechnet[169]. Beleuchtet man den Kreis der Empfänger dieser Form der Sozialhilfe, so trifft der Ausdruck "supplementary" (ergänzend) in einer ganz spezifischen Weise zu: denn der weitaus größte Teil der Empfänger von supplementary benefits bezieht daneben sonstige Sozialleistungen[17o], welche aber zur Gewährleistung

---

167 Vgl. unter 3.2.

168 Vgl. SOCIAL INSURANCE AND ALLIED SERVICES, (BEVERIDGE REPORT), London 1942, para. 371, S. 141: "The proposals ... will make the permanent scope of assistance much less than of public assistance.. at present. Nevertheless there will remain a real if limited continuing scope for assistance covering the following main classes.
(a) Persons failing to fulfil contribution conditions either because they have less than the qualifying minimum or because they never become fit for work or because they are not in full benefit for unemployment, disability or pensions,... .
(b) Persons failing to fulfil conditions for benefit....
(c) Persons with abnormal needs in respect of diet care and other matters.
(d) Persons in need through causes not suitable for insurance, e.g., some forms of desertion or separation."

169 Vgl. SUPPLEMENTARY BENEFITS COMMISSION, ANNUAL REPORT 1975, London 1976, para. 2.2., (S. 7).

17o Vgl. SUPPLEMENTARY BENEFITS COMMISSION, ANNUAL REPORT 1976, para. 2.6 (S. 8/9): 6o % derjenigen, die supplementary benefit in Anspruch nehmen, sind Rentner. Davon hatten 94 % eine Rente aus der Sozialversicherung und nur einige wenige waren völlig von der Sozialhilfe abhängig. Von den 9,3 Millionen Personen im Rentenalter wurden 2.1oo.ooo durch eine supplementary pension unterstützt.- Im übrigen nahmen 541.ooo Arbeitslose supplementary benefit in Anspruch, 296.ooo Familien

des Lebensstandardminimums nicht ausreichen. Bei den übrigen Beziehern von supplementary benefit handelt es sich in der Regel um Personen, die aus einer Vielzahl von Gründen keinen Anspruch auf Leistungen gehobener sozialer Sicherung (i.e. "contributory benefits") haben und im übrigen ganz oder doch überwiegend ihr Einkommen aus supplementary benefit beziehen: unverheiratete Mütter, von ihren Ehegatten getrennt lebende oder geschiedene Frauen, Arbeitslose, die ihren Anspruch auf Arbeitslosenunterstützung verloren haben u.ä.[171].

Die Verwaltung von supplementary benefit obliegt heute der Supplementary Benefits Commission, die dem Department of Health and Social Security eingegliedert ist, erfolgt also zentral. Die Finanzierung geschieht aus dem allgemeinen Steueraufkommen. Rechtsgrundlage ist heute der Supplementary Benefits Act 1976[172].

Zur Inanspruchnahme von supplementary benefit ist jede Person in Großbritannien berechtigt, die 16 Jahre oder älter ist und deren Mittel zur Bedarfsbefriedigung nicht ausreichen ("whose resources are insufficient to meet his requirements"), SBA 1976, s 1 (1). Damit werden auch Ausländer erfaßt, die sich in Großbritannien aufhalten, dagegen Briten, die im Ausland sind, ausgeschlossen.

17o (Forts.) mit einem Elternteil ("one-parent-families"), 242.ooo Kranke und Behinderte (S. 8, paras. 2.7, 2.8, 2.9). Alle diese Zahlen beziehen sich auf Dezember 1975.- Zur Bedeutung von supplementary benefit vgl. MÜLLER-FEMBECK/Anthony I. OGUS, Social Welfare and the One-Parent-Family in Germany and Britain,in:I.C.L.Q. 1976, 382 ff.

171 Vgl. dazu SUPPLEMENTARY BENEFITS COMMISSION, ANNUAL REPORT 1975, London 1976, sowie Tony LYNES, The Penguin Guide to Supplementary Benefits, 3. Aufl., Harmondsworth 1975, S. 22 f.

172 Der Supplementary Benefits Act 1976 wird im folgenden "SBA 1976" abgekürzt.

Dem supplementary benefit-System liegt das Prinzip zugrunde, daß jeder Person die Mittel zur Verfügung gestellt werden sollen, die der Gesetzgeber als zur Bedürfnisbefriedigung erforderlich anerkannt und festgelegt hat. Als Ausgangspunkt für die Berechnung von supplementary benefit dient also ein Vergleich zwischen den Mitteln ("resources") und Bedarfen ("requirements") des Berechtigten ("... every person in Great Britain of or over the age of 16 whose resources are insufficient to meet his requirements shall be entitled to benefit...", SBA 1976 s 1 (1)[173]. Dabei ist zu beachten, daß bei Personen, die in einem Haushalt mit anderen Personen zusammenleben, die Einkünfte aller Haushaltsangehörigen zusammengerechnet werden und lediglich der Haushaltsvorstand ("head") zum Bezug von supplementary benefit berechtigt ist. Das bedeutet konkret, daß etwa eine von ihrem Mann verlassene Ehefrau dartun und beweisen muß, daß sie keinen Unterhalt mehr erhält, bevor sie selber supplementary benefit beanspruchen kann (was in der Praxis oft recht schwierig ist)[174].

---

173 Vgl. dazu auch unter 2.2.1o.

174 Vgl. L. MÜLLER-FEMBECK/Anthony I. OGUS, Social Welfare and the One-Parent-Family in Germany and Britain, in: I.C.L.Q. (=The International and Comparative Law Quarterly) 1976, 382 ff., 387.- Insgesamt gehört supplementary benefit zu den umstrittensten und meist diskutierten Bereichen des britischen Rechts der sozialen Sicherheit. Den hier auftretenden Problemen wird der VERF. an anderer Stelle nachgehen; in dem vorliegenden Beitrag wird daher nur ein ganz kurzer und grober Überblick gegeben.

4.1.6.1. Supplementary pension

Eine Person, die das Rentenalter erreicht hat - für Männer 65, für Frauen 60 Jahre - hat im Bedarfsfalle Anspruch auf eine supplementary pension (Sozialrente).

4.1.6.2. Supplementary allowance

Sozialhilfe in Form von supplementary allowance kann beansprucht werden, wenn der Anspruchsteller das Rentenalter noch nicht erreicht hat. Bei Sonderbedarfen werden besondere finanzielle Leistungen erbracht; über die Gewährung derartiger Sonderleistungen entscheidet die Supplementary Benefits Commission (SBC).

Festzuhalten ist, daß auf Gewährung von supplementary benefit ein Rechtsanspruch besteht; nur bei bestimmten Sonderleistungen ist den Behörden Ermessen eingeräumt ("discretion").

Keinen Anspruch auf supplementary benefit haben Personen, die einer Vollzeiterwerbstätigkeit nachgehen ("person engaged in remunerative full-time work"), SBA 1976, s 6 (3). Eine Ausnahme gilt jedoch auch hier dann, wenn einer dringenden Notlage begegnet werden muß; dann wird auch bei Ausübung einer Vollzeitbeschäftigung Hilfe geleistet, SBA 1976, 1976, s 4.

Die Einzelheiten der Gewährung von Sozialhilfe sind in schedules geregelt. Dazu gehört insbesondere die Frage, wieviel dem Berechtigten im Einzelfall zusteht und in welchem Umfang seine Einkünfte und sein Vermögen in Ansatz gebracht werden, schedule 1. Wichtig ist überdies, daß, wie bereits oben erwähnt, in bestimmten Fällen die Einkünfte und Bedarfe einer Person einer anderen zugerechnet werden. Das gilt insbesondere für Ehepaare, aber auch für Personen, die "in cohabitation" leben, schedule 1, part I, 3 (1). Auf diese Weise werden etwa Ehepaare zu einem Haushalt zusammengefaßt mit der Folge, daß nur der Ehemann als Haushaltsvorstand supplementary benefit beanspruchen kann, schedule 1, part I, 3 (1) (a). Entsprechendes gilt, wenn Kinder vorhanden sind, die jünger als 16 Jahre sind.

4.1.7. Family provision (Familienleistungen)

4.1.7.1. Family allowances (ab April 1977: child benefit)

4.1.7.1.1. Direkte Familienleistungen wurden in Großbritannien erstmalig mit dem Family Allowances Act 1945 eingeführt. Der BEVERIDGE REPORT, auf dessen Vorschläge die Einführung der family allowances zurückging, brachte im wesentlichen zwei Argumente für die Einführung eines Kindergeldsystems vor: da die Entlohnung die Familiengröße nicht berücksichtige, sei die Gewährung eines einen angemessenen Lebensstandard sichernden Einkommens für alle Familien nur in der Weise möglich, daß für Kinder eine Unterstützung gezahlt werde. Darüber hinaus sei die Einführung von Kindergeldleistungen geeignet, die Geburtenrate zu erhöhen und das Absinken der Bevölkerungszahl einzudämmen[175].

Der Family Allowances Act 1945 führte dementsprechend Kindergeld ein, allerdings erst vom zweiten Kind ab. Die Höhe der family allowances betrug ursprünglich £ o,25 wöchentlich (1948) und wurde dann in der Folgezeit - allerdings sehr unregelmäßig - erhöht. Die Kindergeldbeträge wurden zum steuerpflichtigen Einkommen gerechnet und mußten also versteuert werden. Andererseits werden, wie bereits gezeigt[176], bei Vorhandensein unterhaltsberechtigter Kinder

175 Vgl. SOCIAL SECURITY AND ALLIED SOCIAL SERVICES, (BEVERIDGE REPORT), London 1942, paras. 411, 413.

176 Vgl. unter 4.1.2.2.9. Gleiches gilt für andere Sozialleistungen.

sonstige Sozialleistungen erhöht. Ferner gibt es Schulgeldfreiheit, kostenlose Schulspeisung u.ä., mithin Maßnahmen, die gleichfalls zur Entlastung der Familienhaushalte beitragen[177]. Rechtsgrundlage der family allowances ist heute der Family Allowances Act 1965[178]. Dieses Gesetz sieht für das zweite Kind einen Betrag von £ o,9o vor, für jedes weitere Kind einen solchen von £1, FAA 1965, s 1. Kind im Sinne des Gesetzes ist jemand, der entweder (1) noch im schulpflichtigen Alter steht ("whilst he is under the upper limit of the compulsory school age") oder (2) noch keine 19 Jahre alt ist und "full-time" eine Schule besucht oder sich in einer Lehre befindet, oder (3) noch keine 16 Jahre alt und behindert ist ("whilst he is by reason of illness or disability of mind or body incapacitated"), FAA 1965, s 2 (1)[179].

Zusätzlich dazu gibt es noch Steuerfreibeträge für Kinder ("child tax allowances"), die sich im Steuerjahr 1976/1977 je nach Alter des Kindes - ob unter 11 Jahre, ob zwischen 11 und 16 Jahre, ob über 16 Jahre alt und in der Ausbildung befindlich, entweder auf £3oo, £ 335 oder £ 365 belaufen.

---

177 Vgl. dazu Harry CALVERT, Social Security Law, London 1974, S. 249.

178 Im folgenden wird der Family Allowances Act 1965 abgekürzt als "FAA 1965" zitiert.

179 Zu den weiteren Anspruchsvoraussetzungen vgl. Harry CALVERT, aaO (Anm. 177), 1974, S. 249 ff.

4.1.7.1.2. Child benefit

Das System der family allowances wird ab April 1977 durch child benefit abglöst werden; vom 8. August 1976 bis zum 4. April 1977 gelten Übergangsregelungen[18o]. Eine der sozialpolitischen Neuerungen des Child Benefit Act 1975 ist die Abkehr von steuerlichen Maßnahmen und die Hinwendung zu direkten Familienleistungen. Motiv dafür ist der Umstand, daß Steuererleichterungen zunächst einmal nur denjenigen zugute kommen, die überhaupt Steuern zahlen und darüber hinaus diejenigen besonders begünstigen, die viel Steuern zahlen und die daher sowieso finanziell besser gestellt sind. 1976 betrug der Kinderfreibetrag ("child tax allowance") je nach Alter des Kindes zwischen £ 3oo und £ 365 [181]; es ist hinzuzufügen, daß bereits das erste Kind in dieser Weise steuerlich zu Buche schlägt.

Child benefit wird nicht an"Familien"gezahlt werden - so wie family allowances -, sondern an eine Person, welche die Verantwortung für ein oder mehrere Kinder trägt ("person who is responsible for one or more children"), CBA 1975, s 1 (1). Der Child Benefit Act knüpft also nicht an die Familie im eigentlichen Sinne, sondern an Haushalte mit Kindern an. Im Gegensatz zu den family allowances ist child benefit steuerfrei. Das Kindergeld soll £ 1 für das erste Kind, £ 1.5o für jedes weitere Kind betragen.

18o Vgl. Child Benefit Act 1975: "An act to replace family allowances with a new benefit to be known as child benefit and, pending the introduction of that benefit, to provide an interim benefit for unmarried or separated parents with children;..."- Der Child Benefit Act 1975 wird im folgenden "CBA 1975" abgekürzt.

181 Vgl. unter 4.1.7.1.1.

Familien mit nur einem Kind erhalten £1.5o. Der Gesetzgeber hat sich dafür entschieden, child benefit unabhängig vom jeweiligen Alter des Kindes in immer gleicher Höhe zu gewähren ("flat-rate"). Allerdings ist die Möglichkeit vorgesehen, später Differenzierungen einzuführen, CBA 1975, s 5 (2) (3).

4.1.7.2. Family income supplements

Durch den Family Income Supplements Act 197o, der im August 1971 Wirksamkeit erlangte, wurde das System der family allowances ergänzt. Im Kern handelt es sich dabei um eine Form von supplementary benefit zugunsten von Familien mit Kindern, deren Ernährer einer Vollzeiterwerbstätigkeit nachgeht und aus diesem Grunde[182] keine Sozialhilfe (supplementary benefit) beanspruchen kann[183]. Dementsprechend wird über die Berechtigung geltend gemachter Ansprüche auch von der Supplementary Benefits Commission entschieden, gegen deren Entscheidungen dieselben appeal tribunals angerufen werden können, die auch in supplementary benefit-Angelegenheiten zuständig sind.

Family income supplements (FIS) werden bereits für das erste Kind gezahlt. Die Leistung wird in der Weise berechnet, daß das Einkommen der Familie in Beziehung gesetzt wird zu einem festgesetzten Mindestbetrag ("prescribed amount") und beläuft sich auf 5o % des dabei auftretenden Differenzbetrages. Der als notwendig anerkannte und entsprechend festgesetzte Mindestbetrag belief sich etwa im Juli 1975 auf £ 31.5o pro Woche, der in Anspruch zu nehmen-

---

182 Vgl. unten 4.1.6.2.

183 Vgl. Tony LYNES, The Penguin Guide to Supplementary Benefits, 3. Aufl., Harmondsworth 1975, S. 172.

de Höchstbetrag von FIS auf £ 7[184]. Im Jahre 1975 kamen ungefähr 6o.ooo Familien in den Genuß von family income supplements; dafür wurden ungefähr£ 13 Mio. aufgewandt[185].

Auch nach der Einführung der neuen Kindergeldregelung ("child benefit scheme") werden die family income supplements beibehalten werden[185a].

4.1.8. Beitrags- und Leistungsniveau - eine Übersicht

Im folgenden soll ein kurzer Überblick über die Höhe der Beiträge und Leistungen zu den vorstehend genannten Leistungszweigen gegeben werden. Es ist noch einmal darauf hinzuweisen, daß diese Leistungen im Regelfall nicht das alleinige Einkommen der Empfänger ausmachen. Es kommen hinzu zusätzliche Leistungen aus eigener Erwerbstätigkeit, Unterhaltsleistungen von dritter Seite, Steuervorteile, betriebliche Sozialleistungen, Wohnbeihilfen u.ä. Bei den Beträgen , die zwischenzeitlich zum Teil aktualisiert

184 SUPPLEMENTARY BENEFITS COMMISSION, ANNUAL REPORT 1975, London 1976, S. 81 (para. 12.2): für jedes Kind kommt zu dem Betrag von£ 31.5o noch ein Zuschlag von £ 3.5o; entsprechend wird der Höchstbetrag von £ 7 für Familien mit einem Kind für jedes zusätzliche Kind um £ o.5o erhöht.

185 Was die Aufwendungen für family income supplements und supplementary benefit insgesamt angeht, so machen beide - Stand 1975 - nur ungefähr 13 % der Gesamtausgaben für social security-Leistungen, family allowances, war pensions usw. aus; der gleiche Prozentsatz ergibt sich im Verhältnis zu persönlichen und Kinderfreibeträgen, die Einkommensteuerzahlern gewährt werden (SUPPLEMENTARY BENEFITS COMMISSION, ANNUAL REPORT 1975, London 1976, S. 7, para. 2.2).

185a Zum System der Familienleistungen, wie es sich 1977 darstellt, vgl. Bernd SCHULTE, Die Neugestaltung der Familienleistungen in Großbritannien, FamRZ 1977, Heft 11.

(angehoben) worden sind, handelt es sich, soweit nichts Gegenteiliges gesagt wird, um Wochenbeträge. Das Beitrags- und Leistungsniveau entspricht dem Stand der Jahre 1975/1976. Die für 1977 vorgesehenen Erhöhungen und Änderungen der Bemessungsgrenzen konnten nicht mehr berücksichtigt werden.

4.1.8.1. Contributions (Beiträge)

Die Beiträge zu den contributory benefits berechnen sich wie folgt:

1. Beitragsklasse:[186]
Beitragspflicht besteht, wenn der abhängig Beschäftigte ("employed earner") mehr als £ 11 - die geltende untere Verdienstgrenze ("lower earnings limit") - verdient, SSA 1975, ss 2 (1) (a), 4 (1) (a). Bis zu einer Obergrenze von £ 69 ("upper earnings limit") sind 5,5 % des Einkommens vom abhängig Beschäftigten ("primary contribution") und 8,5 % von seinem Arbeitgeber ("secondary contribution") als Beitrag zu entrichten, SSA 1975, s 4 (6).

2. Beitragsklasse :
Selbständige ("self- employed earners") sind zur Zahlung eines festen Betrages von £ 2.41 verpflichtet, SSA 1975, s 7 (1)[187].

3. Beitragsklasse:
Angehörige der 3. Beitragsklasse zahlen einen festen Betrag von £ 1.9o, SSA 1975, s 8 (1).

---

186 Zu den einzelnen Beitragsklassen vgl. unter 4.1.2.1.; dort finden sich auch Hinweise auf bestehende Ausnahmen und Sonderfälle.

187 Selbständige ("self-employed earners"), die weniger als £ 670 in einem Steuerjahr verdienen, können sich von der Beitragspflicht befreien lassen, SSA 1975, s 7 (5).

4. Beitragsklasse:
In der 4. Beitragsklasse sind 8 % des relevanten Verdienstes zwischen £ 1.6oo und £ 3.6oo jährlich zu entrichten.

Der Anspruch auf contributory benefits (beitragsbezogene Leistungen) hängt von der Erfüllung bestimmter Voraussetzungen ab: es müssen mindestens soviele Beiträge gezahlt worden sein, daß der dann zu errechnende sog. "earnings factor (Verdienstfaktor) mindestens so groß ist wie das Produkt aus dem bereits genannten lower earnings limit (LEL, d.h. der Beitragsuntergrenze) und dem Multiplikator, welcher den beitragsbezogenen Leistungen jeweils beigefügt ist[188].

4.1.8.2. Benefits (Leistungen)

Die Leistungen, auf die bei entsprechender Beitragsentrichtung ein Anspruch besteht, bemessen sich wie folgt:

4.1.8.2.1. Contributory benefits[189]

(die Dauerleistungen werden in Wochenbeträgen angegeben)

---

188 Einzelheiten dazu finden sich in SSA 1975, schedule 3.

189 Stand: SSA 1975, schedule 4; die Beträge sind durch den Social Security Benefits Up-rating Order 1975, SI 1975, No 1o96 angehoben worden gegenüber den ursprünglich in SSA 1975 wiedergegebenen Beträgen, vgl. HALSBURY'S STATUTES OF ENGLAND, 3. Aufl., Vol. 45, CONTINUATION VOLUME 1975, London 1976: Social Security Act 1975, schedule 4, Notes (S. 1281).-
Zu den Leistungsarten vgl. im übrigen unter 4.1.2.2.

	Beträge in £
1. unemployment benefit	
a) höherer Satz	11.1o
b) niedrigerer Satz	7.8o
(hinzu kommt ggf. der einkommensbezogene Zuschlag)	
2. sickness benefit	
a) höherer Satz	11.1o
b) niedrigerer Satz	7.8o
(hinzu kommt ggf. der einkommensbezogene Zuschlag)	
3. invalidity benefit	
3.1. invalidity pension	13.3o
3.2. invalidity allowance	
a) höherer Satz	2.8o
b) mittlerer Satz	1.7o
c) unterer Satz	o.85
4. maternity benefit	
4.1. maternity grant (als einmaliger fester Betrag)	15.oo
4.2. maternity allowance	11.1o
5. widow's benefit	
5.1. widow's allowance	18.6o
5.2. widowed mother's allowance	13.3o
5.3. widow's pension	13.3o
6. retirement pension	
6.1. category A retirement pension	13.3o
6.2. category B retirement pension	
a) höherer Satz	13.3o
b) niedrigerer Satz	7.9o
7. child's special allowance	6.5o
8. death grant (als einmaliger fester Betrag)	
a) unter 3 Jahre	9.oo
b) zwischen 3 und 6 Jahren	15.oo

	Beträge in £
c) zwischen 6 und 18 Jahren	22.50
d) über 18 Jahre	15.00 bzw. 30.00 s. Fn 190
9. Zuschläge für abhängige Personen	
9.1. Kinder[191]	
a) für das einzige oder das ältere Kind in der Regel	6.50
(Ausnahme: unemployment benefit oder sickness benefit, wenn der Berechtigte das Rentenalter noch nicht erreicht hat)	3.50
maternity allowance	3.50
b) für jedes weitere Kind	5.00
(Ausnahme: wie unter a)	2.00
9.2. Erwachsene	7.90
(Ausnahme: wie bei 9.1.a) und b)	6.90

4.1.8.2.2. <u>non-contributory benefits</u>

1. attendance allowance	
a) höherer Satz	10.60
b) niedrigerer Satz	7.10
2. non-contributory invalidity pension	7.90
3. invalid care allowance	7.90
4. mobility allowance	5.00
5. guardian's allowance	6.50
6. retirement pension (category C oder category D retirement pension)	

---

190 £ 15, wenn der Verstorbene bereits am 5. Juli 1948 das Alter von 55 Jahren für Männer, bzw. 50 Jahre für Frauen erreicht hatte; £ 30, wenn das nicht der Fall war.

191 Der Child Benefit Act 1975 wird hier zu einigen Änderungen führen.

Beträge in £

a) höherer Satz 7.90

b) niedrigerer Satz 4.90

7. age addition 0.25

4.1.8.2.3. benefits for industrial injuries

1. injury benefit

a) wenn der Berechtigte älter ist als 18 Jahre oder wegen einer abhängigen Person Anspruch auf eine Erhöhung hat 13.85

b) in allen übrigen Fällen 11.10

2. disablement benefit

2.1. disablement gratuity (einmalige Abfindung; Höchstbetrag) 1.450.00

2.2. disablement pension

(unterschiedlich nach den Kategorien (a) und (b) wie bei injury benefit)

Grad der Invalidität in %	Kategorie a)	b)
100	21.80	13.30
90	19.62	11.97
80	17.44	10.64
70	15.26	9.31
60	13.08	8.98
50	10.90	6.65
40	8.72	5.32
30	6.54	3.99
20	4.36	2.66

2.3. unemployability supplement 13.30

2.4. special hardship allowance 8.72

3. industrial death benefit

3.1. widow's pension

a) Anfangssatz 18.80

		Beträge in £
b) höherer Dauersatz		13.85
c) niedrigerer Dauersatz		3o % der widow's pension[192]
3.2. widower's pension		13.85
3.3. allowance in respect of children (Kinderzulage); variierend nach Grundleistung und Kinderzahl	6.5o, 3.5o,	5.oo 2.oo

4.1.8.2.4. War pensions

1. basic pension (private soldier)		
Grad der Invalidität		
1oo % gemeiner Soldat;(Höchstbetrag)		21.8o
Zuschläge je nach Dienstgrad		
2. supplements (Ergänzungsleistungen)		
2.1. unemployability supplement		14.2o
2.2. constant attendance allowance		8.7o
in Ausnahmefällen		17.4o
2.3. comforts allowance	bzw.	3.7o 1.85
2.4. severe disablement occupational allowance		8.7o
(je nach Grad der Invalidität)	oder	4.35
2.5. allowance for lowered standard of occupation	bis zu	8.72
2.6. age allowance (je nach Grad der Invalidität)	zwischen und	1.6o 4.8o
3. pension to war widows and orphans		
widow of private soldier		
(Witwe eines gemeinen Soldaten)		17.2o

192 Vgl. unter 4.1.2.2.5.

4.1.8.2.5. Supplementary Benefit Requirements

Der Supplementary Benefit Act 1976 unterscheidet drei Kategorien von Bedarfssätzen, an denen sich die Leistungen orientieren:

Die Kategorie A ist anwendbar, wenn keine der beiden anderen Kategorien eingreift, SBA 1976, schedule 1, s 6 (1) (a).

Kategorie B ist einschlägig: (a) wenn der Berechtigte grundsätzlich zum Bezug von supplementary pension berechtigt ist, aber weder er noch eine Person, die ihm zugerechnet wird, das Alter von 8o Jahren erreicht hat; oder (b), wenn der Berechtigte nicht weniger als zwei Jahre lang durchgängig supplementary allowance bezogen hat, ohne im Sinne von SBA 1976, s 5 für eine Beschäftigung registriert gewesen zu sein, SBA 1976, schedule 1, s 6 (1) (b).

Kategorie C ist anzuwenden, wenn der Berechtigte oder eine ihm zugerechnete Person 8o Jahre alt ist, SBA 1976, schedule 1, s 6 (1) (c).

Danach betragen die normalen Sätze für Ehepaare oder "in cohabitation" lebende Paare

- Kategorie A	2o.65
- Kategorie B	24.85
- Kategorie C	25.1o

Für Alleinstehende betragen diese Sätze

- Kategorie A	12.7o
- Kategorie B	15.7o
- Kategorie C	15.95[193]

Zu diesen Bedarfssätzen ist anzumerken, daß die Ausgaben für Wohnung dabei nicht berücksichtigt sind; dies muß in Rechnung gestellt werden, will man die Höhe der Leistungen der britischen Sozialhilfe richtig einschätzen. Der Grund für die Nichtberücksichtigung der Wohnungsausgaben

193 SBA 1976, schedule 1, s 7.

liegt in der Vielfalt der dabei eine Rolle spielenden Faktoren begründet. Dementsprechend unterscheiden die Wohnungsleistungen auch zunächst einmal zwischen Hauseigentümern, Mietern und Angehörigen des Haushalts einer anderen Person; diese verschiedenen Situationen werden bei der Bemessung der Wohnleistungen (unter anderem) zugrunde gelegt.

Im übrigen gibt es noch eine Reihe besonderer Leistungssätze für bestimmte Gruppen - z.B. Jugendliche, Blinde - sowie Zuschläge zu Sonderleistungen. Besondere Bedeutung haben darüber hinaus die Vorschriften, welche regeln, in welchem Umfang eigener Verdienst, Zuwendungen von dritter Seite und sonstige Sozialleistungen anzurechnen sind.

4.1.9. Exkurs: die Stellung der Behinderten ("disabled") im Leistungsgefüge des Systems der sozialen Sicherheit

In dem nachstehenden Exkurs soll der Versuch unternommen werden, anhand einer beispielhaft herausgegriffenen personalen Gruppe das zuvor geschilderte Sozialleistungsgefüge im Hinblick auf die hinter ihm stehenden sozialpolitischen Wertungen zu problematisieren. Die Behinderten werden deshalb als Beispiel gewählt, weil sie mit gleichen Bedürfnissen in den verschiedenen Sozialleistungssystemen als Leistungsnehmer auftreten.

Die folgenden Ausführungen bezwecken nicht, die soziale Absicherung dieser personalen Gruppe zu untersuchen; Ziel ist vielmehr lediglich, die Probleme zu verdeutlichen, welche das Nebeneinander dieser verschiedenen Leistungszweige aufwirft, und diese Leistungszweige mit ihren unterschiedlichen Leistungen und Leistungsniveaus auf ihre Rechtfertigung zu hinterfragen.

4.1.9.1. Die geschichtliche Entwicklung

Es wurde bereits an anderer Stelle[194] darauf hingewiesen, daß die Sorge für Kranke, Bedürftige und Behinderte zu Zeiten des poor law den örtlichen Behörden oblag, daß daneben aber auch traditionell gerade dieser Bereich Gegenstand der Fürsorge kirchlicher Stellen und freier Verbände gewesen ist. Bis zu Beginn des 2o. Jahrhunderts waren es vornehmlich Blinde, Taube und Körperversehrte, welche als Behinderte anerkannt wurden und in den Genuß spezieller Hilfen kamen. Die bevorzugte Erfassung dieser Personenkreise erklärt sich wohl aus dem Umstand, daß gerade die sensorischen Behinderungen augenfällig sind und deswegen am ehesten Gegenstand fürsorgerischer Bemühungen werden[195]. Ansätze zu einer nicht lediglich lindernden, sondern zu einer im heutigen Sinn rehabilitierenden Hilfe setzten im Burenkrieg sowie im 1. Weltkrieg ein. Die von Robert James organisierten militärischen orthopädischen Krankenhäuser ("military orthopaedic hospitals") gewährten Rehabilitation u.a. durch Physiotherapie, Hydrotherapie, Heilgymnastik und berufsbezogene Therapie.

Der zweite Weltkrieg machte eine rasche Fortentwicklung der Rehabilitationsmethoden und die Schaffung von besonderen Vorkehrungen für Behinderte notwendig. Die Empfehlungen der TOMLINSON KOMMISSION[196] führten zum Disabled Persons (Empioyment) Act 1944. Auch nachfolgende Gesetzgebungsakte nahmen sich dieser Personengruppe besonders an[197].

194 Vgl. unter 3.1.

195 Vgl. Eda TOPLISS, Provisions for the Disabled, Oxford/London 1975, S. 33; Barbara N. RODGERS/June STEVENSON, A New Portrait of Social Work, London 1973, S. 238.

196 REPORT OF THE INTERDEPARTMENTAL COMMITTEE ON THE REHABILITATION AND RESETTLEMENT OF DISABLED PERSONS, (TOMLINSON-COMMITTEE), 1942.

197 Vgl. aus den letzten Jahren insbes. Disabled Persons (Employment) Act 1958, Social Work (Scotland) Act 1968,

Nach den vorstehenden Ausführungen erscheint es sicher nicht als Zufall, daß die ersten gesetzgeberischen Maßnahmen, welche "disability" (Behinderung) anerkannten und Hilfsmaßnahmen einleiteten, blinde und taube Kinder betrafen, denen eine besondere Erziehung zuteil wurde. Zu dem Umstand, daß diese Formen sensorischer Behinderung besonders augenfällig waren, trat die Erwägung hinzu, daß die Betroffenen, wurde ihnen nur eine spezielle Erziehung zuteil, nützliche Glieder der Gesellschaft werden konnten, während sie ohne besondere Unterstützung hilfsbedürftig sein und bleiben würden[198]. Die Einrichtungen von Behindertenwerkstätten und die Einführung von Rehabilitationsmaßnahmen für die Versehrten des Burenkrieges und des 1. Weltkrieges verfolgten gleichfalls das Ziel, die Kriegsversehrten in die Lage zu versetzen, für sich selbst zu sorgen und wieder arbeitsfähig zu werden. Hinzu kam ein allgemeines Gefühl der Dankbarkeit in der Öffentlichkeit gegenüber denen, die sich für die Allgemeinheit aufgeopfert hatten.

---

197 (Forts.) National Insurance (Old Persons' and Widows' Pensions and Attendance Allowance) Act 197o, Chronically Sick and Disabled Persons Act 197o.

198 Vgl. in diesem Sinne bereits der REPORT OF THE ROYAL COMMISSION ON THE BLIND, THE DEAF ANF THE DUMB ETC.OF THE UNITED KINGDOM, 1889, C.5781 (zit, nach: Eda TOPLISS, aaO (Anm. 195), S. 11.- Das Wachsen dieser Erkenntnis hing eng zusammen mit dem zunehmenden Prozeß der Industrialisierung; solange die Bevölkerung weitgehend ländlich war und entsprechenden Tätigkeiten nachging, fiel es leichter, für Behinderte Beschäftigungsmöglichkeiten im landwirtschaftlichen und handwerklichen Bereich zu finden. Die Industrialisierung mit der mit ihr einhergehenden Spezialisierung, welche höhere Anforderungen an die Fähigkeiten der Arbeitenden stellte, verschärfte das Problem, diese Gruppen von Behinderten angemessen zu beschäftigen; vgl. dazu auch unter 2.2.9.

Bezeichnenderweise wurden diese Maßnahmen zunächst nicht auf Zivilversehrte erstreckt; eine Ausnahme wurde lediglich für Blinde gemacht. Erst im Laufe des 2. Weltkrieges, in welchem ein steigender Bedarf an arbeitsfähigen Männern zutage trat, wurden die genannten Sozialeinrichtungen auf Zivilisten ausgedehnt. Dazu mag auch die Erfahrung beigetragen haben, daß die moderne Kriegsführung in stärkerem Umfang, als dies früher der Fall war, die Zivilbevölkerung in Mitleidenschaft zog und insofern nicht zwischen Militär- und Zivilpersonen unterschied[199]. Die Vollbeschäftigung nach dem Kriege begünstigte gleichfalls eine Sozialpolitik, welche darauf abzielte, alle Behinderten soweit wie möglich arbeitsfähig zu machen; dementsprechend konzentrierten sich die eingeleiteten Maßnahmen in erster Linie auf den Personenkreis, welcher am ehesten rehabilitationsfähig war. Die nach dem Kriege eingeleitete Sozialgesetzgebung ließ dagegen weitgehend diejenigen außer Acht, die erwerbsunfähig waren und es bleiben mußten[2oo].

4.1.9.2. Definition von "disability" (Behinderung)

Wenn man so will, ist eine Mehrheit der Bevölkerung heute in gewisser Weise behindert, und zwar insofern, als die meisten Leute heute körperversehrt sind, und sei es auch nur in der Weise, daß ihnen Zähne fehlen oder daß sie eine Brille tragen müssen. Die Abweichung von der körperlichen Normalbeschaffenheit ist also keine hinreichende Definition von "disability" (Behinderung) als Ansatzpunkt für die Einleitung bestimmter sozialpolitischer und sozialrechtlicher Maßnahmen. "Disability" kann nicht objektiv als Ab-

199 Vgl. Eda TOPLISS, aaO (Anm. 195), S. 11.

2oo Hier schuf erst der Chronically Sick and Disabled Act 197o entscheidende Verbesserungen.

weichung von der "normalen" menschlichen Physis und Psyche definiert werden, sondern ist vielmehr normativ zu bestimmen[2o1]. Damit können in den Bereich von "disability" auch solche Behinderungen rücken, die nicht in einer Beschränkung der körperlichen Bewegungsfreiheit ihren Ausdruck finden, sondern sich in Einschränkungen in der beruflichen und sozialen Sphäre niederschlagen (z.B. bestimmte Herzerkrankungen, psychische Defekte u.ä.). Eine Definition von "disability" erfordert zunächst eine Antwort auf die Frage, welche Aktivitäten in der Gesellschaft als "normal" angesehen werden. Hier sind gewisse Unterscheidungen angebracht: so wird die Einschränkung der körperlichen Bewegungsfreiheit bei einem jungen Menschen oder bei einem alten ganz unterschiedlich beurteilt; eine Gehbehinderung wird im ersten Falle als anomal , im zweiten aber angesichts des vorgerückten Alters als durchaus nicht ungewöhnlich angesehen. Abgesehen von alters-, geschlechts- und rollenspezifischen Umständen, welche somit das disability-Konzept beeinflussen, gibt es zwei grundsätzliche Kriterien, an denen "disability" gemessen werden kann: das eine ist die Fähigkeit zur "self-care", d.h. zur Sorge für sich selbst, das andere ist die "capacity for occupation", die Erwerbsfähigkeit.

2o1 D.h., daß ausgehend von bestimmten Wertungen und Prinzipien festgelegt werden muß, was als "disability" angesehen werden soll. Vgl. zum normativen Gehalt von Bedarfen ("needs") generell unter 2.2.1o.
Gut illustrieren läßt sich der normative Charakter von Bedarfen und der ihnen zugrundeliegenden sozialen Lagen und Risiken am Beispiel der Krankheit, worunter in zunehmendem Maße heute im Gegensatz zu früher auch bestimmte Suchterscheinungen - z.B. Alkoholismus - erfaßt werden; organisatorisch zeigt sich diese Entwicklung darin, daß das Problem des Alkoholismus heute in den Zuständigkeitsbereich des Department for Health and Social Security fällt, während es früher in dem des Home Office lag.

Die Untersuchung von HARRIS über die Behinderten ("handicapped")[2o2] und die Versehrten ("impaired") in Großbritannien trifft folgende Unterscheidung[2o3]:

-"impairment" als das Fehlen von Gliedmaßen, das Vorliegen einer Beschädigung von Gliedmaßen, Organen oder des körperlichen Funktionssystems ganz allgemein;

-"disablement" als der Verlust oder die Beeinträchtigung körperlicher oder geistiger Funktionen;

-"handicap" als der Nachteil oder die Beschränkung des Tätigkeitsfeldes, welche durch den vorstehend beschriebenen Funktionsverlust hervorgerufen werden[2o4].

Zur Abgrenzung und Erläuterung der Begriffe: ein Diabetiker oder jemand, der kurzsichtig ist, ist nach dieser Definition "impaired"; er ist aber nicht notwendigerweise zugleich "disabled", da die Beeinträchtigung der körperlichen Funktionen mit Medikamenten und mechanischen Hilfsmitteln ausgeglichen werden kann. Ebenso mag jemand, der "disabled" ist, die daraus resultierende Funktionsbeeinträchtigung gar nicht als Benachteiligung empfinden (etwa deshalb, weil er die betreffende Funktion gar nicht entfaltet). In der Praxis werden deshalb "disabled" und "handi-

---

2o2 Sowohl "handicapped" als auch "disabled" ist vorstehend mit "Behinderter" wiedergegeben worden (wie an anderer Stelle "disability" mit Invalidität übersetzt wurde); die beiden englischen Begriffe geben verschiedene Aspekte dessen wider, was man im Deutschen mit "Behinderung" bezeichnet; exakt entsprechende deutsche Termini gibt es nicht (zumal auch die englischen auf verschiedene Weise verwandt werden). In derartigen Fällen kann nur versucht werden, die Bedeutung des englischen Fachterminus zu umschreiben, wie es im folgenden in Anlehnung an HARRIS getan wird.

2o3 Amelia I. HARRIS, Handicapped and Impaired in Great Britain. An Enquiry Carried out on Behalf of the Department of Health and Social Security, London 1971.

2o4 Vgl. Amelia I. HARRIS, aaO (Anm. 2o3), S.2: "Impairment has been defined as "lacking part or all of a limb or having a defective limb organ or mechanism of the body". "Disablement" is"the loss or reduction of functional ability". "Handicap" is "the disadvantage or restriction of activity caused by disability".

capped" oft zur Bezeichnung desselben Sachverhalts verwandt. Für die oben angesprochene Frage danach, wann und unter welchen Umständen ein "handicap" vorliegt, d.h. eine sozialpolitisch und sozialrechtlich relevante Beschränkung der Betätigungsmöglichkeit ("activity"), kommt es also entscheidend darauf an, was als "normale Betätigung" angesehen wird. Der HARRIS-BERICHT rückt dabei die Fähigkeit zur "self-care", d.h. zur Eigenvorsorge im Sinne körperlicher Unabhängigkeit, in den Vordergrund: Menschen, deren "impairment" dazu führt, daß sie Schwierigkeiten bei der Sorge für sich selbst haben, die nicht durch therapeutische und sonstige Hilfen ausgeglichen werden können, werden als Behinderte angesehen. Indizien zur Bestimmung der Unfähigkeit zur "self-care" und damit zur Eingrenzung des Begriffes "disability" sind etwa: Fehlen eines Gliedes; Bettlägerigkeit; Gebundensein an die Wohnung; Angewiesensein auf Hilfe bei Benutzung der Toilette, beim Ankleiden etc.; Schwierigkeiten, ohne fremde Hilfe zu gehen, zu knien, Treppen zu steigen; Schwierigkeiten bei der persönlichen Toilette oder beim Ankleiden, teilweise oder völlige Unfähigkeit zu arbeiten, sich fortzubewegen, generell: für sich zu sorgen[2o5]. Daneben bleiben ausgeschlossen alle jene Behinderungen, welche sich nicht im Bereich von self-care auswirken, sondern etwa im beruflichen Bereich, in der Freizeit oder im sonstigen gesellschaftlichen, aber auch im privaten Leben. Dies zeigt, daß dieser - und vielleicht auch jeder anderen - Definition von "Behinderung" und "Behindertem" ein gewisses Element der Wahl, wenn

---

2o5 Amelia I. HARRIS, aaO (Anm. 2o3), S.3.- Die Aufstellung derartiger Kriterien ist, wie der HARRIS REPORT zeigt, ein geeignetes Mittel, das abstrakte Phänomen "Behinderung" etwa auch zu statistischen Zwecken faßbarer zu machen (wobei man sich über die Geeignetheit mancher Kriterien - insbesondere solcher subjektiver Art - sicher streiten kann).

nicht sogar manchmal der Willkür innewohnt. Auf diesem Hintergrund ist die Zahl von knapp über 300.000 Behinderten im Alter von über 16 Jahren zu sehen, die vom HARRIS REPORT als in privaten Haushalten lebend geschätzt wird[206].

Ein anderes Konzept befindet sich in den Disabled Person Employment Acts, die als "disabled" (behindert) eine Person ansehen, welche aufgrund Unfall, Krankheit (sowohl körperlich als geistig) oder angeborenen Gebrechens in erheblichem Maße daran gehindert ist, eine Beschäftigung zu bekommen oder zu behalten bzw. einer eigenen selbständigen Erwerbstätigkeit nachzugehen, die ihrem Alter und ihrer Erfahrung oder ihren Qualifikationen entspricht[207].

Eine Untersuchung, welche die Stellung der Behinderten im Recht der sozialen Sicherheit Großbritanniens nachgehen wollte, müßte der unterschiedlichen Geltung dieser beiden - und möglicherweise noch anderer - Prinzipien in verschiedenen social services und den ihnen zugrunde liegenden Gesetzgebungsakten nachgehen und eine Antwort auf die Frage suchen, ob die Orientierung bestimmter Maßnahmen an

---

206 Amelia I. HARRIS, aaO (Anm. 203), S. 253.- Das Beispiel verdeutlicht auch, wie tief man in die konzeptuellen Hintergründe begrifflicher Definitionen eindringen muß, will man einigermaßen einander entsprechende Ausgangspunkte etwa für die Durchführung eines Rechtsvergleichs zwischen der Lage der Behinderten in der Bundesrepublik Deutschland und in Großbritannien gewinnen.

207 "... A disabled person... one on account of injury, disease (including the physical or mental condition) or congenital deformity is substantially handicapped in obtaining or keeping employment or in undertaking work on his own account of a kind, which, apart from that injury, disease or deformity would be suited to his age, experience or qualifications".- Zu "education" and "working status" Behinderter vgl. die Untersuchung von Judith R. BUCKLE, Work and Housing of Impaired Persons in Great Britain, (part II of "Handicapped and Impaired in Great Britain"), London 1971.

dem einen oder anderen Prinzip die Aufgabe, die Angehörigen dieser Personengruppe adäquat sozial zu sichern, löst[2o8].

4.1.9.3. Die social services für Behinderte

Unter den Maßnahmen zugunsten Behinderter sollen im folgenden die Bereiche Einkommensersatz ("income maintenance") und Hilfsdienste ("supporting services") behandelt werden[2o9].

4.1.9.4. Einkommenssicherung ("income maintenance")

Ist Einkommen aus abhängiger oder selbständiger Erwerbstätigkeit die Haupteinnahmequelle für den größten Teil der Bevölkerung[21o], so stellen die Behinderten in dieser Beziehung keine Ausnahme dar.

2o8 Vgl. zu den unterschiedlichen Auswirkungen der beiden Konzepte Sally SAINSBURY, Measuring Disability, London 1973, S. 46.

2o9 Insoweit leitet diese gruppenspezifische Themenstellung über zu den health services und den personal social services, was zeigt, daß die einzelnen social services nur theoretisch, nicht aber in der Praxis bei der Untersuchung bestimmter sozialer Probleme strikt getrennt werden können (zumal sie sich ja auch wechselseitig beeinflussen und bedingen). Aus Platzgründen bleiben ausgeklammert Erziehung("educational provision"), Beschäftigung und Rehabilitation ("employment and rehabilitation"), sowie Wohnung ("accomodation" bzw. "housing").

21o Vgl. unter 4.1.1.

Eines der Prinzipien, welches bei Ausgleich des durch die Behinderung eintretenden Einkommensverlustes eine Rolle spielt, ist das der "compensation" (Entschädigung)[211]. Der Entschädigungsgedanke spielt zunächst im Zivil- und auch im Strafrecht eine Rolle; Ersatz von Schaden wird bei Vorliegen bestimmter Voraussetzungen demjenigen zugestanden, der durch die Handlung eines anderen einen Schaden erleidet ("claims for damages")[212]. Der Entschädigungsgedanke spielt jedoch auch bei den Regelungen über die Kriegsrenten ("war pensions") und der disablement pension(Invalidenrente) der Arbeitsunfallversicherung ("industrial injuries") eine Rolle[213]. In beiden Fällen richtet sich die Höhe der Rente nach dem Grad der Invalidität, der medizinisch festgestellt wird. Problematisch ist an dieser Ermittlung des Grades der Behinderung zunächst einmal die daraus resultierende Schematisierung der Ersatzleistungen (etwa nach dem Maßstab: "ein Fuß = drei Finger"), welche die vornehmlich in beruflicher und sozialer Hinsicht sich auswirkenden personalen Variablen weitgehend außer Acht läßt mit dem Ergebnis, daß etwa die unterschiedlichen Bedarfe, die aus gleichen Verletzungen resultieren können, unberücksichtigt bleiben[214]. Derartige Zweifel an der

---

211 Vgl. auch unter 3.1.

212 Vgl. hier für das englische Zivilrecht z.B. Anthony I. OGUS, The Law of Damages, London 1973.

213 Vgl. unter 4.1.4. und 4.1.8.2.3.

214 Vgl. Eda TOPLISS, aaO (Anm. 195), S. 65. So wirkt sich der Verlust dreier Finger der linken Hand für eine Sekretärin in beruflicher Hinsicht wesentlich schwerwiegender aus als für eine auf den Gebrauch der linken Hand nicht in demselben Maße angewiesene Buchhalterin. Entsprechende Unterschiede ergeben sich auch sonst je nach Alter, Stand der Ausbildung, Art der Beschäftigung und sozialem Status.

Angemessenheit compensation-orientierter Leistungssysteme für Behinderte münden rechtsdogmatisch häufig in eine Kritik an dem ihnen zugrundeliegenden Kausalprinzip und lenken den Blick auf finalorientierte Leistungssysteme.

Den letztgenannten Systemen nahe steht die invalidity pension (beitragsbezogene Invaliditätsrente)[215], welche im Grundsatz einheitliche Leistungen gewährt bei Erwerbsunfähigkeit[216] ohne Rücksicht auf die Ursache und den Grad der Behinderung. Voraussetzung für die Rentenberechtigung ist allein die Erfüllung der zum Versicherungsschutz berechtigenden Leistungsvoraussetzungen in Gestalt von Beiträgen. SAINSBURY ordnet diesen Leistungszyklus einem Prinzip der finanziellen Unabhängigkeit ("financial independence") zu und stellt ihn dem Konzept der compensation gegenüber[217].

Insgesamt lassen sich mithin vier verschiedene monetäre Leistungssysteme für Behinderte unterscheiden:

- contributory benefits (vormals als national insurance benefits bezeichnet), d.h. die Leistungen der Sozialversicherung;
- industrial injury benefits, d.h. die Leistungen der Arbeitsunfallversicherung;
- war pensions and allowances, d.h. die Leistungen der Kriegsopferversorgung;
- supplementary allowances des supplementary benefit scheme, d.h. Sozialhilfeleistungen.

---

215 Vgl. unter 4.1.4. und 4.1.5.

216 Ist der Versicherte lediglich in der Erwerbsfähigkeit beeinträchtigt ,greifen Umschulungs- und Wiedereingliederungsbeihilfen ("retraining and resettlement services") ein.

217 Sally SAINSBURY, Measuring Disability, London 1973, S. 12.

Daneben gibt es noch monetäre Sonderleistungen für einzelne Gruppen von Behinderten, etwa den Family Fund, der 1975 an 21.5oo Familien mit schwer behinderten Kindern insgesamt £ 6.232.6o5 ausschüttete[217a].

Der Unterschied zwischen den Leistungen der Kriegsrente ("war pension") und der Arbeitsunfallinvaliditätsrente ("disablement pension") einerseits sowie der beitragsbezogenen Invaliditätsrente ("invalidity pension") andererseits zeigt sich in folgendem: die beiden erstgenannten Renten werden gewährt unabhängig von der Frage, ob der Berechtigte eine Beschäftigung ausübt und welches Einkommen er bezieht; sie werden auch zusätzlich zu einer etwaigen Altersrente gewährt[218].Es handelt sich um speziell auf Behinderte zugeschnittene Leistungssysteme. Untereinander unterscheiden sie sich in der Rentenhöhe: Arbeitsunfallinvaliditätsrente ist bei gleichem Invaliditätsgrad immer gleich hoch und entspricht der Rente eines einfachen Soldaten[219]. Die Kriegsinvalidenrente dagegen ist in ihrer Höhe abhängig vom Dienstgrad des Behinderten.

Den vorstehend aufgezeichneten Differenzierungen dürften u.a. folgende sozialpolitische Wertungen, Zwecke und Prinzipien zugrunde liegen: der Militärdienst als Dienst an der Gemeinschaft wird offensichtlich höher eingeschätzt als die zivile Berufstätigkeit; von da her werden dann Einbußen an Körper und Gesundheit unterschiedlich ausgeglichen. Diese Wertung greift nicht nur in Kriegs-, sondern auch in Friedenszeiten Platz, d.h. sie gilt für alle im Militärdienst erlittenen Unfälle. Ob das darin zum Ausdruck kommende "principle of desert" (Verdienstprinzip) allerdings gleichfalls zur Rechtfertigung der unterschied-

---

217a Vgl. D.H.S.S. (=Department of Health and Social Security),ANNUAL REPORT 1975, para. 5.58.

218 Diese auf dem Entschädigungsgedanken("compensation") beruhenden Renten kommen nur in Wegfall, wenn die Behinderung selbst in Wegfall kommt.

219 Vgl. unter 4.1.8.2.3. und 4.1.8.2.4.

lichen Höhe etwa innerhalb der Soldatenversorgung nach Maßgabe des unterschiedlichen Dienstgrades herangezogen werden kann, erscheint deshalb fraglich, weil der oben erwähnte mit besonderen Risiken behaftete Dienst an der Gemeinschaft in Form des Militärdienstes ja von allen Soldaten unabhängig von ihrem Dienstgrad in gleicher Weise erbracht wird. Die dennoch in der oben beschriebenen Weise vorgenommene Differenzierung kann also ihre Rechtfertigung nicht im Gedanken des Verdienstes um die Gemeinschaft finden, sondern allenfalls in den Wertungen, die allgemein der Abstufung nach sozialem Status und Gehalt zugrunde liegen. Diese Differenzierung beruht dann aber letztlich auf dem "principle of economic rationality" (ökonomisches Prinzip), d.h. hier konkret auf der Vorstellung, daß verantwortlichere Positionen besser besoldet werden müssen, um die Leistungsfähigsten und Leistungsbereitesten auf diese Stellen zu bekommen und auf diese Weise die optimale Erfüllung der mit diesen Positionen verbundenen Aufgaben sicherzustellen.

Die vorstehenden Überlegungen sollten an einem kleinen Beispiel - vereinfacht und unter Verzicht auf die Darstellung der damit verbundenen komplexen Wertungs- und Motivationszusammenhänge - schlagwortartig aufzeigen, welche Verbindungen zwischen sozialrechtlicher Detailregelung (hier: Leistungsniveau) -rechtlichen Ordnungsprinzipien (hier: Gedanke der compensation) - sozialpolitischen Prinzipien (hier: principle of desert und principle of economic rationality) - sozialpolitischen Wertungen bestehen[22o].

22o Nur zur Klarstellung: "principle of desert" und "principle of economic rationality" stehen sich nicht, wie es hier angesichts der verkürzten Darstellung erscheinen könnte, unabhängig gegenüber, sondern sind (auch mit sonstigen Prinzipien) interdependent: beide Prinzipien sind gesellschaftlich bestimmt und dienen - wenn auch aus unterschiedlichen Motiven und in verschiedener Weise-demselben Zweck, nämlich die Zuerkennung bestimmter staatlicher Leistungen zu steuern.

Im Gegensatz zu den oben behandelten Leistungen der Kriegsopferversorgung und der Arbeitsunfallversicherung hat die invalidity pension[221] lediglich Lohnersatzfunktion; sie wird ähnlich dem Krankengeld nur gewährt, solange keine Beschäftigung ausgeübt werden kann,und zwar zu bestimmten festen Sätzen[222]. Sie berücksichtigt insofern auch nicht die individuelle Bedürfnislage der Leistungsberechtigten, sondern mißt ihre Leistungen anhand der ja ebenfalls weitgehend in standardisierten Sätzen erbrachten Beiträge (wenn es auch unter bestimmten Umständen Zuschläge gibt).

Diejenigen Personen, die weder unter die Soldatenversorgung, die Arbeitsunfallversicherung noch unter die beitragsbezogenen Leistungen des social security-Systems fallen, werden von der Sozialhilfe (supplementary benefit) aufgefangen. TOPLISS[223] weist in diesem Zusammenhang auf den Umstand hin, daß die aus Steuergeldern gespeiste Sozialhilfe allgemein als stigmatisierend empfunden wird im Unterschied zu den aus Beiträgen finanzierten Leistungen, aber auch im Unterschied zu den gleichfalls aus Steuermitteln finanzierten Leistungen etwa der Soldatenversorgung; die letztgenannten Leistungen werden als wohlverdient und "as of right" empfangen, was bei der an einen Bedürftigkeitsnachweis gebundenen Sozialhilfe nicht der Fall ist. Gerade die Situation Behinderter dürfte Anlaß dazu geben, diese Differenzierung in der Leistungsgewährung zwischen

221 Vgl. unter 4.1.2.2.3.

222 Es gibt allerdings eine geringere zusätzliche Leistung in den Fällen, in denen die Invalidität in frühen Jahren eintritt (vgl. unter 4.1.2.2.3.); hier wird also in gewisser Weise die Einbuße an potentieller Einkommenssteigerung im späteren Erwerbsleben berücksichtigt (wenn man so will, findet hier der Entschädigungsgedanke - "compensation" - Einlaß).

223 Vgl. Eda TOPLISS, aaO (Anm. 195), S. 77.

Sozialhilfe und sonstigen Sozialleistungssystemen zu überdenken und die Frage zu stellen, welche Überlegungen heute diese Differenzierung rechtfertigen und ob sie gerade für die Behinderten eine angemessene Regelung darstellen.

Beleuchtet man die Beweggründe, die zu Maßnahmen zugunsten Behinderter geführt haben, so fallen im wesentlichen drei Aspekte ins Auge: humanitäre Gesichtspunkte, wie z.B. "compassion" als Mitempfinden und Mitleiden mit anderen; Ordnungsgesichtspunkte; ökonomische Erwägungen. TOPLISS stellt in ihrer Abhandlung über die Maßnahmen zugunsten Behinderter den zuletzt genannten Gesichtspunkt als für die Entwicklung staatlicher Vorsorgemaßnahmen entscheidend heraus (ohne dabei die Rolle der humanitären Bestrebungen auf diesem Gebiet außer Acht zu lassen). Einen historischen Beleg für diese These findet sie in der geschichtlichen Entwicklung der einschlägigen Sozialgesetzgebung, so z.B. im FOURTH ANNUAL REPORT OF THE POOR LAW COMMISSIONERS 1837-38, 147, vol. XVIII, in welchem darauf hingewiesen wird, daß es sich insbesondere aus wirtschaftlichen Gründen empfehle, die Ursachen der Übel zu beseitigen, welche Krankheit und Not verursachen. So beruhte auch die Einführung einer umfassenden Grundschulerziehung durch den Elementary Education Act 187o auf der Erkenntnis, daß die Wettbewerbsfähigkeit der Wirtschaft abhängig war von einer hinreichenden Qualifikation der Arbeiterschaft ("labour force")[225]

---

224 Zit. nach Eda TOPLISS, aaO (Anm. 195), S. 4.

225 Vgl. Eda TOPLISS, aaO (Anm. 195), S. 5 ff. Vgl. dazu auch die oben angestellten Erwägungen zur Formulierung von social policies insbes. im Hinblick auf die Definition und gesellschaftliche Anerkennung bestimmter Bedarfe (unten 2.2.1o.). Es braucht wohl nicht besonders betont zu werden, daß neben dem Gedanken der "economic rationality" auch andere (insbes. auch allgemein humanitäre) Vorstellungen eine Rolle spielen und das ökonomische Prinzip in den Hintergrund treten lassen können; man denke etwa an die Entschädigung für Einbußen, die im Interesse der Öffentlichkeit hingenommen

Es liegt nahe, die Hypothese aufzustellen, daß - tendenziell - social welfare zugunsten einzelner oder einzelner Gruppen dort am ehesten bewirkt worden ist (und immer noch bewirkt wird), wo die Übereinstimmung von Vorteilen für den einzelnen und einzelne Gruppen und Vorteilen für die Gesellschaft insgesamt am deutlichsten zutage tritt; aus diesem Grunde mag Schulausbildung allen .ndern zuteil werden, die Sozialversicherung alle abhängig Beschäftigten erfassen, mögen die Gesundheitsdienste allen Kranken zur Verfügung stehen; umgekehrt mag es auf mangelnde Identität von individuellen und gesellschaftlichen Bedürfnissen zurückzuführen sein, daß bestimmten anderen Benachteiligungen nicht umfassend, sondern nur im Einzelfall Rechnung getragen wird.[226] Exemplarisch ist dafür die Sozialhilfe, welche nur im Einzelfall und bei Nachweis der Bedürftigkeit erbracht wird, während umgekehrt andere soziale Leistungen kostenlos erbracht werden und ihre Inanspruchnahme u.U. sogar mit Zwang durchgesetzt wird, wie es etwa bei bestimmten Erziehungsmaßnahmen der Fall ist.

---

225 (Forts.) werden mußten. Ein Beispiel ist auch die Versorgung der Thalidomid-Opfer (Contergan-Kinder), die in besonderem Maße das öffentliche Mitgefühl erregten und Anlaß waren für die Errichtung eines Sonderfonds von £ 3 Mio. für verkrüppelte Kinder im Jahre 1973 (Family Fund; vgl. unter 4.1.9.3.1. oben).

226 Es wäre reizvoll, einmal der Frage nachzugehen, inwieweit es sich bei den von der Sozialpolitik "übersehenen" Gruppen ohne Verbandsmacht und Lobby nicht um solche Gruppen handelt, deren Bedürfnisse nur mit Mitteln zu befriedigen wären, welche keine ökonomische Rendite erwarten lassen; möglicherweise käme man zum Teil zu dem Ergebnis, daß die sozialpolitische Benachteiligung darauf zurückzuführen ist, daß die Sozialpolitik zu einseitig von dem "principle of economic rationality" geprägt ist.

Letztlich beruht diese Hypothese auf der Erkenntnis, daß öffentliche Mittel für soziale Zwecke dort am ehesten investiert werden, wo sie sich auch ökonomisch lohnen, d.h. sich auszahlen. Umgekehrt bedeutet das: es ist sozialpolitisch am schwierigsten, dort Mittel für Sozialleistungen bereitzustellen, wo eine wirtschaftliche Rendite nicht zu erwarten ist, zumal über die Vergabe solcher ökonomisch "verlorener" Zuwendungen angesichts der Vielzahl der möglichen Zielsetzungen und Zielgruppen nicht so leicht eine politische Einigung herbeizuführen sein dürfte als über solche Sozialinvestitionen, die sich auch ökonomisch rentieren.

4.2. Health services

Durch den National Health Service (Reorganisation) Act 1973, der am 1. April 1974 in Kraft trat, ist das Gesundheitswesen neu geordnet worden. Die zentrale Zuständigkeit für das Gesundheitswesen obliegt dem Department of Health and Social Security, welches dem Parlament verantwortlich ist. Dem Ministerium untergeordnet sind 14 Regional Health Authorities (regionale Gesundheitsbehörden), welche für die Bereitstellung von Mitteln, die Erstellung von Gesundheitseinrichtungen sowie die Aufsicht darüber zuständig sind. Der Vorsitzende dieser Gebietsbehörden wird vom Minister bestellt nach Konsultation interessierter Organisationen: Universitäten, lokaler Behörden, Vertretungen der medizinischen Berufe, Gewerkschaften. Darunter gibt es in England 9o Area Health Authorities (Bezirksgesundheitsbehörden), deren Grenzen mit den örtlichen Verwaltungseinheiten übereinstimmen[227]. Die Area Health Authorities

227 Vgl. dazu im einzelnen THE SECRETARY OF STATE FOR SOCIAL SERVICES, NATIONAL HEALTH SERVICE REORGANISATION: ENGLAND, London 1972, HMSO; Keith BARNARD/Kenneth LEE,

(AHAs) sind wiederum in Health Districts (Gesundheitsbezirke) untergliedert, die immer ein District General Hospital (allgemeines Bezirkskrankenhaus) aufweisen und gemeinhin zwischen 100.000 bis 500.000 Einwohner umfassen. Die Gebietsbehörde entscheidet über die Zahl der zu bildenden Bezirke (zur Zeit schwankt diese Zahl zwischen 1 und 6 je Area Health Authority)[228].

4.2.1. Public Health

Die generelle Verantwortlichkeit für das öffentliche Gesundheitswesen ("public health") liegt seit dem National Health Service (Reorganization) Act 1973 bei den oben vorgestellten Gesundheitsbehörden. Diese arbeiten zu dem Zweck mit den örtlichen Behörden sowie den für die Wasserversorgung, die Abwasserbeseitigung u.ä. zuständigen Stellen zusammen. Die gesetzliche Grundlage für die diesen Behörden obliegenden Aufgaben sind u.a. enthalten in den Public Health Acts 1936 und 1961, dem Health Service and Public Health Act 1968 (Gesetz über Gesundheitsdienste und öffentliche Gesundheit von 1968) sowie in einer ganzen Reihe von Spezialgesetzen. Die Bekämpfung ansteckender Krankheiten, Lebensmittelhygiene, Lärmbekämpfung, Luft-, und Wasserreinhaltung sowie sonstige Gebiete des Umweltschutzes fallen in den Bereich von public health[229].

---

227 (Forts.) NHS Reorganisation: Issues and Prospects, University of Leeds (ohne Jahr); R.G.S. BROWN, The Changing National Health Service, London/Boston 1973; Ruth LEVITT, The Reorganized National Health Service, London 1976.

228 In London gibt es eine besondere Aufteilung wegen der Größe der Stadt. In Schottland und Wales sind wegen der geringen Gebietsgröße die Gebietsbehörden (Area Health Authorities) unmittelbar dem Ministerium für Schottland bzw. Wales unterstellt; die regionale Zwischenstufe entfällt also dort.

229 Vgl. dazu C.A. CROSS/J.F. GARNER, ENCYCLOPEDIA OF PUBLIC HEALTH. LAW AND PRACTICE, London 1968 ff.

4.2.2. National Health Service

Der National Health Service (staatlicher Gesundheitsdienst) trat aufgrund des National Health Service Act 1946 für England und Wales und der entsprechenden Gesetze für Schottland und Nordirland[23o] am 5. Juli 1948 in Kraft.

Unter dem National Insurance Act 1911 war nur ein Teil der Bevölkerung gegen Krankheit versichert, war also auch nur einem Teil eine adäquate medizinische Versorgung garantiert. Diese Beschränkung wurde in zunehmendem Maße als unbefriedigend und unberechtigt empfunden. Darüber hinaus brachte der medizinische Fortschritt so erhebliche Kostensteigerungen auf dem Gesundheitssektor und insbesondere im Krankenhauswesen mit sich, daß nur der Staat in der Lage zu sein schien, dieser Entwicklung Herr zu werden. Die Beanspruchung der medizinischen Einrichtungen im Laufe des Krieges hatte zudem die starken regionalen Unterschiede in der medizinischen Versorgung deutlich gemacht; diese Disparitäten konnten, so glaubte man, nur durch eine straffe und zentrale Organisation abgebaut werden. Der aus diesen Gründen konzipierte staatliche Gesundheitsdienst sollte den folgenden Prinzipien Rechnung tragen: (1) dem freien Zugang aller Bürger zu medizinischer Versorgung; (2) der Freiheit bei der Wahl des Arztes; (3) der freien ärztlichen Berufsausübung; (4) der Beibehaltung der traditionellen Arzt-Patient-Beziehung mit dem Hausarzt als Mittler zwischen Krankenhaus und örtlichen Gesundheitsdiensten[231].

23o National Health Service (Scotland) Act 1947, Health Service Act (Northern Ireland) 1948.

231 Vgl. diese kurze Charakterisierung der Grundprinzipien des National Health Service bei W.E. BAUGH, Introduction to the Social Services, 2. Aufl., London 1975, S. 52.

Dadurch wurde die grundsätzliche Dreiteilung des britischen Gesundheitswesens in hospital and specialist services (Krankenhaus- und Spezialdienste) - personal practitioner services (allgemeinärztliche Dienste) - personal health services oder community health services (öffentliche bzw. kommunale Gesundheitsdienste) beibehalten. Die Finanzierung des staatlichen Gesundheitsdienstes erfolgt zum weitaus größten Teil aus dem allgemeinen Steueraufkommen. Hinzu kommen Einnahmen aus den Beiträgen zur Sozialversicherung[232] und aus Gebühren, die für bestimmte Leistungen und Dienste gezahlt werden müssen. Diese Gebühren beziehen sich vorwiegend auf Rezepte, Zahnbehandlung und Zahnersatz, Brillen. Bestimmte Teile der Bevölkerung sind jedoch auch von dieser beschränkten Gebührenpflicht ausgenommen - z.B. Kinder und Jugendliche -, ferner gibt es Befreiungen bzw. Rückvergütungen unterhalb bestimmter Einkommensgrenzen. Gewisse Arten ärztlicher Leistungen können als Privatpatient in Anspruch genommen werden; gleiches gilt für Sonderleistungen - etwa Einzelzimmer - in Krankenhäusern.

Für den deutschen Betrachter ist es das vielleicht erstaunlichste Ergebnis der Diskussion um die Reform des National Health Service in den letzten Jahren, daß das dem deutschen System sehr konträre britische Modell[233] in Großbritannien selbst von keiner politischen Seite mehr ernsthaft in Frage gestellt wird.

---

232 Vgl. unter 4.1.2.

233 Einen guten Vergleich zwischen dem britischen und den kontinental-europäischen Systemen der Krankenversorgung bietet die Untersuchung von Jozef VAN LANGENDONCK, Prelude to Harmony on a Community Theme, London/New York/Toronto 1975 und dort insbes. auch die Einleitung von Gordon FORSYTH.

4.3. Personal Social Services

Einer der Hauptgründe für die oben angesprochene[234] Reorganisation des britischen Gesundheitswesens war die Erkenntnis, daß die Gesundheitsdienste und die übrigen sozialen Dienste ("personal social services") weitgehend denselben Adressatenkreis haben und deswegen einer gewissen Kooperation oder gar Integration bedürfen.

4.3.1. Allgemein: die personal social services

Die personal social services sind diejenigen Sozialeinrichtungen, welche sich über die Bereitstellung monetärer Leistungen hinaus insbesondere solcher Bedürfnisse bestimmter Gruppen der Bevölkerung[235] annehmen, die nur durch Sach- oder insbesondere Dienstleistungen zu befriedigen sind. Die personal social services befassen sich mit dem Wohlergehen der Alten ("elderly"), Behinderten ("disabled"), d.h. der Geistesgestörten ("mentally disordered") und der Körperbehinderten ("physically handicapped"), der Obdachlosen ("homeless") sowie der verwah-losten ("deprived") und straffällig gewordenen Kinder ("delinquent children"). Waren die entsprechenden Aufgaben früher durch verschiedene Ausschüsse wahrgenommen worden, so besteht in England und Wales seit 1971 (Local Authority Social Services Act 197o)

234 Vgl. unter 4.2.

235 W.E. BAUGH, Introduction to the Social Services, 2. Aufl., London 1975 faßt diese gruppenspezifischen Leistungen sowohl monetärer wie nicht-monetärer Art unter dem Begriff "welfare" zusammen; diese gruppenspezifischen Leistungen etwa an Alte und Behinderte werden dabei offenbar wegen ihrer speziellen Ausrichtung den "universalistischen Systemen" social security, supplementary benefit und health services gegenübergestellt.

eine einheitliche und integrierte Verwaltung dieser Dienste durch dafür zuständige örtliche Behörden ("local authorities")[236]. Das Konzept für die persönlichen Sozialdienste in ihrer heutigen Gestalt beruht auf den Empfehlungen, welche die SEEBOHM-KOMMISSION 1968 vorgelegt hat[237]. Diese Empfehlungen und die Maßnahmen, die daraufhin getroffen worden sind, stellen einen (hier nicht darstellbaren) konzeptuellen Rahmen dar, welcher wichtige Aufschlüsse vermitteln kann über die rechtliche Einbindung sozialer Dienste. Die für die genannten Aufgaben zuständigen örtlichen Behörden sind in England und Wales die Räte der Grafschaften und grafschaftsfreien Städte ("councils of counties and county boroughs") sowie die Räte der Londoner Bezirke und der Londoner City ("councils of the London boroughs and the City of London")[238].

Die Räte der Bezirke ("district councils") sind zusätzlich ermächtigt, ältere Menschen mit Einrichtungen der Erholung und Entspannung sowie warmen Mahlzeiten zu versorgen. Die ministerielle Zuständigkeit liegt beim Minister für Sozialdienste ("Secretary of State for Social Services") in England und beim Ministerium für Wales ("Secretary of

---

236 In Schottland bestehen entsprechende Ausschüsse auf lokaler Ebene ("local authority social work commissions") unter der Leitung von Sozialdirektoren ("directors of social work"), die zusätzlich diejenigen Aufgaben wahrnehmen, welche in England und Wales in die Zuständigkeit der Bewährungshilfe ("probation service") fallen.

237 Vgl. REPORT OF THE COMMITTEE ON LOCAL AUTHORITY AND ALLIED PERSONAL SOCIAL SERVICES, (SEEBOHM-REPORT), London 1968.

238 In Schottland sind es die Räte der Grafschaften und der großen Städte ("councils of counties and large burghs").

State for Wales") in Wales[239]. Den Ministern steht ein Rat für persönliche Sozialdienste ("Personal Social Services Council") beratend zur Seite.

Die besondere Befassung der personal social services mit speziellen Gruppen der Bevölkerung - Alten, Kindern, Behinderten, Obdachlosen etc.- mag - dies bedürfte allerdings noch einer weiteren Nachprüfung - ein gewisses Stilmerkmal britischer Sozialpolitik zu sein: einer Sozialpolitik die sich, zumindest im Bereich dieser Sozialdienste, mehr aktionistisch als normorientiert gewisser Gruppen annimmt; dem entspricht der Befund, daß die Literatur sich diesen Problemen gleichfalls unter gruppenspezifischen Blickwinkeln zuwendet.Diese These soll im folgenden am Beispiel der Behinderten illustriert werden.

4.3.2. Exkurs: die Hilfsdienste für Behinderte ("supporting services")

4.3.2.1. Medical care und rehabilitation (medizinische Versorgung und Rehabilitation)

Der National Health Service stellt Krankenhaus-, Hausarzt-, Rehabilitations- und Heimpflegedienste zur Verfügung. Die speziellen Rehabilitationsdienste legen das Schwergewicht ihrer Tätigkeit darauf, die Entfaltung der noch vorhandenen Fähigkeiten des einzelnen zu fördern und die Rehabilitanden zu befähigen, so gut wie möglich selber für sich zu sorgen ("self-care" sowie "occupational and social rehabilitation")[24o].

239 Entsprechend ist in Schottland der Minister für Schottland ("Secretary of State for Scotland") zuständig.

24o Vgl. dazu unter 4.3.2.

4.3.2.2. Aids to mobility (Mobilitätshilfen)

Mobilität ist eine der Grundvoraussetzungen dafür, daß Körperbehinderte sich in die Gemeinschaft eingliedern können. Entsprechende Maßnahmen sind die Bereitstellung von Prothesen, Rollstühlen, Fahrzeugen etc., für welche besondere Zentren[241] unter der unmittelbaren Ägide des Department of Health and Social Security zuständig sind. Diese direkten Hilfen werden aber in der Zukunft durch die Gewährung der mobility allowance abgelöst[242].

4.3.2.3. Local authority services to the disabled and their families (Sozialdienste auf örtlicher Ebene für Behinderte und ihre Familien)

Praktische Hilfe insbesondere im Haushalt ("home help service") wird geleistet durch Angestellte der local authorities. Neben besonders ausgebildeten Fachkräften werden hier vor allem auch Hausfrauen beschäftigt. Es versteht sich, daß gerade auf diesem Gebiet der personale Faktor von ausschlaggebender Bedeutung ist. Hier liegt daher auch eines der wichtigsten Tätigkeitsgebiete von social workers, welche das Gros der ausgebildeten Fachkräfte stellen[243]. Die besonderen Probleme, welche sich in diesem Bereich der personalen Hilfen aus der Dreiecksbeziehung Behinderter ("client") - social worker - Behörde ("local authority") ergeben, werden nachstehend im Kapitel über "social work" angesprochen.

---

241 Artificial limb and appliance centres

242 Vgl. zu diesen Stichworten auch unter 4.1.9.3.1.

243 Vgl. zur Aufgabe der Sozialarbeiter bei der Betreuung von Behinderten Barbara N. RODGERS/June STEVENSON, A New Portrait of Social Work, London 1973, S. 236 ff.

4.3.2.4. Die Tätigkeit der voluntary organizations (freie Verbände)

Die Fürsorge für die Behinderten lag ursprünglich fast ausschließlich in den Händen der freiwilligen Organisationen, welchen insofern eine entscheidende Trägerfunktion für soziale Hilfsmaßnahmen zukam[244]. So wurde das Royal National Institute for the Blind, angeblich heute die größte freiwillige Hilfsorganisation der Welt[245], bereits im Jahre 1868 gegründet[246].

Charakteristisch und wichtig für das Verständnis der Rolle dieser Organisationen ist der Umstand, daß sie ursprünglich entstanden, um Bedürftigen zu helfen, zugleich aber die Rolle übernahmen, das öffentliche Bewußtsein zu wecken für die Notwendigkeit, gesetzliche Maßnahmen einzuleiten und damit die betreffenden Aufgabenbereiche in öffentliche Verantwortung zu übernehmen. Aus der Befürchtung, die staatliche Vorsorge "von der Wiege bis zum Grabe" stelle die Existenz der freiwilligen Organisationen in Frage, entzündete sich dann nach dem 2. Weltkrieg eine Diskussion darüber, ob die staatliche oder die freiwillige Fürsorge besser geeignet sei, die vorstehend genannten Probleme anzugehen. Auch wenn diese Diskussion heute längst nicht beendet ist, zeichnet sich doch eine Akzentverlagerung ab in Richtung auf die Fragestellung, welche Aufgaben freiwillige Organisationen neben den staatlichen Sozialeinrichtungen noch wahrnehmen können und sollen unter besonderer Berücksichtigung einer Kooperation mit den letztgenannten. Das bedeutet

244 Das gilt natürlich nur, wenn man an dieser Stelle die Familie außer Acht läßt. Stellt man allgemein auf den Behinderten ab, so gibt es eine Trias von sozialen Verbänden, die ihm helfend zur Seite stehen: family-statutory social services - voluntary social services.

245 Vgl. Eda TOPLISS, aaO (Anm. 195), S. 117

246 Vgl. VOLUNTARY SOCIAL SERVICES, Directory and Handbook, London 1975, S. 11o.- Das Handbuch führt ca. 8oo verschiedene Organisationen auf.

in der Praxis, daß auf vielen Gebieten der Staat die finanziellen Mittel insbesondere zur Deckung der laufenden Kosten, freiwillige Organisationen ihr Personal sowie ihre vorhandenen Einrichtungen bereitstellen. Diese Entwicklung hat die freiwilligen Organisationen zwar in eine gewisse Abhängigkeit vom Staat gebracht, anscheinend jedoch den Umfang ihrer Tätigkeit nicht eingeschränkt. Dieser aus der Sicht der voluntary organizations insgesamt recht positive Befund mag darauf zurückzuführen sein, daß etwa auf dem Feld der Sorge für die Behinderten der Staat den freiwilligen Organisationen zwar Finnazmittel nur dann bereitstellt, wenn deren Dienste bestimmten gesetzlichen Anforderungen entsprechen, umgekehrt aber diese gesetzlichen Anforderungen sich die bereits vorher vorhandenen Einrichtungen der voluntary organizations zum Vorbild genommen haben.

Hervorgehoben werden muß darüber hinaus die Pionierfunktion der voluntary organizations. Ihnen fällt es leichter als den bürokratisch geführten staatlichen social services, etwa einzelne Gruppen von Behinderten auszuwählen und mit ihnen neue Einrichtungen und neue Möglichkeiten zu erproben, ihnen fällt es leichter, neue Wege zu gehen, und sie vermögen auch die Forschung auf bestimmten Gebieten voranzutreiben. Ein besonders deutliches Beispiel dafür, in welche Bereiche die Artikulation von Bedürfnissen vorangetrieben wird, stellt die Abhandlung von GREENGROSS [247] über die sexuellen und emotionalen Bedürfnisse Behinderter dar; der National Fund for Research into Crippling Diseases

---

247 Wendy GREENGROSS, Entitled to Love. The Sexual and Emotional Needs of the Handicapped, London 1976.- Der Schlußsatz von GREENGROSS' Abhandlung umreißt prägnant die hier angesprochene Funktion von voluntary organizations: "Solutions cannot be found until problems are pinpointed. One of the first steps therefore is to allow the disabled to express and understand their problems" (S. 113).

hat zur Erforschung dieses Fragenkomplexes eine Kommission eingerichtet[248], welche Untersuchungen durchführen und Lösungsvorschläge erarbeiten soll.

Als drittes ist zu nennen die pressure group-Funktion der voluntary organizations zugunsten ihrer Klienten. Hier ist etwa für den Bereich der Behinderten die Disablement Income Group zu nennen, welche 1965 durch eine körperbehinderte Hausfrau ins Leben gerufen wurde mit dem Ziel, ein "income as of right" für alle Behinderten durchzusetzen und dadurch die finanzielle Lage der Behinderten ganz allgemein zu verbessern[249]. Diese Organisation stellte eine wirksame Interessenvertretung der Behinderten dar und zwar zum einen dadurch, daß sie die Bevölkerung über die Situation der Behinderten informierte, zum andern aber auch deswegen, weil sie ein eindrucksvolles Beispiel dafür abgab, mit welcher Energie und mit welchem Geschick Behinderte ihre eigenen Angelegenheiten wahrzunehmen wissen[25o].

---

248 S.P.O.D. (Sex Problems of the Disabled); den gleichen Problemen gehen MIND (National Association for Mental Health) und die Family Planning Association nach.

249 In diesem Zusammenhang ist darauf hinzuweisen, daß die Lage behinderter Hausfrauen besonders mißlich ist: in der Regel greift nämlich zu ihren Gunsten keines der vier vorstehend als für Behinderte in Frage kommenden monetären Sozialleistungssysteme - vgl. unter 4.1.9.3.1. - ein. Selbst Sozialhilfe (supplementary benefit) kann ja nicht beansprucht werden, wenn der Ehemann einer Vollzeiterwerbstätigkeit nachgeht (vgl. unter 4.1.6.). Die aufgrund der Behinderung auftretenden Mehrbelastungen werden dadurch faktisch der Familie aufgebürdet. Die non-contributory benefits, die in den letzten Jahren eingeführt wurden, haben hier allerdings eine gewisse Abhilfe geschafft; vgl. unter 4.1.3.

25o Die Organisation verfügt im übrigen über ca. 7o Untergliederungen, welche sich vornehmlich mit rechtspolitischen Fragen befassen.

Die rechtlichen Aspekte der Tätigkeit der voluntary organizations - z.B. Anerkennung der Wohltätigkeit, die damit verbundenen Steuererleichterungen u.a. - werden, soweit sie deren Rechtsstatus betreffen, juristisch unter dem Begriff "charity law" abgehandelt.

4.3.3. Statutory social services: The Social Services Departments

197o/1971 wurden aufgrund des Local Authority Social Services Act 197o social services departments eingerichtet, wodurch im wesentlichen die Verantwortungsbereiche der früher getrennten children's welfare and health departments einem einzigen Verwaltungsträger übertragen wurden. Die Aufgaben der social services departments beruhen zu einem großen Teil auf dem Public Health and Health Services Act 1968, dem Children and Young Persons Act 1969 sowie dem Chronically Sick and Disabled Persons Act 197o. Die local authority services werden durch die county councils (Grafschaften) verwaltet und stehen unter der Aufsicht des Secretary of State for Health and Social Security. Jeder county council ist gesetzlich verpflichtet, ein social services committee einzurichten, welches von einem director of social service geleitet wird. Unterhalb dieser Schwelle kann jede local authority den Verwaltungausfbau frei bestimmen. Üblich ist die Etablierung einer central office management unit, die aus Bediensteten mit jeweils speziellen Verantwortüngsbereichen besteht (z.B. "home help service"[251], Heime etc.). Daneben gibt es in der Regel "field workers" auf unterer lokaler Ebene, welche zum großen Teil social workers sind. Ziel dieser Einrichtungen ist es, den Zugang der Öffentlichkeit zu diesen Stellen so leicht wie möglich zu machen. Die social workers arbeiten in der Regel in Teams von 4 bis 9 Mitgliedern unter der Leitung ei-

---

151 Vgl. dazu unter 4.3.2.3.

nes senior social worker oder teamleader[252].

4.3.4. Social work

Die vorstehenden Ausführungen über die personal social services - speziell: die supporting services für Behinderte - haben bereits die Rolle sozialer Organisationen (öffentlicher und privater) für die Bewältigung solcher sozialer Probleme aufgezeigt, die sich nicht oder nicht in befriedigender Weise mit monetären Mitteln lösen lassen. Dabei wurde insbesondere die Innovationsfunktion betont, die derartigen Organisationen zufällt[253]. Unmittelbares "Instrument", dessen sich derartige Organisationen bedienen, ist unter anderem der Sozialarbeiter; die Erfassung seiner Rechtsstellung kann dazu beitragen, das "Wie" der Problemlösung zu erfassen; gleichzeitig wird dabei das soziale Problem unter einem neuen Aspekt - eben dem des "Wie" der Problembewältigung - erfaßt und aus einem Blickwinkel gesehen, welcher möglicherweise neue Einsichten vermittelt.

4.3.4.1. Definition des social worker

Den social services sind in jeweils unterschiedlichem Umfang social workers (Sozialarbeiter) zugeordnet, die insofern als "Instrumente" der Sozialpolitik, aber auch als "Realisatoren" des Sozialrechts anzusehen sind und welche die personal social services in die Praxis umsetzen. Die Verschiedenheit der Bereiche, in welchen Sozialarbeiter eingesetzt sind, und die Vielfalt ihrer Aufgaben verbieten es, an dieser Stelle den Versuch zu unternehmen, die Stellung der Sozialarbeiter im Recht der sozialen Sicherheit auch nur annähernd zu bestimmen.

252 Zu diesen Fragen vgl. Edward STROUD, Where to get Help: A Guide to the Support Services, London 1975, S. 8 ff.

253 Vgl. unter 4.3.2.4.

Bereits die Definition des Begriffes "social work" begegnet Schwierigkeiten. In einem sehr weiten Sinne kann man "social work" definieren als "eine Form menschlicher Tätigkeit, durch welche bestimmte Mitglieder der Gesellschaft gegen Bezahlung oder freiwillig in das Leben anderer intervenieren, um Änderungen herbeizuführen"[254]. Diese weite Umschreibung ist insofern brauchbar, als sie einen ersten Rahmen absteckt, innerhalb dessen die vielfältigen Tätigkeitsbereiche von Sozialarbeit angesiedelt sind; sie berücksichtigt auch, daß Sozialarbeit nicht lediglich von hauptberuflich tätigen, speziell ausgebildeten und mit spezifischen Aufgaben betrauten Personen geleistet wird, sondern auch und gerade Gegenstand freiwilliger karitativer Bemühungen ist. Eine Untersuchung, die sich dem "social worker" als "Instrument" von Sozialpolitik, als "Realisator von Sozialrecht" zuwendet, muß aber von diesem besonderen Blickwinkel her den Begriff "social worker" enger fassen. Soll die spezifische Instrumentalfunktion des "social worker" Konturen gewinnen, empfiehlt sich eine Beschränkung des Blicks auf die Formen von Sozialarbeit, welche Gegenstand professioneller Befassung sind, m.a.W. "social work" muß zunächst einmal ausschließlich betrachtet werden als Oberbegriff für beruflich ausgeübte soziale Dienstleistungen, deren Gegenstand der einzelne ist (eventuell auch in Zusammenhang mit einer bestimmten Gruppe, z.B. seiner Familie). Mit der Beschränkung auf beruflich ausgeübte Tätigkeiten geht einher die weitere Einschränkung auf solche beruflich ausgeübte Tätigkeiten, die aufgrund einer bestimmten Ausbildung und unter Heranziehung bestimmter Methoden ausgeübt werden. Unter Heranziehung

254 John HAINES, Skills and Methods in Social Work, London 1975, S. 1: "Social work is a form of human activity in which certain members of society, paid or voluntary, intervene in the lives of others in order to produce change".

dieser Kriterien, die in der angelsächsischen Literatur - bei Abweichungen im Einzel- und Grenzfall - durchweg anerkannt sind, fallen folgende Funktionsträger unter den gemeinsamen Nenner "social worker":

- social workers in local authority social services or social work departments, hospitals, child guidance clinics and voluntary organizations;
- probation officers (Bewährungshelfer);
- education welfare officers and care workers in schools, homes, hostels and day centres for children, the handicapped, the elderly, the homeless and offenders[255].

Bemerkenswert ist der ständig im Steigen begriffene Anteil von Frauen im Bereich von social work (wenn auch das maskuline Element noch dominiert)[256].

Ausgeklammert bleiben z.B. Lehrer, Geistliche, Ärzte u.a., die zwar zum Teil Aufgaben wahrnehmen, welche auch in das Tätigkeitsgebiet von social workers fallen, nicht aber eine entsprechende professionelle Ausbildung genossen haben. Dagegen bleiben "community workers", die sich vornehmlich mit Erziehung, Planung und auch Politik befassen, in die Betrachtung einbezogen, weil sie sich von den social workers (noch) nicht so stark abgrenzen lassen, daß eine saubere Unterscheidung möglich wäre[257]. Die hier unter der

---

255 Vgl. CENTRAL COUNCIL FOR EDUCATION AND TRAINING IN SOCIAL WORK, Report of a Study Group: Legal Studies in Social Work Education, London 1974, S. 4.

256 Diesen femininen Part beleuchtet umfassend und gründlich Ronald G. WALTON, Women in Social Work, London 1975.

257 Der Ausdruck "community work" - auch: "community development" und "community organization" - ist einigermaßen diffus. Bereits der Begriff "community" (Gemeinwesen) läßt sich in unterschiedlicher Weise ausfüllen:
- territorial: dann sind die Mitglieder durch das gemeinsame Wohnen in einem bestimmten geographischen Raum miteinander verbunden;

Bezeichnung "social workers" erfaßte Personengruppe stellt in sich jedoch keine homogene Einheit dar. Der Vielzahl der Aufgabenbereiche entsprechen vielmehr große Unterschiede in der Vorstellung von social work und in der praktischen Arbeit; hinzu treten noch Schwierigkeiten, die aus der bürokratischen Struktur der mit der Sozialarbeit befaßten agencies (Agenturen bzw. Träger) erwachsen[258]. Das sind Probleme, die insgesamt zu der Notwendigkeit führen, ständig die Funktion von sozialen Diensten und Sozialarbeitern zu überdenken, und die dazu zwingen, ihre praktische Arbeit - auch die der verschiedenen Typen von Sozialarbeiter untereinander - aufeinander abzustimmen. Will

257 (Forts.)
- funktional: dann kann die Zugehörigkeit zur "community" auf gemeinsamen Aufgaben, Interessen, Wertvorstellungen, rassischer und religiöser Zugehörigkeit beruhen.

Ansatzpunkte für community work sind dann etwa: neue Gemeinden (Stadtviertel), sozial besonders schwach entwickelte Viertel (Armenviertel); Heime; sonstige Gemeinschaftszentren; Schulen; Kirchen; freiwillige Organisationen. Als Aufgaben von "community workers" kommen in Betracht: Erforschung und Untersuchung bestimmter Situationen; Formulierung reformerischer Ziele; Aufstellung von Aktionsplänen; Schaffung neuer Strukturen; Planausführung; Mobilisierung von Hilfen und Unterstützung.

258 Vgl. dazu den REPORT OF THE COMMITTEE ON LOCAL AUTHORITY AND ALLIED PERSONAL SOCIAL SERVICES,(SEEBOHM REPORT), London 1968, welcher die Reorganisation der Sozialdienste durch den Local Authority Social Services Act 197o vorbereitete: der SEEBOHM-REPORT konstatierte, daß die institutionellen und organisatorischen Vorkehrungen zur Bereitstellung von Hilfen nicht Schritt gehalten hätten mit dem wachsenden Wissen um die Nöte der Hilfsbedürftigen mit der Folge, daß die vorhandenen Möglichkeiten nicht voll hätten genutzt werden können (SEEBOHM-REPORT, paras. 79-82, S. 31). Vgl. zu dieser Problematik auch RODGERS/STEVENSON, aaO (Anm. 243).

man die Gründe für die oben genannten Unterschiede bestimmen, so lassen sich wohl folgende drei Faktoren hervorheben:

- der Auftraggeber: handelt es sich um einen staatlichen Träger oder um eine voluntary organization?
- das Tätigkeitsfeld: Arbeitet der Sozialarbeiter in einer Anstalt ("work in residential situations") oder "vor Ort " ("work in fields")?
- Die Klienten: für welche Personengruppen ist der Sozialarbeiter tätig?

4.3.4.2. Die Entwicklung von social work

Die Expansion von social work begann nach dem 2. Weltkrieg, einer Zeit der Vollbeschäftigung und des wirtschaftlichen Aufschwungs, zugleich aber auch der Sorge und des Bemühens um soziale Gerechtigkeit ("social justice"). Der welfare state hatte als erstes die Beseitigung der Armut ("poverty") zur Voraussetzung. Soweit dennoch Armut fortbestand, mußte sie, hatte doch der welfare state ihre Wurzeln beseitigt, darin begründet sein, daß einzelne und bestimmte Gruppen unfähig waren, ihre Lebensumstände angemessen zu gestalten. Die social workers sollten ihnen angesichts dieser Sachlage helfen, ihre Schwierigkeiten zu überwinden und ihre Angelegenheiten besser zu ordnen.

Diese hier kurz angedeutete Vorstellung von social work wurde durch die tatsächliche Entwicklung relativiert: wie bereits gesehen[259] wurde der welfare state nicht in der Weise verwirklicht, die Armut nicht in dem Maße besiegt, als daß die mit social work befaßten Personenkreise sich gänzlich von ihrer traditionellen Rolle hätten lösen und die oben beschriebene neue Rolle hätten übernehmen können.

---

259 Vgl. unter 3.2.

Sie mußten sich vielmehr wie ihre Vorgänger weiter damit befassen, materielle Hilfen zu vermitteln, z.B. ihren Klienten dabei beistehen, die Voraussetzungen für die Erlangung von Sozialhilfe ("national assistance", später "supplementary benefit") darzutun.

Neu ist nach dem 2. Weltkrieg freilich der starke Trend zur Professionalisierung, wobei Professionalisierung nicht allein den Tatbestand meint, daß die Tätigkeit des social worker als Beruf anerkannt wird, sondern auch den Umstand, daß sie zugleich eine "profession" im angelsächsischen Sinne geworden ist[260].

4.3.4.3. Aufgaben von social workers

Auf die Vielzahl der Aufgaben von social workers kann hier nicht eingegangen werden. Betont werden soll lediglich, daß, ausgehend von den Bedürfnissen ("needs") des einzelnen oder einzelner Gruppen, es insbesondere auch die emotionalen Bedürfnisse sind, denen sich der "personale Faktor" social worker zuzuwenden hat. Gleich daneben stehen die Bedürfnisse, welche hier als "soziale" bezeichnet werden sollen; sie lassen sich zwar nicht von den Bedürfnissen der einzelnen, wohl aber von der Funktion des social workers her unterscheiden: gemeint sind hier diejenigen Bedürfnisse, deren Befriedigung in der Eingliederung des einzelnen in einen bestimmten sozialen Verband oder auch in die Gesellschaft ganz allgemein besteht (zugleich ein besonderer Ansatzpunkt für community work).

---

260 "Professions" - typische Beispiele sind Ärzte und Juristen (ohne daß sich der Begriff allerdings auf die freien Berufe beschränkt) - zeichnen sich durch folgende Kriterien aus:
- die Angehörigen einer profession sind einer Berufsorganisation zugehörig, ggf. mit Selbstverwaltung, Disziplinargewalt, Einfluß auf Berufszulassung;
- die Angehörigen der profession unterliegen im Verhältnis zu Dritten einem bestimmten Verhaltenskodex;
- die Angehörigen der profession üben ihren Beruf auf-

4.3.4.4. Social workers and the law

4.3.4.4.1. Die Stellung, welche der social worker zwischen seinen Klienten und den Behörden einnimmt, die mit der Durchführung der social services betraut sind, schlägt die Brücke zwischen social worker und dem Recht, hier ganz konkret zum "general law", d.h. dem Recht, welches das alltägliche Leben seiner Klienten regelt und beeinflußt. Es ist dieser juristische Aspekt der Dreiecksbeziehung social worker - Klient - Staat, der den wesentlichen Teil dessen ausmacht, was unter der Überschrift "social workers and the law" diskutiert und abgehandelt wird[261]. Folgende Rechtsgebiete werden dabei vor allem angesprochen:

- family law (Familienrecht); Eheschließung, Scheidung, Unterhaltsrecht, Kindschaftsrecht;
- abortion (Schwangerschaftsabbruch);
- landlord and tenant (Mietrecht);
- income maintenance (Einkommenssicherung); Steuerrecht, Sozialversicherung, Sozialhilfe, Kindergeld, sonstige staatliche Familienhilfen, Ausbildungsförderung;
- consumer problems (Verbraucherschutz); Kaufrecht, Schuldnerschutz, Haftungsprobleme;
- personal injuries (Haftungsrecht); zivilrechtliche Schadensersatzansprüche; strafrechtliches Adhäsionsverfahren; Unfallversicherung;
- criminal offences (Strafrecht; Strafverfolgung und Strafprozeß, Armenrecht, Rechtsberatung);
- race relations (Rassenbeziehungen).

---

260 (Forts.) grund einer bestimmten spezifischen Ausbildung aus.

261 Vgl. z.B. Michael ZANDER, Social Workers, their Clients and the Law, London 1974. ZANDER bezeichnet als "general law" "the law, that affects the day - to - day life of the client as an ordinary citizen, relating for example to his position as a tenant, consumer, recipient of social security or a victim of an accident" (S.V).

Soweit das Recht der sozialen Sicherheit dabei tangiert wird, handelt es sich um wesentliche Bereiche dessen, was oben als "Sozialrecht" i.w.S. definiert worden ist[262] und im britischen Recht mit "welfare rights" wiedergegeben wurde[263]. Es handelt sich dabei zugleich um denjenigen Teil von social work, der den social worker in Ausnahmefällen zum Rechtsberater ("legal adviser") machen kann. Dieser Teilbereich der Tätigkeit des social worker schlägt zugleich den Bogen zu der Problematik der Realisation sozialer Rechte: einmal ist der social worker, soweit er legal adviser ist, selber Realisator und "Agent" des Sozialrechts; zum anderen ist er als "Advokat" seiner Klienten derjenige, der dann, wenn es um rechtliche Probleme geht, als erste Anlaufstelle dienen kann, die sagen kann, wo Rechtshilfe, ("legal assistance") zu bekommen ist und die den Klienten mit dem Juristen ("lawyer") zusammenbringt.

Auf ein Problem, welches sich aus dieser besonderen Stellung des social worker zwischen Bürger und Juristen ergeben kann,, soll hier nur hingewiesen werden: die Konfrontation, aber auch die Kooperation von Juristen und Sozialarbeitern, von legal professions und social work profession.

Eine weitere Quelle von Konflikten zwischen Juristen und Sozialarbeitern ist der Umstand, daß Sozialarbeiter unter anderem auch Probleme lösen sollen, die durch Härten und Unzulänglichkeiten des Rechts entstehen - dies insbesondere dort, wo sie sich etwa der Belange sozial nicht angepaßter Minderheiten annehmen. Diese Problematik läßt sich auf den allgemeinen, tendenziell auf Konflikt angelegten Nenner bringen, daß die Funktion des social worker aus der Sicht seiner agency (zumindest auch) auf "social control" (soziale Kontrolle), aus der Sicht der Klienten gleichzei-

262 Vgl. unter 2.3.1. und 2.3.2.

263 Vgl. unter 2.3.5.

tig jedoch auf "social change" (soziale Veränderung) angelegt ist[264].

Neben der gerade erwähnten Konfrontation von lawyer und social worker gibt es aber auch ein Bedürfnis nach Kooperation zwischen beiden, welches aus der Erkenntnis wächst, daß persönliche Probleme sich nicht in die Kategorien "social" und "legal" unterteilen lassen und dementsprechend entweder von einem Sozialarbeiter oder von einem Juristen gelöst werden können, sondern gegebenenfalls das Zusammenwirken beider erfordern.

4.3.4.4.2. Den zweiten Komplex der Beziehung zwischen Sozialarbeitern und Recht stellt das "professional law" (Berufsrecht) dar, welches die rechtlichen Verantwortlichkeiten regelt, welche das Gemeinwesen auf social worker überträgt. Es läßt sich in zwei Bereiche unterteilen:

- einmal das Recht, welches die Tätigkeit des social worker regelt, insbesondere im Hinblick auf seinen Auftraggeber; so gelten z.B. besondere Regeln für Sozialarbeiter, die in der Bewährungshilfe tätig sind. Hierher gehören auch andere Rechtsfragen, die mit der Rechtsstruktur der social services, ihrem bürokratischen Aufbau zusammenhängen[265];
- zum anderen die rechtlichen Regeln, welche die Klienten des social worker betreffen, etwa die zahlreichen Vorschriften zum Schutz von Kindern[266].

---

264 Vgl. zu diesem Zwiespalt John HAINES, Skills and Methods in Social Work, London 1975, S. 7.

265 Hier spielen auch Fragen des Verwaltungsrechts hinein, die naturgemäß bei der Behandlung sämtlicher social services Bedeutung haben.

266 Vgl. unter 4.3.4.1., wo Auftraggeber und Klientenkreis als Determinanten der Tätigkeit des social worker herausgestellt worden sind.

Je nach Art des Auftraggebers und nach Klientenkreis können die rechtlichen Verpflichtungen eines Sozialarbeiters durchaus unterschiedlich sein. Da die Sozialarbeiter oft in mehreren Funktionen tätig sind, kann es für ein- und denselben Sozialarbeiter zu verschieden starken Befugnissen, aber auch rechtlichen Verpflichtungen - die zugleich Einschränkungen seiner Tätigkeit bedeuten können- kommen, je nachdem, in welcher Beziehung er gerade tätig wird. Hier tritt auch ein wichtiger Unterschied zutage zwischen Sozialarbeitern im Dienste staatlicher Behörden, für die in der Regel besondere gesetzliche Vorschriften geleen[267], und "freien" Sozialarbeitern, d.h. solchen, die bei voluntary organizations beschäftigt sind[268].Der Unterschied in der rechtlichen Stellung wird dann besonders offenkundig (und problematisch), wenn behördlich angestellte und "freie" Sozialarbeiter kooperieren[269].

267 Vgl. z.B. die besonderen Regeln für mental welfare officers nach dem Mental Health Act 1959 und die Vorschriften für probation officers bei F.V. JARVIS, Probation Officer's Manual, 2. Aufl., London 1974, welches detailliert die auf gesetzlicher Grundlage beruhenden Rechte und Pflichten dieser Funktionsträger umschreibt.

268 Natürlich gibt es auch hier einschlägige gesetzliche Vorschriften, die es zu beachten gilt, so z.B. für den Bereich der Adoption. Aber insgesamt sind die gesetzlichen Bindungen weniger zahlreich.

269 Gerade diese Zusammenarbeit birgt Konfliktstoff, welcher sich aus dem Verhältnis von charity-orientierter Arbeit des Personals der voluntary organizations und der professionalisierten Tätigkeit der social workers bei staatlichen Behörden ergibt. Illustrativ zu dem Rollenkonflikt der social workers sind die Ausführungen von Olive STEVENSON, Claimant or Client? A Social Worker's View of the Supplementary Benefits Commission, London 1973 und von Eileen YOUNGHUSBAND, Social Work and Social Change, London 1971.

4.3.4.4.3. Als dritter Bereich werden üblicherweise die rechtlichen Vorschriften hervorgehoben, welche die Arbeit der juristischen Berufe sowie den Aufbau und die Tätigkeit der Gerichte bestimmen, "the administration of law".

Die Rolle, die der social worker im Bereich der Justiz spielt, kann von verschiedener Art sein:

- er kann Zeuge sein, z.B. in einem Prozeß, in den sein Auftraggeber oder einer seiner Klienten verwickelt ist;
- er kann Gehilfe, unter Umständen Sachverständiger des Gerichts sein;
- er kann Beauftragter des Gerichts sein, etwa indem er gewisse Kontrollaufgaben wahrnimmt (z.B.in Bezug auf Kinder);
- er kann als Beistand eines Klienten auftreten[27o].

In demselben Verfahren kann der Sozialarbeiter in mehreren dieser Rollen involviert sein, eine Situation, die dann exemplarisch seine Stellung zwischen Klienten und Gesellschaft widerspiegelt, wobei dann noch zusätzlich zu berücksichtigen ist, daß der Sozialarbeiter ja zugleich auch Träger eigener individueller und professioneller Interessen ist. Hier kommt dem Recht eine wichtige Bedeutung zu: Fragen etwa eines Zeugnisverweigerungsrechts als Korrelat zu dem Vertrauensverhältnis zwischen social worker und Klienten greifen tief in die Beziehung social worker - client ein, bergen jedoch gleichzeitig Konfliktstoff innerhalb der Beziehung social worker - agency.

Die vorstehend gemachten Ausführungen zu den Beziehungen zwischen Sozialarbeit und Recht ("social worker and the law") sollten die Aspekte aufzeigen, welche sich aus der Tätigkeit der Sozialarbeiter für das Sozialrecht ergeben können; es ist aber keineswegs so, daß diese Gesichtspunkte

27o Vgl. im einzelnen J.G. MCLEAN, The Legal Context of Social Work, London 1975, S. 12 ff.

die praktische Arbeit des britischen social worker kennzeichnen. Social work ist vielmehr ein Bereich, der zwar zum System der sozialen Sicherheit gehört, in welchem aber das Recht nur eine periphere Rolle spielt und zwar sowohl in der Ausbildung als auch in der praktischen Arbeit des social workers[271]. An den mangelnden juristischen Kenntnissen der Sozialarbeiter wird häufig Kritik geübt, und es ist festzustellen, daß die Sozialarbeiterausbildung in verstärktem Maße rechtliche Inhalte aufnimmt. Ob das letztlich dazu führen wird, daß die Tätigkeit der Sozialarbeiter in verstärktem Maße verrechtlicht wird, soll damit aber nicht gesagt sein; auch soll an dieser Stelle nicht beurteilt werden, ob eine derartige Verrechtlichung überhaupt wünschenswert wäre, oder ob nicht die fehlende Verrechtlichung in gewisser Weise gerade die Durchführung der den Sozialarbeitern obliegenden Aufgaben erleichtert und sie sie u.U. überhaupt erst ermöglicht.

4.4. Verfahren, Rechtsschutz und legal services

Die folgenden Ausführungen sind Fragen des Verfahrens,des Rechtsschutzes sowie des Armenrechts und der Rechtsberatung gewidmet.

---

271 Auch die Ausführungen von Michael ZANDER, Social Workers, their Cleints and the Law, London 1974, - vgl. unter 4.3.4.1. - dürfen deshalb nicht so verstanden werden, als verfügten die social workers über entsprechende Rechtskenntisse etwa des dort angesprochenen "general law".

4.4.1. Der Rechtsschutz im sozialrechtlichen Verfahren

Seit den Anfängen der britischen Sozialversicherung vor dem 1. Weltkrieg ist das gerichtliche Verfahren in diesem Bereich dadurch gekennzeichnet, daß nicht die klassischen Gerichte, die courts, sondern tribunals und sonstige besondere Gremien zur Entscheidung über geltend gemachte Ansprüche berufen sind. Einer der Gründe dafür war darin zu sehen, daß das "normale" Gerichtsverfahren bei den courts als für derartige Verfahren zu umständlich und zu schwerfällig angesehen wurde (was sich insbesondere bei der Entscheidungspraxis dieser Gerichte über Ansprüche aus den Workmen's Compensation Acts gezeigt hatte). Es muß hier darauf verzichtet werden, im einzelnen die Entwicklung nachzuzeichnen, die zu den heute anzutreffenden Instanzenzügen und Verfahren geführt hat; die folgenden knappen Ausführungen geben die Grundzüge der heute geltenden Verfahrensregelungen wieder, die in ihren Einzelheiten äusserst kompliziert sind. Dabei wird so vorgegangen, daß der Zielsetzung dieses Beitrages entsprechend, eine "Einführung" in das Recht der sozialen Sicherheit von Großbritannien zu geben, einzelne wichtige Gremien vorgestellt werden, die zur Entscheidung bestimmter Fragen berufen sind.

4.4.1.1. Verfahren und Rechtsschutz im Geltungsbereich des Social Security Act 1975

4.4.1.1.1. The Secretary of State

Der Social Security Act 1975 sieht vor, daß für die Entscheidung bestimmter Fragen der Minister ("Secretary of State") zuständig ist:

- ob jemand erwerbstätig ("earner") ist und in welche Beitragsklasse - abhängig erwerbstätig("employed") oder etwa selbständig erwerbstätig ("self-employed")-er einzustufen ist;

- ob jemand i.S. des industrial injuries scheme abhängig beschäftigt ist;
- ob die beitragsmäßigen Voraussetzungen für den Bezug bestimmter Leistungen erfüllt sind;
- ob die Voraussetzungen für die Erlangung bestimmter Zuschläge vorliegen ("constant attendance allowance", "exceptionally severe disablement allowance"), SSA 1975, ss 93 (1), 95 (1).

Diese Fragen müssen also dem Minister zur Entscheidung unterbreitet werden ("Minister's Questions"),der dann eine Untersuchung und Verhandlung anberaumt.

Rechtsfragen in diesem Zusammenhang können dann dem High Court (in England und Wales) bzw. dem Court of Session (in Schottland) vorgelegt werden; gegen dessen Entscheidung gibt es dann kein weiteres Rechtsmittel, SSA 1975, s 94 (1) (7).

4.4.1.1.2. Insurance officers

Ansprüche, die sich aus dem Social Security Act 1975 ergeben ben, sind im übrigen grundsätzlich einem insurance officer zur Entscheidung vorzulegen[272]. Bei den insurance officers handelt es sich um öffentliche Bedienstete, die in der Regel vom Secretary of State bestellt werden,(u.U. auch in Zusammenwirken mit dem Secretary of State for Employment), SSA 1975, s 97 (1). Ansprüche, die bei ihnen geltend gemacht werden, sollen innerhalb 14 Tagen entschieden werden. Bestimmte schwierige Fälle kann der insurance officer dem

272 Ausnahmen: constant attendance allowance und exceptionally severe disablement allowance, vgl. unter 4.4.1.1.1.

local tribunal zur Entscheidung vorlegen (quasi erstinstanzliche Zuständigkeit des local tribunal), SSA 1975, s 99 (1) (2).

4.4.1.1.3. Local tribunals

Gegen Entscheidungen des insurance officer kann das zuständige local tribunal angerufen werden, SSA 1975, s 1oo (1) (2). Der Vorsitzende eines local tribunal ist in der Regel Jurist (muß es aber nicht sein); seine beiden Beisitzer kommen aus den Kreisen der Arbeitgeber und der Versicherten, SSA 1975, s 97 (2). Ende 1975 gab es 182 local tribunals[273].

4.4.1.1.4. Commissioners

Über appeals (Rechtsmittel) gegen Entscheidungen der local tribunals entscheiden die Commissioners, SSA 1975, s 1o1 (1). Sie sind barristers (in England und Wales) oder advocates (in Schottland) mit zumindest 1o-jähriger Berufserfahrung, die von der Krone berufen werden, SSA 1975, s 97 (3). Neben einem Chief National Commissioner gibt es weitere (ihm gleichberechtigte) Commissioners je nach Bedarf (zur Zeit 9), von denen ein jeder als eigenständiges "appeal tribunal" fungiert. In rechtlich besonders schwierigen Fällen kann der Chief National Commissioner ein besonderes tribunal einberufen, welches sich aus drei Commissioners zusammensetzt, SSA 1975, s 116 (1).

Die Commissioners sind gleichfalls zuständig für Rechtsmittel gegen Entscheidungen der medical appeal tribunals, die auf bestimmte rechtliche Gesichtspunkte gestützt werden. Gleiches gilt für Rechtsmittel gegen Entscheidungen des Attendance Allowance Board.

---

273 D.H.S.S. (= Department of Health and Social Security), ANNUAL REPORT 1975, London 1976, para 9.3.

Nur in ganz wenigen Ausnahmefällen ist auch gegen Entscheidungen der Commissioners ein Rechtsmittel gegeben (1975 gab es drei Fälle, die auf "error of law" gestützt wurden[274]); in der Regel sind die Entscheidungen der Commissioners endgültig, SSA 1975, s 117 (1).

Rechtsdogmatisch interessant ist der Umstand, daß die Doktrin des "stare decisis"[275], welche in den courts gilt, von den Commissioners nicht übernommen worden ist[276].

Die wichtigsten Entscheidungen der Commissioners werden veröffentlicht (1975 wurden 33 Entscheidungen für die Veröffentlichung ausgewählt)und tragen dadurch in entscheidendem Maße Rechtseinheit und zur Fortentwicklung des Rechts der sozialen Sicherheit bei.

4.4.1.1.5. Medical boards und medical appeal tribunals

Der Social Security Act 1975 bestimmt in section 1o8, daß im Bereich des industrial injuries scheme (Arbeitsunfallversicherung) die medical authorities - medical boards and medical appeal tribunals - über die sog. "disablement questions" entscheiden, d.h. darüber, ob und in welchem Grade eine Behinderung vorliegt.

---

274 D.H.S.S., aaO (Anm. 273), 9.1o; vgl. auch Robert MICKLETHWAIT , The National Insurance Commissioners, London 1976, S. 124.

275 Die Doktrin des "stare dicisis" ist eines der wichtigsten Elemente des angelsächsischen case law und betrifft die Bindung der Gerichts an früher ergangene Entscheidungen.

276 Vgl. dazu Robert MICKLETHWAIT, aaO (Anm. 275), S. 74 u. 129.-
Die einzelnen Commissioners sind also nicht an die Entscheidungen anderer Commissioners gebunden.

Medical boards bestehen aus mindestens zwei Ärzten ("medical practitioners"), medical appeal tribunals aus einem Vorsitzenden ("chairman"), der Jurist ist, und zwei Ärzten als Beisitzern, die allesamt vom Minister ernannt werden, SSA 1975, schedule 12.

Meistens werden die "disablement questions" von einem insurance officer an einen medical board verwiesen.

Gegen Entscheidungen eines medical board gibt es appeal an ein medical appeal tribunal (von denen es 1975 in Großbritannien 21 gab[278]).

In Rechtsfragen gibt es einen appeal an den Commissioner gegen Entscheidungen eines medical appeal tribunal, SSA 1875, s 112 (4)[279].

4.4.1.1.6. Attendance Allowance Board

Der Attendance Allowance Board entscheidet über Ansprüche auf attendance allowance[28o], SSA 1975, s 1o5 (3). Dieses Gremium besteht aus einem Vorsitzenden und vier bis neun Beisitzern, von denen alle bis auf zwei Ärzte sein müssen, SSA 1975, schedule 11.

In Rechtsfragen gibt es gegen Entscheidungen des Attendance Allowance Board appeal an einen Commissioner, SSA 1975, s 1o6 (2).

4.4.1.2. Verfahren und Rechtsschutz unter dem supplementary benefit scheme (Sozialhilfe)

Personen, die supplementary benefit beanspruchen und empfangen, haben gegen Entscheidungen der Supplementary Benefits

278 D.H.S.S., aaO (Anm. 273), 9.6.

279 Vgl. bereits unter 4.4.1.1.4.

28o Vgl. unter 4.1.3.1.

Commission den appeal an ein appeal tribunal gegen u.a.:

- die teilweise oder völlige Verweigerung oder den Entzug von supplementary benefit;
- die Auszahlung von supplementary benefit an eine andere Person als den Antragsteller;
- die teilweise oder vollständige Erbringung der Leistung in Gestalt von Sachleistungen oder Diensten;
- die Rückforderung von Leistungen vom Antragsteller in bestimmten Fällen, SBA 1976, s 15 (1).

197o gab es in Großbritannien insgesamt 12o appeal tribunals. Jedes appeal tribunal besteht aus einem Vorsitzenden und zwei Beisitzern, welche vom Secretary of State ernannt werden.

Die appeal tribunals sind auch zuständig für appeals aus dem Anwendungsbereich des Family Income Supplements Act 197o [281].

In supplementary benefit-Angelegenheiten gibt es keinen weiteren Instanzenzug ("second tier"). Aus diesem Grunde werden die Entscheidungen dieser tribunals auch nicht in der Weise veröffentlicht, wie es etwa bei den Commissioner-Entscheidungen der Fall ist,[282] was zu einer größeren Undurchschaubarkeit und Unübersichtlichkeit der Entscheidungspraxis führt.

---

281 Zu den appeal tribunals, welche in der Praxis eine wichtige Rolle spielen, vgl. u.a. Tony LYNES, The Penguin Guide to Supplementary Benefits, 3. Aufl., Harmondsworth 1975, S. 184 ff.; ferner JUSTICE DISCTRETION AND POVERTY. SUPPLEMENTARY BENEFITS APPEAL TRIBUNALS IN BRITAIN, Hrsg.v. Michael ADLER/Anthony BRADLEY, London 1975; SUPPLEMENTARY BENEFITS COMMISSION, ANNUAL REPORT 1975, London 1976.

282 Vgl. unter 4.4.1.1.4.

Dieser knappe Überblick über einige der wichtigsten tribunals und sonstigen Entscheidungsgremien auf dem Gebiete des Rechts der sozialen Sicherheit sollte zur Genüge dartun, in welcher Weise sich dieses Rechtsgebiet auch auf verfahrensmäßigem Gebiet von den klassischen Rechtsgebieten unterscheidet.

4.4.2. Legal services

Bei der Behandlung der spezifischen Rolle des Sozialarbeiters klang ein allgemeines Problem an, nämlich das der Vermittlung von Sozialleistungen und Sozialdiensten oder - juristisch gewendet - das der Realisation sozialer Rechte ("welfare rights"). Im folgenden soll dieser Problematik nachgegangen werden. Es ist also die Frage zu stellen, in welcher Weise das Rechts selbst unmittelbar die Schranken abbauen hilft, welche providers (Lieferanten) und receivers (Kunden) von social services trennen.

Als Ansatzpunkt für die Behandlung dieses Komplexes kann die Erkenntnis dienen, daß sich heutzutage der Erwerb von Gütern und Rechten nahezu in genauso großem Umfange wie durch private Rechtsgeschäfte durch gesetzliche Leistungssysteme vollzieht [283]. Demgegenüber besteht jedoch ein Defizit an Mechanismen, welche die "auf dem Papier" bestehenden Rechte und Ansprüche in die soziale Wirklichkeit transformieren[284]. Im Justizbereich läßt sich dieser Wandel

283 Harry CALVERT, The Welfare Legal System, University of Newcastle upon Tyne 1973, S. 13.

284 Harry CALVERT, aaO (Anm. 283), S. 14 vergleicht insofern die Wirksamkeit der legal services mit den health services (Gesundheitsdiensten); während jedermann von seinem Hausarzt ohne Schwierigkeiten Rat in medizinischen Fragen einholen könne, Kindern z.B. diese Beratung in der Schule auch ohne ihren ausdrücklichen Wunsch zuteil werde, fehle es an adäquaten Vorkehrungen bei sozialen und rechtlichen Problemen.

veranschaulichen an der zunehmenden Bedeutung, welche die neu entstandenen tribunals im Verhältnis zu den klassischen courts gewonnen haben und gewinnen. Calvert fragt mit einigem Recht, wieso Vorkehrungen, die mit Erfolg dafür sorgen, daß jedermann seine Steuern zahlt, nicht in gleicher Weise eingesetzt werden, um welfare rights denjenigen zu bringen, denen sie zugedacht sind (zumal es sich bei diesem Personenkreis häufig um besonders Hilfsbedürftige handelt wie Kinder, Kranke, Behinderte etc., denen man nicht unterstellen kann, daß sie materielle Rechte nur deshalb nicht in Anspruch nehemen, weil sie sie nicht in Anspruch nehmen wollen)[285]. Die Effektivität der vorstehend beschriebenen social services, die Durchsetzung der materiellen welfare rights hängen davon ab, daß die Bürger auch den Zugang zu ihnen finden.

Eine Reihe staatlicher und auf freiwilliger Basis erstellter Einrichtungen bemühen sich um die Lösung dieses Problems[286].

4.4.2.1. Statutory services

Der Legal Aid Act 1974 sieht wie bereits früher ergangene Gesetze vor, daß unter bestimmten Umständen die Inanspruchnahme von legal services kostenlos oder zu geringen Kosten erfolgen kann, wenn der Rechtsuchende bedürftig ist.

285 Harry CALVERT, aaO (Anm. 283), S. 14/15.- Das bereits oben(vgl. unter 2.3.4.) umschriebene neue "welfare legal system" hat, so mag man Calvert resümieren, noch nicht das ihm adäquate Verfahren gefunden.

286 Vgl. dazu Chris SMITH/David HOATH, Law and the Underprivileged, London 1975, S. 223 ff.- Eine bedeutende publizistische, wissenschaftliche und pressure-group-Funktion nimmt die Legal Action Group wahr, welche auch das monatlich erscheinende LAG-Bulletin herausgibt, das sich vorrangig mit Fragen von welfare rights und social security law befaßt.

4.4.2.1.1. Civil legal aid

Die Vertretung durch einen Rechtsanwalt im Zivilverfahren ("civil proceedings") und die damit zusammenhängenden anwaltlichen Tätigkeiten könne über civil legal aid in Anspruch genommen werden. Civil legal aid liegt in den Händen der Law Society[287], welche sie über Gebiets- und Ortskommissionen ("area and local committees"), die durch barristers und solicitors[288] gebildet werden, ausgeübt. Diese Hilfe kann unmittelbar durch den Rechtssuchenden selbst oder über einen Anwalt beantragt werden. Über den Antrag entscheidet eine der beiden oben bezeichneten Kommissionen unter Berücksichtigung der beiden folgenden Gesichtspunkte:

- "reasonableness": die Durchführung des angestrebten Verfahrens muß vernünftig und sinnvoll sein;
- "means": der Antragsteller muß bedürftig sein; die Bedürftigkeitsprüfung stellt auf das verfügbare Einkommen (disponable income) und das verfügbare Vermögen (disponable capital) ab.

Gegen die Ablehnung von civil legal aid aus dem letztgenannten Grunde ("means") gibt es kein Rechtsmittel; gegen eine Ablehnung, die auf "unreasonableness" gestützt ist, kann ein Rechtsmittel eingelegt werden, über welches dann das area committee entscheidet.

Bei Gewährung von civil legal aid erhält der Antragsteller eine Bescheinigung, die bestimmte Auflagen enthalten kann, z.B. die Beschränkung der legal aid auf Beratung oder die Beteiligung des Antragstellers an den Kosten; er ist dann

287 Die Law Society ist die Standesvertretung der Anwaltschaft(genauer: der solicitors).

288 Die Anwaltschaft unterteilt sich in solicitors und barristers; die letztgenannten sind vor oberen Gerichten tätig und werden in bestimmten Fällen von den solicitors in Verfahren eingeschaltet.

im übrigen berechtigt, sich einen Anwalt frei zu wählen.

Einer Partei, die legal aid erhält, können bei Unterliegen im Prozeß die Kosten des Gegners auferlegt werden, eine Möglichkeit, von welcher selten Gebrauch gemacht wird, da die Gerichte die Zahlung dieser Kosten aus dem staatlichen legal aid fund anordnen können, der aus den Beiträgen der legal aid-Berechtigten, Schadensersatzleistungen und Kosten der Parteien sowie staatlichen Zuschüssen gespeist wird.

4.4.2.1.2. Criminal legal aid

Für ihre Gewährung sind nicht die Law Society, sondern die criminal courts zuständig. Die Gewährung hängt von folgenden Bedingungen ab:

- sie muß aus Gründen der Gerechtigkeit ("in the interest of justice") erwünscht sein;
- "means", d.h. Bedürftigkeit.

Beide Formen von legal aid gelten aber nur vor den courts, nicht vor tribunals.

4.4.2.1.3. Legal advice and assistance

Dieses Verfahren deckt auch die Bereiche ab, welche nicht unter civil legal aid und criminal legal aid fallen, also insbesondere auch die Rechtsangelegenheiten, die mit dem Recht der sozialen Sicherheit zusammenhängen. Auch dieses Verfahren ist von einem Bedürftigkeitsnachweis abhängig ("means tested"). Die Gewährung erfolgt in ähnlicher Weise wie die von civil legal aid.

Es handelt sich aber bei legal advice lediglich um eine Konsultation, nicht um Vertretung vor Gericht.

Die Effektivität dieser Verfahren für die Durchsetzung von welfare rights ist allerdings offensichtlich sehr begrenzt, was sich zu einem gehörigen Teil daraus erklären läßt, daß die "klassischen" Juristen, insbesondere die Rechtsanwälte, ihre Tätigkeit hauptsächlich auf den traditionellen Rechtsbereichen entfalten und auch nur für diese Tätigkeit ausgebildet sind[289].

4.4.2.2. advice services

Die oben aufgeführten Verfahren befassen sich vornehmlich mit den traditionellen anwaltlichen Aufgaben. Bestimmte Bereiche gerade des Rechts der sozialen Sicherheit sind nicht erfaßt. Hier liegt u.a. ein weites Tätigkeitsfeld kommunaler ("local communities") und freiwilliger Beratungsstellen.

4.4.2.2.1. Legal advice centres

In ihnen werden Rechtsanwälte auf freiwilliger Basis tätig und erteilen Rechtsrat umsonst oder gegen geringes Entgelt. 1972 gab es über 6o derartige Zentren.

4.4.2.2.2. Neighbourhood law centres

Es gibt 9 derartige Zentren in London und drei in der Provinz, die den Angehörigen der von ihnen betreuten regionalen Bereiche zur Verfügung stehen. Sie üben Beratungstätigkeit aus und nehmen auch Aufgaben der Vertretung vor Gericht wahr.

289 Vgl. Harry CALVERT, aaO (Anm. 283), S. 15.- Ein Beispiel mag dies verdeutlichen: von den 1.566 behandelten Anträgen auf legal advice in Birmingham 197o entfielen 73 % auf Ehesachen, 7 % auf Unfallsachen, 3% auf Verbraucherschutzsachen (Miete, Kauf u.a.), 1,6 % auf Wohnungsprobleme und o,25 % - ganze 4! - auf social security-Fälle; vgl. Richard WHITE, Lawyers and the Enforcement of Rights, in: Social Needs and Legal Action, hrsg.v. MORRIS u.a. London 1973, S. 15 ff., 21.

4.4.2.2.3. Trade unions, claimants' unions and pressure groups

Die Gewerkschaften ("trade unions") gewähren ihren Mitgliedern Rechtsschutz, insbesondere auch in social security-Angelegenheiten. Dasselbe gilt für pressure groups wie die Child Poverty Action Group, welche diese Aufgabe durch ihre citizen's rights officers wahrnehmen läßt. Es gibt daneben noch eine Vielzahl privater und halbstaatlicher Beratungsdienste und -stellen, die sich ebenfalls dieser Aufgaben annehmen. Besondere Erwähnung verdienen hier die über 5oo auf lokaler Ebene tätigen, in einem National Council zusammengefaßten citizens advice bureaux (CABs)[29o].

4.4.3. Zukunftsprobleme der legal services und der Durchsetzung von welfare rights

An den gegenwärtig bestehenden legal services wird kritisiert - und das ist insbesondere auch für den Bereich des welfare law von Belang -, daß sie nicht in hinreichender Weise den in zunehmendem Maße wichtiger werdenden tribunals Rechnung tragen, sondern im wesentlichen auf die klassischen courts zugeschnitten sind. Reformbewegungen, die darauf hinzielen, auch den Rechtsschutz vor tribunals in die legal aid einzubeziehen, sind im Gange; eine "Royal Commission on Legal Services" befaßt sich mit diesem Problemkreis.

29o Vgl. dazu Stuart WEIR, When Rights go Wrong, in: Better Social Services, hrsg.v. Andrew LEIGH, London 1973, S. 28ff., 28/29; eine ausführliche und detaillierte Übersicht bietet die Schrift von Rosalind BROOKE, Information and Advice Services, London 1972. Ferner Brian ABEL-SMITH/Michael ZANDER/Rosalind BROOKE, Legal Problems and the Citizen, London 1973; ADVICE SERVICES IN WELFARE RIGHTS, hrsg.v. Rosalind BROOKE (Fabian Research Series 329), London 1976; JUSTICE FOR ALL (Fabian Research Series 273), London 1973.

Die Durchsetzung der welfare rights bereitet dort Schwierigkeiten, wo es sich um nicht-monetäre Leistungen handelt. Ein Anspruch auf social security-Leistungen kann gerichtlich geltend gemacht und durchgesetzt werden[291]. Anders sieht es bereits aus mit bestimmten Ansprüchen gegen local authorities, wie z.B. dem Anspruch auf kostenlose Schulspeisung: hier kann von der Behörde eingewandt werden, daß trotz grundsätzlicher Leistungsverpflichtung die finanziellen Mittel dafür nicht zur Verfügung stehen. Das gilt erst recht dort, wo es ganz im Ermessen der Behörde steht, ob sie bestimmte Leistungen gewährt, also bei Fehlen einer gesetzlichen Verpflichtung. Ob und gegebenenfalls welche Rechtsbehelfe geltend gemacht werden können in solchen Fällen, ist weitgehend noch eine "terra incognita"[292].

Gleiches gilt für den weiten Bereich der sozialen Dienstleistungen. Hier geht es nicht nur um die Frage, ob eine Leistung gewährt oder vorenthalten wird, auch die Qualität der Leistung stellt ein Problem dar. Wenn auch, wie bereits gesagt, dieses Feld weitgehend unbeackert und unbestellt ist, werden derartige Fragen in wachsendem Maße diskutiert, ein Umstand, der zu zunehmendem Problembewußtsein führt und aus diesem Grunde an sich bereits in gewisser Weise eine "Verrechtlichung" dieses Fragenkomplexes darstellt[293].

291 Vgl. unter 4.4.1.

292 Vgl. Tony LYNES, in: Welfare Rights, (Fabian Tract 395), London 1969, S. 1o/11, der diesen Sachverhalt wie folgt umschreibt: "What legal remedy is available to a tenant who is refused a rent rebate although apparently entitled to one? Nobody really knows because this is one of the many areas in the field of welfare rights into which the lawyers have yet to penetrate".

293 Um noch einmal Tony LYNES, aaO (Anm. 292) zu zitieren: "...in ever talking about such rights we are moving far beyond the area which is generally accepted, by the public and by administration, as being the concern of the law."

Eine Aufgabe für die Zukunft wird es sein, den allmählichen Aufbau einer "machinery" zur Durchsetzung der welfare rights zu beobachten. In diesem Zusammenhang erscheint es wichtig, noch einen Aspekt zu betonen: die in zunehmendem Maße Platz greifende Vertypung der Verpflichtungen der "Lieferanten" sozialer Dienstleistungen, wie sie etwa beispielhaft der Chronically Sick and Disabled Persons Act 1975 vorgenommen hat; die Normierung bestimmter Verpflichtungen, welche die staatlichen Behörden den Behinderten gegenüber zu erfüllen haben, schafft diesen eine immer festere Position und trägt auf diese Weise zur Durchsetzung der welfare rights bei[294].

4.4.4." Realisation durch Partizipation"

Dieses Schlagwort soll eine Tendenz kennzeichnen, die vor allem in der sozialpolitischen Diskussion in zunehmendem Maße Platz greift. Die Forderung nach mehr Partizipation läßt sich wohl kurz so beschreiben, daß die betroffenen Bürger künftig nicht lediglich besseren Zugang zu den von Politikern erdachten und geschaffenen Regelungen und Einrichtungen erhalten sollen, sondern daß sie bereits im Vorstadium der Planung und der Einführung dieser Maßnahmen unmittelbar Gehör finden sollen. Broady[295] umschreibt diese Forderung mit den Worten: "Participation....It implies that the system should be more open to public influence, or that the balance of power should be tipped in favour of 'the people'".

Es handelt sich dabei um ein Anliegen, das sich nicht auf das Sozialrecht beschränkt, das aber gerade auch im Sozialrecht - und nicht nur in Großbritannien - auf Verwirklichung harrt. -

294 Vgl. Ivor ABELSON, The Lawyer and the Disabled Client, in: LAG-Bulletin 1976, S. 223 ff., 231 .
295 Maurice BROADY, Participation in the Social Services, in: BETTER SOCIAL SERVICES, aaO (Anm. 29o), S. 23.

EINFÜHRUNG IN DAS RECHT DER SOZIALEN SICHERHEIT
VON
ITALIEN

Thomas Simons

I N H A L T Seite

Seite

Vorbemerkung

Das italienische System sozialer Sicherheit erschließt sich dem ausländischen Betrachter nicht ohne Schwierigkeiten. Eine Vielzahl einzelner Einrichtungen, Institutionen und Maßnahmen kennzeichnen ein Leistungssystem, das in den vergangenen Jahrzehnten eine starke Ausweitung und die Einbeziehung immer neuer Gruppen von Gesicherten erfahren hat. Nicht immer erleichtern grundlegende und umfassende sozialpolitische Konzeptionen den Zugang. Auch formal ist die italienische Sozialgesetzgebung nur ansatzweise von dem Bestreben nach einheitlicher Fassung geprägt und erfordert die Bereitschaft zur Durchdringung einer aus zahlreichen Quellen nur lose geordnet zu erschließenden normativen Vielfalt*.

Bei näherem Hinsehen ändert sich dieses Bild. Es treten dann die Grundlinien eines Systems stärker hervor, das seit einiger Zeit in einer Phase tiefgreifender Umorientierung begriffen ist. Teils im Rahmen der überkommenen Strukturen, teils auf grundlegend neuen Wegen wie in der jetzt anscheinend ernsthaft in Angriff genommenen Reform des Bereichs der Gesundheitsversorgung, werden die Konturen eines umfassenden Systems der Versorgung der Bevölkerung mit Sozialleistungen erkennbar. Das vor nunmehr fast dreißig Jahren in der Verfassung niedergelegte Versprechen der sicurezza sociale kann noch keineswegs als eingelöst gelten. Doch lassen sich mittlerweile überall die Ansätze zur Verwirklichung dieser Idee ausmachen.

---

* Rechtsvorschriften werden im folgenden mit der Angabe von Datum und Ordnungsnummer ihres Erlasses angeführt. Eine Sammlung findet sich bei LEVI SANDRI, Codice delle leggi sul lavoro, 3. Aufl. Milano 1974, mit erstem Nachtrag 1975. Verwaltungsrechtliche Vorschriften sind in der Sammlung von ZANOBINI, Codice delle leggi amministrative, 7.Aufl. Milano 1972, mit zwei Nachträgen, 1974 und 1976, zu finden.

I. Allgemeines

1. Zur Begriffswelt der sozialen Sicherheit in Italien

1.1. Das Leitbild: sicurezza sociale

Der Begriff der "sicurezza sociale" hat als unmittelbare Übersetzung des anglo-amerikanischen "social security" Eingang in die italienische Terminologie gefunden[1]. Die Rezeption ist allerdings nicht gleichbedeutend mit der uneingeschränkten Übernahme der mit diesem Begriff verbundenen Konzeptionen, insbesondere nicht mit der in einigen Ländern anzutreffenden Einengung auf nur bestimmte Sozialleistungsbereiche[2]. Die italienische Diskussion muß hier als durchaus eigenständig angesehen werden.

Sicurezza sociale ist in erster Linie sozialpolitisches Leitbild und Zieldefinition, Verpflichtung für den Gesetzgeber, dem in der italienischen Verfassung der Auftrag zu ihrer Realisierung vorgezeichnet ist[3]. In diesem Sinne

1 CHIARELLI, La sicurezza sociale, in: Nuovo trattato di diritto del lavoro, hrsg. v. Riva Sanseverino u. Mazzoni, Bd. III, Padova 1971, S. 1 ff (S. 4); VENTURI, I fondamenti scientifici della sicurezza sociale, Milano 1954, S. 247 ff; FAUSTO/LECCISOTTI, Economia e finanza della sicurezza sociale, Milano 1973, S. 13.

2 Vgl. FAUSTO/LECCISOTTI, aaO (Anm. 1), S. 15, wo die angelsächsische Beschränkung im wesentlichen auf dem Bereich der Einkommenssicherung für Italien zurückgewiesen und auch der projektierte Gesundheitsdienst dem Bereich der sicurezza sociale zugerechnet wird. Dazu auch REVIGLIO, in: Forte/Reviglio, La finanza della sicurezza sociale, Torino 1975, S. 112.

3 So etwa ZANOTTI, Dal sistema previdenziale alla sicurezza sociale in Italia, Roma 1971, S. 28 ff; PERSIANI, Lezioni di diritto della previdenza sociale, Bd. I, Padova 1977, S. 23 ff; SIMI, Appunti sui principi della sicurezza sociale, in: Previdenza sociale 1968, S. 673 ff (S. 676). Zum Entwurf der sicurezza sociale in der ital. Verfassung noch unten.

hat der Begriff auch Eingang in die Gesetzessprache gefunden. So spricht beispielsweise die Überschrift eines der wichtigsten Reformgesetze der letzten Jahre, das die soziale Altersrente einführte, von "...norme in materia di sicurezza sociale"[4]. Für eine juristische Definition des Begriffs der sicurezza sociale wird zuweilen auf das Instrumentarium zur Durchführung des bestehenden Sozialleistungssystems abgestellt. Mitunter wird unter Hinweis auf seinen Programmcharakter die Möglichkeit einer solchen überhaupt verneint[5].

Als zentrale Aufgabe, die einem System der sicurezza sociale gestellt ist, erscheint für die von ihm erfaßten Personen die Sicherung der "libertà dal bisogno", eine Wendung, die am ehesten vielleicht mit "Freiheit vom Bedürfnis" übersetzt werden kann. Getragen wird diese Aufgabe vom Gedanken der über die öffentlichen Einrichtungen zur Realisierung der sicurezza sociale vermittelten Solidarität. Solidarität heißt dabei, daß das Individualinteresse des einzelnen zum allgemeinen, öffentlichen Interesse erhoben wird; im Bild der sicurezza sociale erscheint die Gesamtheit der Staatsbürger als Solidargemeinschaft, in der gemeinsam für die Befriedigung der konkret bestehenden Bedürfnislage jedes einzelnen eingestanden wird[6]. Das

---

4 Gesetz n. 153 vom 30.4.1969.

5 Vgl. LEVI SANDRI, Istituzioni di legislazione sociale, 11. Aufl., Milano 1975, S. 210 ff. Eine juristische Qualität des Begriffes verneint MAZZONI, Esiste un concetto giuridico di sicurezza sociale?, in: I problemi della sicurezza sociale 1967, S. 177 ff (S. 177).

6 SIMI, aaO (Anm. 3), S. 678, spricht von dem "stato solidarista", dem Staat als Träger der Solidaritätsidee. Bei HERNANDEZ, Lezioni di storia della previdenza sociale, Padova 1972, S. 81, heißt es: "...la sicurezza sociale realizza un pubblico interesse, interesse coincidente con quello individuale del beneficiario". Bei CHIARELLI, aaO (Anm. 1), S. 11 ff, ist vom "principio di solidarietà sociale" die Rede, eine Wendung, die bereits in art. 2 ital.Verfassung Eingang gefunden hat.

System der sicurezza sociale zeigt sich so bei PERSIANI als Ergebnis "...jener komplexen staatlichen Tätigkeit, die durch die Finalität des Schutzes der Bürger gegen Not determiniert und qualifiziert wird"[7]. Für ZANOTTI liegt es in dem "...Modell, in dem der Staat dem bedürftigen Bürger zu Hilfe kommt"[8]. CHIARELLI spricht von der "... Notwendigkeit, daß von der Gemeinschaft jedem ihrer Mitglieder die Möglichkeit zur Befriedigung jener Bedürfnisse gesichert wird, die als essentiell für den Schutz des Menschen angesehen werden"[9].

Der Umfang der von einem System der sicurezza sociale zu entfaltenden Solidarität wird dabei auf die "bisogni essenziali", auf die grundlegenden Lebensbedürfnisse bezogen. Dazu wird einmal die Sicherung des Auskommens des Betroffenen und seiner Familie gezählt, d.h., in der Terminologie des art. 38 II ital. Verfassung, die Bereitstellung von "...mezzi adeguatl alle esigenze di vita"[1o]. Als weitere wesentliche Aufgabe der sicurezza sociale erscheint eine umfassende Gesundheitsversorgung[11].

Zuweilen wird die Definition der sicurezza sociale auf den Schutz des "lavoratore", des Arbeitenden, beschränkt, wenn auch in einem weiten Verständnis dieses Begriffes,

---

7 PERSIANI, Lezioni I, aaO (Anm. 3), S. 35.

8 ZANOTTI, aaO (Anm. 3), S. 21.

9 CHIARELLI, aaO (Anm. 1), S. 1o.

1o SIMI, aaO (Anm. 3), S. 68o ff, spricht von "sostentamento". Vgl. dort auch zu den unterschiedlichen Formeln der Verfassung für "lavoratori" und andere Bürger.

11 Vgl. MAZZONI, aaO (Anm. 5), S. 196; CHIARELLI, aaO (Anm. 1), S. 1o. Zum Umfang der in einem System der sicurezza sociale zu sichernden Bedürfnisbefriedigung wird auch auf die internationalen Erklärungen und Übereinkommen verwiesen, insbesondere auf das ILO-Übereinkommen n. 1o2 über Mindestnormen der sozialen Sicherheit.

das weniger auf das abhängige Arbeitsverhältnis abstellt, als auf die persönliche Arbeitsleistung[12]. Hier zeigt sich ein Fortleben der Vorstellungen des bestehenden italienischen Sozialleistungssystems, das seine Entstehung aus einem System der Arbeitnehmersicherung noch keineswegs in jeder Hinsicht überwunden hat. Jedenfalls in der hier dargestellten allgemeinen Form wird der Gedanke der sicurezza sociale hingegen überwiegend als auf den Bürger bezogen verstanden[13].

Hinsichtlich der Form der Realisierung der sicurezza sociale findet sich die grundlegende Unterscheidung zwischen "servizio pubblico" und "previdenza", zwischen öffentlichem Leistungsangebot und Vorsorgesystem, in dem der Betroffene selbst zu seiner Sicherung beiträgt. Wichtigstes Unterscheidungsmerkmal ist die Art der Finanzierung, die im Falle des servizio pubblico unmittelbar aus dem öffentlichen Finanzaufkommen erfolgt; die Leistung richtet sich hier ohne weiteres an den leistungsbedürftigen Staatsbürger, während sie im Falle der previdenza im Grundsatz die zuvorige Begründung eines Vorsorgeverhältnisses voraussetzt[14].

---

12 So beispielsweise LEVI SANDRI, Istituzioni, aaO (Anm. 5), S. 21o ff.

13 PERSIANI, Lezioni I, aaO (Anm. 3), S. 39; COLOMBO, Principii ed ordinamento della assistenza sociale, 4. Aufl. Milano 1972, S. 8; ZANOTTI, aaO (Anm. 3), S. 28 ff.

14 SIMI, aaO (Anm. 3), S. 684 ff. Eine andere Einteilung findet sich bei MAZZONI, aaO (Anm. 5), S. 198 ff, der zwischen öffentlichem Gesundheitsdienst, previdenza (Vorsorge) und assistenza (Fürsorge) unterscheidet.

1.2. Previdenza, assistenza, servizio sanitario nazionale

Das heute anzutreffende italienische Sozialleistungssystem ist aus dem System der "previdenza sociale" einerseits und der "assistenza sociale" andererseits heraus gewachsen. Die entsprechenden deutschen Begriffe von Vorsorge und Fürsorge treffen die Unterscheidung allerdings nur unvollkommen. Kernbereich der previdenza sind die "assicurazioni sociali", das System der Sozialversicherung. Doch sind in diesem Rahmen zunehmend auch solche Leistungsbereiche angesiedelt worden, die wie etwa die soziale Altersrente dem Gedanken der Basissicherung zuzurechnen sind[15]. Streng genommen reicht auch die Einrichtung der Mindestrente im Bereich der Rentenversicherung bereits über den Gedanken der Vorsorge hinaus. Diese Feststellung erhält durch das noch eingehender zu behandelnde Phänomen des "Ausuferns" der Invalidenrente ein zusätzliches Gewicht. Dort zeigt sich nämlich, daß die systemwidrige Inanspruchnahme von Rentenleistungen sich erst über die Garantie einer Mindestrente zu dem entwickeln konnte, als was sie sich heute weithin darstellt: als Ausgleich für ein insoweit nicht, bzw. nur unzureichend bestehendes Basissystem der Einkommenssicherung.

Das System der assistenza sociale ist hingegen insoweit in den alten Kategorien der Fürsorge stehengeblieben, als dort auch weiterhin der Betroffene vielfach als bloßes Objekt der öffentlichen Fürsorgeaufgaben erscheint. Das Fehlen eines subjektiven Rechtsanspruchs wird häufig als systematisches Ab-

---

15 Auf die soziale Altersrente wird später noch zurückzukommen sein. Sie wird im Rahmen der Rentenversicherung mit betreut. In die Darstellungen der previdenza findet sie sich regelmäßig mit einbezogen, vgl. etwa bei PERSIANI, Lezioni II, aaO (Anm. 3), S. 1o4 ff; LEVI SANDRI, Istituzioni, aaO (Anm. 5), S. 3o8 ff; FERRARI/LAGONEGRO, Le assicurazioni sociali, Milano 1971, S. 121 ff.

grenzungskriterium gegenüber dem auf der subjektiven Berechtigung aufgebauten Bereich der previdenza angeführt, häufiger vielleicht als die Tatsache des Fehlens eines auf eigene Leistungen gegründeten Vorsorgeverhältnisses[16].

Previdenza und assistenza können indes heute nicht mehr als die alleinigen Unterteilungen des bestehenden Sozialleistungssystems angesehen werden. Aus der Diskussion ist der projektierte "servizio sanitario nazionale", das Vorhaben der Einrichtung eines nationalen Gesundheitsdienstes, nicht mehr fortzudenken. Zwar besteht dieser bis heute erst in Gesetzentwürfen, doch muß die Reform des Gesundheitswesens mit der Auflösung der bisherigen Krankenversicherungsinstitute als endgültig eingeleitet angesehen werden. Hier werden dann die sozialen Leistungen der Gesundheitsversorgung in Form eines öffentlichen Dienstes für sämtliche Bürger zur Verfügung stehen - in Überwindung des bisherigen Systems der Beschränkung auf Gesicherte in den Formen der Vorsorge und auf Empfänger von Fürsorgeleistungen.

1.3. Juristische Zuordnung der Rechtsnormen im Bereich der sozialen Sicherheit

Die ausgegrenzte Behandlung des Normbestandes der sicurezza sociale im Sinne eines besonderen Rechtsgebietes ist in Italien nicht üblich[17]. Der ausländische Jurist, der das italienische Sozialrecht sucht, wird auf das "diritto del lavoro", das Arbeitsrecht verwiesen werden, zu dessen Aufgabenbereich neben dem (individuellen und kollektiven) Arbeitsvertragsrecht in der Regel auch das Recht der previdenza sociale gezählt wird.

---

16 Vgl. etwa PERSIANI, Lezioni II, aaO (Anm. 3), S. 1o6.

17 CHIARELLI, aaO (Anm. 1), S. 2o, betont ausdrücklich, daß "...le norme sulla sicurezza sociale non costituiscono un diritto speciale".

Anstelle des Rechts der previdenza sociale wird zuweilen auch von "legislazione sociale", von Sozialgesetzgebung, gesprochen. LEVI SANDRI, Autor eines Standardwerks unter diesem Titel, geht gleichfalls von der Zugehörigkeit zum Arbeitsrecht aus[18]; legislazione sociale wird bei ihm definiert als der seiner Natur nach grundsätzlich dem öffentlichen Recht zuzuzählende Rechtsbereich, "...dessen unmittelbarer und spezifischer Gegenstand der aus Gründen des allgemeinen Interesses erfolgende Schutz der arbeitenden Bevölkerung ist". Der Bereich der vorwiegend in der Zuständigkeit der lokalen Gebietskörperschaften liegenden assistenza wird hingegen in seiner rechtlichen Disziplin dem Verwaltungsrecht zugeordnet und so auch in der wissenschaftlichen Kompetenz vom Recht der previdenza sociale bzw. der legislazione sociale getrennt behandelt.

Inwieweit sich diese Trennung bei dem weitergehenden Ausbau des italienischen Sozialleistungssystem aufrecht erhalten läßt, mag fraglich sein. Insbesondere die Einrichtung des nationalen Gesundheitsdienstes führt dazu, daß die dann den Formen der Leistungsverwaltung zuzurechnende Gesundheitsversorgung in den Kompetenzbereich der Lehrstühle für Verwaltungsrecht fallen wird. Möglicherweise wird hier ein Anreiz für die Überwindung der bisherigen Aufspaltung liegen, der die Entwicklung hin zu einem Recht der sicurezza sociale einleitet.

---

18 LEVI SANDRI, Istituzioni, aaO (Anm. 5), S. 3; MAZZONI, Manuale di diritto del lavoro, 4. Aufl. Milano 1971, S. 15 ff, spricht auch von "legislazione sociale del lavoro".

2. Historische Entwicklungsdaten des italienischen Sozialleistungssystems

2.1. Ursprünge und Entwicklung bis zum zweiten Weltkrieg

Die Entwicklung des Systems sozialer Leistungen erfolgt voneinander unabhängig in den beiden Bereichen der Vorsorge und der Fürsorge. Im Vorsorgebereich verläuft die Dynamik in der Entwicklung der anfangs privaten Sicherungseinrichtungen parallel zu der zunehmenden Industrialisierung. Als Vorläufer staatlicher Vorsorgeeinrichtungen bilden sich bereits seit dem Ende des 18. Jahrhunderts, in größerer Anzahl jedoch erst in den Jahren nach 185o, einzelne "società di mutuo soccorso", Vereinigungen von Arbeitern mit dem Ziel der gegenseitigen Beistandsleistung. Anfangs mögen noch korporative Ideen mitschwingen, etwa in der Neigung zu berufsgruppenspezifischer, zuweilen finanziell von einem Förderer, auch einem Arbeitgeber, getragener Organisation. Im Verlauf ihrer Entwicklung tritt hingegen das assekurative Prinzip der vor allem über die Beitragsverpflichtung solidarischen Sicherungsgemeinschaft immer weiter in den Vordergrund. Das Gesetz n. 3818 vom 15.April 1886 bringt eine erste gesetzliche Regelung der "mutua". Auch der Gedanke der politischen Kontrolle wird hier eine Rolle gespielt haben, nachdem die wachsende Bedeutung dieser Arbeitervereine ihren sicherlich nicht zu unterschätzenden Teil bei der Entwicklung der politischen Bewegung der italienischen Arbeiterschaft gehabt hat[19]. In der Blütezeit der Arbeitervereine zeichnen sich jedoch auch

19 Bezeichnend für die politischen Kontrollbestrebungen, die sich mit dem Gesetz verbanden, ist, daß vor allem die mehrheitlich sozialistischen und republikanischen "mutue"sich der Registrierung in der Folgezeit oftmals entzogen, vgl. HERNANDEZ, Storia, aaO (Anm. 6), S. 35.

immer stärker die Unzulänglichkeiten dieser noch privaten Vorsorgeform ab. Ihre Schwäche liegt in dem begrenzten Kreis der in ihr solidarisch verbundenen Personen, in der möglichen Gefährdung ihres Vermögens und folglich auch der Sicherung, sowie vor allem in ihrer Unfähigkeit, auch dem Vorsorgeunfähigen eine Sicherung zu ermöglichen: der Sorglose, insbesondere aber wer nicht über die erforderlichen Mittel zur Beitragsaufbringung verfügte, blieb ausgeschlossen.

In der politischen Diskussion taucht deshalb in den letzten Jahrzehnten des 19. Jahrhunderts immer häufiger die Forderung nach einem Eingriff des Staates auf. In ihrem Kern bedeutet sie eine einschneidende Veränderung in der Auffassung auch der herrschenden Schichten von Aufgaben und Funktionen des Staates: aus dem noch für die erste Hälfte des 19. Jahrhunderts maßgebenden Verständnis des liberalen Staates lassen sich hier jetzt Ansätze des Hineinwachsens in die soziale Verantwortung ausmachen. Am wenigsten abweisbar erscheint die Problematik im Bereich der Arbeitsunfälle. Das erhöhte Unfallrisiko der industriellen Produktionsweise trifft anfangs fast ausschließlich den Arbeitnehmer. Die rein privatrechtliche Ordnung seiner Rechtsbeziehungen zu dem Arbeitgeber kennt keine unternehmerische Risikohaftung. Der für die allgemeine Schadenshaftung erforderliche Nachweis eines Verschuldens an einem Arbeitsunfall konnte gegenüber dem Arbeitgeber hingegen nur in Ausnahmefällen geführt werden[2o]. Die entscheidende Wende bringt das Gesetz n. 8o vom 17.3.1898, das dem Arbeitgeber die Versicherung gegen seine privatrechtliche Haftpflicht gegenüber dem Arbeitnehmer zur Pflicht macht. Das sozialrechtliche Novum liegt in der Ausdehnung der Versicherungs-

---

2o ALIBRANDI, Infortuni sul lavoro e malattie professionali, 4. Aufl. Milano 1975, S. 35 ff; LEVI SANDRI, Istituzioni, aaO (Anm. 5), S. 248.

pflicht auch auf solche Unfälle, die auf Zufall, höhere Gewalt oder leichtes Verschulden des Arbeitnehmers zurückzuführen waren[21].

Im Bereich der Vorsorge für die sozialen Risiken Alter und Invalidität bringt das gleiche Jahr 1898 die Einrichtung eines nationalen Versicherungsinstituts, das jedoch von einem bescheidenen staatlichen Zuschuß abgesehen nur ein staatliches Alternativangebot zu den "mutue" darstellt[22]. Die Versicherung ist freiwillig und erfolgt auf der Grundlage von Beiträgen allein der Versicherten, was insbesondere ärmere und ärmste Arbeitnehmer auch weiterhin von dieser Sicherung ausschloß. Erst nach dem Ende des ersten Weltkriegs erfolgte 1919 unter dem Eindruck des infolge des Krieges stärker gewordenen inneren Drucks die grundlegende Veränderung zu einer sozialen Versicherung. Die nunmehr obligatorische Alters- und Invaliditätsversicherung erfaßte damals mit ca. 1o Mio. Personen 45% der Bevölkerung im Alter über 15 Jahre. Die Beiträge sind von den Arbeitgebern mit aufzubringen und werden durch Staatszuschüsse vor allem während der Anlaufzeit der Pflichtversicherung integriert[23]. Noch im gleichen Jahr wird auch

---

21 Die Entwicklung der Unfallversicherung erfolgt in mehreren Abschnitten. Bereits seit 1883 stand für die zunächst noch freiwillige Versicherung ein staatliches Versicherungsinstitut zur Verfügung. Auf die 1898 eingeführte Versicherungspflicht folgt erst 1933 die Konzentrierung auf die Trägerschaft durch das INAIL (Gesetz n. 86o vom 29.6.1933).

22 Das Gesetz n. 35o vom 17.7.1898 richtet die damals so genannte "Cassa Nazionale per la Vecchiaia e l'Invalidità degli Operai" ein.

23 Gesetzesdekret n. 6o3 vom 21.4.1919. Zum Umfang des Versichertenkreises vgl. SCHWARZENBERG, Breve storia dei sistemi previdenziali in Italia, Torino 1971, S. 144.

die obligatorische Arbeitslosenversicherung eingerichtet[24].

In den nun folgenden Jahrzehnten werden diese Einrichtungen, zu denen noch die "Cassa Nazionale die Maternità"und einige besondere Vorsorgeformen für einzelne Arbeitergruppen aus der Vorkriegszeit zählen[25], weiter ausgebaut. Anfangs nicht erfaßte Gruppen der Bevölkerung werden in die Versicherungspflicht mit einbezogen. Nicht selten werden zu diesem Zweck besondere Versicherungsträger geschaffen, die häufig bis auf den heutigen Tag fortbestehen. Familienleistungen werden 1936 erstmals in Form einer sozialen Versicherung gesetzlich vorgesehen und sind im Zusammenhang zu sehen mit Lohnminderungen infolge der damals eingeführten Arbeitszeitverkürzung, deren Ausgleich sie dienen sollten[26]. 1939 wird die Alters- und Invaliditätsversicherung durch die Sicherung für die Hinterbliebenen ergänzt[27].

---

24 Gesetzesdekret n. 2314 vom 19.1o.1919. Die landwirtschaftlichen Arbeitnehmer, die in die Sicherung anfangs mit einbezogen waren, werden einige Jahre später durch königliches Dekret n. 3158 vom 3o.12.1923 wieder von ihr ausgenommen. Vgl. dazu DE LITALA, Diritto delle assicurazioni sociali, 4. Aufl. Torino 1959, S. 598.

25 So vor allem die durch Gesetz n. 767 vom 22.6.1913 gegründete "Cassa degli Invalidi della Marina Mercantile" für Seeleute. Die "Cassa Nazionale di Maternità", eingerichtet durch Gesetz n. 52o vom 17.7.191o, diente der Erbringung von Leistungen an Arbeitnehmerinnen bei zeitweiliger Arbeitsunfähigkeit infolge der Geburt eines Kindes.

26 Zu diesem Zusammenhang PERSIANI, Lezioni II, aaO (Anm. 3), S. 148.

27 Gesetzesdekret n. 636 vom 14.4.1939. Die Neuerung sollte zum 1.1.1945 in Kraft treten. Zuvor waren die Leistungen an Hinterbliebene auf einen "assegno funerario", eine einmalige Zahlung aus Anlaß des Todes, beschränkt gewesen. Vgl. PIERINI, Pensione agli superstiti, in: Trattato di previdenza sociale, hrsg. von Bussi und Persiani, Bd. I, Padova 1974, S. 427 ff (S. 429).

Die soziale Krankenversicherung ist in Italien ungewöhnlich späten Datums. Von einigen Ausnahmen abgesehen weist der Faschismus die Sicherung gegen Krankheit der kollektiven Vertragstätigkeit der korporativ geordneten Arbeitswelt zu[28]. Lediglich die als soziale Krankheit angesehene Tuberkulose wird 1935 zum Gegenstand einer besonderen Versicherung gemacht, die dem Träger der Renten- und Invaliditätsversicherung angegliedert wird und dort bis heute überlebt hat[29]. Die große Vielfalt der jeweils gemeinsam von Arbeitgebern und Arbeitnehmern finanzierten Krankenkassen wird erst 1943 in einem gemeinsamen Krankenversicherungsinstitut zusammengefaßt[3o]. Die Zusammenfassung hat jedoch nur die institutionelle Vielfalt beseitigt. Die mit dieser verbundenen Leistungsunterschiede blieben bestehen und haben das System der italienischen Gesundheitsversorgung bis in die jüngste Zeit hinein geprägt[31].

---

28 Das sog. Korporativsystem vereinigte Arbeitgeber und Arbeitnehmer in den nach Berufsgruppen geordneten faschistischen Einheitsorganisationen. PERSIANI, Lezioni II, aaO (Anm. 3), S. 113, spricht von dem "ihrem Wesen nach legislativen Charakter" der korporativen Tarifverträge. Die "Carta del Lavoro" vom 21. April 1927 berücksichtigt in Abs. 2 der Dichiarazione XXVIII ausdrücklich die Einrichtung von besonderen Krankenkassen.

29 Gesetzesdekret n. 1827 vom 4.1o.1935. Im Zuge der Reform der Gesundheitsversorgung werden die Gesundheitsleistungen der Tuberkuloseversicherung in das Leistungssystem des geplanten servizio sanitario nazionale eingegliedert werden.

3o Mit Gesetz n. 38 vom 11.1.1943 wird das "Istituto Nazionale per l'Assicurazione contro le Malattie" (INAM) gegründet.

31 Vgl. dazu TRONELLI, Evoluzione dell'attività normativa dell'INAM, in: I problemi della sicurezza sociale, 1973, S. 61o.

Der Bereich der Fürsorge ist fast das gesamte 19. Jhdt. hindurch im wesentlichen von einer Abstinenz des Staates und von der Tätigkeit privater, insbesondere kirchlicher wohltätiger Organisationen, der "opere pie", geprägt. Das Gesetz n. 753 vom 3.8.1862 richtet für jede Gemeinde eine "congregazione di carità" ein, die jedoch neben der privaten Wohltätigkeit zunächst keine große Bedeutung erlangt. 189o erfolgt ein wichtiger Einschnitt, als die "opere pie" zu Einrichtungen des öffentlichen Rechts gemacht werden, die jetzt "istituzioni pubbliche di beneficenza" heissen. Vor allem von kirchlicher Seite wurde dem hierin liegenden Eingriff des laizistischen Staates ohne Erfolg erheblicher Widerstand entgegengesetzt[32]. Diese Maßnahme bringt zugleich auch eine Erweiterung des Begriffes der Wohltätigkeit ("beneficenza"): neben die reine Nothilfe für den Armen tritt jetzt auch die allgemeine Verbesserung seiner "moralischen und wirtschaftlichen" Befindlichkeit. Der Wirkungsbereich der nunmehr öffentlichen Wohltätigkeitseinrichtungen ist weit gefaßt und umfaßt den gesamten Aufgabenbereich sozialer Hilfeleistungen, insbesondere der Heimunterbringung und Krankenbehandlung. Die Zeit nach dem 1. Weltkrieg bringt die Bestrebung nach einer Vereinheitlichung der allzu groß gewordenen Vielzahl der Wohltätigkeitsinstitutionen, verbunden während des Faschismus mit einer Verstärkung der Kontroll- und Einflußnahme von seiten des totalitären Staates. Das Gesetz n. 847 vom 3.6.1937 ersetzt auf der kommunalen Ebene die "congregazioni di carità" durch die "enti comunali di assistenza" (ECA), die bis heute fort-

---

32 Gesetz n. 6972 vom 17.7.189o. Vgl. dazu PANTOZZI, L'ordinamento giuridico dell'assistenza sociale, Bolzano,o.J., S. 32. Ganz allgemein darf bei der Betrachtung der allmählichen Entwicklung der Fürsorge durch öffentliche Einrichtungen das gespannte, um nicht zu sagen feindselige Verhältnis nicht vergessen werden, in dem Staat und Kirche spätestens seit der Auflösung des Kirchenstaates (187o) standen, und das bis zum Konkordat des Jahres 1929 andauerte.

bestehen . Eine wichtige Neuerung erfolgt im gleichen Jahr 1937 mit der Einführung einer besonderen Abgabe zugunsten der ECA, mit der sich der Bürger erstmals zugunsten seiner bedürftigen Mitbürger in Pflicht genommen sieht[33].

2.2. Die republikanische Verfassung von 1947. Der Entwurf der sicurezza sociale

Das Ende des 2. Weltkrieges bedeutet für Italien mehr als nur den Beginn des Wiederaufbaues nach dem politischen und wirtschaftlichen Zusammenbruch des faschistischen Regimes im Gefolge der Katastrophe des Krieges. Es liegt hier ein echter Bruch mit den ideologischen Konzeptionen der Vergangenheit und ein geistiger Neubeginn, der sich in dem Entwurf einer neuen Gesellschaftsordnung in den Grundsätzen der republikanischen Verfassung vom 27.12.1947 ein sichtbares Zeichen setzt. Die 1946 gewählte verfassungsgebende Versammlung ist mehrheitlich aus Vertretern jener politischen Kräfte zusammengesetzt, die auf die gemeinsame Erfahrung des antifaschistischen Widerstandes gegen das alte Regime und die deutsche Besetzung zurückblicken konnten[34]. Zwar dauert die Einigkeit nur vergleichsweise kurze Zeit und bereits vor der endgültigen Verabschiedung der Verfas-

---

33 Gesetzesdekret n. 2145 vom 3o.11.1937. Die Abgabenhöhe betrug 2%, gerechnet auf die Mehrzahl der staatlichen, der Provinzial- und der Kommunalsteuern. PANTOZZI, aaO (Anm. 32), S. 38, weist auf den Nebeneffekt dieser Maßnahme hin, die eine Abnahme der privaten Fürsorge, vor allem der Legate und Schenkungen nach sich gezogen habe.

34 Von den 556 Sitzen fielen 2o7 an die Democrazia Cristiana, 115 an die sozialistische Partei (damals PSIUP) und 1o4 an die kommunistische Partei. Angaben nach MAMMARELLA, L'Italia dopo il fascismo 1943-1973, Bologna 1974, S. 136.

sung kommt es zum Bruch zwischen den Mehrheitsfraktionen[35]. Doch geht es sicherlich nicht fehl, wenn die Verfassung als das Werk vor allem der sozial engagierten bis moderierten Kräfte Italiens in der Zeit des Aufbruchs nach dem Kriege bezeichnet wird.

Die hier entworfene Ordnung trägt deutliche Züge der sozialen Verantwortung des Staates und der Allgemeinheit für die Mitbürger. Einen besonderen Stellenwert weist die Verfassung der Arbeitstätigkeit zu. "L'Italia è una Repubblica democratica, fondata sul lavoro", lautet ihr Eingangssatz[36]. Dabei darf unter "Arbeit" wohl nicht allein die abhängige Arbeit verstanden werden; richtiger dürfte es sein, hier allgemein die Arbeit als Quelle von Einkommen für den Einzelnen und von Reichtum für die Allgemeinheit zum grundlegenden Wert erhoben zu sehen[37].

Diesem hohen Wert entsprechend wird ausdrücklich ein Recht auf Arbeit statuiert, das allerdings vorsichtig unter dem Vorbehalt der öffentlichen Verpflichtung zur Beseitigung der ihm entgegenstehenden Hindernisse steht. "Die Republik erkennt ein Recht aller Bürger auf Arbeit an und fördert die Bedingungen zur Realisierung dieses Rechts", heißt es in art. 4 I. Einer eher realistischen Einschätzung dieses

---

35 1947 werden Sozialisten und Kommunisten aus der bislang mitgetragenen Regierungsverantwortung ausgeschlossen. Unter De Gasperi kommt es zur Bildung einer allein von den Christdemokraten getragenen Regierung.

36 Art. 1 ital. Verf.: "Italien ist eine demokratische, auf Arbeit gegründete Republik".

37 Bei MAZZIOTTI,Diritto del lavoro, Napoli 1976, S. 3o, findet sich der Hinweis, daß in der verfassungsgebenden Versammlung die Formulierung "Arbeitnehmerrepublik" ("Repubblica di lavoratori") zugunsten der geltenden Fassung verworfen wurde.

Rechts entspricht es jedoch, wenn sich die in den Erfahrungen der faschistischen Zeit begründete Garantie eines Rechts auf Emigration nicht etwa unter den Freiheitsrechten angeordnet findet. Im Zusammenhang der Bestimmungen über den Schutz der Arbeit proklamiert art. 35 IV: "Es wird die Freiheit der Emigration... anerkannt und die Arbeit von Italienern im Ausland geschützt".

Der Bereich der sozialen Rechte findet sich eingefaßt in ein System aus grundlegenden Garantien und Postulaten, die in ihrer Gesamtheit das Bild der Verfassung von der Stellung des Individuums in der Gesellschaft entstehen lassen. Die Persönlichkeit, vor allem die persönliche Freiheitssphäre, werden in den Grundrechten, insbesondere artt. 13 ff, geschützt. Der Gleichheitssatz, art. 3, unterstreicht seine wesentlich soziale Komponente durch die Betonung der "gleichen sozialen Würde" aller Bürger. Artt. 29-31 bringen die Einbindung des einzelnen in die soziale Institution der Familie und seine Stellung in ihr zum Ausdruck.

Die soziale Ordnung der Arbeitswelt, zwischen gewerkschaftlicher Organisation (art. 39) und freier, aber sozial gebundener privatwirtschaftlicher Initiative (art. 41), hat in dem Abschnitt über die "Rapporti economici", artt. 35 ff, eine ausführliche Regelung gefunden.

Die im engeren Sinne sozialen (Teilhabe-)Rechte betrachten den Bürger vor allem als Träger von Bedürfnissen. Hierzu zählen einmal sozial determinierte Grenzziehungen für den Arbeitsbereich: Mindestarbeitsbedingungen, ein zum Lebensunterhalt ausreichendes Arbeitsentgelt (art. 36), Frauen- und Kinderarbeit und der Mutterschutz (art. 37) sind besonders unter den "Schutz der Republik" gestellt. Das Recht auf Bildung ist in den artt. 33 und 34 positiv umrissen. In art. 32 wird der Schutz der Gesundheit "als grundlegendes Recht des Individuums und als ein Interesse der Gemeinschaft"[38] garantiert. PERSIANI hat hervorgehoben, daß dieses Postulat eine grundlegend neue Konzeption gegenüber der im bisherigen System zum Ausdruck gelangenden Vorstellung des Schutzes gegen Krankheit bedeutet[39]. Der Kernbereich der Einkommenssicherheit schließlich ist in art. 38 angesprochen:

> "Jeder Bürger, der unfähig zur Arbeit und nicht im Besitz der notwendigen Mittel für seinen Lebensunterhalt ist, hat ein Recht auf Unterhalt und auf öffentliche Fürsorge.
>
> Wer arbeitet, hat ein Recht auf die Bereitstellung angemessener Mittel für seine Lebensbedürfnisse im Falle von Unfall, Krankheit, Invalidität und Alter, unfreiwilliger Arbeitslosigkeit.
>
> Behinderte und Beschädigte haben ein Recht auf Unterweisung und berufliche Förderung.
>
> Die in diesem Artikel vorgesehenen Aufgaben werden von staatlich geschaffenen oder unterstützten Organen und Instituten wahrgenommen.
>
> Die private Wohlfahrtspflege ist frei."

Die hier getroffene Unterscheidung zwischen dem Bürger im allgemeinen und demjenigen, der von seiner Arbeitstätigkeit lebt, ist sicherlich Ausfluß einer Vorstellungswelt, die noch von der strikten Trennung zwischen previdenza und assistenza beeinflußt ist, wie sie sich zur Zeit der Verfassungsgebung in Italien darstellte. Sie ist verschiedentlich zum Anlaß für den Versuch genommen worden, die Trennung systematisch festzuschreiben[4o]. Dem ist entgegengehalten worden, daß aus der Sicht des art. 38 Ver-

---

38 Art. 32 I ital. Verf.: "La Repubblica tutela la salute come fondamentale diritto dell'individuo e interesse della collettività, e garantisce cure gratuite agli indigenti".

39 PERSIANI, Lezioni II, aaO (Anm. 3), S. 115.

4o So bei MAZZONI, Diritto del lavoro, aaO (Anm. 18), S. 872 ff; LEVI SANDRI, Istituzioni, aaO (Anm. 5), S. 21o, stützt hierauf seine Auffassung, derzufolge die sicurezza sociale die Sicherung des "arbeitenden Bürgers" beinhalte.

fassung "...assistenza und previdenza einander gegenseitig komplementär, oder besser, zum Zwecke der Verfolgung einer gemeinsamen Zielsetzung koordiniert und integriert sind"[41].

2.3. Zur Entwicklung seit dem Ende des 2. Weltkrieges

Die wirtschaftliche Lage des vom Kriege schwer getroffenen Italien mußte eine Verwirklichung der in der Verfassung gezeichneten sozialen Ordnung entscheidend behindern. Auch fehlt es vielfach am politischen Willen und der Durchsetzungskraft, die die grundlegende Überwindung vieler der bestehenden Strukturen zu einem umfassenden Sicherungssystem für alle Bürger erfordert hätte. Der soziale Auftrag der Verfassung bleibt zunächst weitgehend Programm. In der juristischen Diskussion schlägt sich dies darin nieder, daß die betreffenden Verfassungsartikel als Programmsätze verstanden werden, die noch der Aktualisierung durch den Gesetzgeber bedürften[42]. Das italienische System sozialer Sicherheit erscheint so bis weit in die jüngste Vergangenheit hinein fast ausschließlich von dem überkommenen Dualismus aus previdenza und assistenza beherrscht. Erst seit Mitte der 60-er Jahre machen sich anfangs noch zaghaft, doch in den letzten Jahren immer stärker Bestrebungen bemerkbar, die eine Realisierung des Gedankens der sicurezza sociale zum Ziel haben.

1950 erfolgt, wenngleich in ihren Dimensionen beschränkt, eine Agrarreform. Vor allem in der südlichen Toskana und im Latium, sowie in verschiedenen Gebieten Süditaliens wird der über 300 ha. hinausgehende Landbesitz der großen

---

41 PERSIANI, Sicurezza sociale, Stichwort im Novissimo Digesto Italiano, Bd. XVII, Torino 1970, S. 300 ff (S. 304).

42 LEVI SANDRI, Istituzioni, aaO (Anm. 5), S. 18; MAZZONI, Diritto del lavoro, aaO (Anm. 18), S. 32 ff.

Latifundien enteignet und an Kleinbauern und bisherige Landarbeiter verteilt[43]. Wenige Jahre später erfolgt eine wichtige Neuerung auf dem Gebiet der Sozialversicherung, als mit dem Gesetz n. 1o47 vom 26.1o.1957 die selbständigen Landwirte und landwirtschaftlichen Pächter in das System der Rentenversicherung mit einbezogen wurden. Bereits zuvor war durch das Gesetz n. 1136 vom 22.11.1954 die obligatorische Krankenversicherung im Bereich der Landwirtschaft eingeführt worden.

Die Ausweitung der Sozialversicherung auf jeweils neue Gruppen von Versicherten setzt sich fort mit der Einbeziehung der Handwerker, der kleinen Seefischer und der kleinen Handelsgewerbetreibenden[44]. An ihrem Ende steht ein Sicherungssystem, das neben den "lavoratori subordinati", den abhängig Beschäftigten, auch die große Mehrzahl der Personen erfaßt, die ihr Einkommen in selbständiger Tätigkeit aus dem vorwiegenden Einsatz ihrer eigenen Arbeitskraft beziehen[45]. Eine der wesentlichen Schwierigkeiten für die

---

43 Einzelheiten finden sich bei MAMMARELLA, aaO (Anm. 34), S. 233 ff. Bis 196o gelangten 1o9 425 Familien in den Genuß der Reform.

44 Die Krankenversicherung wird eingeführt für Handwerker durch das Gesetz n. 1533 vom 29.12.1956; für die kleinen Handelsgewerbetreibenden mit Gesetz n. 1397 vom 27.11. 196o. Die Rentenversicherung der Handwerker geht auf das Gesetz n. 463 vom 4.7.1959 zurück; die der kleinen Handelsgewerbetreibenden auf das Gesetz n. 613 vom 22.7.1966. Die kleine Seefischerei wird mit Gesetz n. 25o vom 13. 3.1958 in die Sozialversicherung mit einbezogen.

45 Meist wird dem "lavoratore subordinato" allgemein der Selbständige als "lavoratore autonomo" entgegengesetzt. LAFRANCONI, I trattamenti speciali di pensione nel sistema della previdenza sociale, Milano 1969, S. 26, sieht beide Kategorien unter dem Begriff des "lavoratore" in art. 38 II ital.Verf. zusammengefaßt. Im Arbeitsrecht wird bei den Selbständigen zwischen dem "piccolo imprenditore" und dem "lavoratore autonomo" unterschieden, artt. 2o83 und 2222 codice civile. Vgl. hierzu LEVI SANDRI, Istituzioni, aaO (Anm. 5), S. 1o7 ff.

Einbeziehung der Selbständigen lag in der Frage der Finanzierung der Sicherung. Bei den jeweils bei besonderen Instituten versicherten Freiberuflern trägt neben dem Beitragsaufkommen ein System von besonderen Gebühren und Kosten zur Aufbringung der Mittel für das jeweilige Vorsorgesystem bei. Für Landwirte, Handwerker und Kleinhändler trägt seit der Einrichtung der Versicherung ein wachsender Zuschuß aus dem Staatshaushalt zu dem durch Beiträge nicht gedeckten Finanzbedarf bei.

Neben der personellen Ausweitung des Kreises der Versicherten stehen qualitative Änderungen vor allem im Bereich der Rentenversicherung, die deren Versicherungscharakter immer weiter hinter den einer sozialen Sicherung des von ihm erfaßten Personenkreises zurücktreten lassen[46]. Insbesondere die stark inflationäre Geldentwicklung nach dem Kriege machte es erforderlich, den bisherigen Modus der Rentenberechnung weitgehend zu verändern. Nach wiederholten Rentenanpassungen und der Vorwegnahme in einigen Maßnahmen in den Jahren unmittelbar nach dem Kriege bringt das Gesetz n. 218 vom 4.4.1952 die Einführung einer Mindestrente, d.h. eines Mindestbetrages, auf den jede darunter liegende Rente angehoben wird. Finanziert wird diese aus Beiträgen der Versicherten, aber auch aus einem besonderen Zuschuß aus dem Staatshaushalt. 1965 wird der "Fondo sociale" eingerichtet, auf den zunächst der staatliche Finanzierungsbeitrag zur Mindestrente umgeschichtet wird und aus dem sodann seit 1969 zusätzlich die soziale Altersrente für bedürftige Bürger ohne Rentenberechtigung in der Sozialversicherung erbracht wird[47]. Während die Mindestrente

46 PERSIANI, Lezioni I, aaO (Anm. 3), S. 28 ff; Hernandez, Storia, aaO (Anm. 6), S. 96 ff.

47 Gesetz n. 903 vom 21.7.1965 und Gesetz n. 153 vom 30.4.1969. Auf die Einzelheiten der Finanzierung der Mindestrente und der sozialen Altersrente über den Fondo sociale wird unter II, 2.4. zurückzukommen sein.

noch in der personellen Beschränkung des Vorsorgesystems der Rentenversicherung steht, weist die soziale Altersrente über dieses hinaus und ist als Form der Bürgersicherung dem Gedanken der sicurezza sociale zuzurechnen. Doch läßt die Ähnlichkeit des Finanzierungsmodells die Nähe auch der Mindestrente selber zur Verwirklichung dieses Ziels erkennen.

Im Bereich der Gesundheitsversorgung sind seit Mitte der 6o-er Jahre ernsthafte Bestrebungen im Gange, das überkommene System der Krankenversicherung durch einen nationalen Gesundheitsdienst zu ersetzen. Mit der Auflösung der Krankenversicherungsinstitute seit dem 1.7.1977 ist hier ein entscheidender Schritt in Richtung auf eine Reform hin erfolgt, die unter dem Vorzeichen der umfassenden Verwirklichung des Verfassungspostulats des Schutzes der Gesundheit steht. Auf Einzelheiten der Reformbestrebungen wird noch im Zusammenhang zurückzukommen sein.

Der Weg des italienischen Systems sozialer Sicherheit weist so auf dem Gebiet der Einkommenssicherheit wie auf dem der Gesundheitsversorgung, wenngleich vielfach erst in Ansätzen, in die Richtung eines ausgedehnten Systems der sicurezza sociale. Neben der Vielfalt von miteinander zuweilen nur wenig koordinierten Einzelmaßnahmen des Gesetzgebers[48] hat es mehrfach Anstrengungen gegeben, die auf einen einheitlichen Entwurf des Systems ausgerichtet waren. Von den wichtigsten unter ihnen, von denen wesentliche Anregungen auf den Gesetzgeber ausgegangen sind, seien hier angeführt: der Schlußbericht der Kommission für die Reform der previdenza sociale, die 1947/48 im Rahmen des Arbeitsministeriums tätig war; die Reformvorschläge des Arbeits- und Wirtschaftsrats (CNEL), die 1963 vorgelegt wurden; der

48 HERNANDEZ, Storia, aaO (Anm. 6), S. 95, spricht von "atomismo legislativo".

erste Fünfjahresplan für die wirtschaftliche Entwicklung 1966 - 197o und die auf das folgende Jahrzehnt abgestellten Planungen des "Progetto 198o"[49].

3. Besondere Problemstellungen für Italiens Sozialleistungssystem

Italiens gesellschaftliches und politisches System sieht sich heute mit einer Anzahl von Schwierigkeiten konfrontiert, die im Sozialleistungssystem als ernsthafte Problemstellungen, wenn nicht gar ass Störfaktoren angesehen werden müssen. Eine erschöpfende Darstellung müßte eine eingehende wirtschaftliche und politische Analyse des modernen Italien voraussetzen. Zumindest einige Hinweise sollen jedoch dazu beitragen, das Verständnis für die besonderen Schwierigkeiten zu wecken, die sich in Italien auf dem Wege zur sicurezza sociale stellen.

3.1. Das Nord-Süd-Problem: Der "Mezzogiorno"

Das Problem des italienischen Südens, des "Mezzogiorno", ist die Problematik des Nebeneinanders von wirtschaftlich strukturstarken und -schwachen Gebieten in der modernen Industriegesellschaft. Was in Italien sein besonderes Gewicht ausmacht, sind die Ausmaße dieses Ungleichgewichts, das einer realen Zweiteilung des Landes gleichkommt: die Wirtschaftskraft des Nordens weist Italien (trotz der gegenwärtigen Krise) einen Platz unter den wirtschaftlich hoch entwickelten Industrienationen zu; der Süden für sich genommen wäre hingegen jenen armen Mittelmeeranrainerstaaten zuzrechnen, deren Entwicklungsstand um ein beträchtliches hinter dem des wirtschaftsstarken Westeuropa zurück-

49 Vgl. dazu PERSIANI, Lezioni I, aaO (Anm. 3), S. 28 ff; LEVI SANDRI, Istituzioni, aaO (Anm. 5), S. 18 ff.

bleibt[50].

Bereits die unmittelbaren Auswirkungen dieser Disparität auf das Sozialleistungssystem sind beträchtlich. An erster Stelle steht dabei das Problem der Armut. Vor allem ein chronisch defizitärer Arbeitsmarkt[51] hat die Gefahr des Abgleitens unter die Armutsgrenze im Süden vielfach in erheblich weitergehendem Maße zu einer täglichen Realität werden lassen, als dies im entwickelten Teil des Landes der Fall ist. RIGHETTI[52] führt allein für das von ihm als "die italienische Hauptstadt der Arbeitslosigkeit und der Armut bezeichnete Neapel Zahlen von 130.000 Arbeitslosen und 300.000 unterbeschäftigten Personen an. Ein weitgehend am Arbeitsstatus orientiertes System der Einkommenssicherung versagt allzu häufig dort, wo es darum geht, dem "inoccupato", dem Arbeitsfähigen aber chronisch Arbeitslosen, ein Mindestauskommen zu sichern.

Der seit dem Ende des vergangenen Jahrhunderts anhaltende Emigrationsstrom, der seit den 50-er Jahren vorwiegend nach Norditalien und in die westeuropäischen Industriestaaten geführt hat, ist gewissermaßen tägliche Realität

---

50 COLOMBO, aaO (Anm. 13), S. 469 ff, nennt einige signifikante Zahlen für das Ungleichgewicht zwischen Nord und Süd (bezogen auf 1970). Beschäftigte in der Industrie: 44% der gesamten Beschäftigten im Nordwesten (Industriedreieck Milano/Torino/Genova), aber nur 22% im Süden; Beschäftigte in der Landwirtschaft: 11% im Norden gegen 25% im "Mezzogiorno"; dagegen liegt es im Tertiärbereich umgekehrt: 32% im Süden, gegen 25% im Norden; hinzu kommen ca. 20% im Handel Beschäftigte mit etwa gleichen Prozentzahlen für ganz Italien.

51 Für eine Analyse der Besonderheiten des Arbeitsmarktes im "Mezzogiorno" gegenüber dem nördlichen Landesteil sei verwiesen auf FERRI, Il mercato del lavoro in un contesto dualistico, in: Il mercato del lavoro in Italia, hrsg. von S. Vinci, 3. Aufl. Milano 1977, S. 83 ff. Vgl. auch die übrigen dort zusammengefaßten Beiträge.

52 RIGHETTI, Disoccupazione giovanile e riforma sanitaria, in: I problemi della sicurezza sociale 1976, S. 635 ff (S. 639), unter Berufung auf einen Artikel von Giorgio Bocca in der Tageszeitung "Repubblica" vom 23.2.1977.

des "Mezzogiorno"[53]. Er bedeutet nicht nur eine Entlastung des heimischen Arbeitsmarktes, sondern vor allem auch eine Störung des für die soziale Umverteilung zwischen den Generationen entscheidenden Bevölkerungsverhältnisses. Zurück blieb ein Großteil der Schwächeren, der sozialen Problemfälle, der Versorgungsfälle. Eine teilweise sehr weitgehende Verflechtung des italienischen mit ausländischen Sozialversicherungssystemen ist eine weitere, heute noch vorwiegend in die Zukunft weisende Folge dieser Bevölkerungsbewegung.

Innerhalb des Leistungssystems selbst schlägt die regionale Disparität sich in einem hohen Maße an regionaler Umverteilung über die Sozialleistungen nieder. Diese fließt am stärksten dort, wo der Leistungsumfang nur bedingt oder überhaupt nicht von dem Ausmaß an zuvor erbrachten Vorsorgeaufwendungen abhängt. Das ist beispielsweise im Bereich der sozialen Altersrente oder der Gesundheitsleistungen der Fall, auch etwa bei den Familienleistungen der "assegni familiari", die in Italien als Vorsorgeleistungen mit einer für alle Berechtigten gleichen Leistungshöhe gewährt werden. Im Rentenbereich kommt der Umverteilungswirkung über die Mindestrente insbesondere wegen des "Ausuferns" der Invalidenrente besondere Bedeutung zu, auf die noch zurückzukommen sein wird[54]. Zumindest ein annäherndes Bild des

53 Vgl. zu den Zusammenhängen zwischen landwirtschaftlichen Strukturveränderungen und dem hohen Abwanderungsfaktor aus der Landwirtschaft einerseits und der regionalen Mobilität andererseits MANTOVANI/ASCOLI, Riflessi dell' emigrazione sullo sviluppo economico italiano (1945-197o), in: L'emigrazione dal bacino mediterraneo verso l'Europa industrializzata, hrsg. vom Institut für Demographie der Universität Rom, Milano 1976, S. 391 ff (S. 462 ff).

54 Vgl. zum Phänomen der systemwidrigen Inanspruchnahme der Invalidenrente noch unter II, 5. Auf die regionale Umverteilung auf dem Umweg über die Invalidenrente weist auch REVIGLIO, aaO (Anm. 2), S. 223 ff,hin.

über das Sozialleistungssystem bewirkten Kapitaltransfers von Nord- nach Süditalien ergibt sich aus den folgenden Aufstellungen (Werte bezogen auf 1974).

Tabelle 1: Beiträge und Leistungen im gesamten Bereich der previdenza[55]

	Beitragsaufkommen		Finanzierung aus dem Steueraufkommen		Leistungen		Leistungen je 100 Lire Beitrag. Lire	Versicherungsleistungen je Einwohner. Lire
	Mrd. Lire	%	Mrd. Lire	%	Mrd. Lire	%		
Nord u. Zentrum	6.244,5	90,5	1.338,1	57,0	6.490,2	68,9	103,9	179.400
Mezzogiorno	647,8	9,5	1.009,2	43,0	2.931,4	31,1	425,5	150.600
Italien insgesamt	6.892,3	100,0	2.347,3	100,0	9.421,6	100,0	136,7	169,300

55 Quelle: TAGLIACARNE, Il ruolo redistributivo della sicurezza sociale dal nord al sud, in: Previdenza sociale 1976, S. 1091 ff (S. 1093). Vgl. zur regionalen Umverteilung über das Sozialleistungssystem auch FAUSTO/LECCISOTTI, aaO (Anm. 1), S. 140 ff.

Tabelle 2: Beiträge und Leistungen im System der assegni familiari (Familienleistungen)[56]

	Beiträge (Mio Lire)	Leistungen (Mio Lire)	Leistungen je 1oo Lire Beiträge	Prozentsätze	
				Beiträge	Leistungen
Nord u. Zentrum	1.322.642	1.o62.o6o	8o,3	87,3	67,o
Mezzogiorno	191.548	523.o99	273,1	12,7	33,o
Italien insgesamt	1.514.19o	1.585.159	1o4,7	1oo,o	1oo,o

Aus den Aufstellungen geht hervor, daß nur ein geringer Teil des allgemeinen Beitragsaufkommens (9,5%) im "Mezzogiorno" aufgebracht wird, während jedoch fast ein Drittel (31,1%) des Leistungsvolumens dorthin geht; obwohl andererseits das allgemeine Leistungsniveau im Süden geringer liegt (15o.6oo Lire/Jahr gegenüber 179.4oo Lire/Jahr im Norden und im Zentrum). Auch im Bereich der Familienleistungen als einer besonderen Leistungsform zeigt sich ein nur um weniges verschobenes Bild.

Als zusätzliche Erklärung kann auch auf den im Süden häufig nur geringen landwirtschaftlichen Entwicklungsstand verwiesen werden. Die über eine unterschiedliche Sozialkostenbelastung von Industrie und Landwirtschaft erzeugte Umverteilungswirkung besitzt in Italien auf Grund des höchst

56 Quelle: TAGLIACARNE, aaO (Anm. 55), S. 1o92.

ungleichen industriellen Entwicklungsstandes in Nord und Süd wiederum auch eine regionale Dimension. Zwar ist die Finanzierung der Leistungen in der Landwirtschaft über einen hohen Staatszuschuß partiell fiskalisiert; doch ist zu berücksichtigen, daß auch für das Steueraufkommen eine verhältnismäßig größere Inanspruchnahme des industriellen Produktionsbereiches anzunehmen ist.

3.2. Das Problem der irregulären Arbeit

Ein Problem besonderer Art ist das der irregulären Arbeit. Das System sozialer Sicherheit wird in Italien in erheblich häufigerem Umfang umgangen, als dies in den übrigen EG-Ländern der Fall sein dürfte. Genaue Zahlen über den Umfang der Schwarzarbeit sind naturgemäß nicht verfügbar, doch gehen die bestehenden Schätzungen von Werten aus, die über 1o% des registrierten Beschäftigungsstandes noch hinausgehen[57]. Die Erklärungen sind vielfältig und reichen auf der Seite des Schwarzarbeiters vom Rentenempfänger, dessen Rente bei einem zusätzlichen Arbeitseinkommen zu kürzen wäre, bis hin zur Hausfrau, die angesichts eines festen Arbeitsplatzes des Ehegatten auf den eigenen regulären Arbeitsplatz verzichtet. Stärker wiegt jedoch das

57 FUA, Occupazione e capacità produttive: la realtà italiana, Bologna 1976, S. 29 ff, zitiert die Angaben einer Untersuchung ISFOL-DOXA von 1974 (ISFOL = das öffentliche "Istituto per lo Sviluppo della Formazione Professionale dei Lavoratori). Danach kam auf ein Arbeitsangebot von 19.5o2.ooo Personen, darunter 1.25o.ooo Arbeitslose, ein schwarzer Arbeitsmarkt, der 2.168.ooo Personen umfaßte. Eine Meldung des Corriere della Sera vom 2.2.1977 (Autor DI GIROLAMO) nennt "Mindestschätzungen", denen zufolge mindestens 1.000.000 Personen eine Zweitbeschäftigung ausüben und 2.000.000 Personen schwarz arbeiten, die in den Statistiken als nicht beschäftigt (Arbeitslose, Hausfrauen, Rentner, etc.) ausgewiesen sind.

Argument des Interesses des Arbeitgebers, der mit der irregulären Beschäftigung vor allem den hohen Sozialkosten auszuweichen vermag. Es kann hier eine Folge des unterschiedlichen Entwicklungsstandes in den verschiedenen Wirtschaftsbereichen vermutet werden: Der mit einem hohen Arbeitskostenanteil produzierende Betrieb kann sich nur auf dem Weg einer teilweisen Hinterziehung der Sozialkosten gegenüber dem stärker rationalisierten, kostengünstigeren Konkurrenten behaupten[58]. Ein hoher Anteil von kleinen und Kleinstbetrieben in Italien stützt diese These[59].

Die Störungen, die durch die verbreitete Tatsache der Schwarzarbeit im System sozialer Sicherheit bewirkt werden, sind allerdings recht beträchtlich und nicht allein auf den Ausfall an Beitragsaufkommen beschränkt. Es wird so das ausgebaute System der Arbeitsplatzsicherheit unterlaufen, sodaß der Betroffene ständig Gefahr läuft, seine Einkommensquelle zu verlieren. Vor allem aber muß ein hoher Anteil an Schwarzarbeit in einem vorwiegend am Einkommens- und Arbeitsverhältnis ansetzenden Sozialsystem bedeuten, daß eine größere Anzahl von Personen jedenfalls partiell aus der Sicherung ausfällt.

3.3. Auf dem Weg zur Reform der Sozialverwaltung

Die Qualität eines Sozialleistungssystems ist wesentlich auch von der Effizienz der ihm vorgegebenen administrativen Strukturen mit bestimmt. Hier haben in Italien vor allem in den Dezennien nach dem Kriege Versäumnisse stattgefunden, die immer wieder Anlaß auch zu scharfer Kritik gegeben haben. Weniger bei den großen Sozialversicherungsträgern, als vielmehr hinsichtlich der zahlreichen kleineren Institutionen, die im Sozialleistungsbereich operieren, wurden

58 Vgl. zu diesen Erklärungsansätzen FUA, aaO (Anm. 57), S. 36 ff; REVIGLIO, aaO (Anm. 2), S. 14o.
59 Vgl. dazu FUA, aaO (Anm. 57), S. 51 ff.

mangelnde Koordinierung, vielfache Kompetenzüberschneidung, bürokratische Ineffizienz und Aufblähung, sowie zuweilen auch politische Pfründenwirtschaft gerügt[6o]. Es zeigen sich hier Auswirkungen des Entwicklungsprozesses, der in raschem Fortgang einen wachsenden Anteil des Volkseinkommens unmittelbar der öffentlichen Verwaltung unterworfen hat. Die italienische Sozialverwaltung hat damit vor allem im Fürsorgebereich nicht immer Schritt gehalten und die erforderlichen Strukturen einer effizienten Verwaltung teilweise nicht in dem erforderlichen Umfang ausgebildet.

Reformbestrebungen sind seit längerem im Gange, die in letzter Zeit neuen Auftrieb zu erhalten scheinen. Hier wäre einmal das Gesetz n. 7o vom 2o.7.1975 zu nennen, die sog. "legge sul parastato", von der ein Großteil des Sozialleistungsbereichs betroffen wird. Eine ihrer wesentlichen Bestimmungen sieht die Auflösung all jener Institutionen vor, für die nicht innerhalb von 3 Jahren seit Inkrafttreten des Gesetzes in einem Dekret der italienischen Regierung ein "Notwendigkeits"attest erstellt wird. Zugleich wurde hier das Beschäftigungsverhältnis der Bediensteten der öffentlichen Einrichtungen einer neuen Regelung unterworfen. Erst aus jüngster Zeit datiert die Einleitung einer Reform, die mit der Übertragung von derzeit staatlichen Kompetenzen im Fürsorgebereich auf die Regionen auch

---

6o Vgl.die teilweise sehr kritischen Ausführungen bei TERRANOVA, Il potere assistenziale, Roma 1975, S. 153 ff; RUSSO, La politica dell'assistenza, Rimini-Firenze, 1974, S. 95 ff; vgl. auch Manuale Enciclopedico della Sicurezza Sociale, hrsg. von INCA/CGIL, Roma 1975, S. I, 312. Vorsichtiger in der Kritik COLOMBO, Assistenza sociale, aaO (Anm. 13), S. 117 ff. In einer Meldung des Corriere della Sera vom 2o.5.1977, S. 2, ist von 9o.ooo Personen die Rede, die mit der Fürsorge für 34o.ooo "poveri" befaßt seien; die Kosten für Verwaltung und Personal lägen bei den Fürsorgeeinrichtungen zuweilen bei etwa 7o% ihres gesamten Etats.

zu einer Verbesserung der betreffenden Verwaltungsstrukturen führen könnte.

4. Der institutionelle Rahmen für das System der Sozialleistungen

4.1. Die Träger der Sozialversicherung

Die Durchführung der Sozialversicherung obliegt in Italien juristischen Personen des öffentlichen Rechts, den sogenannten " enti previdenziali". Sie sind in ihrer großen Mehrzahl auf nationaler Ebene organisiert und sind als "enti parastatali" Träger mittelbarer Staatsgewalt. Gegliedert sind sie nach dem Gegenstand ihres Aufgabenbereichs. Neben den großen Trägern der Versicherung für die abhängig Beschäftigten, die die überwiegende Mehrzahl der Versicherten erfassen, bestehen Träger, bei denen jeweils einzelne besondere Berufsgruppen versichert sind.

Der bedeutendste unter den Sozialversicherungsträgern ist das "Istituto Nazionale della Previdenza Sociale" (INPS). Es führt u.a. die Rentenversicherung, die Familienleistungen der "assegni familiari", die Tuberkuloseversicherung, sowie die verschiedenen Versicherungsformen gegenüber dem Risiko der Arbeitslosigkeit durch. Versichert sind bei ihm neben den abhängig Beschäftigten in jeweils besonderen "gestioni" vor allem auch die selbständigen Landwirte, Handwerker und die Inhaber kleiner Handelsgewerbe[61].

Die Unfallversicherung für die unselbständig Beschäftigten wird überwiegend von dem "Istituto Nazionale per l'Assicurazione contro gli Infortuni sul Lavoro" (INAIL) durchge-

61 Vgl. hierzu ROSSI, I soggetti protetti, in:Trattato di previdenza sociale (Anm. 27), Bd. I, S. 3 ff (S. 2o ff), sowie noch unter II, 2.5.

führt. Neben diesem gibt es einige besondere Träger, darunter insbesondere die Casse Marittime für die Versicherung der Seeleute[62].

Das bisherige System der Krankenversicherung war zu einem Großteil beim "Istituto Nazionale per l'Assicurazione contro le Malattie" (INAM) zusammengefaßt. Zusammen mit den übrigen Krankenversicherungsträgern ist es mit Wirkung ab 1.7.1977 in Liquidation überführt worden. Die Trägerschaft der Gesundheitsversorgung ist seit diesem Zeitpunkt in die Kompetenz der 2o italienischen Regionen gefallen.

Für einzelne Berufsgruppen, insbesondere für die freiberuflich Tätigen, bestehen eine größere Anzahl von rechtlich und auch wirtschaftlich unabhängigen Versicherungsinstituten, die in ihrer Mehrzahl Formen der Sicherung für die Risiken Alter und Invalidität durchführen. Besondere Versicherungseinrichtungen bestehen beispielsweise jweils für Anwälte, Notare, Ärzte, Apotheker, Veterinäre, Hebammen, Architekten und Ingenieure, Journalisten, Handelsvertreter und Agenten. Auch Bühnen- und Filmschaffende und Maler und Bildhauer haben jeweils ihr eigenes Versicherungsinstitut. Der Umfang der Sicherung und vor allem die Finanzierung unterliegen hier den Besonderheiten der jeweiligen gesicherten Gruppe[63].

Die Versicherungsträger haben das Recht der Selbstverwaltung und unterliegen im übrigen der staatlichen Aufsicht, die über das INPS vom Arbeits- und vom Schatzminister gemeinsam ausgeübt wird. Die Besetzung der Selbstverwaltungsorgane ist unterschiedlich. Für das INPS hat eine Reform von 197o eine starke Stellung der Arbeitnehmervertreter

---

62 Einzelheiten bei ALIBRANDI, Infortuni sul lavoro, aaO (Anm. 2o), S. 373 ff.

63 Zu Einzelheiten vgl. LEVI SANDRI, Istituzioni, aaO (Anm. 5), S. 386 ff.

gebracht[64]. Der Präsident des INPS, der aus einer Liste von drei Namen ernannt wird, die der von der Arbeitnehmerseite beherrschte Verwaltungsrat aufstellt, ist seither immer Gewerkschaftler gewesen. Bei den übrigen Versicherungsträgern gelten zumeist andere Regeln. Insbesondere beim Unfallversicherungsträger INAIL ist der Einfluß der Arbeitgeber stärker ausgeprägt.

4.2. Die Regionen als Träger von Sozialleistungen

In den letzten Jahren treten die Regionen als autonome Gebietskörperschaften in verstärktem Umfang als Träger des Sozialleistungssystems hervor. Vor allem im Bereich der Gesundheitsversorgung verläuft die Regionalisierung dabei parallel mit der Entwicklung hin zur Verwirklichung von Formen eines Systems der sicurezza sociale.

Staatsrechtlich gesehen sind die Regionen Ausdruck einer Dezentralisierung der Staatsgewalt. Sie sind Träger abgeleiteter, nicht originärer Hoheitsgewalt; Italien ist ein Einheitsstaat, kein Bundesstaat. Die Verfassung garantiert die Regionen als zwischen der staatlichen und der lokalen Ebene ausgesiedelte Träger regionaler Selbstverwaltung. "In der Ausübung von Autonomie im Bereich zwischen dem Staat und den traditionellen Gebietskörperschaften dienen sie ...als Inhaber öffentlicher Gewalt... der Konkretisierung eines Systems pluralistischer Demokratie[65]. Neben den

64 Von den 39 Mitgliedern des Verwaltungsrats ("consiglio di amministrazione") werden 18 von der Arbeitnehmer-, 9 von der Arbeitgeberseite benannt. Die lavoratori autonomi entsenden 4, die Beschäftigten des INPS 2 Vertreter. Weiterhin gehören dem Verwaltungsrat Vertreter von 3 Ministerien, des INAIL und des jetzt aufgelösten INAM, sowie der Präsident des INPS selbst an. Diese Zusammensetzung geht auf das Präsidentialdekret n. 639 vom 3o.4.197o zurück.

65 Aldo SANDULLI, Manuale di diritto amministrativo, 12. Aufl. Napoli 1974, S. 3o7.

15 Regionen mit "Normalstatut" gibt es 5 Regionen mit "Sonderstatut", die in weitergehendem Maße von regionalen Besonderheiten, insbesondere durch sprachliche oder sonstige Minderheiten geprägt sind. Der Umfang der regionalen Autonomie ist von der Verfassung recht weit gesteckt (art. 117 ital. Verfassung). Die Regionen haben in diesem Rahmen eine eigene Normsetzungsmacht zum Erlaß von Regionalgesetzen. Über Kompetenzkonflikte hinsichtlich des Umfangs der Machtbefugnisse der Regionen entscheiden das Verfassungsgericht und in einigen Fällen die beiden Kammern des italienischen Parlaments. Die Regionen sind auch fiskalisch autonom, mit besonderen Regionalsteuern und Finanzzuweisungen aus dem staatlichen Steueraufkommen. Das Regionalparlament der "consiglio regionale", wird nach einem staatlichen Wahlgesetz gewählt.

In letzterem liegt der Grund für die späte Aktualisierung der Regionalordnung begründet. Erst nachdem 1968 das Wahlgesetz für die Regionen mit Normalstatut erlassen wurde, konnten 197o die Regionalparlamente gewählt werden und die jeweilige Regionalexekutive ("giunta regionale") ihre Arbeit aufnehmen. Lediglich die Regionen mit Sonderstatut waren bereits früher tätig geworden. Der Grund für die Verzögerung muß einmal in dem unterschiedlichen Bild der politischen Kräfte in einzelnen Regionen und im Staat gesehen werden. Hinzu kamen Befürchtungen einer Ausweitung der Bürokratie und der öffentlichen Ausgaben, zuweilen auch allgemeiner verankerte Widerstände gegenüber einer Dezentralisierung der Staatsgewalt[66]. Gerade in jüngster Zeit hat sich an der Frage der Übertragung zahlreicher

66 Einige der Regionen wurden bereits seit der ersten regionalen Legislaturperiode von linksstehenden Regierungen, zumeist Koalitionen der sozialistischen mit der kommunistischen Partei, geführt. Nach den Regionalwahlen vom Juni 1975 hat sich dieses Bild weiter zugunsten der Linken verschoben. Vgl. zu den Widerständen gegen die Aktualisierung der Regionalordnung im übrigen TREVES, L'organizzazione amministrativa, 4. Aufl., Torino 1975, S. 189.

Kompetenzen auf die Regionen erneut gezeigt, in welchem Ausmaß hiervon die vielfältigsten politischen Interessen betroffen wurden[67].

Die Aufgaben der Regionen im Bereich des sozialen Leistungssystems liegen gemäß art. 117 ital. Verfassung vor allem auf dem Gebiet der öffentlichen Fürsorge ("beneficenza pubblica"), der Gesundheits- und Krankenversorgung, sowie der Berufsbildung. Die Regionalisierung ist hier jeweils bereits erfolgt oder doch zumindest abzusehen. Dabei können von ihr sicherlich weitergehende Anstöße in Richtung auf die Fortentwicklung des bestehenden Systems erwartet werden, die nunmehr regional getrennt und mit unterschiedlicher Dynamik erfolgen wird.

4.3. Träger der assistenza

Autonome Gebietskörperschaften der unteren Ebene sind in Italien Kommunen und Provinzen. Sie sind Träger eines Teils der Leistungen im Bereich der assistenza. Neben ihnen stehen die "enti comunali di assistenza" (ECA), die nach der bisherigen staatlichen Ordnung als "enti necessari" notwendig in jeder Kommune eingerichtet werden mußten. Auf lokaler Ebene arbeiten weiterhin die "istituzioni pubbliche di beneficenza ed assistenza" (IPAB). Letztere

---

67 Im Rahmen des von art. 117 ital. Verf. vorgesehenen Umfangs war bereits durch das Gesetz n.1121 vom 28.12. 1971 und durch auf seiner Grundlage ergangene Gesetzesdekrete ein Teil des den Regionen zugewiesenen Aufgabenbereichs in deren Kompetenz überführt worden. Das Gesetz n. 382 vom 22.7.1975 enthält die Ermächtigung zur Vervollständigung der Kompetenzübertragung. Die seit Ende Juli 1977 erlassenen Gesetzesdekrete müssen als ein wesentliches Ergebnis der gegenwärtigen politischen Konstellation in Italien angesehen werden, in der eine Minderheitsregierung (Democrazia Cristiana) parlamentarisch von einer Mehrheit aus 6 Parteien, darunter der kommunistischen, "geduldet" wird.

sind Wohltätigkeitseinrichtungen aufgrund ursprünglich privater, häufig kirchlicher Initiative, die zuweilen auf ein beträchtliches Alter zurückblicken können. Die bisherige staatliche Gesetzgebung hatte sie einer öffentlich-rechtlichen Regelung unterworfen. Derartige IPAB bestehen heute noch in großer Zahl. Ihr Leistungsangebot deckt derzeit einen nicht unerheblichen Teil der Fürsorgeleistungen ab. Die Kompetenzverteilung zwischen den verschiedenen Trägern ist unübersichtlich und zuweilen wenig einleuchtend.

Die Regionalisierung wird in diesem Bereich eine grundlegende organisatorische Umstrukturierung mit sich bringen. Zunächst waren den Regionen als erster Schritt lediglich die zuvor staatlichen Befugnisse, insbesondere die Rechtsaufsicht über die lokalen Träger der assistenza übertragen worden; mit der 1977 eingeleiteten weitergehenden Regionalisierung wird nunmehr eine Neuordnung der bisherigen Strukturen in der Zuständigkeit der jeweiligen Region erfolgen. Insbesondere die IPAB werden dabei zum überwiegenden Teil aufgelöst und die bisher von ihnen erfüllten Aufgaben unmittelbar von den Regionen wahrgenommen werden.

Auf nationaler Ebene operieren bislang eine Vielzahl von öffentlichen Einrichtungen, "istituti", "enti", "opere", die jeweils zur Ausfüllung eines bestimmten Aufgabenbereiches ins Leben gerufen wurden. Rechtlich gilt für sie im wesentlichen, was bereits für die Träger der Sozialversicherung gesagt wurde. Auch hier stellt die Regionalisierung einen Anlaß zur grundlegenden Reform dar. Mit der Zuständigkeit der Regionen ist das Fortbestehen einer großen Anzahl von öffentliche Aufgaben wahrnehmenden Institutionen auf nationaler, also überregionaler Ebene nur schwer zu vereinbaren. Es ist daher die Liquidation der Mehrzahl dieser Einrichtungen vorgesehen: 62 Träger wurden jetzt in eine Liste der auf ihre Effizienz und die Möglichkeit ihrer Einpassung in einen regional bestimmten Rahmen hin zu überprüfenden Einrichtungen aufgenommen. Innerhalb des nächsten Jahres soll die überwiegende Mehrzahl von ihnen aufgelöst werden. Ihre Aufgaben und ihr Vermögen wird von den Regionen übernommen werden [68].

II. Das System der Einkommenssicherung

1. Allgemein: Einkommenserhaltung und Sicherung gegen Armut

Das bestehende italienische System der Einkommenssicherung erschließt sich aus einer umfassenden Sicht, die die unterschiedlichen Formen der Leistungserbringung miteinander in Zusammenhang setzt. Neben den Leistungsbereichen von previdenza und assistenza ist dabei noch die besondere Sicherung für einen Großteil der öffentlichen Bediensteten zu nennen, die aus dem allgemeinen Vorsorgesystem ausgenommen sind.

Im Verhältnis zwischen previdenza und assistenza zeigt sich, daß einerseits in den Formen der previdenza zunehmend auch Leistungen der Basissicherung erbracht werden; dem entspricht eine Abnahme der Bedeutung des Leistungssystems der assistenza im Problembereich der Einkommenssicherung. Dieses sieht Einkommensleistungen heute vor allem im Bereich der Kriegsopferversorgung sowie für Behinderte vor. In der allgemeinen Armenfürsorge als typischer Aufgabenstellung der assistenza fehlt es hingegen in der Regel an einer ausreichenden Versorgung.

Vereinfacht lassen sich in der Aufgabenstellung der Leistungen der Einkommenssicherung zwei Gesichtspunkte unter-

68 So eine Notiz des Corriere della Sera vom 22.8.1977, S. 5.

scheiden. In der Sicherung des "minimo vitale", des Lebensminimums, liegt nur eine, allerdings ihre wesentliche Zielsetzung. Hinsichtlich der allgemeinen Lebensbedürfnisse dienen sie der Ermöglichung der "libertà dal bisogno", der "Freiheit vom Bedürfnis", die als Grundrecht der sicurezza sociale bezeichnet worden ist[69]. Sicherungsziel ist insoweit die Bewahrung des Leistungsempfängers vor elementarer wirtschaftlicher Not. Eine zweite Hauptaufgabe von Einkommensleistungen ist die zumindest partielle Erhaltung des zuvor von dem Gesicherten konkret bezogenen Einkommens. Hier geht es weniger um die Bewahrung vor dem Zustand der Bedürftigkeit, als um die Aufrechterhaltung des sozialen Status, des von dem Gesicherten besetzten sozialen Orts. Es ist bemerkenswert, daß in den theoretischen Erörterungen des Begriffs der sicurezza sociale auf diese letztere Aufgabenstellung nicht abgestellt wird. Sicurezza sociale bedeutet allein die Sicherung des Grundbedarfes[7o]. Die Formel, die sie aus der Integration von previdenza und assistenza entstehen sieht[71], leugnet deshalb nicht die teilweise unterschiedliche Finalität der bestehenden einzelnen Leistungssysteme. Auch soweit im Bereich der previdenza vielfach primär auf Einkommenserhaltung abgezielt wird, wird doch zugleich eine Abdeckung des Grundbedarfs mit bewirkt. Vor allem die Einrichtung der Mindestrente bewirkt hier, daß die Leistungen die Grenzen des "minimo

---

69 Vgl. ZANOTTI, aaO (Anm. 3), S. 28; PERSIANI, Lezioni I, aaO (Anm. 3), S. 22 ff; SIMI, aaO (Anm. 3), S. 676. Vgl. im übrigen bereits oben I.1.1.

7o Vgl. etwa SIMI, aaO (Anm. 3), S. 68o ff; MAZZONI, aaO (Anm. 5), S. 196; PERSIANI, Il sistema giuridico della previdenza sociale, Padova 196o, S. 28.

71 So etwa CHIARELLI, aaO (Anm. 1), S. 19 ff; PERSIANI, Lezioni I, aaO (Anm. 3), S. 38; ALIBRANDI, Infortuni sul lavoro, aaO (Anm. 2o), S. 15.

vitale" nicht unterschreiten.

Diese zwei Aufgabenstellungen sollen den folgenden Überblick über das System der Einkommenssicherung in Italien leiten. Zum einen wird danach gefragt, in welchem Umfang der Italiener überhaupt durch soziale Leistungen eine wirtschaftliche Mindestsicherung erfährt; das System ist hier generell auf seine Lückenlosigkeit hin zu untersuchen. Die zweite Fragestellung richtet sich auf den Umfang, in dem das bestehende Sozialsystem die Aufrechterhaltung eines tatsächlichen Einkommensstatus ermöglicht; hier ist der individuell mögliche Sicherungsumfang zu erfragen.

Seine wichtigste Grenze findet das italienische System der Einkommenssicherung im Problem der Arbeitslosigkeit. Vor allem in den strukturschwachen Gebieten des Südens kommt das bestehende Sozialleistungssystem den durch die Formen chronischer Arbeitslosigkeit aufgeworfenen Bedürfnissen nur unzureichend entgegen. Die einzelnen sozialen Maßnahmen sind hier in solchem Umfang von der durch die Arbeitslosigkeit aufgeworfenen besonderen Problematik geprägt, daß ein Überblick einer gesonderten Darstellung unter V. vorbehalten wurde.

2. Die Sozialversicherung

2.1. Allgemeine Grundsätze

Leistungen der Einkommenssicherung werden abgesehen von den Sicherungsformen der Arbeitslosigkeit in der Rentenversicherung, der Unfallversicherung, der Tuberkuloseversicherung und im Rahmen der Sicherung gegen Krankheit erbracht. Die Einkommensleistungen bei Krankheit laufen derzeit noch über die in Liquidation befindlichen bisherigen Träger der Krankenversicherung. Im Zuge der Reform der Gesundheitsversorgung ist es vorgesehen, die dann von den Gesundheitsleistungen getrennten Einkommensersatzleistungen in die Kompetenz des INPS zu überführen[72]. In der Perspektive der Reform erweist sich das INPS so in immer weitergehendem Maße als neben der Unfallversicherung zentrale Einrichtung für die Einbringung von Leistungen der Einkommenssicherung.

2.1.1. Das Sozialversicherungsverhältnis

In der juristischen Literatur zum Recht der previdenza läßt sich in dem Verständnis des Sozialversicherungsverhältnisses eine interessante Entwicklung beobachten. Die "traditionelle" Auffassung betrachtet es als ein einheitliches Rechtsverhältnis, das Beitragsverhältnis und Leistungsverhältnis umfaßt[73]. Bei PERSIANI findet sich jetzt die entgegengesetzte Ansicht, die beide Rechtsbeziehungen unabhängig voneinander sieht, verbunden allein durch die gemeinsamen Tatbestandsmerkmale, an die jweils angeknüpft wird. Es ist nur folgerichtig, wenn dann der Beitrag als eine besondere Form der Besteuerung verstanden wird, während umgekehrt die Leistungen als soziale Dienstleistungen ("pubblico servizio"), erscheinen[74].

---

72 Vgl. dazu art. 47 des Regierungsentwurfs für ein Gesetz zur Einrichtung des nationalen Gesundheitsdienstes, disegno di legge DAL FALCO, eingebracht im Parlament am 16.3.1977, Parlamentsakten VII. Legislatur n. 1252.

73 So ALIBRANDI, I soggetti e l'oggetto del rapporto di assicurazione sociale, in: Nuovo trattato di diritto del lavoro (Anm. 1), Bd. III, S. 23 ff (S. 28); LEVI SANDRI, Istituzioni, aaO (Anm. 5), S. 219 ff.

74 PERSIANI, Lezioni I, aaO (Anm. 3), S. 46 ff, 54. Bereits VENTURI, aaO (Anm. 1), S. 585, hatte darauf hingewiesen, daß die Auffassung, die Beiträge seien Steuern, auch die Negierung des Versicherungsverhältnisses bedeuten müsse; unter Hinweis auf BEVERIDGE, Social Insurance and Allied Services, London 1942, § 273.

Ausgangspunkt dieser Auffassungen ist das bereits seit der Zeit zwischen den Weltkriegen in das italienische Sozialversicherungsrecht eingeführte "principio dell'automaticità"[75]. Es besagt, daß die Gewährung der Sicherung durch den Leistungsträger nicht davon abhängig ist, daß Beiträge in dem geschuldeten Umfang vom Arbeitgeber abgeführt wurden. Es gilt im Bereich der Sicherung gegen die Risiken Unfall und Krankheit uneingeschränkt; in der Rentenversicherung, deren Leistungshöhe auch von der Anzahl der angesparten Beiträge abhängig ist, steht es unter dem Vorbehalt, daß die betreffende Beitragsschuld noch nicht verjährt sein darf. Vom INPS nicht mehr einklagbare Beiträge müssen für die Rentenberechnung daher außer Betracht bleiben[76]. Auswirkungen dieses Prinzips zeigen sich auch bei der Bestimmung der Personen, die sich in die sozialversicherungsrechtlichen Rechtsbeziehungen eingebunden finden. In der Leistungsbeziehung stehen "assicurato" (Versicherter) und "assicuratore" (Versicherungsträger); die Beitragspflicht bindet als "assicurante" allein den Arbeitgeber[77]. LEVI SANDRI geht dabei so weit, dem Arbeitnehmer dort, wo er infolge der "automaticità" uneinge-

---

75 Erstmalig eingeführt mit der Unfallversicherung in der Landwirtschaft (1917) wird dieses Prinzip zunächst auch auf die Unfallversicherung für Industriearbeiter ausgedehnt (1935), sodann in die Arbeitslosenversicherung (1939) und 1942 in die Neukodifikation des codice civile in art. 2116 mit aufgenommen.

76 Vgl. zum principio dell'automaticità PERSIANI, Lezioni I, aaO (Anm. 3), S. 48 ff; LEVI SANDRI, Istituzioni, aaO (Anm. 5), S. 218. In den Bereich der Rentenversicherung fand es Eingang mit den Gesetzen n. 153 vom 3o.4.1969 und n. 485 vom 11.8.1972. Es ist heute geregelt in der modifizierten Fassung von art. 27 Gesetzesdekret n. 636 vom 14.4.1939.

77 So auch die Vertreter der "traditionellen" Auffassung von der Natur des Sozialversicherungsverhältnisses. Vgl. ALIBRANDI, Soggetti e l'oggetto, aaO (Anm. 73), S. 334; LEVI SANDRI, Istituzioni, aaO (Anm. 5), S. 228.

schränkt geschützt wird, die Klage auf Einhaltung der Beitragspflicht gegenüber dem säumigen Arbeitgeber zu versagen[78].

Anknüpfungspunkt für die einzelnen Versicherungszweige ist die Form der Einkommenserzielung. Der "typische" Gesicherte der Sozialversicherung ist der in einem abhängigen Beschäftigungsverhältnis stehende Arbeitnehmer, der in ihren sämtlichen Zweigen erfaßt wird. Lediglich in der Unfallversicherung ist der Kreis der Gesicherten enger gezogen: nur solche Personen werden hier erfaßt, die "in Abhängigkeit und unter Anleitung Dritter entgeltlich manuelle Arbeit leisten"[79], sofern diese unter einen gesetzlichen Katalog versicherter Tätigkeiten fällt (art. 1 testo unico). Entsprechendes gilt für die mit der Unfallversicherung verbundene Versicherung gegen Berufskrankheiten, die dieselben Personen gegen das Risiko schützt, an einer als solche vorgesehenen Berufskrankheit zu erkranken[8o].

2.1.2. Soziale Sicherung und Entschädigung

Die Trennung zwischen der Unfallversicherung auf der einen und dem System aus Rentenversicherung und Sicherung gegen Krankheit auf der anderen Seite ist weitgehend in der historischen Entwicklung bedingt. Die Unfallversicherung kann auch heute noch ihre Abstammung aus der Diskussion

---

78 LEVI SANDRI, Istituzioni, aaO (Anm. 5), S. 228.

79 So art. 4 Ziff. 1 testo unico delle disposizioni per l'assicurazione obbligatoria contro gli infortuni sul lavoro e le malattie professionali, d.p.r. n. 1124 vom 3o.6.1965.

8o Art. 3 testo unico infortuni (Anm. 79), und art. 211 für die Beschäftigten in der Landwirtschaft. Ein Verzeichnis liegt als "allegato n. 4" dem testo unico an.

um die Verteilung des erhöhten Arbeitsrisikos zwischen Arbeitgebern und Arbeitnehmern nicht verhehlen. Der Ersatzgedanke ist in ihr immer noch lebendig und gelangt in dem Ansatz an einem schädigenden Ereignis zum Ausdruck. Dieses dient als eines der Elemente für die Bestimmung des in der Unfallversicherung Leistungsberechtigten. Zum Eintritt der Versorgungsbedürftigkeit muß bei dem Versicherten hier hinzutreten, daß der Risikoeintritt sich gerade als die kausal verursachte Folge eines bestimmten, versicherten, Unfalles darstellt.

Rentenversicherung und Sicherung gegen Krankheit sind umgekehrt final auf den Sicherungserfolg hin ausgerichtet, den sie für ihre Leistungsadressaten garantieren. Im Grundsatz wird hier auf den Vorsorgefall abgestellt und so bei den Folgen des Risikoeintritts angesetzt, dessen Ursachen in der Regel hingegen außer Betracht bleiben. Die Ausgrenzung aus der Zahl der möglicherweise gleichermaßen Versorgungsbedürftigen erfordert hier andere Gesichtspunkte. Der Schutz für den Fall der Krankheit hängt davon ab, daß für den Betroffenen gerade während der Krankheitszeit Versicherungsschutz bestand. In der Rentenversicherung mit ihren typischerweise auf langfristige Versorgungsbedürftigkeit abgestellten Leistungsformen erscheint dieses Abgrenzungsmerkmal hingegen als wenig tauglich. Die Ausgrenzung erfolgt hier durch das Erfordernis der Erfüllung bestimmter Wartezeiten, die neben dem Risikoeintritt für den Bezug von Rentenleistungen vorausgesetzt werden. Als "periodo di assicurazione" wird der seit dem ersten Eintritt in die Versicherung vergangene Zeitraum bezeichnet. "Periodi di contribuzione" bezeichnen hingegen jene versicherten Zeiten, für die effektiv Beiträge an den Versicherungsträger abgeführt, bzw. in Anwendung des principio dell'automaticità zugunsten des Versicherten angerechnet wurden.

Die einzelnen Sicherungssysteme sind nur unvollkommen aufeinander abgestimmt. Im Zusammenhang gesehen kann es so zu

Lücken in der Sicherung kommen, oder auch zu Überschneidungen. Hinzu kommt ein häufig wesentlich besseres Leistungsniveau in der Unfallversicherung. Vor allem im Überschneidungsbereich kann es deshalb infolge der unterschiedlichen Systemansätze zu Ergebnissen kommen, denen unter dem Vorzeichen einer sozialen Sicherung das Attribut der Willkürlichkeit mitunter nur schwer abgesprochen werden kann.

2.1.3. Der gesicherte Personenkreis

Die dem italienischen Arbeitsrecht durchaus geläufige Unterscheidung zwischen Arbeitern und Angestellten[81] ist im System der Sozialversicherung von geringerer Bedeutung. In der Rentenversicherung sind Angestellte unterschiedslos in das allgemeine System integriert. Lediglich die Invaliditätsversicherung hatte anfangs eine Differenzierung vorgesehen. Die Erwerbsfähigkeit eines Arbeiters mußte um zwei Drittel gemindert sein, um die Rentenberechtigung auszulösen. Bei Angestellten reichte hingegen bereits die Minderung um die Hälfte aus. Der italienische Verfassungsgerichtshof sah hierin einen Gleichheitsverstoß und hat die unterschiedliche Behandlung beseitigt.[82] In der bisherigen

---

81 Art. 2o95 codice civile. Zu Einzelheiten vgl. MAZZONI, Diritto del lavoro, aaO (Anm. 18), S. 434 ff, insbesondere S. 38 ff.

82 Die Entscheidung n. 16o vom 6.7.1971, in Giurisprudenza costituzionale 1971, S. 1736 ff, erklärte die Differenzierung insoweit für nichtig, als nicht auch bei Arbeitern die Minderung um 1/2 ausreichte. Der ital. Gesetzgeber hat die Anforderungen sodann für Arbeiter und Angestellte einheitlich auf die Minderung um 2/3 festgesetzt, art. 24 Gesetz n. 16o vom 3.6.1975. Die Rentenversicherung hatte ursprünglich zwischen Arbeitern und Angestellten auch insoweit differenziert, als allein für letztere eine Einkommensgrenze für die Versicherungspflicht bestand. Das Gesetz n. 633 vom 28.7.195o hat diese Unterscheidung dann beseitigt. Vgl. zur Stellung der Angestellten in der Rentenversicherung ROSSI, aaO (Anm. 61), S. 26 ff.

Krankenversicherung mit ihrem höchst differenzierten Leistungsangebot bestanden verschiedentlich besondere Regeln für Angestellte. Die Unfallversicherung schließlich gewährt ihre Sicherung lediglich für zur Leistung von Handarbeit bestellte Arbeitnehmer, so daß Angestellte hier in der Regel nicht erfaßt werden[83]. Die Angehörigen der dritten Hauptgruppe von im Betrieb beschäftigten Personen sind hingegen aus dem allgemeinen System ausgegliedert: für "dirigenti" (leitende Angestellte) besteht ein besonderes "Istituto Nazionale per i Dirigenti di Aziende Industriali" (INPDAI).

In der Rentenversicherung stehen neben dem "regime generale", das allgemein die abhängig Beschäftigten erfaßt, die "regimi speciali" oder auch "trattamenti speciali", die für bestimmte Berufsgruppen Sonderregeln setzen[84]. Hinzu kommen die besonderen "gestioni" für die Selbständigen, die vom INPS auch organisatorisch gesondert geführt werden.

2.1.4. Arbeitseinkommen und Einkommensersatz

Das sozialversicherungsrechtliche System der Einkommensleistungen schützt den in ihm Gesicherten gegen die Gefahr,

---

83 Art. 4 testo unico infortuni (Anm. 79). PERSIANI, Lezioni II, aaO (Anm. 3), S. 23, weist darauf hin, daß der Handarbeitscharakter der ausgeübten Tätigkeit für sich genommen kein gültiges Abgrenzungsmerkmal für die Unterscheidung zwischen Arbeitern und Angestellten darstelle.

84 Zum Verhältnis zum regime generale LAFRANCONI, Trattamenti speciali, aaO (Anm. 45), S. 31 ff; ROSSI, aaO (Anm. 61), S. 13 ff.

durch den Verlust seiner Arbeitsfähigkeit der Möglichkeit zur Erzielung eines Einkommens aus eigener Arbeitstätigkeit beraubt zu werden. Dies gilt vor allem für den "lavoratore dipendente", der in einem abhängigen Beschäftigungsverhältnis steht, in vergleichbarer Weise auch für den "lavoratore autonomo", der als Selbständiger sein Einkommen vorwiegend aus dem Einsatz seiner eigenen Arbeitskraft bezieht. Für den Arbeitnehmer sind die Leistungen der Sozialversicherung somit dort berufen, wo die arbeitsrechtliche Pflicht des Arbeitgebers zur Zahlung des Arbeitsentgelts infolge des Eintritts eines der versicherten Risiken endet. Im Bereich der Arbeitsunfähigkeit infolge physischer Beeinträchtigung lassen sich dann unterscheiden: zeitweilige Arbeitsunfähigkeit infolge vorübergehender körperlicher Störung (Typ: Krankheit) und ständige Arbeitsunfähigkeit aufgrund einer permanenten körperlichen Beeinträchtigung (Typ: Invalidität). Hinzu kommt das Erreichen des Rentenalters, an das "...das Gesetz die Vermutung der Unfähigkeit des Arbeitnehmers knüpft, seine Erwerbstätigkeit fortzusetzen"[85].

Die Ersatzfunktion der Einkommensleistung gegenüber dem Arbeitsentgelt zeigt sich in dem Ausmaß, in dem die Regeln des Arbeitsverhältnisses und der sozialversicherungsrechtlichen Leistungsberechtigung aufeinander abgestimmt sind. Das Arbeitsverhältnis bleibt bei dem Eintritt eines der gesicherten Risiken zunächst bestehen[86]. Der Zeitraum, nach dessen Ablauf es von dem Arbeitgeber aufgelöst werden kann, ist der tarifvertraglichen Regelung überlassen. Im Falle des Alters endet der gesetzliche arbeitsrechtliche Kündigungsschutz mit dem Eintritt der Voraussetzungen für

85 PERSIANI, Lezioni II, aaO (Anm. 3), S. 95.

86 Zu der arbeitsrechtlichen Konstruktion der "sospensione" des Arbeitsvertrages während der Zeit der Krankheit, etc. vgl. MAZZONI, Diritto del lavoro, aaO (Anm. 18), S. 639 ff.

einen Rentenanspruch aus der Altersrentenversicherung[87]. Besondere Leistungspflichten des Arbeitgebers in den Fällen der Krankheit, des Unfalls oder der Schwanger- bzw. Mutterschaft werden von art. 2110 codice civile ebenfalls der tarifvertraglichen Regelung zugewiesen. Häufig ist in solchen Regelungen die "Integration" der Versicherungsleistungen durch Leistungen des Arbeitgebers, vielfach bis auf die normale Lohnhöhe, vorgesehen.

2.2. Der Umfang der Risikoabdeckung

Im folgenden wird nun ein Überblick über das Ausmaß der im Rahmen der Sozialversicherung ermöglichten Einkommenssicherheit gegeben. Aus Gründen der Übersichtlichkeit wird die Darstellung auf die Sicherung des abhängig Beschäftigten beschränkt.

2.2.1. Zeitweilige Arbeitsunfähigkeit

In Betracht kommen hier Leistungen der Unfallversicherung (INAIL), der Tuberkuloseversicherung, sowie der bisherigen Krankenversicherung. Letztere werden während einer Übergangszeit im Rahmen der in Liquidation befindlichen, als organisatorische Einheit unter der Leitung eines Kommissars jedoch fortbestehenden bisherigen Krankenversicherungsträger, insbesondere also des INAM, erbracht. Der Umfang der Leistungen und die Leistungsberechtigung richten sich dabei auch weiterhin nach den bisher geltenden Vorschriften. Während der Leistungsbereich von Unfall- und Tuberkuloseversicherung durch jeweils besondere Leistungsvoraussetzungen eingegrenzt ist, greifen die Krankenversicherungsleistungen allgemein "in den Fällen der Krankheit" ein, "ausgenommen jene Fälle, die gesetzlich von anderen Ver-

87 Art. 11 Gesetz n. 604 vom 15.7.1966.

sicherungsformen abgedeckt sind"[88].

Tuberkuloseversicherung

Das Vorhandensein einer besonderen Tuberkuloseversicherung erklärt sich aus ihrer Entstehung zu einer Zeit, in der eine allgemeine Krankenversicherung noch nicht ausgebildet war. Versichert ist ausschließlich die Erkrankung an Tuberkulose. Die Leistungen sind im wesentlichen die folgenden: der Versicherte erhält ohne Wartezeit bis zur vollständigen Genesung die gleichen Leistungen wie im normalen Krankheitsfalle, mindestens aber einen bestimmten Tagessatz[89]. Soweit ein Sanatoriumsaufenthalt von mindestens 6o Tagen vorausging, wird während einer Zeit von bis zu 2 Jahren ein höherer Tagessatz geleistet. Ist nach Ablauf dieses Zeitraums die Erwerbsfähigkeit ("capacitá di guadagno") um mindestens 2/3 gemindert, so werden bis zu ihrer Wiederherstellung weiterhin Geldleistungen erbracht[9o].

Versicherung gegen Unfall und Berufskrankheiten

Um Leistungsansprüche in der Unfallversicherung zu erzeugen,

---

88 Art. 5 I Gesetz n. 138 vom 11.1.1943.

89 Die Höhe des Tagessatzes wird gem. art. 4 Gesetz n. 419 vom 6.8.1975 jährlich in gleichem Umfang wie die Mindestrente erhöht. 1976 betrug er 1.87o Lire. Er ist mit der Berechtigung zum Bezug der Familienleistungen der "assegni familiari" verbunden. Vgl. zur Tuberkuloseversicherung im einzelnen CAMPOPIANO/VIGLI, La previdenza sociale, 1o. Aufl., Roma 1976, S. 321 ff.

9o Der erhöhte Tagessatz betrug 1976 3.117 Lire. Er unterliegt ebenfalls der jährlichen Anpassung an die Geldentwicklung. Zur capacitá di guadagno noch im folgenden. Die weiteren Leistungen werden jeweils für zwei Jahre bewilligt (48o.ooo Lire/Jahr) und können nach Ablauf dieses Zeitraums jeweils erneuert werden. Vgl. CAMPOPIANO/VIGLI, aaO (Anm. 89), S. 335 ff.

muss ein Unfall anlässlich der Arbeitsleistung ("in occasione di lavoro") erfolgt sein. Die hierzu bestehende Abgrenzungsproblematik ist in etwa die gleiche wie im deutschen Recht. Anderes gilt aber für den Wegeunfall, der im italienischen Recht nur dann in die Versicherung mit einbezogen wird, wenn das allgemeine, jedermann treffende Unfallrisiko im Zusammenhang gerade mit der Arbeitsleistung erhöht wird. In weitergehendem Umfang ist der Weg zur Arbeit hier nicht versichert[91]. Ist der Versicherte infolge eines Unfalls oder einer Berufskrankheit zeitweilig arbeitsunfähig, so werden nach einer dreitägigen Karenzzeit für die gesamte Zeit bis zur Gesundung Einkommensersatzleistungen erbracht: ein Tagessatz von zunächst 6o% des bisherigen Nettoeinkommens, der sich nach 9o Tagen auf 75% erhöht.

Allgemeine Sicherung gegen Krankheit

Nach einer zumeist über tarifvertraglich vereinbarte Arbeitgeberleistungen abgedeckten Karenzzeit von gleichfalls drei Tagen werden Einkommensleistungen erbracht, sofern die Krankheit zur Arbeitsunfähigkeit des Versicherten geführt hat. Die Leistungen sind je nach der Versichertengruppe durchaus unterschiedlich[92]. Voraussetzungen für diese Leistungen ist, daß das Leiden während eines Versicherungszeitraums, d.h. während des Bestehens des Be-

---

91 Zur Qualifizierung des anspruchерzeugenden Unfalls vgl. art. 2, 21o testo unico infortuni (Anm. 79). Zur Regelung des Wegeunfalles in der Unfallversicherung vgl. LEVI SANDRI, Istituzioni, aaO (Anm. 5), S. 264; PERSIANI, Lezioni II, aaO (Anm. 3), S. 3o ff; BARNI/GRAEV, L'infortunio sulle vie del lavoro nei suoi presupposti dottrinari e nei suoi fondamenti giurisprudenziali, Roma 1962.

92 Im Falle des Industriearbeiters werden beispielsweise für eine Dauer von max. 18o Tagen im Jahr bis zum 21. Tag 5o% und anschließend bis zu 2/3 des Nettolohns gezahlt. Vgl. insoweit CHIAPPELLI, L'assicurazione sociale di malattia, 5. Aufl. Milano 1969, S. 145 ff.

schäftigungsverhältnisses, auftritt. Eine wichtige Schranke liegt in der Begrenzung der Leistungsdauer auf maximal 18o Tage/Jahr. Sie bedeutet, daß nach Ablauf dieses Zeitraums innerhalb eines Kalenderjahres die Leistungen enden, um erst im folgenden Kalenderjahr wiederum bis zu einem Maximalwert von 18o Tagen aufgenommen zu werden, falls die Krankheit fortdauert. Gleiches gilt auch dann, wenn mehrere Krankheiten sich über einen Zeitraum erstrecken, der diese Höchstwerte überschreitet.

Einkommenssicherung bei Schwangerschaft der Versicherten und bei Geburt eines Kindes

Der Mutterschutz ist durch das Gesetz n. 12o4 vom 3o.12. 1971 gegenüber früheren Regelungen neu geordnet und verbessert worden[93]. Danach besteht Kündigungsschutz für die Mutter vom Beginn der Schwangerschaft an bis zur Vollendung des 1. Lebensjahres des Kindes (art. 2); für die letzten zwei Monate vor und die ersten drei Monate nach der Geburt besteht ein Beschäftigungsverbot (art. 4); während der anschließenden sechs Monate hat die Mutter das Recht, sich von der Arbeit freistellen zu lassen (art. 6). Der während dieser Zeit erlittene Einkommensverlust wird durch Leistungen im System der Sicherung gegen Krankheit ausgeglichen. Die Leistungen, die für die in einem abhängigen Beschäftigungsverhältnis stehende Arbeitnehmerin über das bisherige INAM erbracht werden, betragen 8o% des Lohns während der obligatorischen und 3o% während der fakultativen Abwesenheit vom Arbeitsplatz.

---

93 Zur Genesis des Mutterschutzes vgl. Manuale Enciclopedico, aaO (Anm. 6o), S. II, 954 ff.

2.2.2. Dauernde Arbeitsunfähigkeit

In der dauernden körperlichen Beeinträchtigung liegt eine entscheidende Wende für das gesamte fernere Leben des Betroffenen. Mit der Arbeitsfähigkeit wird auch der Arbeitsplatz als solcher in Frage gestellt. Dies führt auf eine Problemstellung, die für die zeitweilige Beeinträchtigung, die nur eine Unterbrechung der Arbeitsfähigkeit darstellt, ohne Relevanz ist: die Möglichkeit eines weiteren Verbleibs im Erwerbsleben hängt hier von dem Ausmaß der Beeinträchtigung, d.h. umgekehrt von dem Grad der noch verbliebenen körperlichen Tauglichkeit ab. Es erklärt sich so, warum für die Versorgung des dauernd Beschädigten die ihm verbliebene Arbeitsfähigkeit zum Ansatzpunkt genommen wird.

Unfallrentner und Invalidenrentner

Leistungen werden hier von der Unfallversicherung und von der Invaliditätsversicherung im Rahmen der Rentenversicherung (INPS) erbracht. Die Anforderungen an die Beschädigung sind nicht einheitlich. In den unterschiedlichen Ansatzpunkten zeigt sich dabei die Wesensverschiedenheit beider Sicherungssysteme. Die Unfallversicherung hebt auf die "inabilità permanente assoluta al lavoro" ab. Diese bezeichnet das Ausmaß der Beschädigung des Betroffenen in seiner allgemeinen Arbeitsfähigkeit, wobei die Eignung für die Ausübung überhaupt einer Arbeitstätigkeit zum Ausgangspunkt genommen wird[94]. Die Leistungen der Unfallversiche-

---

94 Die Legaldefinition findet sich in art. 74 I testo unico infortuni (Anm. 79): "...als inabilità permanente... ist die Folge eines Unfalls oder einer Berufskrankheit anzusehen, durch die die Arbeitsfähigkeit vollständig und für das gesamte weitere Leben beseitigt (bzw. gemindert) wird...". Vgl. ALIBRANDI, Infortuni sul lavoro, aaO (Anm. 2o), S. 462 ff; PERSIANI, Lezioni II, aaO (Anm. 3), S. 35.

rung richten sich sodann nach der in Prozentsätzen erfaßten Minderung der Arbeitsfähigkeit[95]. Die Invaliditätsversicherung kennt hingegen nur eine einheitliche Rentenberechtigung des Invaliden. Als solcher ist anzusehen, wessen Erwerbsfähigkeit um mehr als zwei Drittel gemindert ist. Die "capacità di guadagno", auf die hier abgestellt wird, besteht in der Möglichkeit des Betroffenen, in"einer seinen Fähigkeiten angemessenen Beschäftigung" ein Einkommen zu erzielen[96]. Die von beiden Versicherungen erbrachten Rentenleistungen sind auch terminologisch voneinander unterschieden: die Unfallrente heißt "rendita", während die Invaliditätsversicherung eine "pensione" gewährt.

Die Leistungen von Unfall- und Invaliditätsversicherung sind durchaus unterschiedlich. Die Unfallversicherung gewährt eine Rente, deren Höhe sich nach dem Grad der Einbuße an Arbeitsfähigkeit richtet. Innerhalb der Grenzen von Mindest- und Höchstwerten ist diese Rente an dem bisherigen Arbeitseinkommen des Versicherten orientiert und erreicht dessen vollen Wert bei einem Schädigungsgrad von 75% und mehr. In diesem Falle wird zusätzlich noch ein "assegno" für die Betreuung durch eine Pflegeperson gezahlt, falls der Rentenberechtigte aufgrund seiner körperlichen Konstitution einer solchen bedarf. In der Invaliditätsversicherung werden Einkommensleistungen vor allem in Form der Invalidenrente erbracht. Sie setzt die Erfüllung von Wartezeiten von jeweils fünf Versicherungs- und Beitragsjahren voraus. Auf die Art ihrer Berechnung wird im folgenden noch einzugehen sein.

---

95 Dem testo unico infortuni (Anm. 79) sind verschiedene Tabellen angefügt, die zu diesem Zweck jeweils bestimmte Prozentwerte festlegen.

96 Art. 1o I Gesetzesdekret n. 636 vom 14.4.1939: "Si considera invalido l'assicurato la cui capacità di guadagno, in occupazioni confacenti alle sue attitudini, sia ridotta in modo permanente per infermità o difetto fisico o mentale...". Auf die Entsprechung zum deutschen Begriff der Erwerbsfähigkeit weist LAFRANCONI, Trattamenti speciali, aaO (Anm. 45), S. 136 ff hin.

Die "pensione privilegiata"

Als besondere Form der Invaliditätsversicherung wird vom INPS die "pensione privilegiata" geführt[97]. Sie dient dazu, einen gewissen Ausgleich für den nur beschränkten Schutz des Arbeitsbereiches durch die Unfallversicherung zu gewähren. Die von dieser bewirkte Sicherung der Arbeitswelt erfaßt, anders als etwa die deutsche Unfallversicherung, nicht den Gesamtbereich der Arbeitstätigkeit, sondern nur einzelne Abschnitte aus dieser. Der außerhalb dieser Sicherung, aber anläßlich seiner Arbeitstätigkeit von einem Unfall Betroffene war zunächst auf die allgemeine Invaliditätsversicherung angewiesen. Seine Versorgung war damit von der Erfüllung der erforderlichen fünfjährigen Wartezeit abhängig. Der italienische Gesetzgeber hat hier eine Lücke gesehen, die es zu schließen galt. Die "pensione privilegiata" wurde für solche Arbeitsunfälle im weiteren Sinne eingerichtet, die von der Unfallversicherung nicht erfaßt werden[98]. Sie ermöglicht den Bezug einer Invalidenrente bereits unter der erleichterten Voraussetzung der Erfüllung von Wartezeiten von jeweils nur einem Jahr in der Rentenversicherung.

Der von der "pensione privilegiata" abgedeckte Sicherungsbereich weist sie systematisch einer Stellung im Zwischen-

---

97 Die "pensione privilegiata di invalidità per causa di servizio" wurde durch art. 12 Gesetz n. 9o3 vom 21.7. 1965 eingeführt.

98 Vgl. zum Umfang des mit der "pensione privilegiata" gesicherten Arbeitsbereichs, PERSIANI, Lezioni II, aaO (Anm. 3), S. 99 ff; DI BERARDINO, La pensione di invalidità ed ai superstiti per causa di servizio, in: Trattato di previdenza sociale (Anm. 27), S. 373 ff (S. 399 ff). Insbesondere der Wegeunfall wird hier in vollem Umfang erfaßt.

bereich zwischen Unfall- und Invaliditätsversicherung zu. Mit dem Ansatz lediglich an der Schädigung, die sich als Folge eines mit der Arbeitstätigkeit im Zusammenhang stehenden Unfalls darstellt, führt sie ein kausales Moment in die Rentenversicherung ein[99]. Systematisch hätte es sicherlich näher liegen müssen, für die erwünschte umfassende Sicherung der Arbeitstätigkeit bei der kausal strukturierten Unfallversicherung anzusetzen. In der Rentenversicherung bewirkt die jetzige Lösung einen gewissen Systembruch. Sie bedeutet, daß auf Grund der ja nur geringen Versicherungszeit die möglichen Rentenwerte sehr niedrig liegen und in aller Regel der Anhebung auf den Satz der Mindestrente bedürfen[100]. Im Ergebnis erhält so ein bestimmter Risikobereich (das Arbeitsleben) mit der "pensione privilegiata" eine besondere Sicherung unter Rückgriff auf den allgemeinen Fonds der Rentenversicherung.

Abstimmung der Leistungen aufeinander

Die Sicherung bei zeitweiliger Arbeitsunfähigkeit ist nur in der Unfallversicherung lückenlos auf das Leistungssystem im Falle der permanenten Unfähigkeit abgestimmt. Die Verschlechterung des körperlichen Zustands hin zur "inabilità permanente" läßt den Anspruch auf die Unfallrente übergangslos an die Stelle der bisher erbrachten Leistungen auf Grund vorübergehender Arbeitsunfähigkeit treten. Anders ist es jedoch im Verhältnis zwischen Leistungen der Sicherung gegen Krankheit und der Invalidenrente. Hier bedeutet ein Ende der Krankenleistungen wegen Überschreitung der 18o-Tage-Frist keineswegs auch ein Eingreifen der Rentenversicherung. Liegen deren Voraussetzungen nicht vor, so ist der Kranke nicht gesichert.

99 Darauf weist auch DI BERARDINO, aaO (Anm. 98), S. 4oo hin.

1oo PERSIANI, Lezioni II, aaO (Anm. 3), S. 1o1.

Mit Ausnahme der "pensione privilegiata" können Unfall- und Invalidenrenten innerhalb der Grenzen des bisherigen Nettoeinkommens miteinander kumulieren[1o1]. Auch hier läßt sich wiederum die nur unzureichende Abstimmung der beiden Versicherungssysteme aufeinander konstatieren: denkbar ist, daß der Versicherte entweder nur die Invalidenrente oder die Unfallrente erhält; denkbar ist aber auch, daß er auf beide Renten zugleich Anspruch hat - oder auch, daß er überhaupt ungesichert bleibt.

2.2.3. Alter

Das Rentenalter liegt im Normalfall bei 6o Jahren für Männer und bei 55 Jahren für Frauen. Italien liegt insoweit an der Untergrenze der EG-Länder[1o2]. Die Versicherungsleistungen bestehen in der Zahlung der Altersrente, für die neben der Erreichung des Rentenalters Wartezeiten (Versicherungs- und Beitragszeiten) in Höhe von mindestens 15 Jahren erforderlich sind.

Mit der "pensione di anzianità" wird die Möglichkeit einer Vorverlegung des Rentenalters eröffnet. Nach Wartezeiten von zumindest 35 Jahren kann auch bereits vor Erreichen der Altersgrenze die Rente in Anspruch genommen werden. Diese besondere Rentenform ist sicherlich im Zusammenhang mit der Arbeitsmarktsituation zu sehen, indem sie partiell einen Ausweg gegenüber dem Problem der besonders prekären unfreiwilligen Arbeitslosigkeit im fortgeschrittenen Alter eröffnet. Der ältere Arbeitnehmer kann dann bereits vor-

---

1o1 PERSIANI, Lezioni II, aaO (Anm. 3), S. 39, führt als Grund hierfür das allgemein sehr niedrige Niveau der Invalidenrenten an.

1o2 DUMSCH, Harmonisierung der sozialen Sicherungen in der EG, Köln 1973, S. 27.

zeitig diese Rente beziehen[1o3].

2.2.4. Sicherung der Hinterbliebenen

Sowohl die Unfallversicherung wie auch die Rentenversicherung beziehen die Hinterbliebenen eines Versicherten in die von ihnen gewährte Sicherung mit ein. Dabei zeigt sich erneut ihre unterschiedliche systematische Stellung. Eine Unfallrente steht den Hinterbliebenen dann zu, wenn der Tod eines Arbeitnehmers auf einen versicherten Unfall zurückzuführen ist[1o4]. In der Rentenversicherung ist eine Hinterbliebenenrente hingegen an die gleichen Voraussetzungen wie die Invalidenrente geknüpft: es müssen Wartezeiten von jeweils mindestens fünf Jahren erfüllt sein[1o5]. Die erleichterten Voraussetzungen der "pensione privilegiata" gelten auch für die Hinterbliebenen, sofern es sich bei dem den Rentenfall auslösenden Ereignis um einen Arbeitsunfall im weiteren Sinne handelte[1o6]. In der Rentenversicherung macht es keinen Unterschied, ob der Familienvorstand noch aktiv im Erwerbsleben stand oder selbst bereits als

---

1o3 Eingeführt wurde die "pensione di anzianità" durch art. 22 Gesetz n. 153 vom 3o.4.1969 und bereits zuvor einmal vorübergehend durch art. 13 Gesetz n. 9o3 vom 21. 7.1965. PERSIANI, Lezioni II, aaO (Anm. 3), S. 1o4, will hinter dieser Rentenform die Anerkennung gegenüber dem Mitbürger sehen, der nach 35 Arbeitsjahren seinen Beitrag zum Wohl der Allgemeinheit erbracht habe.

1o4 ALIBRANDI, Infortuni sul lavoro, aaO (Anm. 2o), S.619; CATALDI, Compendio degli infortuni sul lavoro e delle malattie professionali, Roma 1973, S. 12o ff.

1o5 Art. 13 Gesetzesdekret n. 636 vom 14.4.1939.

1o6 Art. 12 II Gesetz n. 9o3 vom 21.7.1965. Vgl. dazu DI BERARDINO, aaO (Anm. 98), S. 4oo ff.

Rentner das Familieneinkommen bestritt. Die Unfallversicherung kennt hingegen im Grundsatz keine abgeleitete Rentenberechtigung. Eine eigene Rente steht den Hinterbliebenen eines Unfallrentners nur dann zu, wenn auch sein Tod noch ursächlich auf das schädigende Ereignis zurückzuführen ist.

Der Kreis der in die Sicherung einbezogenen Personen umfaßt im wesentlichen die Familienangehörigen des Verstorbenen, deckt sich jedoch nicht notwendig mit dem familienrechtlichen Angehörigenkreis. Die Rente steht in beiden Versicherungen der Ehefrau in jedem Fall, dem Ehemann aber nur dann zu, wenn er selbst zu wenigstens 1/3 arbeitsunfähig (Unfallversicherung) oder aber erwerbsunfähig (Rentenversicherung) ist[107]. Kinder und gleichgestellte Personen sind im wesentlichen in dem gleichen Umfang gesichert, in dem für sie auch die Familienleistungen der assegni familiari bezogen werden können[108]. Entsprechendes gilt für die von dem Verstorbenen überwiegend unterhaltenen Aszendenten, sofern Kinder nicht vorhanden sind.

Die Höhe der im Einzelfall gezahlten Hinterbliebenenrente folgt dem jeweiligen Modus der Rentenberechnung. Die Hinterbliebenen haben Anspruch auf Bruchteile der Rente, wie sie dem Verstorbenen gegebenenfalls selbst zugestanden hätte. Scheitert in der Rentenversicherung die Sicherung der Hinterbliebenen an der fehlenden Erfüllung der Warte-

---

1o7 Art. 85 Ziff. 1 testo unico infortuni (Anm. 79); art. 13 V Gesetzesdekret n. 636 vom 14.4.1939, i.d.F. durch art. 22 Gesetz n. 9o3 vom 21.7.1965. Der italienische Verfassungsgerichtshof hat für die unterschiedliche Behandlung wiederholt einen Verfassungsverstoß verneint, vgl. die Entscheidungen n. 2o1, 1972, in: Giurisprudenza costituzionale 1972, S. 2232 ff und n. 5o,1974 ibid. 1974, S. 181 ff.

1o8 Auf die Familienleistungen wird unter III, 1.1. noch zurückzukommen sein.

zeiten, so erhält der Ehegatte eine einmalige Ausgleichszahlung[1o9].

2.3. Die Höhe der vom INPS getragenen Renten

Der Berechnungsmodus

Die Höhe der Renten wird erstmals seit 1968 nach der sog. "Einkommensformel" berechnet. Diese findet gleichermaßen auf Alters- und Invalidenrenten, wie auch auf die Renten für Hinterbliebene Anwendung. Die Rentenberechnung erfolgt danach auf der Grundlage des von dem Versicherten in den letzten Jahren seines Arbeitslebens erzielten Einkommens, wobei aus den letzten 1o beitragspflichtigen Jahren die drei günstigsten herausgegriffen werden[11o]. Die Rente bemißt sich sodann in einem Prozentsatz des auf diese Weise ermittelten Einkommens. Dieser ist abhängig von der von dem Versicherten erdienten Beitragszeit. Seit dem 1.1.1976 werden je Beitragsjahr 2% angerechnet, bis zu einem Maximum von 4o Jahren. Die Rente liegt dann zwischen 2% (1 Beitragsjahr) und 8o% (4o Beitragsjahre).

Für sämtliche vom INPS getragenen Renten gilt die Regelung der gesetzlichen Mindestrente. Der Versicherte, dessen nach Maßgabe der Rentenformel berechnete Ansprüche (auch bei mehrfacher Rentenberechtigung) unter dem Wert der Mindestrente liegen, erhält Leistungen zumindest in dieser Höhe. Während die Mindestrente bei ihrer Einführung 1952

1o9 Art. 13 Gesetz n. 218 vom 4.4.1952 i.d.F. durch Gesetz n. 9o3 vom 21.7.1965. Die Ausgleichszahlung beträgt den 45-fachen Satz der bisher erbrachten Beitragsleistungen und ist an Mindest- und Höchstwerte gebunden.

11o Zu den (im Einzelfall komplizierteren) Formen der Rentenberechnung vgl. art. 14 Gesetz n. 153 vom 3o.4.1969, sowie MINICONE, Le prestazioni in genere, in: Trattato di previdenza sociale (Anm. 27), S. 111 ff (S. 153 ff).

noch bestimmte Anforderungen an die subjektive Bedarfssituation des Rentners gestellt hatte, sind diese in der Folgezeit weitgehend beseitigt worden. Heute wird grundsätzlich jedem Rentenberechtigten die Leistung des Mindestwertes garantiert. Seit 1965 ist ihr Bezug nicht mehr davon abhängig, ob in einem Beschäftigungsverhältnis entgeltliche Arbeit geleistet wird[111]. Der Betrag der Mindestrente ist gesetzlich festgelegt und wird jährlich nach Maßgabe der Entwicklung der Mindestlöhne in der Industrie angehoben[112].

Ein Höchstwert für die erreichbare Rentenhöhe wird in indirekter Form dadurch erzielt, daß bei hohen Rentenwerten die Berechnungsweise Modifikationen unterliegt. Insbesondere ist das nach der Rentenformel zugrundezulegende letzte Einkommen nur bis zu einem Maximalwert berücksichtigungsfähig, der derzeit bei 1.o5o.ooo Lire/Monat liegt. Bemerkenswert ist, daß dieser Höchstwert trotz der beträchtlichen Geldentwertung seit 1969 nicht mehr angehoben wurde, so daß in gewissem Umfang eine "stillschweigende" Rentennivellierung stattgefunden hat. Es handelt sich hier um einen Fall, in dem die Geldinflation es dem Gesetzgeber ermöglicht hat, allein durch Untätigkeit eine Modifizierung der bestehenden Sachlage zu erreichen.

---

111 Gesetz n. 1199 vom 27.1o.1965. MINICONE, aaO (Anm. 11o), S. 167, spricht von einer "Tendenz zur Objektivierung" der Mindestrente gegenüber den früher weitgehend subjektiven Voraussetzungen.

112 Der Mindestwert liegt für Beschäftigte im Industriebereich derzeit (1977) bei 79.65o Lire/Monat (13 Monatsraten). Der (vorläufige) Wert für 1978 liegt bei 1o2.5oo Lire/Monat, bei ebenfalls 13 Monatsraten.

Während so die Rentenhöhe nach oben begrenzt ist, kennt die italienische Rentenversicherung keine Begrenzung der überwiegend in einem Prozentsatz vom Arbeitseinkommen berechneten Beitragspflicht. Es gibt weder eine Pflichtversicherungs- noch eine Beitragsbemessungsgrenze. Hinsichtlich der den berücksichtigungsfähigen Bereich überschreitenden Einkommen besitzt das System der Rentenversicherung demnach erhöhte Umverteilungswirkung. Dabei ist allerdings zu berücksichtigen, daß die Umverteilung an den Grenzen des Versichertenkreises halt macht. Es handelt sich hier lediglich um die Redistribution zwischen den Beziehern abhängiger Einkommen. Andere, besser verdienende Gruppen sind häufig mit einer ausgegliederten Versicherung auch aus dem Umverteilungsfluß ausgenommen[113].

Die Erhaltung der Rentenkaufkraft

Bei Inflationsraten von in den letzten Jahren zumeist um 2o% muß in der Erhaltung der Rentenkaufkraft ein wichtiges Problem gesehen werden. Die Ausrichtung der Renten an dem Einkommen der letzten Arbeitsjahre ermöglicht jeweils nur eine Anpassung der Eingangswerte bei Beginn der Rentenzahlungen. Die Rentenkaufkraft wird im folgenden sodann durch eine jährliche automatische Rentenanpassung erhalten. Dabei wird der Preisanstieg zugrunde gelegt, wie er sich aus einem amtlich zum Zwecke der automatischen Lohnanhebung im Industriebereich ("scala mobile") errechneten Index ergibt[114]. Der Rentenanpassung unterliegen auch die auf den

113 Vgl. dazu FORTE, La strategia delle riforme, Milano 1968, S. 346 ff.

114 Die "scala mobile" bedeutet, daß vierteljährlich für eine bestimmte Anzahl von festgelegten Gütern (den sog. "paniere") Variationen im Preisindex festgestellt und diese in eine automatische Anhebung des Arbeitsentgelts umgerechnet werden. Die "scala mobile" ist Anfang 1977 im Rahmen der Bestrebungen zur Inflationsbekämpfung für die Bezieher höherer Einkommen eingefroren worden.

Betrag der Mindestrente angehobenen Renten; hier sorgt zudem die periodische Anhebung des Mindestrentenwertes für einen gewissen Inflationsausgleich.

Ein anderes System der Rentenanpassung gilt im Bereich der Unfallversicherung. Die Rentenberechnung in einem Prozentsatz des letzten Nettoeinkommens des Betroffenen ist hier an Mindest- und Höchstsätze gebunden. Diese Rahmenwerte werden im Abstand von jeweils 3 Jahren angehoben[115]. Bei starker Inflation bedeutet dies letztlich eine Nivellierung auf die Orientierung am Mindestwert: der für die Rentenberechnung ausschlaggebende Einkommenswert bleibt so lange konstant, bis der Mindestwert ihn einholt. Von dann an nimmt die Rente an den periodischen Steigerungen des Mindestwertes teil.

Die erforderlichen Beitrags- und Versicherungszeiten

Beitrags- und Versicherungszeiten dienen zum einen der Feststellung der Mindestvoraussetzungen für Rentenleistungen des INPS, die bei Eintritt des versicherten Ereignisses zumindest den Anspruch auf die Mindestrente entstehen lassen. Nach den Beitragszeiten wird darüber hinaus die tatsächliche Rentenhöhe berechnet. Die Versicherungszeit wird vom Zeitpunkt der ersten Beitragspflicht zur Rentenversicherung an gemessen. Beitragszeiten berechnen sich nach den folgenden Regeln: Versicherungspflichtige Zeiten sind Zeiten während derer der Versicherte in einem abhängigen Arbeitsverhältnis steht. Sie werden aufgrund des "principio dell'automaticità" innerhalb der Verjährungsgrenzen auch dann angerechnet, wenn Versicherungsbeiträge

114 (Forts.) Im Gegensatz zu der Lohnanpassung im 3-Monatsrhythmus werden die Renten nur einmal jährlich angehoben, art. 19 Gesetz n. 153 vom 3o.4.1969.

115 PERSIANI, Lezioni II, S. 43 ff.

regelwidrig nicht abgeführt wurden. Freiwillige Zeiten können unter bestimmten Voraussetzungen dadurch erworben werden, daß während eines nicht versicherungspflichtigen Zeitraums freiwillige Beitragsleistungen erbracht werden. Für Ausfallzeiten wie Krankheit, Arbeitslosigkeit, Militärdienst etc. werden sog. "figurative"Beiträge angerechnet. Die Möglichkeit der Nachversicherung ("contribuzione di riscatto") besteht etwa für die Zeit des Studiums oder auch für die Zeit der Arbeit in einem anderen Staat, mit dem keine zwischenstaatlichen Abkommen über eine Anrechnung dort erfüllter Versicherungszeiten bestehen[116].

2.4. Der "Fondo sociale" und die soziale Altersrente

Der "Fondo sociale"

1965 wurde beim INPS unter dieser Bezeichnung ein besonderer Fonds eingerichtet. Seine Finanzierung erfolgte zunächst zu einem wachsenden Anteil, seit dem 1.1.1976 ausschließlich aus Überweisungen aus dem allgemeinen Steueraufkommen[117]. Aus ihm wird seither die "pensione sociale" an sämtliche Rentner des INPS gezahlt. Diese stellt nicht etwa eine zusätzliche Leistung für den Versicherten dar. Sein Rentenanspruch gegenüber dem INPS, so wie er aus dem dargestellten Berechnungsmodus resultiert, wird umgekehrt um genau den Betrag der "pensione sociale" wieder gekürzt. Zwar erhält der Rentner so zwei Renten ausbezahlt;er merkt hiervon jedoch nichts, da sich für ihn die Summe aus beiden als genau der Wert darstellt, auf den er nach der Renten-

---

116 Für Einzelheiten sei verwiesen auf die ausführliche Darstellung in Previdenza sociale, hrsg. vom Patronato ACLI, 2. Aufl. Roma 1974, Bd. I, S. 7o ff.

117 Vgl. art. 1 ff Gesetz n. 9o3 vom 21.7.1965 und art. 1 ff Gesetz n. 153 vom 3o.4.1969.

formel Anspruch hätte[118].

Diese komplizierte Berechnungsweise findet ihre Erklärung in der auf diese Weise zumindest teilweise bewirkten Finanzierung der Mindestrente durch Zuschüsse aus dem Steueraufkommen. Der Einrichtung des "Fondo sociale" ging ein Finanzierungssystem voraus, in dem zum Ausgleich vor allem für die erhöhte Belastung der Solidargemeinschaft der Versicherten durch die Mindestrente in verschiedener Form staatliche Finanzzuweisungen an die Rentenversicherung erfolgten[119]. Die "pensione sociale" ist letztlich nichts anderes als die Vereinheitlichung dieses Systems. Zwar steht die Mindestrente, die heute aus dem allgemeinen Beitragsaufkommen erbracht wird, zunächst in vollem Umfang in der Solidarität der Versichertengemeinschaft. Doch wird diese dann wieder entlastet, indem über die "pensione sociale" jede Rente mit einem Betrag von 12.ooo Lire aus Steuergeldern gefördert wird.

Die soziale Altersrente

Der italienische Gesetzgeber hat diese Form der Finanzierung der Rentenversicherung vor allem deshalb gewählt, weil hier ein Ausgangspunkt für eine vom Gedanken der sicurezza sociale inspirierte Leistungsform gelegt werden sollte. Seit 1969 wird aus dem "Fondo sociale" die soziale Altersrente gezahlt[12o].

118 Vgl. die Darstellung bei CAMPOPIANO/VIGLI, aaO (Anm.89), S. 21o ff. Vgl. auch MINICONE, aaO (Anm. 11o), S.171, der darauf hinweist, daß der Versicherte die "pensione sociale" nicht getrennt von der Gesamtrente verlangen kann.

119 Vgl. dazu LEVI SANDRI, Istituzioni, aaO (Anm.5),S.297ff.

12o Eingeführt durch art. 26 Gesetz n. 153 vom 3o.4.1969. Die Höhe der sozialen Altersrente liegt derzeit (1977) bei 53.3oo Lire/Monat (13 Monatsraten). Der (vorläufige) Wert für 1978 liegt, bei 63.7oo Lire/Monat, bei ebenfalls 13 Monatsraten.

Bürger im Alter von mehr als 65 Jahren können diese Rente ohne jede versicherungsmäßige Voraussetzung erhalten. Ihr Betrag liegt unter dem der gesetzlichen Mindestrente in der Rentenversicherung, wird jedoch wie dieser jährlich der Geldwertentwicklung angepaßt. Die soziale Altersrente wird subsidiär gewährt und setzt voraus, daß das sonstige Einkommen und Vermögen des Antragstellers festgelegte Höchstwerte nicht überschreitet. Darunter liegendes Einkommen wird angerechnet. Subsidiarität besteht allerdings nur gegenüber dem eigenen Vermögen und dem des Ehegatten. Dagegen ist ein Rückgriff auf die familiäre Solidarität nicht erforderlich, so daß die soziale Altersrente etwaigen Unterhaltsansprüchen insoweit vorgeht.

Die anfangs gleiche Höhe beider Leistungsarten mag eine ursprüngliche Absicht des italienischen Gesetzgebers belegen, "pensione sociale" und soziale Altersrente zu einem gemeinsamen Basissystem der Alterssicherung auszugestalten[121]. Die Subsidiarität gegenüber sonstigem Einkommen oder Vermögen hat der letzteren allerdings von Anfang an systematisch eine besondere Stellung zugewiesen, die sie entscheidend von der allen Rentnern unterschiedslos gewährten "pensione sociale" unterscheidet. Die anschließende Entwicklung hat dann rasch zu einem Auseinandergehen beider Rentenformen geführt, als die inflationäre Geldentwicklung eine mehrfache Anpassung der sozialen Altersrente erforderte, um ihre Funktion einer Basissicherung nicht obsolet werden zu lassen. Die Höhe der "pensione sociale" liegt demgegenüber bisher unverändert bei 12.000 Lire/Monat.

---

121 CAMPOPIANO/VIGLI, Previdenza sociale, aaO (Anm. 89), S. 298, weisen auf eine solche Absicht hin.

2.5. Überblick über die Sozialversicherung der lavoratori autonomi

Die Selbständigen sind hinsichtlich ihrer sozialen Sicherung in zwei Gruppen zu unterteilen. Vor allem für die einzelnen Berufsgruppen der freiberuflich Tätigen gilt, daß bei ihnen der über die Sozialversicherung bewirkte solidarische Ausgleich in der Regel nicht über den engen Gruppenrahmen hinausgeht. Anders ist es hingegen bei selbständigen Landwirten, Handwerkern und kleinen Handelsgewerbetreibenden, deren Sicherung finanziell weitgehend von hohen Zuschüssen aus dem Staatshaushalt sowie von Überweisungen abhängig ist, die aus dem allgemeinen Beitragsaufkommen des INPS an die jeweilige besondere "gestione" erfolgen[122]. Im Bereich der Landwirtschaft sind seit 1957 neben den landwirtschaftlichen Arbeitnehmern, die bereits bei der Schaffung der sozialen Rentenversicherung in diese mit einbezogen wurden, auch die selbständigen Landwirte, Pächter etc. versicherungspflichtig. Als solcher wird angesehen, wer mit Hilfe des unmittelbaren Einsatzes seiner eigenen sowie der Arbeitskraft seiner Familienangehörigen einen landwirtschaftlichen Betrieb führt. Die Versicherung wird durchgeführt mit der Eintragung des Betroffenen und seiner Angehörigen

122 Die Bilanz der Leistungen für die wichtigsten Gruppen von Selbständigen setzte sich 1974 in folgender Weise zusammen:

	Beiträge	staatl. Zuschüsse	Leistungen
Landwirte	3o	621	1 o34
Handwerker	51	76	2o2
Handelsgewerbe	48	65	174
Freiberufler	77	--	77

Angaben in Mrd. Lire. Quelle: CASTELLINO, Il labirinto delle pensioni, Bologna 1976, S. 23.

in die auf kommunaler Ebene geführten Namensregister des "Servizio per i Contributi Unificati in Agricoltura" (SCAU). Die (sehr geringen) Beiträge werden jährlich einheitlich festgesetzt und auf der Grundlage festliegender Tagessätze für den Versicherten und seine Angehörigen erhoben.

In vergleichbarer Weise erfolgt auch die Versicherung der Handwerker und kleinen Handelsgewerbetreibenden, die der Versicherungspflicht unterliegen, sofern der persönliche Charakter ihres Betriebes überwiegt. Auch hier werden besondere Listen geführt, in die der Inhaber des Geschäfts und seine Angehörigen eingetragen werden und auf deren Grundlage sodann die Beiträge erhoben werden.

Die Leistungen sind im wesentlichen denen für die abhängig Beschäftigten nachgebildet. Das Rentenalter liegt bei allen drei Gruppen, anders als bei den abhängig Beschäftigten, erst bei 65 Jahren für Männer bzw. 6o Jahren für Frauen. Die Wartezeiten liegen bei 15 Jahren für die Altersrente und bei 5 Jahren für Invaliden-, bzw. Hinterbliebenenrenten; für ihre Erfüllung wird jeweils die Abführung einer bestimmten jährlichen Mindestzahl von Beiträgen erfordert.

Die Renten werden seit dem 1.1.1977 nach Maßgabe der Regeln des regime generale, d.h. unter Anlegung des für die scala mobile im Industriebereich errechneten Preisindexes, periodisch der Geldentwicklung angepaßt. Auch bei diesen Versicherungsformen ist eine Mindestrentenhöhe vorgesehen. Ihr Betrag ist geringer als der für die abhängig Beschäftigten geltende Wert. Lediglich die Landwirte haben zugleich mit der Rentenversicherung auch in das System der Familienleistungen Eingang gefunden[123].

---

123 Die Höhe der Mindestrente für die lavoratori autonomi liegt derzeit (1977) bei 76.25o Lire/Monat (13 Monatsraten). Der (vorläufige) Wert für 1978 liegt bei 91.1oo Lire/Monat, bei ebenfalls 13 Monatsraten. Zu Einzelheiten der Sicherung der Selbständigen vgl. GHERA, Forme speciali di previdenza, in: Nuovo trattato di diritto del lavoro (Anm. 1), Bd. III, S. 569 ff, ins-

Nur für die Landwirte gilt weiterhin, daß sie auch in der Unfallversicherung gesichert sind. Eingeführt 1958, wird hier in vergleichbarer Weise wie für die abhängig Beschäftigten Schutz gegen die Folgen von Unfällen gewährt, die im Zusammenhang mit der landwirtschaftlichen Arbeitstätigkeit stehen[124]. Versichert sind neben dem Inhaber des landwirtschaftlichen Betriebes selbst auch die "gewöhnlich" mitarbeitenden Angehörigen. Träger der Versicherung ist das INAIL, an das für jede versicherte Person ein festliegender Jahresbeitrag abzuführen ist.

3. Die Versorgung der öffentlichen Bediensteten

Italien kennt ein besonderes Dienstrecht für den öffentlichen Dienst, den "pubblico impiego", das auch die aus dem allgemeinen Vorsorgesystem ausgenommene Versorgung beinhaltet. Seine Regeln gelten für die Beschäftigten des Staates, der Gebietskörperschaften, sowie der meisten übrigen Träger öffentlicher Verwaltung. Ausnahmen bestehen im Bereich der öffentlichen Dienstleistungsunternehmen und bei einigen der im wirtschaftlichen Bereich tätigen öffentlichen Einrichtungen, bei denen das Arbeitsverhältnis der Beschäftigten privatrechtlich geordnet ist[125]. Der öffent-

---

123 (Forts.) bes. S. 679 ff; speziell zur Sozialversicherung der Landwirte VAVASSORI, Manuale delle assicurazioni sociali agricole, 3. Aufl. Bologna 1976.

124 Die Regelung findet sich in artt. 2o5 ff testo unico infortuni (Anm. 79); vgl. ALIBRANDI, Infortuni sul lavoro, aaO (Anm. 2o), S.817 ff.

125 Vgl. dazu Aldo SANDULLI, aaO (Anm. 65), S. 193 ff.

liche Bedienstete ist unkündbar, sofern er, was in der Regel der Fall ist, als "impiegato pubblico di ruolo" eine feste Stelle besetzt.

Die Versorgung ("trattamento di quiescenza") erfolgt bei den staatlichen Bediensteten in Form einer Rente und setzt eine Dienstzeit von mindestens 15 Jahren voraus. Ein Anrecht auf sie besteht bei Erreichen der Ruhealtersgrenze, die hier in der Regel bei 65 Jahren liegt, nach Ableistung von 4o Dienstjahren, sowie bei der Versetzung in den Ruhestand aus anderen Gründen. Der infolge eines Dienstunfalles Arbeitsunfähige hat Anspruch auf die der unfallversicherungsrechtlichen Regelung angelehnten Leistungen des "trattamento privilegiato". Scheidet der Betroffene aus dem Dienst aus, ohne das Anrecht auf eine Versorgung erworben zu haben, was vor allem in den allgemeinen Fällen der Invalidität der Fall sein kann,so wird er beim INPS nachversichert und nimmt damit an der von diesem gewährten Sicherung teil. Die Höhe der Versorgung berechnet sich in einem Prozentsatz der letzten Dienstbezüge. Dieser richtet sich nach dem Dienstalter und liegt zwischen 35% (15 Dienstjahre) und 8o% (4o Dienstjahre). Für die Hinterbliebenen besteht jeweils Anspruch auf einen bestimmten Bruchteil dieser Leistungen. Über Abzüge von seinem Gehalt trägt der Bedienstete auch selbst zu seiner Versorgung bei[126].

Der Versorgung der Bediensteten der übrigen Träger öffentlicher Verwaltung, insbesondere der Regionen, Provinzen und Kommunen ("enti locali"), folgt im wesentlichen den gleichen Grundsätzen. Die Leistungen werden hier von einer "Cassa Pensioni Dipendenti Enti Locali" (CPDEL) erbracht,

---

126 Vgl. zu Einzelheiten Manuale Enciclopedico, aaO (Anm. 6o), Stichwort "Pensioni dei dipendenti dello Stato", S. II, 1171 ff; Aldo SANDULLI, aaO (Anm. 65), S.249 ff. Einzelne besondere Leistungen werden zusätzlich von dem "Ente Nazionale di Previdenza e Assistenza per i Dipendenti Statali" (ENPAS) erbracht.

die aus Beiträgen der Anstellungskörperschaften und der Gesicherten finanziert wird[127].

4. Einkommenssicherung im Bereich der assistenza sociale

Der Bereich der assistenza sociale umfaßt Aufgaben durchaus unterschiedlicher Natur. Je nach dem Ansatz für die soziale Hilfestellung und nach der Natur der Hilfsbedürftigkeit des Betroffenen finden sich Einkommensleistungen neben Maßnahmen der Gesundheitsversorgung und sozialen Dienstleistungen. Vielfach sind unterschiedliche Leistungstypen miteinander kombiniert und lassen sich, etwa in den Fällen der Heimunterbringung, nicht sinnvoll voneinander trennen. Die Trägerschaft ist je nach der Leistung und nach der Bedürftigengruppe bisher zwischen dem Staat, sowie den Kommunen, den Provinzen, den "enti comunali di assistenza" (ECA) und den zahlreichen übrigen Trägern der assistenza verteilt. Die zur Zeit stattfindende Ausweitung der regionalen Kompetenzen in diesem Bereich wird tiefgreifende organisatorische Veränderungen mit sich bringen[128].

Die Leistungen, die vorwiegend auf die Sicherung eines Einkommens für die Betroffenen abzielen, lassen sich in

---

127 Vgl. Aldo SANDULLI, aaO (Anm. 65), S. 251 ff; Manuale Enciclopedico, aaO (Anm. 6o), Stichwort "Pensioni dei dipendenti da enti locali", S. II, 1139 ff.

128 COLOMBO, Assistenza sociale, aaO (Anm. 13), S. 13o, spricht bezüglich der bisherigen Situation von einem "sistema di pluralismo organico". Zu den Trägern der assistenza und zum Stand der Regionalisierung vgl. bereits oben I.4.3.

der folgenden Weise ordnen: ohne Rücksicht auf die Ursache der Beeinträchtigung stehen für (zivile) Arbeitsunfähige und Behinderte Leistungen zur Verfügung. Daneben stehen Leistungen, die dem Ausgleich von in bestimmten schädigenden Ereignissen begründeten Nachteilen dienen. Insbesondere die Versorgung der Kriegsopfer, aber auch die vor allem bei Naturkatastrophen von Fall zu Fall gewährten Hilfeleistungen sind hier anzuführen. Schließlich sind Hilfen allgemein für den Armen, den Einkommenslosen möglich, die allerdings nur von sehr geringem Umfang und in der Regel unzureichend sind. Systematisch wird zwischen diesen Leistungsbereichen zumeist nicht grundsätzlich unterschieden. COLOMBO bezieht sie unterschiedslos in seine Darstellung der assistenza sociale mit ein; bei PANTOZZI bleibt hingegen die Kriegsopferversorgung ausgespart[129].

4.1. Kriegsopferversorgung

Besondere Vorkehrungen zugunsten von Kriegsversehrten finden sich nach Anfängen bereits in der Zeit vor den Weltkriegen in grösserem Umfang im Gefolge des ersten und verstärkt dann nach dem zweiten Weltkrieg. Die Materie ist verschiedentlich, zuletzt 1968, grundlegend neu geordnet worden[13o]. Die Rechtsnatur der Leistungen wird in der Ent-

129 Vgl. COLOMBO, Assistenza sociale, aaO (Anm. 13);PANTOZZI, Assistenza sociale, aaO (Anm. 32). Auch der Gesetzgeber zählt die Kriegsopferversorgung zuweilen den Leistungen der assistenza zu, so in der Diktion des art. 26 I Gesetz n. 153 vom 3o.4.1969.

13o Anfängen in dem Gesetz n. 667 vom 3.6.1912 (nach einem Krieg mit der Türkei) folgt das Dekret n. 1491 vom 12. 7.1923 mit zahlreichen späteren Modifikationen. Das Gesetz n. 648 vom 1o.8.195o brachte nach dem zweiten Weltkrieg eine erste Neuordnung. Nach zahlreichen Änderungen in der Folgezeit ist die wichtigste Rechtsgrundlage heute das Gesetz n. 313 vom 18.3.1968, das wiederum bereits mehrfachen Modifikationen unterworfen wurde.

schädigung einer im Zusammenhang und als Folge von kriegerischen Ereignissen erlittenen Schädigung verstanden[131].

Auf die Leistungen besteht ein einklagbarer Rechtsanspruch. Sie bestehen in der Regel in einer Lebensrente. Für die Auszahlung ist das Schatzministerium (Ministero del tesoro) zuständig, bei dem eine besondere Abteilung für die Kriegsopferversorgung besteht. Anspruchsberechtigt sind neben ehemaligen Militärangehörigen auch Zivilpersonen. Gleichgestellt sind verschiedene andere Personengruppen, darunter während des faschistischen Regimes politisch und rassisch Verfolgte[132]. Leistungen erhält, wer infolge von Kriegsereignissen körperlich beschädigt wurde. Für die Hinterbliebenen von Kriegstoten sind Witwen- bzw. Waisenrenten vorgesehen[133]. Die Rentenhöhe richtet sich nach dem Grad der Invalidität, sowie nach dem militärischen Dienstgrad, den der Betroffene bei seiner Verletzung ggf. innehatte. Neben der Rente gibt es eine Reihe von anderen Leistungsformen, vor allem für Schwerbehinderte. Mit Sozialleistungen anderer Herkunft, etwa einer Invalidenrente in der Rentenversicherung, können die Kriegsopferleistungen in der Regel kumulieren.

---

131 COLOMBO, Assistenza sociale, aaO (Anm. 13), S. 544, spricht von "risarcimento di un danno"; PRINZIVALLI/FOSCHINI, La nuova disciplina legislativa sulle pensioni di guerra , Piacenza 1968, S. 22, sprechen von "indennizzo", unter Berufung auf die zur Entscheidung von Rechtsstreitigkeiten in diesem Bereich zuständige Corte dei Conti.

132 Vgl. im einzelnen den ersten Titel des Gesetzes n. 313 vom 18.3.1968.

133 Kinder waren im Normalfall nur bis maximal zum 26. Lebensjahr (bei Universitätsstudium) waisenrentenberechtigt. Diese Altersgrenze gilt jedoch nicht für Kinder, die selbst behindert sind (art. 51 Gesetz n. 313 vom 18.3.1968), so daß auch heute noch Kriegswaisenrenten möglich sind.

4.2. Einkommensleistungen für Behinderte

Für Behinderte, die aus den übrigen Leistungssystemen herausfallen, die also insbesondere nicht im Rahmen der Sozialversicherung oder als Kriegsversehrte versorgt sind, sind besondere Leistungen vorgesehen. Voraussetzung ist jeweils Bedürftigkeit des Behinderten, wofür in der Regel die gleichen Voraussetzungen gelten wie für die soziale Altersrente.

Leistungen waren ursprünglich nur für einige besondere Gruppen unter den Behinderten vorgesehen, während für die übrigen nur die Leistungen der Armenfürsorge zur Verfügung standen. Seit 1966 werden allgemein an Behinderte Leistungen der Einkommenssicherung erbracht. Die zunächst nur unzureichend erfaßten geistig Behinderten wurden 1971 in ihren Schutzbereich mit einbezogen[134]. Die Leistungen bestehen in einer "pensione di inabilità" für Behinderte, die vollständig arbeitsunfähig sind. Bei Minderung der Arbeitsfähigkeit um mindestens 2/3 wird ein "assegno mensile"[135] gewährt. Gesondert geregelt ist die Versorgung der Taubstummen und vor allem der Blinden. Für letztere liegen die Leistungen höher als für die übrigen Behinderten.

Auch auf diese Leistungen besteht ein subjektiver, gerichtlich durchsetzbarer Rechtsanspruch. Sie werden unmittelbar vom italienischen Staat in der Kompetenz des Innenministeriums gewährt. Voraussetzung für die Leistung ist die

---

134 Gesetz n. 625 von 1966 und Gesetz n. 118 vom 3o.3.1971. Zu Einzelheiten vgl. COLOMBO, Assistenza sociale, aaO (Anm. 13), S. 584.

135 Die Höhe der "pensione di inabilità" betrug 1976 38.ooo Lire/Monat, die des "assegno mensile" 35.ooo Lire/Monat (jeweils 13 Monatsraten). Auch diese Leistungen unterliegen der periodischen Anpassung an die Geldentwicklung. Die derzeitigen Werte liegen demnach bereits höher. Vgl. die Regelung in artt. 4-7 Gesetz n. 16o vom 3.6.1975.

Vollendung des 18. Lebensjahres. Mit Erreichung des 65. Lebensjahres erhält der Behinderte den Anspruch auf die soziale Altersrente, die dann an die Stelle der bisher bezogenen Leistung tritt. Anderes gilt nur für die Blinden, deren Versorgung zumeist über dem Betrag der sozialen Altersrente liegt.

Eine Versorgung des Behinderten, sei es in den Formen der Sozialversicherung, sei es im Rahmen der Leistungen der assistenza, steht im Falle der Bedürftigkeit so in jedem Falle zur Verfügung. Zusammen mit der Sicherung des Alters in den Formen der Sozialversicherung und subsidiär durch die soziale Altersrente ergibt sich eine umfassende Versorgung des aus körperlichen Gründen an der eigenständigen Erzielung eines ausreichenden Einkommens gehinderten Bürgers. Geschützt werden der Arbeitsunfähige und derjenige, der die Grenze überschritten hat,jenseits derer ihm aufgrund seines Alters eine Erwerbstätigkeit nicht mehr zugemutet wird. Wenngleich nur in dem höchst bescheidenen Umfang, wie er durch die geringe Leistungshöhe bezeichnet wird, deutet sich damit für diesen Bereich eine Verwirklichung des Gedankens der sicurezza sociale an[136].

4.3. Allgemeine Unterstützung des Einkommenslosen

Einkommensleistungen für den Armen aber Arbeitsfähigen gibt es im Rahmen der assistenza nur in sehr geringem Umfang. Ein subjektiver Rechtsanspruch auf Hilfe besteht nicht. Es wird von dem Grundsatz des freien Ermessens des Leistungsträgers ausgegangen, der sich bei dem Betroffenen nur in Form eines "interesse legittimo", eines objektiven Rechtsreflexes, äussert. Diskutiert und abgelehnt wird die

136 So bezogen auf die soziale Altersrente PERSIANI, Lezioni II, aaO (Anm. 3), S. 1o5 ff; LEVI SANDRI, Istituzioni, aaO (Anm. 4), S. 3o8, zählt sie zur Verwirklichung des sozialen Verfassungsauftrags.

Frage, ob nicht aus art. 38 ital. Verfassung ein subjektiver Rechtsanspruch abgeleitet werden müsse. Die Frage hat allerdings, soweit ersichtlich, bislang zu keinen praktischen Folgerungen geführt und dürfte eher im Lichte der allgemeinen Diskussion um die Reform der assistenza sociale zu sehen sein[137].

Die Zuständigkeit für die einzelnen Leistungen der assistenza richtet sich zumeist nach dem Wohnsitz des Hilfsbedürftigen, dem "domicilio di soccorso". Einkommensleistungen werden zur Zeit vor allem von den ECA erbracht. Voraussetzung ist die Bedürftigkeit, der "stato di bisogno", des Hilfesuchenden, der hier, anders als bei den Leistungen, auf die ein subjektiver Rechtsanspruch besteht, gesetzlich nicht weiter umrissen ist. Erforderlich ist nicht notwendig das Unterschreiten des absoluten Lebensminimums. So weist COLOMBO Überlegungen zurück, denen zufolge Leistungen der assistenza grundsätzlich unter dem auch bescheidenen Niveau liegen müßten, das der Betroffene durch Arbeit erzielen könnte[138]. Die Realität zeigt sich allerdings in den tatsächlich gewährten Einkommensleistungen im Bereich der Armenfürsorge, die etwa vom Manuale Enciclopedico auf ein Maximum von ca. 20.000 Lire/Monat für eine Familie und minimal mit "...ein paar tausend Lire aus Anlaß der hohen Feiertage" beziffert werden[139]. Die assistenza

---

137 Vgl. zu dieser Fragestellung PANTOZZI, Assistenza sociale, aaO (Anm. 32), S. 17 ff. Zu art. 38 vgl. unter I.2.2.

138 COLOMBO, Assistenza sociale, aaO (Anm. 13), S. 104. Die konstante Orientierung unterhalb eines normalen Lebensniveaus müsse dazu führen, den Betroffenen in eine soziale Randstellung zu drängen und so zu einer schädlichen Verlängerung seiner Hilfsbedürftigkeit beitragen.

139 Manuale Enciclopedico, aaO (Anm. 60), S. I, 313. Das Manuale datiert von 1975. Die Angaben dürften in etwa dieser Zeit zugeordnet werden.

steht unter dem Vorzeichen der Subsidiarität, insbesondere auch gegenüber den familiären Unterhaltsverpflichtungen. Beschränkungen werden auch bei Eigenverschulden an der Notlage gemacht. Gerade bei Geldleistungen wird gefordert, daß die Notlage eingetreten sein muß "unabhängig vom Willen des Betroffenen im Gefolge von Umständen, die im Rahmen der menschlichen Kräfte nur schwer vermeidbar gewesen wären"[140].

Einkommensleistungen im Rahmen der assistenza können weiterhin in sehr beschränktem Umfang auch bei durch besondere Umstände bewirkten Notlagen gewährt werden. So gibt es beispielsweise Hilfestellungen während einer Übergangszeit für die Familie eines Wanderarbeitnehmers. Hinzuweisen ist auch auf die verschiedentlich bei Naturkatastrophen geleisteten Hilfestellungen.

5. Der Bruch im System: Das "Ausufern" der Invalidenrenten

Im italienischen Rentensystem macht sich seit einigen Jahren in ständig steigendem Umfang ein Phänomen bemerkbar, das sich mittlerweile zu einem ernsthaften Problem ausgewachsen hat. Es handelt sich um den überproportionalen Anstieg der Bewilligungen von Invalidenrenten, der den Erklärungszusammenhang der "natürlichen", physisch bedingten Invalidität längst überschritten hat. Nur einige Angaben sollen dies verdeutlichen. In seinem Bilanzbericht für 1976 führte der derzeitige Präsident des INPS Reggio aus, daß bei den am Jahresende 1976 in Zahlung befindlichen Renten das Verhältnis der Alters- zu den Invalidenrenten bei den abhängig Beschäftigten 1oo zu 1o3 betrug; bei den lavora-

---

14o So COLOMBO, Assistenza sociale, aaO (Anm. 13), S. 1o7.

tori autonomi kamen gar 232 Invalidenrenten auf 1oo Altersrenten[141]. Betrachtet man die Entwicklung der Rentenbewilligungen in den letzten Jahrzehnten, so zeigt sich eine ständige Verschiebung des Verhältnisses zugunsten der Invalidenrenten[142]. Das von der Statistik gezeichnete Bild wird noch bunter, wenn die regionale Verteilung hinterfragt wird. Hier zeigt sich, daß der Anteil der Invalidenrenten in den strukturschwachen Gebieten des "Mezzogiorno" durchweg erheblich höher liegt als im Norden des Landes[143]. Zuweilen finden sich in der Presse verschreckte Befürchtungen, die Italien, zumindest in einigen Gebieten, als ein Land der Invaliden beschreiben[144].

Eines jedenfalls erhellt aus diesen Angaben: Die Invaliditätsversicherung ist im heutigen italienischen Sozialleistungssystem zur Einbruchstelle für außerhalb ihres unmittelbaren Sicherungszwecks liegende Interessengestaltungen geworden. PERSIANI hat darauf hingewiesen, daß eine nach-

---

141 So der Bericht des Corriere della Sera vom 7.8.1977, S. 2.

142 CASTELLINO, aaO (Anm. 122), S. 48, führt folgende Werte an: 1955 kamen auf 1.697.ooo Altersrenten 7o4.ooo Invalidenrenten. 1965 lag das Verhältnis bereits bei 2.348.ooo (Alter) zu 1.679.ooo (Invalidität). 1976 hatte die Zahl der Invalidenrenten mit 3.o89.7oo die der Altersrenten mit 2.989.5oo übertroffen (vorläufige Werte; nach Corriere della Sera vom 16.5.1977, S. 2).

143 1973 kamen auf je 1oo neu bewilligte Altersrenten in der Lombardei 51, im Veneto 71, in Ligurien 81, in Piemont 83 Invalidenrenten. In Sardinien waren es hingegen 545, in der Basilicata 554 und in dem tiefarmen Molise 679 neu bewilligte Invalidenrenten. Angaben nach CASTELLINO, aaO (Anm. 122), S. 71.

144 Corriere della Sera vom 7.8.1977, S. 2: jeder vierte Einwohner von Avellino (eine Stadt in den Abruzzen) ist Invalide - hier sei gar eine Einschaltung der Strafverfolgungsbehörden erfolgt; Corriere della Sera vom 1.6.1977, S. 11: in Messina kommen auf 36.ooo Altersrentner 85.ooo Bezieher einer Invalidenrente.

giebige Definition des Begriffs der Invalidität diese Entwicklung begünstigt hat[145]. "Incapacità di guadagno", Erwerbsunfähigkeit, wird nicht allein auf die physische Fähigkeit zur Ausübung einer Erwerbstätigkeit hin verstanden. Erforderlich ist auch die Berücksichtigung der sozioökonomischen Bedingungen, unter denen der Betroffene lebt. In die Prüfung, in welchem Unfang eine Beschädigung die dauernde Unfähigkeit zur Fortführung der bisherigen Erwerbstätigkeit herbeiführt, fließen daher Faktoren ein, wie die der realen Beschäftigungschancen im Umkreis des Wohnorts, oder auch subjektive Geschichtspunkte wie Alter, allgemeine Fähigkeiten, etc.[146]. Es ist leicht einsichtig, daß hier in weitem Umfang auch solche Besonderheiten Berücksichtigung finden können, die außerhalb der erlittenen Beschädigung in den allgemeinen Lebensumständen des Versicherten begründet liegen.

Hier liegt eine der Erklärungen für das "Ausufern" der Invalidenrenten: angesichts der nur unzureichenden Basissicherung scheint sie in zunehmendem Maße deren Funktion wahrzunehmen. Das erklärt die geringere Inanspruchnahme in Norditalien, wo der Großteil der Bevölkerung im System der Rentenversicherung in ausreichender Weise erfaßt ist und so die normalerweise höhere Altersrente in Anspruch nehmen kann. In der Tat gingen 1973 allein 28,8% der Invalidenrenten an Personen, die das Rentenalter erreicht, jedoch die erforderlichen Wartezeiten für die Altersrente nicht erfüllt hatten[147]. Diese Ersatzfunktion gegenüber der

145 PERSIANI, Lezioni II, aaO (Anm. 3), S. 84 ff.

146 Zum Begriff der "invalidità pensionabile" vgl. auch ROSSI, La pensione di invalidità, in:Trattato di previdenza sociale (Anm. 27), S. 323 ff (S. 336 ff). ALIBRANDI, Soggetti e l'oggetto, aaO (Anm. 73), S. 381 ff.

147 So CASTELLINO, aaO (Anm. 122), S. 71 ff, der darauf hinweist, daß der Anteil im Süden erheblich höher als dieser nationale Durchschnittswert liegen dürfte. Er wirft auch die Fragestellung auf, ob nicht anderer-

Altersrente erscheint der Invalidenrente gewissermaßen vorgegeben: Die vorausgesetzte körperliche Beeinträchtigung wird vor allem im Alter in der Mehrzahl der Fälle gegeben sein.

Die Basisfunktion liegt letztlich in der Einrichtung der Mindestrente begründet. Wer die Wartezeiterfordernisse für die Altersrente nicht erfüllt, wird häufig allein nach der Rentenformel nur Anspruch auf Kleinstrenten haben. Erst die Aufstockung auf den Betrag der Mindestrente läßt die Invalidenrente zu einer Sicherung des Lebensminimums werden. Für den Betroffenen stellt sie sich dann als erheblich besser dar als die soziale Altersrente: Sie kennt keine Altersgrenze und ihre Leistungen liegen höher. Die Tatsache, daß die Invalidenrente in weitem Umfang diese Aufgabe einer Grundsicherung übernommen hat, läßt sich auch daraus ersehen, daß vor allem die Bevölkerung in der Landwirtschaft, die im "Mezzogiorno" vielfach in verbreiteter Armut lebt, von ihren Leistungen besonders häufig Gebrauch macht.

Die zunehmende Funktion einer Basissicherung ist allerdings nur eine der Erklärungen für die hohe Zahl der Invalidenrentner. Daneben steht die Tatsache, daß vermutlich in nicht unerheblichem Umfang Mißbrauch zu Lasten der Rentenversicherung stattfindet. Die Statistik erhärtet diese Hypothese, wenn innerhalb der gleichen Region, d.h. bei vergleichbarer ökonomischer Struktur, von Provinz zu Provinz starke Schwankungen in der Häufigkeit der Invalidität festgestellt werden können[148]. Hier stellt sich die Inva-

---

147 (Forts.) seits die Tatsache unzureichender Wartezeiterfüllung häufig auch als das Ergebnis ausgedehnter Beitragshinterziehung anzusehen sei.

148 Angaben finden sich wiederum bei CASTELLINO, aaO (Anm. 122), S. 72: Auf je 1oo Altersrenten wurden 1973 in Brindisi 92, in Lecce aber 87o Invalidenrenten bewilligt (Region Apulien), in Matera 197, aber 1.oo3 in Potenza (Region Basilicata), in Ragusa 132, aber 1.169 in Enna (Region Sizilien).

lidenrente dann als Einbruchstelle für Formen des politischen Klientelismus, der Protektion und der Dysfunktion der Sozialverwaltung dar. Die gegenwärtige Situation erscheint insoweit als sehr bedenklich, indem sie zum Mißbrauch und zur Kollision mit den in das soziale Verfahren eingeschalteten Verwaltungsinstanzen verführt.

Wie sich die Situation weiterhin entwickeln wird, kann derzeit nur schwer abgesehen werden. Auf der einen Seite stellt sie eine schwerwiegende Störung des Systems dar, die vor allem für die Finanzierung der Rentenversicherung ernsthafte Schwierigkeiten aufwirft. Auf der anderen Seite steht die Millionen Invalidenrentnern gegenüber wahrgenommene Funktion der Mindestsicherung, die sich nicht mehr rückgängig machen läßt und durch die Probleme der Gleichbehandlung gegenüber denjenigen aufgeworfen werden, die nicht in den Genuß dieser Sicherung kommen, obwohl sie gleichermaßen bedürftig sind. Die Forderung nach Erweiterung der bestehenden Formen der Basissicherung ist nicht neu[149]; möglicherweise wird die derzeitige Lage der Invaliditätsversicherung einen Anstoß dazu geben, nach Lösungen in dieser Richtung zu suchen.

---

149 So beispielsweise die Äusserungen des Präsidenten des INPS Reggio gegenüber dem Corriere della Sera vom 16.5.1977, S. 2.

III. Die Familie im Sozialrecht

1. Familienleistungen

Sozialleistungen in Anbetracht der familiären Unterhaltsbelastung gibt es in Italien nicht in einheitlicher Form, wie es etwa beim deutschen Kindergeld der Fall ist. Familienleistungen werden in verschiedenen Rechtsverhältnissen nach unterschiedlichen Rechtsgrundlagen und nicht immer in gleichem Umfang erbracht.

1.1. Die assegni familiari

Die wichtigste Form der Familienleistungen sind die als besonderer Zweig der Sozialversicherung geführten "assegni familiari". Auswirkungen ihrer Entstehung als bedarfsorientierter Ausgleich einer allgemeinen "Politik des niedrigen Lohns" in den 3o-er Jahren[150] lassen sich heute noch erkennen. Versichert sind insbesondere abhängig Beschäftigte, für die der Arbeitgeber Beiträge an die vom INPS gesondert geführte "Cassa unica per gli assegni familiari" abzuführen hat. Gleichgestellt sind Mitglieder von Genossenschaften, während Selbständige aus der Versicherung und damit auch aus der Leistungsberechtigung ausgenommen sind[151]. Die aus ihren Anfangsgründen fortwirkende Zuordnung der assegni familiari zum Bereich des Arbeitsentgelts des

---

15o So PERSIANI, Politica della famiglia e politica della previdenza sociale, Roma 1968, S. 56. Bevölkerungspolitische Gesichtspunkte werden von COLOMBO, Assistenza sociale, aaO (Anm. 13), S. 343, angeführt.

151 Art. 1 testo unico delle norme sugli assegni familiari, d.p.r. n. 797 vom 3o.5.1955.

Arbeitnehmers zeigt sich auch darin, daß der Ehegatte des Arbeitgebers sowie mit diesem zusammenlebende Verwandte bis zum dritten Grad in die Versicherung nicht mit einbezogen sind, falls sie in seinem Betrieb mitarbeiten: besonderer familienunterhaltsbezogener Leistungen des Arbeitgebers und folglich auch der assegni bedarf es nicht, wenn zwischen Arbeitgeber und Arbeitnehmer ohnehin Unterhaltsbeziehungen bestehen.

Seit einiger Zeit läßt sich eine Ausweitung des Leistungssystems der assegni familiari feststellen. 1967 wurden sie im Landwirtschaftsbereich - über die bereits zuvor erfaßten landwirtschaftlichen Arbeitnehmer hinaus - auch für selbständige Landwirte und für Pächter eingeführt und mit der Rentenversicherung gekoppelt. Das für die Rentner der Rentenversicherung (INPS) bis dahin bestehende System familienabhängiger Rentenzuschläge wurde zum 1.1.1974 aufgehoben und durch die Zahlung von assegni familiari ersetzt. Für arbeitslose Arbeitnehmer sind die wichtigsten Sicherungsleistungen seit dem 1.1.1969 mit der Berechtigung zum Bezug der assegni verbunden[152]. Die Einbeziehung der selbständigen Landwirte hat einen besonderen Finanzierungsmodus mit sich gebracht. An die Stelle von Arbeitgeberbeiträgen ist hier ein wachsender Zuschuß aus dem Staatshaushalt getreten.[153]

152 Für die Landwirte wurden die assegni durch Gesetz n. 585 vom 17.7.1967 eingeführt. Die Ausdehnung auf die Rentner erfolgte durch das Gesetz n. 114 vom 16.4.1974, die Bezugsberechtigung für die Empfänger von Leistungen der Arbeitslosensicherung ist in art. 6 Gesetz n. 1115 vom 5.11.1968 geregelt. Vgl. zur Entwicklung der assegni familiari auch MINICONE, Gli assegni familiari nelle prestazioni pensionistiche e previdenziali, in: Trattato di previdenza sociale (Anm. 27), Bd. III (1977), S. 757 ff.

153 So bereits die Vorschrift des art. 9 Gesetz n. 585 vom 14.7.1967. Art. 3 des Gesetzes n. 161 vom 26.5.1975 legt die Höhe des staatlichen Zuschusses für 1977 und die folgenden Jahre auf jeweils 80 Mrd. Lire fest. Angesichts der durch die fortschreitende Inflation erforderten periodischen Leistungserhöhung ist auch eine

Hinsichtlich der Rechtsnatur der assegni bestehen divergierende Auffassungen. Die konservativere Meinung hebt auf den engen Bezug zu den arbeitsvertraglichen Pflichten des Arbeitgebers ab und versteht sie als akzessorische Zulage zum Arbeitsentgelt[154]. Vor allem art. 36 I ital. Verfassung wird hier angeführt, der ein Recht des Arbeitnehmers auf ein Entgelt statuiert, das "...in jedem Falle ausreicht, um für ihn und seine Familie eine würdige Existenz zu gewährleisten". Auch die Gegenposition sieht die Familienleistungen vor dem Hintergrund dieser Verfassungsbestimmung. Sie ordnet sie uneingeschränkt dem Sozialleistungssystem zu und versteht sie als Vorsorgeeinrichtung, die auf die durch die familiäre Belastung erzeugte Bedarfslage abgestimmt sei[155]. Diese unterschiedlichen Vorstellungen müssen im Zusammenhang des jeweiligen Entwicklungsstandes der Regelung der Familienleistungen gesehen werden. Die Ausweitung auf immer neue Gruppen von Berechtigten kann auch auf ihre systematische Qualifizierung nicht ohne

---

153 (Forts.) kontinuierliche Ausweitung dieses Zuschusses festzustellen.

154 Nachweise finden sich bei TREVISI, Le prestazioni (assegni familiari), in: Trattato di previdenza sociale (Anm. 27), Bd. III,S. 619 ff (S. 694, FN 1). Die Stellungnahmen entstammen fast alle noch der Zeit vor der Ausweitung des Berechtigtenkreises. CAMPOPIANO/VIGLI, Previdenza sociale, aaO (Anm. 89),vertreten auch in der 1o. Aufl. von 1976 noch diese Auffassung (S. 735). Für die assegni familiari der selbständigen Landwirte, denen angesichts des Fehlens eines Arbeitgebers auch der Entgeltcharakter abgeht, müssen diese Autoren eine Wesensverschiedenheit gegenüber den Leistungen an die abhängig Beschäftigten annehmen.

155 So etwa PERSIANI, Lezioni II, aaO (Anm. 3), S. 149; LEVI SANDRI, Istituzioni, aaO (Anm. 5), S. 356 ff, der die assegni in ökonomischer Sicht hingegen als Lohnbestandteile verstehen will. Weitere Nachweise bei TREVISI, aaO (Anm. 154), S. 698.

Auswirkungen bleiben. So lassen sich bereits Ansätze auffinden, die über den engeren Vorsorgebereich hinausweisen, wie es etwa bei den assegni für die selbständigen Landwirte der Fall ist. Vor allem die Form einer sozialen Versicherung weist sie jedoch heute noch der previdenza zu.

Inhaber des Anspruchs ist der Haushaltungsvorstand, in der Regel der Ehemann. Die Leistungsberechtigung besteht vor allem für den Ehegatten und für die Kinder. Letztere werden bis zum 18. Lebensjahr berücksichtigt[156], darüber hinaus für die Dauer der Schul- bzw. Universitätsausbildung bis maximal zum 26. Lebensjahr. Den Kindern gleichgestellt sind innerhalb der gleichen Altersgrenzen auch weitere Verwandte des Anspruchsberechtigten, sofern dieser sie unterhält und sie in Lebensgemeinschaft mit ihm leben. Für die Eltern und eventuelle weitere Aszendenten im Rentenalter besteht ebenfalls ein Leistungsanspruch, sofern der Anspruchsberechtigte zu ihrem Unterhalt beiträgt und ihr eigenes Einkommen bestimmte Maximalwerte nicht übersteigt.

Die Leistungen bestehen in einem innerhalb der einzelnen Beziehergruppen für alle Berechtigten gleichen Geldbetrag[157]. Seine Höhe wird periodisch der inflationären Geld-

---

156 So nunmehr einheitlich art. 15 Gesetz n. 114 vom 16.4. 1974. Zuvor hatte art. 4 I testo unico assegni familiari (Anm. 151) Arbeiter und Angestellte ungleich behandelt, indem die Altersgrenze nur für Angestellte schon immer bei 18 Jahren lag, Arbeiter hingegen nach dem 14. Geburtstag des Kindes darlegen mußten, daß dieses noch kein eigenes Einkommen bezog.

157 Industriearbeitnehmer erhalten für den Ehegatten und für jedes Kind (sowie für die gleichgestellten Personen) einen Betrag in Höhe von Lire 9.88o/Monat(Wert festgesetzt in art. 1 Gesetz n. 161 vom 26.5.1975). Für Aszendenten liegt der Betrag seit 1964 bei Lire 2.34o/Monat (so zuletzt festgesetzt durch das Gesetz n. 433 vom 23.6.1964). Im Bereich der Landwirtschaft gelten andere Werte.

entwicklung angepaßt. Dabei läßt sich feststellen, daß der italienische Gesetzgeber die Anpassung der assegni für Aszendenten seit 1964 unterlassen und diese somit schutzlos dem Geldwertschwund ausgesetzt hat. Bei den späteren Ausweitungen des Berechtigtenkreises werden Leistungen für Aszendenten überhaupt nicht mehr vorgesehen, so daß davon ausgegangen werden kann, daß letztlich auf eine Reduzierung des geschützten Personenkreises abgezielt wird[158]. Es zeigt sich hier erneut ein Beispiel für eine gewissermaßen "stillschweigende" Modifizierung des Sozialleistungssystems unter Zuhilfenahme einer inflationären Geldwertentwicklung, die dem Gesetzgeber die Beschneidung bestehender Leistungserwartungen ermöglicht, ohne dies in einer konkreten sozialpolitischen Maßnahme ausweisen zu müssen.

1.2. Andere Formen von Familienleistungen

Gruppenspezifisch verschieden werden familienbezogene Leistungen auch in anderer Weise erbracht. So ist der gesamte Bereich der staatlichen Bediensteten aus der Regelung der assegni familiari ausgenommen. An ihrer Stelle findet die familiäre Unterhaltslast hier im Wege von sog. "aggiunte di famiglia" zum Gehalt, sowie zu den staatlichen "pensioni" Berücksichtigung[159]. Auch etwa die Rente der Unfallversicherung INAIL wegen Erwerbsunfähigkeit zeigt sich insoweit wiederum in ihrer Abweichung gegenüber dem

158 Allerdings wurden die Sätze für das die Bezugsberechtigung für die assegni ausschließende eigene Einkommen des Aszendenten verschiedentlich erhöht und sind heute an die Entwicklung der Mindestrente gekoppelt, art. 6 Gesetz n. 485 vom 11. 8.1972. Nur die Leistungshöhe wurde so dem ungehinderten Einfluß der Inflation ausgesetzt, nicht aber die Leistungsvoraussetzungen.

159 Zu Einzelheiten vgl. Manuale Enciclopedico della sicurezza sociale, aaO (Anm. 6o), S. II, 68 ff, Stichwort "aggiunte di famiglia".

System der Rentenversicherung. Für die Ehefrau und für jedes Kind wird hier die Rente um ein Zwanzigstel erhöht. Diese Sonderregelungen sind keineswegs die einzigen und sollen nur beispielhaft für die wenig koordinierte gesamte Regelung von Familienleistungen angeführt werden[16o]. Eine Vereinheitlichung im Wege einer Ausdehnung der Regelung der assegni familiari auf alle Bürger wird verschiedentlich für notwendig erachtet[161].

2. Zum Verhältnis von Familie und sozialem Leistungssystem

Das soziale Leistungssystem und die familiäre Solidargemeinschaft ergänzen sich in vielfacher Weise. In ihrem Überschneidungsbereich sind die hier jeweils wahrgenommenen Funktionen einander komplementär[162]. Auch die familiäre Solidarität kennt zwischen ihren Mitgliedern eine beschränkte Umverteilung von Leistungen. Im Familieneinkommen etwa fließen die Individualeinkommen der Verdiener zusammen; aus ihm wird der Lebensbedarf aller Angehörigen der Gemeinschaft gedeckt, also auch der einkommenslosen Familienmit-

16o Zur Regelung der Unfallversicherung vgl. art. 77 testo unico infortuni (Anm. 79). Weitere Einzelheiten finden sich bei COLOMBO, Assistenza sociale, aaO (Anm. 13), S. 349 ff. Für die von der staatlichen Regelung ausgeschlossenen Handwerker haben die Regionen Sardinien und Sizilien assegni familiari eingeführt: Regionalgesetz Sardinien n. 18 vom 6.8.197o, Regionalgesetz Sizilien n. 18 vom 6.8.197o.

161 Vgl. ALIBRANDI, Soggetti e l'oggetto, aaO (Anm. 73), S. 259.

162 Vgl. dazu RULAND, Familiärer Unterhalt und Leistungen der sozialen Sicherheit, Berlin 1973, der diese Komplementarität für das deutsche Recht umfassend dargestellt hat.

glieder. In der familiären Sorge werden von den Angehörigen sächliche und persönliche Leistungen erbracht, die außerhalb eines Familienverbandes als typische Sozialleistungen erscheinen, wie beispielsweise Pflegeleistungen für Alte oder Kranke. Rechtlich folgen einerseits der familiäre Solidarverband wie andererseits das soziale Leistungssystem eigenen Regeln. Hier gelten die Vorschriften des Familienrechts, dort die des sozialen Leistungsrechts.

Das Verhältnis zwischen Familie und Sozialleistungssystem ist von den historisch früheren Familienstrukturen geprägt. Zumeist ist es so, daß das soziale Leistungssystem an jenem Bereich anhält, den die Familie wirksam abdeckt und so ein Bedürfnis nach Sozialleistungen nicht aufkommen läßt. Typischerweise gilt dies für die Sicherung der Hinterbliebenen, die an der familiären Unterhaltsbeziehung ansetzt und diese Leistungsbeziehung nach ihrem Wegfall infolge des Todes des Leistenden ersetzt. Ein weiteres Beispiel kann in den Einkommensleistungen der assistenza für Behinderte gesehen werden, auf den diese erst nach Vollendung des 18. Lebensjahres einen Anspruch haben; vor der Erreichung dieses Alters beläßt der italienische Sozialgesetzgeber diese Personen allein in der familiären Sorge.

Rechtlich gelangt eine solche subsidiäre Funktion des Sozialleistungssystems gegenüber dem Familienverband darin zum Ausdruck, daß sozialrechtliche Begriffsbildung an den Kategorien des Familienrechts ansetzt, damit allerdings auch die spezifisch familienrechtlichen Wertungen zum Ausgangspunkt nimmt. Mit fortschreitendem Ausbau des Sozialleistungssystems kann sich dieses Verhältnis zu einer stärkeren Autonomie des Sozialrechts verändern, bis hin zum Vorrang der sozialen Sicherungsidee, und zum Einfließen sozial geprägter Gesichtspunkte in die Ordnung der Familie. Aus einer vorrangig sozialrechtlichen Blickrichtung verkehrt sich jedoch das Verhältnis zwischen Familie und Sozialleistungssystem. Die Familie erscheint von hierher als gesellschaftliche Primärzelle, deren Leistungskraft in das übergreifende Sozialsystem integriert und von diesem koordiniert wird. Als vorrangig ist aus dieser Sicht die sozialrechtliche Begriffsbildung anzusehen, die die familienrechtlichen Beziehungen an sozialrechtlichen Zielvorstellungen und Wertungen mißt. Das sozialrechtliche Bild der Familie und ihre Einbindung in das soziale Leistungssystem müssen nach diesen Überlegungen einige Rückschlüsse auf den Ort der Familie im heutigen Sozialsystem Italiens ermöglichen.

2.1. Der gesellschaftliche Prozeß der Reduzierung der Familie auf die Kernfamilie ist auch in Italien weit fortgeschritten. Auswirkungen lassen sich in geringerem Maße im familiären Unterhaltsrecht, stärker hingegen in der Ausgestaltung der Familienleistungen feststellen.

Familienrechtlich wird im Grundsatz zwischen zwei Typen von Unterhaltsbeziehungen unterschieden. Die Verpflichtung zum "mantenimento" ist an dem tatsächlichen Lebenszuschnitt von Unterhaltenem und Unterhaltendem orientiert. Sie ist von dem Regelfall der Lebensgemeinschaft geprägt und typisch nur zwischen den Angehörigen der Kernfamilie geschuldet. Daneben steht die Pflicht zur "alimentazione" als Ausdruck der überkommenen familiären Solidarität, durch die Verwandte in einem weiter reichenden Umfang verbunden sind[163]. Sie setzt an dem "stato di bisogno", an der Bedürftigkeit des "alimentando" an, ist im Grundsatz also subsidiär gegenüber seinen sonstigen Einkommensmöglichkeiten.

163 Die Grundregel der Verpflichtung der Eltern zum "mantenimento" der ehelichen Kinder ist in art. 147, die Unterhaltsverpflichtungen der Ehegatten untereinander sind in art. 143 codice civile geregelt. Der Umfang, in dem die "alimenti" geschuldet sind, ergibt sich aus artt. 433 ff codice civile.

Der Vergleich zwischen dieser Funktion der "alimenti" und dem System der sozialen Leistungen liegt nahe. Auch diese sind wesentlich darauf gerichtet, die Unfähigkeit des Betroffenen zur eigenständigen Sicherung seines Lebensunterhalts aufzufangen[164]. Dabei kann festgestellt werden, daß der über die Verwandtschaftsbeziehung gespannte familiäre Solidarverband in fortschreitendem Maße dadurch abgelöst wird, daß der einzelne autonom in das System sozialer Sicherheit integriert wird. In dem Maße, in dem er über eine eigene Position im sozialen System verfügt, wird die insoweit subsidiäre familiäre Alimentation entlastet[165]. An der Entwicklung der Familienleistungen läßt sich dies ablesen, die in immer geringerem Maße einen Ausgleich der Unterhaltsbelastung durch die Aszendenten gewähren. Eine Erklärung kann hier in der Ausdehnung des Kreises der Rentenversicherten, sowie weiterhin in der Einrichtung der sozialen Altersrente gesehen werden. In dem über die Familienleistungen überhaupt nur geschützten Bereich der Sicherung des elementaren Lebensminimums des Alten ist vor allem durch die letztere sicherlich eine wesentliche Entlastung des familiären Unterhaltsverbandes erzielt worden. Im Bild der Familienleistungen beschränkt sich die Aufgabe der Familie so zunehmend auf die Sorge für die heranwachsende Generation. Der Umverteilung in umgekehrter Richtung, von

---

164 COLOMBO, Assistenza sociale, aaO (Anm. 13), S. 366, spricht von den alimenti als "prestazioni tipicamente assistenziali". Und weitergehend: "Im Mikrokosmos der Familie gelten so die Grundsätze jener Solidarität, die sich - in weiterer Sicht - zum Eingriff der öffentlichen Fürsorgeeinrichtungen erweitert". Vgl. dazu auch PERSIANI, Politica della famiglia, aaO (Anm. 15o), S. 36: "Jenseits der Kernfamilie (Ehegatten und Kinder) ...reduziert sich die familiäre Solidarität... zu einer besonderen Form der Caritas gegenüber dem Mitmenschen".

165 Vgl. zu dieser Entlastung der familiären Sorge auch COLOMBO, Gli anziani, Milano 1976, S. 147.

der jüngeren zur älteren Generation, dient hingegen in immer stärkerem Maße das allgemeine, insoweit familienunabhängige, System sozialer Leistungen.

2.2. Umgekehrt zeigt sich in der Entwicklung der Kernfamilie die Tendenz zur Ausweitung auch auf die über die natürliche Verwandtschaft hinausreichenden Fälle der familiären Personensorge. Hier hat die soziale Finalität unmittelbar Eingang in das Familienrecht gefunden. Das Unterhaltsband des "mantenimento" erstreckt sich über die leiblichen Kinder hinaus auf die Fälle der "adozione speciale", daneben auch auf die Rechtsbeziehunen der "affiliazione"[166] und der einfachen Adoption. Sozialrechtlich wiederum sind für jeden dieser Fälle Familienleistungen vorgesehen, ebenso wie auch für die darüber hinaus den eigenen Kindern gleichgestellten Personen. In gleicher Weise sind diese Personen auch in den Schutz der Hinterbliebenensicherung mit einbezogen[167]. Die bevorzugte Unterstützung der Familie als auf die Erbringung persönlicher Sorge gerichteter sozialer Institution gelangt weiterhin dort zum Ausdruck, wo familienspezifische Sozialleistungen ungeachtet der ansonsten be-

---

166 Die "adozione speciale", artt. 314/2 ff codice civile, entspricht der deutschen Volladoption. Sie dient der Eingliederung von Kindern ohne zureichende familiäre Versorgung in einen neuen (Klein-)Familienverband. Im Verhältnis zu den Adoptiveltern erhält das Kind den Status eines ehelichen Kindes. Die "affiliazione",artt. 4oo ff codice civile, dient ebenfalls der familiären Versorgung bedürftiger Kinder. Sie bedeutet die Eingliederung "gleich einem Kinde", begründet jedoch keine Verwandtschaftsbeziehung.

167 Vgl. für die Familienleistungen DE STEFANIS, I soggetti protetti, in: Trattato di previdenza sociale (Anm. 27), Bd. III, S. 579 ff (S. 6o7 ff). Zur Hinterbliebenensicherung PIERINI, aaO (Anm. 27), S. 432,und für die Unfallversicherung ALIBRANDI, Infortuni sul lavoro, aaO (Anm. 2o), S. 616 ff. Einbezogen sind auch die von dem betreffenden Elternteil anerkannten nichtehelichen Kinder.Die Beseitigung eines Großteils der Anerkennungshindernisse des ital. Kindschaftsrechts in Gesetz n.151 vom 19.5.1975 hat hier mittelbar auch eine Ausweitung der Leistungsberechtigung bewirkt.

stehenden Altersgrenzen gewährt werden: Kinder und gleichgestellte Personen, die infolge körperlicher oder geistiger Behinderung nicht arbeitsfähig sind, sind unbegrenzt in den Schutzbereich von Familienleistungen und Hinterbliebenensicherung einbezogen.

2.3. Auf die besondere Problematik der eigenständigen Sicherung beider Ehegatten, vor allem also der Frau, hat das italienische System sozialer Sicherung nur ansatzweise Lösungen anzubieten. Einer besonderen Hausfrauenversicherung ist kein großer Erfolg beschieden gewesen[168]. Die Versicherung ist hier freiwillig, eine Altersrente wird bei Erreichen des 65. Lebensjahres gezahlt. Einer der Anreize für diese Versicherung, die Garantie einer Mindestrente für den Fall der Bedürftigkeit, ist mit der Einführung der sozialen Altersrente fortgefallen, die eine solche ohne vorherige Versicherung zur Verfügung stellt. Die Statistik weist denn auch unter den Beziehern der sozialen Altersrente bei weitem mehr Frauen als Männer aus[169].

Im übrigen kennt das italienische Rentenrecht nur die abgeleitete Sicherung des nicht selbst arbeitenden Ehegatten über die Hinterbliebenensicherung. Diese ist dabei den familienrechtlichen Wertungen unterworfen. Berechtigt ist der überlebende Ehegatte einer bestehenden Ehe. Lebten die

---

168 Durch das Gesetz n. 389 vom 5.3.1963 wurde die "mutualitâ pensioni a favore delle casalinghe" eingerichtet. Bis zum 31.12.1971 hatten sich erst 19.9oo Hausfrauen in die Versicherung eingeschrieben. So Previdenza sociale (Manuale ACLI, Anm. 116), Bd. II, S. 795. Vgl. in deutscher Sprache HÖFER, Die soziale Sicherung der nichtberufstätigen Hausfrau in Frankreich, Belgien und Italien, Stuttgart-Brüssel, 1972, S. 118 ff.

169 1975 wurden Leistungen an 1oo.ooo Männer, aber an 725.ooo Frauen erbracht. Angaben nach CASTELLINO, aaO (Anm. 122), S. 1o4.

Ehegatten in Trennung[170], so entscheiden die unterhaltsrechtlichen Beziehungen. Ein Anspruch auf Unterhalt und folglich auch auf die Hinterbliebenenrente besteht nur für den an der Trennung nicht allein schuldigen Ehegatten. Mit der Scheidung endet auch die rentenrechtliche Sicherung des nicht selbst versicherten Ehegatten. Doch kann durch Anordnung des Scheidungsgerichtes der geschiedene Ehegatte einen Teil der Hinterbliebenenrente zugesprochen erhalten, die ihm bei Fortbestehen der Ehe zugestanden hätte[171].

IV. Gesundheitsversorgung: auf dem Weg zum servizio sanitario nazionale

1. Die Entwicklung seit dem Kriege

Das System sozialer Krankenversicherung hat in Italien eine rasche Entwicklung erlebt. Einer Zeit, in der das Versicherungsprinzip praktisch unangefochten galt, folgt eine Periode der Krise und der Diskussion weiterreichender, umfassender Versorgungskonzepte. Die heutige Situation ist vom Übergang geprägt. Das Versicherungssystem ist noch

170 Das italienische Recht kennt neben der Scheidung die "separazione" der Ehegatten als rechtliche Form der Aufhebung der ehelichen Lebensgemeinschaft. Zur Hinterbliebenensicherung im Falle der Ehetrennung vgl. PIERINI, aaO (Anm. 27), S. 442.

171 Art. 9 Gesetz n. 898 vom 1.12.1970, das die Scheidung in das ital. Recht einführte. Vgl. zu den rentenversicherungsrechtlichen Auswirkungen der Scheidung PIERINI, aaO (Anm. 27), S. 443.

nicht voll aufgegeben, doch schon sind einige seiner Grundfesten erschüttert. Die konzipierten Strukturen einer umfassenden Gesundheitsversorgung durch den servizio sanitario nazionale, den nationalen Gesundheitsdienst, stehen vorerst noch weitgehend auf dem Papier; doch schon weisen zahlreiche Maßnahmen in seine Richtung und scheint seine Realisierung nur eine Frage der Zeit zu sein.

Im Hinblick auf den Entwicklungsgang des Versicherungssystems ist von den "quattro tempi della mutualità", von vier Entwicklungsphasen, gesprochen worden[172]. Die ersten beiden Phasen bezeichnen die zunächst private Versicherung, vor allem in der Form von durch Tarifvertrag eingerichteten Krankenkassen, und ihre Konzentrierung in einheitlichen Versicherungsträgern, zumeist auf nationaler Ebene. Die dritte Phase ist gekennzeichnet durch die etwa seit Beginn der 5o-er Jahre stattfindende Ausweitung des Systems. Die Krankenversicherung der lavoratori autonomi und einzelner zunächst nicht erfaßter Gruppen von abhängig Beschäftigten datieren aus dieser Zeit, ebenso wie die Einbeziehung der Rentner in das Leistungssystem. Die noch andauernde vierte Phase schließlich ist die der finanziellen und strukturellen Krise eines Systems, das inzwischen den weitaus überwiegenden Teil der Bevölkerung erfaßt[173].

Die Reformbestrebungen, die verstärkt seit etwa Mitte der 6o-er Jahre einsetzen, sind von dem Ziel der Überwindung der Unzulänglichkeiten des bisherigen Systems geprägt. Die Kritik am Versicherungsprinzip richtete sich vor allem auf dessen allein kompensatorischen Charakter. Der Ansatz am

---

172 PETRONI/PIETROPAOLO, Storia socio-politica della riforma giuridica della sanità. Dalle mutue al servizio sanitario nazionale, Roma 1975, S. 5 ff.

173 Die Leistungsberechtigten in der Krankenversicherung waren 1976 mehr als 51 Mio., das sind ca. 92% der italienischen Bevölkerung. So die redaktionelle "Rassegna della previdenza" der Zeitschrift I problemi della sicurezza sociale 1976, S. 566.

Risiko Krankheit setzt beim Betroffenen den Eintritt des pathologischen Zustandes, die Krankheit, bereits voraus. Vorbeugender Schutz gegen Krankheit, sowohl individuell als auch in der gesundheitspolitischen Gestaltung des sozialen Ambiente, hat in einem System der Versicherung gegen die Folgen von Erkrankungen nur bedingt Platz[174]. Neben den Trägern der Leistungen für den Kranken steht deshalb bislang das System der Gesundheitsverwaltung, die in staatliche, regionale und in Verwaltungsstellen auf lokaler Ebene gegliedert ist[175]. Getragen vom Postulat des umfassenden "Schutzes der Gesundheit" in art. 32 ital. Verfassung soll die Reform zur wechselseitigen Integration dieser Strukturen führen.

Ein zweites Ziel der Reformüberlegungen liegt in der Vereinheitlichung des Leistungsangebotes. Als Relikt ihrer vielfach nur unzureichend koordinierten historischen Entstehung haftet der bisherigen Versicherung ein hohes Maß an Differenzierung nach Leistungszugang und Leistungsumfang an, das Gegenstand häufiger Kritik gewesen ist[176]. Hinzu-

---

174 DELOGU, Sanità pubblica, sicurezza sociale e programmazione economica, Torino 1967, S. 63; PERSIANI, Lezioni I, aaO (Anm. 3), S. 31 ff. Vgl. auch Giovanni BERLINGUER, Dalle mutue al servizio sanitario nazionale, in: Medicina e politica, Bari 1973, S. 127 ff (S.133): "Il problema da affrontare attualmente è perciò quello di passare...dall'assistenza ai malati alla protezione dei sani".

175 Vgl. zur Organisation der Gesundheitsverwaltung ANGELICI, Principi di diritto sanitario. Parte generale, Milano 1974, passim; DE CESARE, Stato e prospettive del diritto sanitario, Roma 1974, S. 27 ff. Ein Großteil der früher staatlichen Kompetenzen sind hier in den letzten Jahren auf die Regionen übergegangen. Im Bereich der Unfallversicherung besteht neben dem INAIL, finanziert aus dessen Mitteln, das "Ente Nazionale per la Prevenzione degli Infortuni" (ENPI), dessen Aufgaben im Bereich der Unfallverhütung liegen.

176 Vgl. etwa CHIAPPELLI, aaO (Anm. 92), S. 45 ff. Giovanni BERLINGUER, Sicurezza e insicurezza sociale, Roma 1968, S. 89, weist auf den Unterschied hin, der zwischen Einkommenssicherung und Gesundheitsversorgung bestehe. Erstere trage einer gesellschaftlichen Realität vielfacher Einkommensunterschiede Rechnung, wenn sie auch

kommt, daß mit der bereits in den bestehenden Strukturen erfolgten Ausdehnung der Versorgung auf die ganz überwiegende Mehrheit der Bevölkerung ein System in greifbare Nähe gerückt ist, das gleichermassen für jeden Bürger zur Verfügung steht. Die bisherige Differenzierung nach der Zugehörigkeit zu einem oder zu einem anderen Leistungssystem muß dann ihren Sinn verlieren.

Die einheitliche Versorgung jeden Bürgers in einem umfassenden System von Gesundheitsleistungen erscheint so als Zielsetzung der Gesundheitsreform. In dieser allgemeinen Fassung wird sie heute praktisch von allen wichtigen politischen Kräften Italiens getragen. Einigkeit besteht im wesentlichen auch über die allgemeine organisatorische Struktur des Gesundheitsdienstes, der zur Durchführung dieser Aufgaben geplant ist. Unterschiedliche Auffassungen sind erst zu Detailfragen anzutreffen, etwa hinsichtlich der Ausgestaltung einzelner Organe und der Form der politischen Leitung der Gesundheitsversorgung.

Die wichtigsten Schritte des bisherigen Entwicklungsganges lassen sich in der folgenden Weise bestimmen. Die ersten Initiativen kommen von der politischen Linken. Forderungen der Gewerkschaft CGIL, die später von der KPI aufgegriffen werden, steht anfangs noch eine Orientierung vor allem der Democrazia Cristiana auf eine Reform der Krankenversicherung hin gegenüber. Auch hier zeichnet sich jedoch bald eine Änderung ab. Bereits in dem als Gesetz verkündeten Fünfjahresplan der wirtschaftlichen Entwicklung 1966-197o ist die Einrichtung eines Gesundheitsdienstes vorgesehen. In den folgenden Jahren werden mehrfach Gesetzentwürfe der Regierung beim Parlament eingebracht, die auf eine solche grundlegende Umstrukturierung abzielen, ohne daß es jedoch

176 (Forts.) die Erhaltung des konkret erzielten Einkommens anstrebe. Dagegen sei Gesundheit im Grundsatz ein einheitliches Gut. Die Leistungen dürften hier folglich nur nach dem jeweiligen physischen Bedürfnis differieren.

zu konkreten Ergebnissen käme[177].

Ein erster Schritt auf dem Weg zur Reform wird 1974 eingeleitet. Anlaß ist die Kostenexplosion vor allem im Bereich der Krankenhausleistungen, die zu einer tiefen Verschuldung der Versicherungsinstitute gegenüber den Krankenhausträgern geführt hatte. Unter der Überschrift "Einleitung der riforma sanitaria" begnügt sich das Gesetz n. 386 vom 17.8.1974 nicht mit der Tilgung dieser Verbindlichkeiten durch aus dem Staatshaushalt zur Verfügung gestellte Mittel. Zugleich wird der Übergang der Krankenhausleistungen in die Kompetenz der Regionen verfügt. Als weiterer wichtiger Schritt wird gesetzlich die Auflösung der Krankenversicherungsträger nach Ablauf einer Übergangszeit mit Wirkung ab 1.7. 1977 angeordnet. Die diesen noch verbliebenen restlichen Gesundheitsleistungen sind seit diesem Zeitpunkt ebenfalls in die regionale Trägerschaft gefallen[178].

Die Bedeutung dieser Maßnahmen wird durch den ebenfalls noch 1974 dem Parlament vorgelegten Regierungsentwurf für ein Gesetz zur Einrichtung des servizio sanitario nazionale unterstrichen. Zu einer Verabschiedung kommt es jedoch infolge der vorzeitigen Parlamentsauflösung 1976 nicht mehr. Seit Anfang 1977 liegen dem italienischen Gesetzgeber erneut ein gegenüber 1974 **nicht** wesentlich veränderter Regierungsentwurf sowie drei Alternativentwürfe politischer Parteien zur Beratung vor[179]. Auf die Strukturen des darin entworfenen Gesundheitsdienstes wird im folgenden noch zurückzukommen sein.

---

177 Eine ausführliche Darstellung der Entwicklung bringt die bereits angeführte Arbeit von PETRONI/PIETROPAOLO, aaO (Anm. 172).

178 Art. 1 Gesetz n. 349 vom 29.6.1977. Zu Einzelheiten vgl. noch im folgenden.

179 Gesetzentwurf Vittorino COLOMBO vom 12.8.1974, Parlamentsakten VI. Legisl. n. 32o7; Gesetzentwurf DAL FALCO vom 16.3.1977, Parlamentsakten VII. Legisl. n. 1252. Die Gesetzentwürfe der einzelnen Parteien stammen von Abgeordneten der KPI, des PSI und von Democrazia Proletaria. Parlamentsakten VII. Legisl. n. 971, n. 1145, n. 11o5.

2. Zum gegenwärtigen Stand der Gesundheitsversorgung

2.1. Trägerschaft und Leistungssystem im Gesundheitsbereich

Das System der Versorgung mit Gesundheitsleistungen befindet sich nach dem vorstehend Gesagten in Italien heute in einer Phase des Umbruchs. In diesem Übergangsstadium stellt sich die Situation derzeit in der folgenden Weise dar: Die bisherigen Krankenversicherungsinstitute sind in ihrem rechtlichen Bestand aufgelöst. Leistungen der Krankenhausversorgung werden seit 1974, die übrigen Leistungen seit dem 1.7.1977 von den Regionen erbracht. Dies gilt nicht allein für den Bereich der bisherigen Krankenversicherung. Auch die von anderen Versicherungsträgern erbrachten medizinischen und sonstigen Versorgungsleistungen im Gesundheitsbereich sind jetzt auf die Regionen übergegangen, nachdem sie zunächst 1974 aus dem sonstigen Leistungsbereich des jeweiligen Trägers ausgegliedert worden waren[18o].

Ein gegenüber den überkommenen Leistungsstrukturen neues Modell gilt im Bereich der Krankenhausleistungen. Hier hat das Gesetz n. 386 vom 17.8.1976 die Weichen für ein System der Versorgung der Bevölkerung gestellt, das, wenngleich erst in Ansätzen, die Strukturen des geplanten Gesundheitsdienstes vorwegnimmt. In der Trägerschaft der Regionen wird die Krankenhausbehandlung gleichermaßen den Sozialversicherten wie den Empfängern von Fürsorgeleistungen gewährt. Wer weder von der einen noch von der anderen Leistungsform erfaßt wird, kann gegen Entrichtung von an den durchschnittlichen Behandlungskosten orientierten Abgaben die Leistungs-

18o Die Trägerschaft der Regionen ergibt sich aus art. 12 Gesetz n. 386 vom 17.8.1974 und aus art. 1 Gesetz n. 349 vom 29.6.1977. Hinsichtlich der Versorgungsstrukturen anderer als der Krankenversicherungsträger verfügte art. 12-bis Gesetz n. 386 von 1974 die Ausgliederung der "servizi di assistenza sanitaria" aus ihrem Leistungsbereich und die vorläufige kommissarische Verwaltung bis zum Kompetenzübergang am 1.7.1977 auf die Regionen.

berechtigung erwerben[181].

Finanziert wird die Krankenhausversorgung über einen im Haushalt des staatlichen Gesundheitsministeriums ausgewiesenen "Fondo nazionale per l'assistenza ospedaliera". Dieser wird gespeist durch Mittel aus dem Beitragsaufkommen der Sozialversicherung, sowie durch Überweisungen anderer Träger von Gesundheitsleistungen, soweit die Ausgliederung der Krankenhausversorgung diese entlastet hat. Hinzu kommen Zweisungen aus dem Steueraufkommen. Die Mittel dieses Fonds werden nach einem von der italienischen Regierung festgesetzten Schlüssel auf die Regionen umgelegt[182]. Sie dienen der Deckung der Behandlungskosten, darüber hinaus auch dem laufenden Investitionsbedarf, wie er sich aus der regionalen Planung der Versorgungsstrukturen ergibt.

Hinsichtlich der übrigen Leistungen ist zunächst wenig mehr erfolgt als eine Ablösung in der Leistungsträgerschaft der Versicherungsleistungen. Dieser Eindruck wird durch die Tatsache noch verstärkt, daß die sachlich-organisatorischen Strukturen bisher im wesentlichen die gleichen geblieben sind. Zwar sind die Krankenversicherungsträger in ihrem rechtlichen Bestand aufgelöst und in Liquidation überführt. Ihr organisatorischer Bestand blieb jedoch zunächst erhalten. Die Leistungsverhältnisse werden, jetzt für Rechnung der Regionen, zunächst weiterhin über diesen abgewickelt[183]. Dies gilt insbesondere auch hinsichtlich

181 Vgl. im einzelnen artt. 12 und 13 Gesetz n. 386 vom 17.8.1974. Angehörige der wirtschaftlich zumeist besser gestellten letzteren Gruppe werden allerdings in der Regel auf die Behandlung in privaten Kliniken ausweichen. Vgl. dazu noch im folgenden.

182 Artt. 14 und 16 Gesetz n. 386 vom 17.8.1974. Kriterien für die Errechnung des Verteilerschlüssels sind neben der Bevölkerungszahl auch etwa der Gesundheitsstand, Versorgungsstrukturen, Anzahl der vorhandenen Krankenhausbetten, etc. in den einzelnen Regionen.

183 Art. 3 Gesetz n. 349 vom 29.6.1977.

der Finanzierung der Leistungen. Wie bisher werden Versicherungsbeiträge erhoben und über die Verwaltungsstrukturen der aufgelösten Versicherungsinstitute eingezogen. Auch die Leistungen werden derzeit noch nach dem bisherigen Verfahren abgerechnet.

Daneben stehen auch weiterhin Gesundheitsleistungen, die im Rahmen der assistenza erbracht werden. Vor allem die Kommunen sind hier zu nennen, denen die "assistenza sanitaria" für die Armen obliegt. Ihre Leistungen sind an die anachronistisch anmutende[184] Eintragung in ein Armenverzeichnis, den "elenco dei poveri" gebunden. Sofern nicht bereits im Gefolge der zunehmenden Regionalisierung der assistenza hier Veränderungen vorgenommen werden, wird jedenfalls mit der "riforma sanitaria" eine grundlegende Überwindung dieser Versorgungsstrukturen eintreten.

Bereits heute kann gesagt werden, daß die Regionalisierung des Bereichs der Gesundheitsversorgung eine eigene Dynamik in Gang gebracht hat. Verschiedentlich wird in den Regionalstatuten bereits vorausschauend auf die erst für den Gesundheitsdienst vorgesehenen umfassenden Versorgungsstrukturen Bezug genommen. Ihre Aufgaben in diesem Bereich werden von fast allen Regionen ausdrücklich im Zusammenhang und als Teil des Systems der sicurezza sociale definiert[185].

Die Regionalgesetzgebung hat in den letzten Jahren, den ihr eröffneten Kompetenzbereich häufig bis an die von der staatlichen Gesetzgebung vorgezeichneten Grenzen auszuschöpfen

---

184 COLOMBO, Assistenza sociale, aaO (Anm. 13), S. 243, kritisiert diese "...die Menschenwürde verletzende Form der Kontrolle". Vgl. dort auch zu Einzelheiten der Versorgung der "non abbienti".

185 Vgl. hierzu ANGELICI, aaO (Anm. 175), S. 149; BELLINI, Sanità e sicurezza sociale nella legislazione regionale, Padova 1974, S. 4o ff.

versucht. Vor allem die Übernahme der Krankenhausleistungen hat die regionale Planung berufen[186]. Hier können auch für die Zukunft wichtige Anstöße in Richtung auf eine Fortentwicklung des Systems der Gesundheitsversorgung erwartet werden.

2.2. Überblick über die Leistungen für Versicherte

Die Leistungen richten sich überwiegend auch weiterhin nach dem bisherigen Recht . Leistungsberechtigt sind die im Rahmen der Krankenversicherung Gesicherten, darunter insbesondere auch die Rentner, sowie ihre Familienangehörigen. Die Versorgung ist auch heute noch ganz überwiegend auf eine Leistungsdauer von maximal 18o Tagen/Jahr begrenzt. Wer länger krank ist, ist gezwungen, auf seine eigenen Mittel zu rekurrieren. Ist er als bedürftig anzusehen, so können dann allerdings subsidiär Leistungen der assistenza eingreifen, so daß der Betroffene nicht völlig ohne Schutz ist[187]. Anderes gilt nur für Krankenhausleistungen, die von den Regionen ohne zeitliche Begrenzung erbracht werden[188]. Anderes gilt auch für die außerhalb

---

186 BELLINI, La sanità dopo la prima legislatura regionale, in: I problemi della sicurezza sociale 1975, S. 197 ff, berichtet über die vielfach recht weitreichende regionale Gesetzgebungstätigkeit.

187 COLOMBO, Assistenza sociale, aaO (Anm. 13), S. 244. Die 18o-Tagefrist für die Versicherungsleistungen ist in art. 6 Gesetz n. 138 vom 11.1.1943 geregelt.

188 Art. 12 Gesetz n. 386 vom 17.8.1974. Eine wesentliche Kostenersparnis scheint durch die 18o-Tagefrist nicht bewirkt zu werden. In der Begründung des Regierungsentwurfs 1977 zur Einrichtung des Gesundheitsdienstes wird hinsichtlich der dann erfolgenden Aufhebung dieser Leistungsgrenze ausgeführt, daß spürbare Mehrkosten davon nicht zu erwarten seien. Parlamentsakten VII.Legisl. n. 1252, S. 8.

der Krankenversicherung, etwa im Rahmen der Unfallversicherung, gewährten Leistungen.

Die Leistungsgewährung erfolgt grundsätzlich in direkter und nur ausnahmsweise in indirekter Form durch Ersatz von dem Versicherten selbst entstandenen Kosten. Zur Durchführung der direkten Leistungserbringung war den Krankenversicherungsträgern gesetzlich der Ausbau eines Netzes von Leistungseinrichtungen zur Aufgabe gemacht worden, das "nach einem territorialen Organisationsplan" den Behandlungsbedürfnissen entsprechen mußte[189]. In eigener Trägerschaft hat so beispielsweise das INAM ein Netz von Diagnosezentren und Ambulatorien aufgebaut.

Leistung in direkter Form bedeutet jedoch nicht, daß deshalb auch die sächlichen und persönlichen Mittel unmittelbar von dem Leistungsträger selbst unterhalten werden müßten. Öffentliche Krankenhäuser werden in der Regel von sog. "enti ospedalieri", juristischen Personen des öffentlichen Rechts, betrieben, eine Rechtsform, die 1968 in einer ersten Reform der bis dahin bestehenden Strukturen entwickelt worden war[19o]. Ärztliche Behandlung wird zumeist von frei praktizierenden Ärzten geleistet. Andere Krankenhausträger als die "enti ospedalieri" sowie die frei praktizierenden Ärzte erbringen ihre Leistungen im Rahmen von sog. "convenzioni", Übereinkommen, die von ihnen bzw. den betreffenden Interessenverbänden mit dem Leistungsträger geschlossen werden.

---

189 So art. 8 Gesetz n. 143 vom 11.1.1943.

19o Gesetz n. 132 vom 12.2.1968. Zu "enti ospedalieri" wurden damals öffentliche Einrichtungen, deren Aufgaben ausschließlich in der Führung eines Krankhauses bestand; weiterhin Krankenhäuser, die von öffentlichen Institutionen mit daneben anderen Zielsetzungen betrieben wurden. Beispielsweise die ursprünglich vom Träger der Unfallversicherung INAIL betriebenen "centri traumatologici" wurden 1968 zu besonderen "enti ospedalieri". Nicht zu solchen wurden dagegen insbesondere die von Universitäten unterhaltenen Kliniken, sowie Privatkliniken. Besonderes gilt auch für die Behandlungseinrichtungen kirchlicher Träger.

Krankenhausbehandlung wird zur Zeit in dreifacher Form geleistet. Die "enti ospedalieri", wenngleich rechtlich autonome Institutionen, sind eng an die Regionen gebunden. Diese "bedienen" sich ihrer zur Leistung in direkter Form. Eine Abrechnung erfolgt nicht auf Grund der einzelnen erbrachten Leistungen; ihr Finanzbedarf wird den "enti ospedalieri" global aus dem Haushalt der Regionen zugewiesen[191]. Daneben stehen Universitätskliniken, kirchliche und andere Institute, die ihre Leistungen auf Grund von "convenzioni" mit den Regionen erbringen und mit diesen darüber abrechnen. Der Versicherte, der auf dieses öffentliche Leistungsangebot verzichtet und sich in "nicht konventionierten" privaten Kliniken behandeln läßt, hat Anspruch auf die Erstattung des Betrages, wie er den durchschnittlichen Behandlungskosten auf der Grundlage vergleichbarer "convenzioni" entspricht.

Bei der ambulanten ärztlichen Behandlung ist der Grundsatz der direkten Leistungserbringung mit dem Erfordernis verbunden, soweit als möglich die Behandlung durch den "medico di famiglia", d.h. die freie Arztwahl, zu gewährleisten. Dies wird nach dem Kassenarztprinzip erreicht: die dem Leistungsträger auf der Grundlage einer "convenzione" verbundenen Ärzte werden in ein Verzeichnis aufgenommen, aus dem der Versicherte den Arzt seines Vertrauens frei wählen kann[192]. Zugleich mit dem Übergang der Leistungen in die Trägerschaft der Regionen sind 1977 als weiterer Schritt in Richtung auf die riforma sanitaria Vorschriften über den Inhalt der "convenzioni" mit den Ärzten erlassen worden[193]. Danach werden die Übereinkommen einheitlich

191 Artt. 12, 16 Gesetz n. 386 vom 17.8.1974. Vgl. die Kommentierung bei BORSARI, L'ospedale e i primi passi della riforma sanitaria, Verona 1977, S. 297.

192 PERSIANI, Lezioni II, aaO (Anm. 3), S. 125 ff.

193 Artt. 8 und insbesondere 9 Gesetz n. 349 vom 29.6.1977.

auf nationaler Ebene abgeschlossen. Sie müssen Bestimmungen enthalten beispielsweise über das optimale Verhältnis der Patienten je Arzt; über die Höchstzahl der von einem Arzt zu behandelnden Patienten; über das Maß der Vereinbarkeit der Tätigkeit als "medico convenzionato" mit anderweitiger medizinischer Berufsausübung; über das Arzthonorar, das bei den allgemeinen Ärzten nicht auf der Grundlage der einzelnen erbrachten Leistung, sondern global nach der Anzahl der Behandelten festgesetzt wird.

Hinsichtlich der Verschreibung von Arzneimitteln bestand anfangs eine höchst differenzierte Regelung je nach den einzelnen Versicherungsträgern und Versichertengruppen. Eine erste Vereinheitlichung brachte das "Prontuario terapeutico" des INAM, eine Aufstellung sämtlicher Medikamente, die seinen Versicherten verschrieben werden konnten. 1974 ist dieses "Prontuario" auch auf die übrigen Versicherten verbindlich ausgedehnt worden. Eine Selbstbeteiligung an den Kosten der Arzneimittel war lange Zeit hindurch nicht vorgesehen. Die italienische Regierung hat jetzt einen Gesetzentwurf vorgelegt, der eine solche einführen soll[194].

Sonstige Leistungen, die bisher von den Versicherungsinstituten und jetzt von den Regionen erbracht werden, sind beispielsweise Rehabilitationsmaßnahmen, Geburtshilfe oder die Versorgung von Kleinkindern.

---

194 Nach einer Mitteilung des Corriere della Sera vom 22.9.1977, S. 2, soll die Beteiligung danach bei unerläßlichen Arzneien bis zu 2oo Lire, bei "komplementären" Mitteln zwischen 2oo und 6oo Lire betragen. Zur Diskussion um die Wünschbarkeit einer Kostenbeteiligung vgl. FORTE, Strategia delle riforme, aaO (Anm. 113), S. 352 ff.

3. Grundzüge des geplanten Gesundheitsdienstes

Wenngleich der Gesundheitsdienst heute noch nicht besteht, erscheint es doch sinnvoll, zumindest kurz einige der wesentlichen Strukturen nachzuzeichnen, die hier geplant sind. Die Darstellung beschränkt sich dabei allein auf den Regierungsentwurf; dieser dürfte ausreichen, um dem Leser einen Eindruck von den Reformbestrebungen zu vermitteln, die ohnehin im politischen Durchgang noch Gegenstand verschiedentlicher Modifikationen sein werden. Eine Bemerkung erscheint zudem angebracht: Umfassende Reformen brauchen in Italien ihre Zeit; der bisherige Gang der Gesundheitsreform hat dies erneut deutlich werden lassen. Es bleibt abzuwarten, wie lange die gegenwärtige Übergangsphase noch andauern wird.

Den grundlegenden Prinzipien wird in art. 1 des Entwurfs Ausdruck gegeben. Danach dienen die Versorgungseinrichtungen "...dem Schutz, der Erhaltung und der Wiedererlangung der physischen und psychischen Gesundheit für die gesamte Bevölkerung, ...in einer Weise, durch die die Gleichheit der Behandlung sichergestellt wird". Aus dem weiten Kreis der Aufgaben, die dem Gesundheitsdienst danach vorgegeben sind (art. 2), seien beispielhaft angeführt: Vorbeugung, Diagnose und Behandlung der Krankheiten; die Erforschung und Beseitigung der sozialen Ursachen von Krankheit; ein umfassender gesundheitlicher Mutterschutz; der Schutz der Gesundheit im Alter; Rehabilitation von Behinderten, vor allem auch von geistig Behinderten. Auch Lebensmittelhygiene und veterinärmedizinische Aufgaben werden hier mit zu erfüllen sein.

Organisatorisch ist die Gliederung in staatliche, regionale und lokale Strukturen vorgesehen. Wichtigstes Element wird die "unità sanitaria locale", die lokale Versorgungseinheit, sein. Für eine Bevölkerung von den lokalen Gegebenheiten entsprechend jeweils zwischen 5o.ooo und

2oo.ooo Personen wird sie die erforderlichen Dienst- und Behandlungsleistungen durchführen. Sie ist eng mit der bzw. den Kommunen verbunden, für deren Gebiet sie eingerichtet wird; der Entwurf bezeichnet sie als "strumento operativo" der Kommune (art.11). Für über den lokalen Bereich hinausreichende Aufgaben werden von den Regionen besondere Einrichtungen geschaffen werden. Auf regionaler und staatlicher Ebene werden die Leistungsstrukturen koordiniert und die allgemeinen Richtlinien erarbeitet werden.

Dies gilt auf staatlicher Ebene insbesondere für die Richtlinienkompetenz der italienischen Regierung, die ein größtmögliches Maß an Gleichheit der Versorgung in den einzelnen Regionen bewirken soll. Mindeststandards für die Leistungen, sog. "livelli assistenziali minimi", werden jährlich auf Regierungsebene festgesetzt. Hier erfolgt auch die Abstimmung auf die nationale Wirtschaftspolitik und auf die internationalen Verpflichtungen Italiens (art. 5). Als konsultatives Organ wird der "Consiglio sanitario nazionale" eingerichtet, in dem neben verschiedenen gesellschaftlichen Gruppen vor allem die Regionen vertreten sind. Den Regionen wiederum wird für ihren Bereich die Normsetzungskompetenz im Gesundheitsbereich im Rahmen staatlicher Rahmengesetze zustehen. Ihnen wird neben der Organisation und Kontrolle der "unità sanitarie locali" vor allem die Planung der Gesundheitsversorgung unter Zugrundelegung der staatlichen Direktiven obliegen. Ein mit Beratungsfunktion ausgestatteter "Consiglio sanitario regionale" soll neben einigen anderen Interessen insbesondere die Kommunen und Provinzen repräsentieren (art. 9). Auf nationaler Ebene wird dem Gesundheitsministerium das "Istituto superiore di sanità" zugeordnet, das wesentlich Forschungszwecken im Bereich des Gesundheitswesens dienen soll (art. 7).

Die Aufgaben des Gesundheitsdienstes werden entweder durch eigene Einrichtungen und eigenes Personal durchgeführt oder über frei praktizierende Ärzte, Krankenhäuser und andere Versorgungseinrichtungen. Letztere erbringen ihre Leistungen im Rahmen von auf nationaler Ebene festgelegten bzw. ausgehandelten "convenzioni". Wie bereits nach der geltenden Rechtslage, die insoweit eine weitgehende Vorwegnahme der künftigen Regelung bedeutet, wird für Ärzte hier nicht allein das Entgelt für ihre Leistungen festgelegt werden, sondern werden auch die Verpflichtungen zu regeln sein, die für sie umgekehrt mit der Konventionierung verbunden sind (art. 23).

Die Finanzierung des Gesundheitsdienstes wird nach Ablauf von Übergangszeiten über das Steueraufkommen erfolgen. Das bedingt die Fiskalisierung der Gesundheitskosten, d.h. den Übergang von der jetzigen überwiegenden Finanzierung über Beiträge hin zu einer solchen aus Steuern. Jährlich werden im nationalen Haushalt die Mittel für die Gesundheitsversorgung ausgewiesen werden. Ähnlich wie es heute bereits bei der Finanzierung der Krankenhausleistungen der Fall ist, werden diese Mittel nach einem bestimmten Schlüsselverfahren auf die Regionen verteilt werden (art. 26).

4. Die Diskussion um den "servizio sociale"

Auf dem Gebiet der assistenza reicht der Einsatzbereich der hier zur Verfügung stehenden sozialen Einrichtungen und Maßnahmen über Einkommenssicherung und Gesundheitsversorgung weit hinaus. Besondere Gruppen von Hilfsbedürftigen, wie beispielsweise Waisenkinder, geistig und körperlich Behinderte, Angehörige sozialer Randgruppen, bedürfen des komplexen Einsatzes vielfacher sozialer Hilfen. Allein mit Einkommensleistungen kann ihrer Bedarfslage oftmals nicht begegnet werden. Hinzu kommen jene Problemstellungen, wie etwa die der sozialen Bedürfnisse der Alten, die von dem derzeit vorwiegend auf Einkommenssicherung und Schutz gegen Krankheit ausgerichteten Vorsorgesystem nur unzureichend oder gar nicht bewältigt werden und die nach dem komplementären Einsatz sozialer Dienstleistungen verlangen. Dabei ist davon auszugehen, daß die Grenze zwischen diesen weiterreichenden Maßnahmen und vor allem der Gesundheitsversorgung oft nicht klar gezogen werden kann. Hier setzen die Überlegungen an, die auf die Überführung eines Großteils der jetzigen Strukturen der assistenza in den "servizio sociale", den sozialen Dienst, abzielen. In enger Verbindung mit dem geplanten Gesundheitsdienst, so wird argumentiert, könnte dieser eine umfassende Versorgung der Bevölkerung erlauben[195].

Die Diskussion ist hier allerdings noch nicht so weit gediehen wie im Gesundheitsbereich, was bereits zu der Befürchtung geführt hat, die Reformen der nächsten Zeit könnten diesen allzu sehr auf Kosten der übrigen sozialen Dienstleistungen in den Vordergrund stellen[196]. Immerhin haben bereits während der 1976 vorzeitig zu Ende gegangenen VI. Legislaturperiode mehrere Reformgesetzentwürfe dem Parlament vorgelegen, ohne daß diese jedoch zu konkreten Ergebnissen geführt hätten[197]. Mit der in Gang befindlichen Regionalisierung der Strukturen der assistenza sind auch hier die Dinge in Fluß geraten.

Angesichts der zur Zeit bestehenden Übergangssituation mag hinsichtlich der bisherigen Versorgungsstrukturen der Hinweis genügen, daß sich hier Aufgaben der Kommunen, der

---

195 Siehe dazu CORSINI, Si avrà la riforma dell'assistenza nella settima legislatura?, in: La rivista di servizio sociale 1976, Heft 3, S. 3 ff (S. 5 ff).

196 CORSINI, aaO (Anm. 195), S. 6 ff.

197 Vgl. die Darstellung von CATALDI, I progetti di legge per la riforma dei servizi sociali nella sesta legislatura, in: Regioni e servizi sociali, hrsg. von A. Zucconi, Milano 1974, S. 245 ff.

Provinzen sowie einer Vielzahl anderer Leistungsträger finden und häufig überschneiden. Die Kompetenzverteilung ist nach heutiger Auffassung zuweilen wenig einleuchtend. So sind für die Betreuung von Kindern außerhalb bestehender Familien die Kommunen zuständig, wenn es sich um eheliche Kinder handelt; nichteheliche Kinder werden hingegen von den Provinzen versorgt. Hinzu kamen bisher eine größere Anzahl von Trägern auf nationaler Ebene, die für Waisenkinder Leistungen erbrachten. Im Zuge der jüngst eingeleiteten Reform wird vor allem die Auflösung der überwiegenden Mehrzahl der nationalen Einrichtungen und Institutionen sowie der "istituzioni pubbliche di assistenza e beneficenza" den Weg für eine organische Strukturierung des Bereichs der sozialen Dienstleistungen freimachen.

Als eine der wichtigsten Erscheinungen der hier vonstatten gehenden Entwicklung kann der inhaltliche Gang der Diskussion angesehen werden, die bislang häufig von der Kritik an den überholten Strukturen der Vergangenheit beherrscht wurde. Von dem Moment an, in dem in den Regionen die soziale Planung konkrete Formen angenommen hat, haben neue Fragestellungen in die sozialpolitische Diskussion Eingang gefunden; etwa die Frage sozialer Partizipation und der Stellung der sozialen Dienste zwischen Bürger und Verwaltung[198]. In der Perspektive der Reform stellen diese sich in der folgenden Weise dar:

> "Die Neuordnung des Systems wird sich auf moderne Gesichtspunkte stützen müssen, ...die an die Stelle von Caritas und Benefizienz die Ausdehnung der sozialen Dienste auf alle Brüger setzen, ohne Ansehen des Geschlechts und der Besonderheit ihrer Bedürfnisse. Dies wird die Anerkennung eines echten Rechtes für alle Bürger auf die

198 Hierzu sei verwiesen auf LA ROSA/MINARDI/MONTANARI (Hrsg.), I servizi sociali tra programmazione e partecipazione, Milano 1977.

> Leistungen der assistenza bedeuten, und die Verpflichtung für die Kollektivität zur Übernahme der Lasten der sozialen Dienste; die Vorbeugung wird als vorrangige Maßnahme in dem Kampf gegen jegliche Form von Bedürftigkeit bestätigt und es wird die aktive Partizipation des Betroffenen an der Lösung seiner Probleme berufen"[199].

V. Italiens Problem: Arbeitslosigkeit

1. Zum Ausmaß des Problems

Im Problem der Arbeitslosigkeit liegt eine der zentralen Fragen der Sozialsysteme in den westlichen Industriestaaten. Auswirkungen sind im gesamten System feststellbar, in einem Land mit einem hohen Grad an Arbeitslosigkeit wie Italien in besonders spürbarem Maße. Das läßt sich beispeilsweise an dem besonders niedrigen Rentenalter ablesen; auch das "Ausufern" der Invalidenrenten findet in ihr jedenfalls eine seiner Ursachen. Schaut man auf die Grundlagen des Systems, so wird man feststellen, daß das Fehlen einer umfassenden Basissicherung letztlich wohl auch hier mit begründet liegt; die große Anzahl von Personen ohne ein ausreichendes Arbeitseinkommen hat sicherlich das ihre getan, um eine solche Grundsicherung bisher nicht entstehen zu lassen. Zudem darf nicht außer acht bleiben: Italien ist immer noch das Herkunftsland einer beträchtlichen Arbeitsemigration, die ihrerseits bislang dazu beigetragen hat, den sozialen Sprengstoff zu entschärfen, der in einem hohen Maß an Arbeitslosigkeit begründet liegt.

199 Manuale Enciclopedico, aaO (Anm. 6o), S. I, 325.

Eine Analyse des italienischen Arbeitsmarktes kann auch nicht ansatzweise die Aufgabe dieses Berichtes sein[2oo]. Doch sollen zumindest einige Angaben zeigen, wie die wesentlichen Probleme hier verteilt sind. Vielleicht wird so auch verständlich, warum anstelle eines einheitlichen, umfassenden Programmes eine Vielzahl von Einzelmaßnahmen zur Bekämpfung von Arbeitslosigkeit und zur Überwindung ihrer Auswirkungen auf den einzelnen Betroffenen anzutreffen sind. Die statistischen Arbeitslosenziffern geben nur ein unzulängliches Bild über das tatsächliche Ausmaß der Problematik. Sie erfassen in der Regel nur die als arbeitslos gemeldeten Personen. Ihre Zahl dürfte derzeit mehr als 1.2oo.ooo Personen betragen[2o1]. Berücksichtigt werden muß darüber hinaus die große Anzahl der "sottoccupati", derjenigen, die aufgrund der Mangellage auf dem Arbeitsmarkt nur teilweise beschäftigt sind. Regional ist die partielle und vollständige Arbeitslosigkeit vor allem im südlichen Landesteil, dem "Mezzogiorno" konzentriert. Zu berücksichtigen ist weiterhin, daß die Mehrzahl der Empfänger von Sozialleistungen auf dem Arbeitsmarkt überhaupt nicht mehr erscheint. Die Zuerkennung einer vorzeitigen Altersrente oder einer Invalidenrente bewirkt so zugleich eine Entlastung der Arbeitslosenstatistiken.

Das weitaus drängendste Problem muß heute in dem hohen Ausmaß der Jugendarbeitslosigkeit gesehen werden. Ein unsicherer Arbeitsmarkt und eine ausgebaute Arbeitsplatzsicherheit (dazu im folgenden) haben den Eintritt ins Berufsleben immer schwieriger werden lassen. Einer der Auswege ist der Weg in Schulbildung und Universität geworden. Vor

---

2oo An Untersuchungen sei verwiesen auf VINCI (Hrsg.), Il mercato del lavoro in Italia, 3. Aufl. Milano 1977; auch die bereits angeführte Arbeit von FUA, Occupazione e capacità produttive (Anm. 57).

2o1 So die Ziffern bei RIGHETTI, Disoccupazione giovanile, aaO (Anm. 52), S. 638 ff.

allem das Studium, aufgebläht als vielfach naheliegendste Alternative, hat sich innerhalb kurzer Zeit zum häufigen Wartestand auf dem Durchgang zur dann akademischen Arbeitslosigkeit entwickelt. Zahlen, die bereits heute von mehr als 1oo.ooo arbeitslosen Akademikern bei 25o.ooo eingeschriebenen Studenten sprechen, sind sicherlich nicht zu hoch gegriffen[2o2]. Die gesamte Anzahl der für die Maßnahme nach dem jüngsten Gesetz über die Bekämpfung der Jugendarbeitslosigkeit in Betracht zu ziehenden Arbeitslosen zwischen 15 und 29 Jahren sind auf ca. 8oo.ooo geschätzt worden[2o3], Unterbeschäftigte nicht eingerechnet.

Es wird angesichts dieser Problemdimensionen nicht verwundern, wenn das im folgenden dargestellte Leistungssystem dem komplexen Problem Arbeitslosigkeit nicht voll gerecht wird, sondern zumeist nur Teilaspekte aufgreift.

2. Das System der Sicherung und Erhaltung des Arbeitsplatzes

Leistungen zur Sicherung gegen Arbeitslosigkeit lassen sich in Italien in zwei unterschiedliche Bereiche einteilen. Ein Teil richtet sich an den Arbeitslosen, dem in dem im folgenden darzustellenden Umfang Einkommensersatzleistungen und solche der Berufsförderung zur Verfügung stehen. Andere Maßnahmen richten sich auf die Sicherung

---

2o2 Angaben nach RIGHETTI, Disoccupazione giovanile, aa0 (Anm. 52), S.643. FERRI, Il mercato del lavoro in un contesto dualistico, in: Il mercato del lavoro (Anm. 2oo), S. 111, spricht für den Süden von einer "Radikalisierung der Alternativen: emigrieren oder studieren".

2o3 So ein Artikel des Corriere della Sera vom 12.8.1977, S. 1 (Autor: SCARDOCCHIA). Auf dieses Gesetz wird noch zurückzukommen sein.

und Erhaltung des von einem Arbeitnehmer besetzten Arbeitsplatzes. Sie dienen dazu, ihn vor drohender Arbeitslosigkeit zu bewahren.

Diesen letzteren Maßnahmen soll zuerst die Aufmerksamkeit gelten. Dabei sei eine Bemerkung allgemeinen Charakters vorausgeschickt. Die Arbeitsplatzsicherheit ist in den letzten 1o Jahren insbesondere im Bereich des arbeitsrechtlichen Kündigungsschutzes weit ausgebaut worden. Italien kann sich hier im europäischen Maßstab durchaus sehen lassen[2o4]. Arbeitsmarktpolitisch bringt ein hohes Maß an Sicherheit des Arbeitsplatzes gegenüber einer starken Arbeitsnachfrage allerdings die Gefahr von Störungen und von Mobilitätsverlusten mit sich. Hier liegt eine der Ursachen für den hohen Anteil von "irregulärer" Arbeit. Andererseits bedeutet gerade ein hoher Grad an Arbeitslosigkeit eine Störung des Kräftegleichgewichts im Arbeitsleben, dessen Aufrechterhaltung eine ausreichende Sicherheit des Arbeitsplatzes erfordert.

2.1. Der arbeitsrechtliche Kündigungsschutz

Ein umfassender individualarbeitsrechtlicher Kündigungsschutz wurde erstmals durch das Gesetz n. 6o4 vom 15. Juli 1966 eingeführt[2o5]. Die ordentliche Individualkündigung eines auf unbestimmte Zeit eingegangenen Arbeitsverhältnisses durch den Arbeitgeber ist danach allein bei Vorliegen eines Kündigungsgrundes zulässig (art. 1). Als "subjektiver"

2o4 Das gilt insbes. im Hinblick auf die Pflicht zur Wiedereinstellung des ungerechtfertigt entlassenen Arbeitnehmers. So ZANGARI, Contributo alla teoria del licenziamento nel diritto italiano e comparato, Milano 1974, S. 159.

2o5 Die Kündigungsschutzbestimmungen waren im wesentlichen bereits zuvor tarifvertraglich vorweggenommen worden. Vgl. im einzelnen MAZZONI, Diritto del lavoro, aaO (Anm. 18), S. 69o ff; MAZZIOTTI, Diritto del lavoro, aaO (Anm. 37), S. 368 ff.

Grund kommt dafür lediglich die "erhebliche Nichterfüllung" der arbeitsvertraglichen Pflichten durch den Arbeitnehmer in Betracht; aus "objektivem" Grund kann bei Vorliegen solcher Umstände gekündigt werden, die "in der Produktionstätigkeit, der Arbeitsorganisation oder dem geregelten Arbeitsablauf" begründet liegen (art. 3). Die Beweislast für das Vorliegen dieser Gründe liegt beim Arbeitgeber (art. 5). Vom Kündigungsschutz ausgenommen sind hingegen die kollektiven Entlassungen mit dem Ziel der Reduzierung der Belegschaft eines Betriebes (art. 11).

War eine Kündigung nach dieser Regelung nicht gerechtfertigt, so hatte der Arbeitgeber anfangs die Wahl, ob er den betroffenen Arbeitnehmer innerhalb einer Dreitagesfrist wieder einstellen, oder ob er ihn durch die Zahlung eines Geldbetrages entschädigen wollte. Diese letztere Regelung ist durch art. 18 des sog. "Arbeitnehmerstatuts"[2o6] verbessert und durch die uneingeschränkte Pflicht des Arbeitgebers zur Wiedereingliederung des Arbeitnehmers ersetzt worden. Durchsetzbar ist diese Pflicht gegenüber einem widerstrebenden Arbeitgeber über den Anspruch des Arbeitnehmers auf die unbefristete Fortzahlung des ihm nach dem Arbeitsvertrag geschuldeten Entgelts vom Zeitpunkt der gerichtlichen Entscheidung an bis zur tatsächlichen Vornahme der Wiedereingliederung in den Betrieb[2o7].

Eine wichtige Grenze findet der Kündigungsschutz in der Beschränkung auf Betriebe mit mehr als 35 Beschäftigten (art. 11 I Gesetz von 1966). Das "Arbeitnehmerstatut" hat

---

2o6 "Statuto dei diritti dei lavoratori", Gesetz n. 3oo vom 2o. Mai 197o.

2o7 Der Arbeitnehmer hat nach derselben Vorschrift darüber hinaus Anspruch auf Ersatz des ihm durch die ungerechtfertigte Kündigung entstandenen Schadens, mindestens aber in Höhe von fünf Monatslöhnen. Zu Einzelheiten vgl. die ausführliche Kommentierung von Pasquale SANDULLI, in: Commentario dello statuto dei lavoratori, diretto da Prosperetti, Milano 1975, Bd. I, Kommentierung zu art. 18, S. 498 ff.

diese Schranke in seinem art. 35 auf 15 Beschäftigte im Bereich von Handel und Industrie und auf 5 Beschäftigte im Bereich der Landwirtschaft herabgesetzt.

Die Regelung des arbeitsrechtlichen Kündigungsschutzes des italienischen Rechts folgt danach der folgenden Grundkonzeption: in den Grenzen seiner Geltung ist der Arbeitnehmer gegen die ungerechtfertigte Individualkündigung recht weitgehend und effektiv geschützt. Der Schutz versagt hingegen dort, wo die Kündigung aus Gründen der Betriebsreduzierung oder gar der Einstellung der Produktionstätigkeit heraus erfolgt.

2.2. Die Leistungen der Cassa integrazione

Auf dieser Grundlage läßt sich der Standort der Leistungen der "Cassa per l'integrazione dei guadagni" erkennen. Diese dienen dem Ausgleich des Einkommensverlustes des Arbeitnehmers infolge von Kurzarbeit oder von vorübergehender Betriebsstillegung. Sie greifen folglich in solchen Fällen ein, in denen anderenfalls eine kollektive Kündigung drohen würde. Ihre Aufgabe besteht in der Erhaltung der bestehenden Arbeitsplätze und damit der Abwendung der Gefahr der Arbeitslosigkeit für die betroffenen Arbeitnehmer[2o8].

Die Ursprünge der Cassa integrazione datieren von 1941: kriegsbedingter Arbeitskräftemangel und die Möglichkeit, etwa durch Rohstoffmangel zur zeitweiligen Produktionseinschränkung gezwungen zu werden, brachte für einen Teil der Unternehmen die Gefahr eines Abwanderns der Arbeitnehmerschaft mit sich. Ausgleichszahlungen für ausgefallene

2o8 Vgl. allgemein zur Cassa integrazione LEVI SANDRI, Istituzioni, aaO (Anm. 5), S. 341 ff; PERSIANI, Lezioni II, aaO (Anm. 3), S. 144 ff. Eine partielle Neuordnung der Materie ist zuletzt durch das Gesetz n. 164 vom 2o.5.1975 erfolgt.

Arbeitszeiten sollten einer darin liegenden Gefährdung des betrieblichen Bestandes entgegenwirken[209]. Aus dieser Zeit rührt auch die Einrichtung als soziale Versicherung, die vom INPS gesondert geführt und aus Arbeitgeberbeiträgen gespeist wird.

Seit dem Ende des Krieges hat sich die Cassa integrazione immer weiter in Richtung auf eine Sicherung der Arbeitnehmer in wirtschaftlich gefährdeten Produktionsbereichen hin entwickelt. Die anfangs allein vorgesehenen Leistungen der "gestione ordinaria" dienen dem Ausgleich des Lohnausfalls, der durch eine zeitweilige Einschränkung der Betriebstätigkeit verursacht wird. Die Leistungen greifen ein, sofern der Arbeitsausfall in weder dem Arbeitgeber noch dem Arbeitnehmer zurechenbaren betrieblichen Umständen begründet liegt. Sie können ferner dann gewährt werden, wenn eine besondere Wirtschaftslage die Produktionsbeschränkung in dem betroffenen Unternehmen bewirkt hat.

Seit 1968 ist zu diesem ersten ein zweiter Einsatzbereich hinzugetreten, die "gestione straordinaria". Ihr kommt in erheblich weitergehendem Maße die Eigenschaft eines Instruments der Arbeitsmarkt- und Wirtschaftslenkung zu[210]. In der "gestione ordinaria" werden die Auswirkungen einer vorübergehenden Krise eines Unternehmens aufgefangen; es soll verhindert werden, daß lediglich zeitweilige Schwierig-

---

209 Vgl. zur historischen Entwicklung der Cassa integrazione CARINCI, La disciplina della cassa integrazione: Evoluzione storica e interpretazioni dottrinali, in: Atti del convegno su "licenziamenti per riduzione di personale e cassa integrazione" in Bologna 28-29 aprile 1973, Milano 1974, S. 9 ff.

210 Die "gestione straordinaria" wurde eingeführt durch Gesetz n. 1115 vom 5.11.1968, mit späteren Modifikationen in den Gesetzen n. 464 vom 8.8.1972 und n. 164 vom 20.5.1975. Vgl. zu Einzelheiten UNEDDU, La cassa integrazione guadagni, gestione straordinaria, in: Trattato di previdenza sociale (Anm. 27), Bd. III (1977), S. 233 ff (S. 235).

keiten bereits zu einer endgültigen Gefährdung der Arbeitsplätze führen. Die "gestione straordinaria" leistet hingegen Hilfe bei dem Versuch, ein Unternehmen über eine Krise weiterreichenden Umfangs hinweg zu retten und die bestehenden Arbeitsmöglichkeiten zu erhalten. Sie greift ein, wenn allgemein der Wirtschaftsbereich, dem das Unternehmen angehört, oder aber lokal der Standort des Betriebes von einer wirtschaftlichen Krise betroffen wird. Ihre Leistungen können darüber hinaus zum Zwecke einer Sanierung und Restrukturierung des Unternehmens bewilligt werden; sogar in den Fällen einer Änderung der Produktionstätigkeit kann die Förderung eingreifen[211]. Das Erfordernis der Bewilligung von Leistungen der "gestione straordinaria" in Form einer ministeriellen Verfügung, an der vier Ministerien zu beteiligen sind, zeigt an, daß hier wesentlich auch Erwägungen wirtschaftspolitischer Opportunität einfließen[212]. Ob beispielsweise die Restrukturierung eines Betriebes gefördert wird, wird nicht zuletzt von der Beurteilung der künftigen Markt- und Wirtschaftsstruktur durch die Regierung abhängen.

211 Vgl. art. 1 des Gesetzes n. 164 vom 2o.5.1975 und art. 1 II des Gesetzes n.464 vom 8.8.1972.

212 Beteiligt sind das Ministero del Lavoro, das Ministero del Tesoro, das Ministero del Bilancio und das Ministero dell'Industria. Ein interessanter Hinweis findet sich bei PALAZZO, Cassa integrazione e realtà socioeconomica del Mezzogiorno, in: Atti del convegno di Bologna (Anm. 2o9), S. 177 ff: Die Tatsache, daß Leistungen der "gestione straordinaria" fast ausnahmslos nach Nord- bzw. Mittelitalien gehen, führt er darauf zurück, daß nur dort die sozio-ökonomischen Bedingungen gegeben seien, die einen erfolgreichen Ausgang derartiger Förderungsmaßnahmen erwarten ließen. An einem Beispiel aus Sizilien versucht er nachzuweisen, daß demgegenüber die erhöhte Gefahr von Manipulationen und politischen Pressionen im Mezzogiorno den Förderungserfolg häufig in Frage stelle.

Die Leistungen der Cassa integrazione verfolgen so eine zweifache Aufgabenstellung. Geschützt werden durch sie die betroffenen Arbeitnehmer, denen in gewissem Umfang Ausgleich für den erlittenen Lohnausfall gewährt wird. Geschützt werden aber auch die Betriebe, denen bei zeitweiliger Entlastung von den Arbeitskosten die Belegschaft erhalten bleibt. Entsprechend ihrer weit über den ursprünglichen Rahmen hinausreichenden Aufgabenstellung wird die Cassa integrazione neben dem Beitragsaufkommen zu einem Teil aus staatlichen Zuschüssen finanziert[213].

Die Leistungen werden über den Arbeitgeber an den Arbeitnehmer erbracht. Sie bestehen in einem Lohnausgleich in Höhe von 8o% für die ausgefallene Arbeitszeit. Ersetzt wird sowohl der durch Kurzarbeit, wie auch der durch vollständige Arbeitsruhe entstehende Einkommensausfall. Die Leistungsdauer liegt zunächst bei einem Trimester und kann in der "gestione ordinaria" bis auf 12 Monate verlängert werden. In der "gestione straordinaria" können die Leistungen bis auf maximal 18 Monate erstreckt werden; in den Fällen mit dem Ziel der betrieblichen Restrukturierung ist überhaupt keine zwingende Höchstdauer vorgeschrieben. Allerdings muß die Verlängerung hier periodisch durch eine jeweils neue ministerielle Verfügung gestattet werden[214].

Das Leistungssystem der Cassa integrazione hat sich im Industriebereich entwickelt. Ein entsprechendes System besteht auch für landwirtschaftliche Arbeitnehmer[215] und im

213 Gem. art. 12 Ziff. 3 des Gesetzes n. 164 vom 2o.5.1975 beträgt der jährliche Staatszuschuß derzeit 2o Mrd.Lire.

214 Art. 11 Gesetz n. 164 vom 2o.5.1975, art. 1 Gesetz n. 464 vom 8.8.1972 und art. 2 Gesetz n. 1115 vom 5.11.1968. Zu Einzelheiten vgl. COTTRAU, L'integrazione salariale, Milano 1976, S. 118 ff.

215 "Cassa per l'integrazione dei salari degli operai dipendenti da imprese agricole", eingerichtet durch Gesetz n. 457 vom 8.8.1972. Dazu COTTRAU, aaO (Anm.214), S. 67 ff.

Bereich der Bauwirtschaft.

Eine neue Form der Intervention wird durch das Gesetz n.62 vom 29. März 1976 eingeleitet, die eine grundlegende Änderung des Charakters der Cassa integrazione bedeuten könnte. Es handelte sich um das Problem der mehreren Tausend Beschäftigten des von Stillegung bedrohten Automobilwerks Innocenti-Leyland. Zur Lösung dieses Problems wurde das öffentliche Finanzinstitut GEPI ermächtigt, Gesellschaften zu gründen, die die entlassenen Arbeitnehmer mit dem Ziel der Weitervermittlung an Dritte einstellten. Auf diese Weise wurde eine formelle Grundlage für die Inanspruchnahme von Leistungen aus der "gestione straordinaria" geschaffen[216]. Letztlich muß diese Maßnahme den Einsatz der Cassa integrazione auch in einem Zusammenhang bedeuten, wo es nicht mehr allein um die Erhaltung der betrieblichen Substanz geht. Es bleibt abzuwarten, ob weitere Schritte auf diesem Weg in die Richtung von allein auf den Arbeitsmarkt gezielten Interventionen folgen werden.

3. Leistungen der Einkommenssicherung bei Verlust des Arbeitsplatzes

An dieser Stelle sind jetzt die Maßnahmen der Einkommenssicherung zu untersuchen, die dem Schutz des Arbeitnehmers dienen, der seinen Arbeitsplatz endgültig verloren hat. Sie

216 Die "Società gestioni e partecipazioni industriali" (GEPI) geht zurück auf das Gesetz n. 184 vom 22.3.1971 und zählt zu dem Instrumentarium der staatlichen Intervention im Wirtschaftsbereich mit dem Ziel der Sanierung wirtschaftlich kränkelnder Unternehmungen. Zur Abwicklung der Operationen im Zusammenhang mit der Restrukturierung von Innocenti-Leyland wurde die GEPI mit einer Finanzdecke von 10 Mrd. Lire aus öffentlichen Mitteln ausgestattet.

setzen im Grundsatz an der Vorstellung von der Arbeitslosigkeit als einer Übergangszeit an, an deren Ende die Eingliederung in ein neues Arbeitsverhältnis steht. Die Leistungen zur Sicherung des Arbeitslosen enden in der Regel auch dann, wenn der Arbeitslose bis zum Ablauf dieser Übergangszeit den Eingang in ein neues Beschäftigungsverhältnis nicht gefunden hat. Für den Betroffenen ist dann das allgemeine System der Einkommenssicherung berufen, wie es bereits dargestellt wurde. Hier macht sich jetzt das Fehlen einer umfassenden Basissicherung des Einkommens bemerkbar. Der langfristig Arbeitslose, der arbeitsbereit ist, auf Grund der Arbeitsmarktlage jedoch keine Beschäftigung findet, weist eine der Schwachstellen des italienischen Systems sozialer Sicherheit aus.

3.1. Nur ein minimaler Schutz: die allgemeine Arbeitslosenversicherung

Die allgemeine Arbeitslosenversicherung erfaßt die abhängig beschäftigten Arbeitnehmer, sofern sie nicht in einem unkündbaren Arbeitsverhältnis stehen und des Schutzes deshalb nicht bedürfen[217]. Versichert ist im Grundsatz nur die unfreiwillige Arbeitslosigkeit, doch gesteht das Gesetz verminderte Leistungen auch dann zu, wenn die Beendigung des Arbeitsverhältnisses auf Wunsch des Arbeitnehmers erfolgte. Die Versicherung wird von dem Rententräger INPS durchgeführt. Die Leistungen, für die zumindest zwei vorangehende Versicherungs- und ein Beitragsjahr erforderlich sind, bestehen in einem Tagessatz von 8oo Lire, der während einer Leistungszeit von zumeist bis zu 18o Tagen ge-

---

217 Art. 4o Gesetzesdekret r.d.l. n. 1827 vom 4.1o.1935. Zu Einzelheiten des Versichertenkreises vgl. SINISCALCHI, L'assicurazione contro la disoccupazione involontaria nel sistema della previdenza sociale, Napoli, 1966, S. 154 ff.

zahlt wird[218]. Voraussetzung ist des weiteren die Meldung als arbeitslos beim Arbeitsamt. Durch ministerielle Verfügung kann bestimmt werden, daß die Leistungen in bestimmten strukturschwachen Gebieten auch ohne Vorliegen der versicherungsmäßigen Voraussetzungen zu erbringen sind ("sussidio straordinario di disoccupazione").

Die geringe Höhe der Leistungen - 8oo Lire entsprechen derzeit etwa 2,2o DM - dürfte vor allem im großstädtischen Lebensbereich selbst als Lebensminimum nicht ausreichen[219]. Seit der letzten Anhebung 1974 ist zudem inflationsbedingt ein wesentlicher Kaufkraftverlust eingetreten. Eine gewisse weitergehende Bedeutung kommt den Leistungen allenfalls wegen der damit verbundenen Nebenleistungen zu, wie insbesondere den Familienleistungen sowie der Berücksichtigung des Bezugszeitraumes als Beitragszeit in der Rentenversicherung. Davon abgesehen fragt es sich allerdings, ob die Minimalleistungen nicht als Anzeichen für eine Umorientierung gewertet werden müssen, die unter Aufgabe des Gedankens der allgemeinen Arbeitslosenversicherung eine Hinwendung zu gezielten einzelnen Eingriffen bedeutet.

3.2. Die Sonderleistungen der Arbeitslosenversicherung

Für die letztere Erwägung könnten Sonderleistungen nach dem Gesetz n. 1115 vom 5.11.1968 sprechen. Diese stellen sich gewissermaßen als ein Gegenstück zu den Maßnahmen mit dem Ziel der Erhaltung des Arbeitsplatzes dar: Erheblich

---

218 Vgl. CAMPOPIANO/VIGLI, Previdenza sociale, aaO (Anm. 89), S. 356. PERSIANI, Lezioni II, aaO (Anm. 3), S.143, nennt für einzelne Gruppen Maximalwerte zwischen 12o und 36o Tagen.

219 Von einer Sicherung des Lebensminimums spricht CINELLI, Le prestazioni di disoccupazione, in: Trattato di previdenza sociale (Anm. 27), Bd. III (1977), S. 56 ff (S. 89). Der Vergleich mit dem Leistungsniveau der Mindestrente und der sozialen Altersrente zeigt jedoch,daß hiervon nur schwerlich die Rede sein kann.

bessere Leistungen werden dort erbracht, wo die Entlassung des Arbeitslosen im Zusammenhang mit der Einschränkung oder der Aufgabe eines Industriebetriebes erfolgte. Hier werden dann, ebenfalls während einer Dauer von bis zu 18o Tagen, zwei Drittel des bisherigen Lohnes gezahlt[22o]. Auch die Anforderungen an die Leistungsvoraussetzungen sind in diesen Fällen geringer. Es wird lediglich verlangt, daß der Arbeitslose zumindest während des vorangehenden letzten Vierteljahres an dem Arbeitsplatz beschäftigt war, den er sodann infolge einer Kollektiventlassung verloren hat. Ältere Arbeitnehmer könenn unter den gleichen Voraussetzungen anstelle dieser Leistungen für die Versorgung im Rahmen des sog. "prepensionamento" optieren[221]: Der weniger als drei Jahre vor Erreichen des Rentenalters von einer Entlassung betroffene Arbeitnehmer kann bis zum Eintritt der Rentenberechtigung Leistungen in Höhe der Rente erhalten, wie sie ihm nach der rentenrechtlichen Berechnungsweise zustehen würde. Es handelt sich um eine der vorgezogenen Altersrente angenäherte Leistungsform, die jedoch im Rahmen der Arbeitslosenversicherung, nicht der Rentenversicherung erbracht wird[222]. Von der Vollendung des Rentenalters ab greift dann die normale Altersrente ein. In der Praxis ist von dieser zunächst bis zum 31.12.1977 befristeten Leistungsmöglichkeit nur selten Gebrauch gemacht worden.

3.3. Andere Leistungsformen

Eine zusammenhängende Darstellung der im übrigen bestehen-

22o Art. 8 ff des Gesetzes n. 1115 vom 5.11.1968. Zu Einzelheiten vgl. CAMPOPIANO/VIGLI, Previdenza sociale, aaO (Anm. 89), S. 373 ff.

221 Art. 11 des Gesetzes n. 1115 vom 5.11.1968 i.d.F. durch art. 47 Gesetz n. 153 vom 3o.4.1969.

222 MINICONE, Il pre-pensionamento, in: Trattato di previdenza sociale (Anm. 38), Bd. III (1977) S. 299 ff.

den Leistungsformen überschreitet den hier möglichen Rahmen. Nur erwähnt werden sollen daher etwa die besonderen Leistungssysteme im Bausektor und im landwirtschaftlichen Bereich, die Hilfen für die italienischen Wanderarbeitnehmer oder auch die Hilfen für arbeitsfähige aber arbeitslose Behinderte und Kriegsinvaliden[223].

4. Leistungen der Berufsförderung

4.1. Arbeitsvermittlung

Italien kennt eine Regelung der notwendigen Arbeitsvermittlung, die für ihren Geltungsbereich die Einstellung allein auf Grund unmittelbarer Verhandlungen zwischen dem Arbeitgeber und dem Bewerber um den Arbeitsplatz einschränkt[224]. Der einstellungsbereite Arbeitgeber muß für die von ihm gewünschte Zahl von Arbeitnehmern einen Vermittlungsantrag an das zuständige Arbeitsamt, das "ufficio di collocamento" stellen. Dieses wählt sodann unter den bei ihm als arbeitslos gemeldeten Arbeitssuchenden mit der entsprechenden Qualifikation einen Bewerber aus. Dabei gelten Präferenzregeln, die von einer Kommission insbesondere nach sozialen Gesichtspunkten festgelegt werden. Neben Vertretern der örtlichen Arbeitsverwaltung sind in dieser Kommission auch Repräsentanten der Arbeitgeber- und der Arbeitnehmerorganisationen vertreten. Nominelle Anforderungen bestimmter Arbeitnehmer sind nur ausnahmsweise für Familienange-

---

223 Eine umfassende Darstellung der verschiedenen Leistungsarten findet sich bei CINELLI, aaO (Anm. 219).

224 Gesetz n. 264 vom 29.4.1949 und artt. 33 und 34 des Statuto dei lavoratori. Vgl. die Darstellungen bei LEVI SANDRI, Istituzioni, aaO (Anm. 5), S. 144 ff; D'EUFEMIA, Costituzione del rapporto, in: Nuovo trattato di diritto del lavoro (Anm.1), Bd. II (1971), S. 1 ff (S. 58 ff).

hörige, Führungskräfte und Personen mit besonderer Qualifikation zugelassen. Ziel dieser Regelung ist die "gerechte Verteilung der Arbeitschancen"[225] auf die Arbeitsuchenden. Ihre Wirksamkeit bei der Bekämpfung der Arbeitslosigkeit wird zuweilen in Zweifel gezogen[226].

Eine entsprechende Regelung gilt im Bereich der landwirtschaftlichen Arbeitsvermittlung. Die Auswahl der öffentlichen Bediensteten erfolgt demgegenüber über ein besonderes Prüfungsverfahren - "concorso" - mit dem aus den Reihen der Bewerber der Geeigneteste herausgefunden werden soll[227].

Neben der Regelung der allgemeinen Arbeitsvermittlung stehen die besonderen Vorschriften über die obligatorische Einstellung von Angehörigen einzelner Sondergruppen. In der Regel müssen private Betriebe und öffentliche Einrichtungen mit mehr als 35 Beschäftigten insgesamt 15% ihrer Arbeitsplätze mit diesen Personen besetzen. Bevorzugt werden auf diese Weise Behinderte, darunter insbesondere Kriegsbeschädigte, Taubstumme, Blinde, Kriegerwitwen und -waisen[228].

4.2. Berufliche Bildung

Bei den Maßnahmen zur beruflichen Fortbildung ist 1972 eine wichtige Änderung eingetreten, als deren Durchführung

225 So CONTI, in: Commentario dello statuto dei lavoratori (Anm. 2o7), Bd. II, Kommentierung zu artt. 33 und 34, S. 1o89, der in der Regelung des collocamento ein Instrument zur teilweisen Realisierung des Rechts auf Arbeit des art. 4 ital. Verfassung sieht.

226 D'EUFEMIA, aaO (Anm. 224), S. 59.

227 Die vielen Unregelmässigkeiten, über die gerade in diesem Bereich immer wieder geklagt wird, stehen für die Nachteile eines Systems, das Protektion und die Bildung klientelarer Strukturen eher herausfordern muß.

228 Die Regelungen sind zusammengefaßt in dem Gesetz n.482 vom 2.4.1968. Zu Einzelheiten vgl. LEVI SANDRI, Istituzioni, aaO (Anm. 5), S. 151 ff.

zum überwiegenden Teil aus der staatlichen in die regionale Kompetenz überführt wurde[229]. Dabei handelte es sich zunächst nur um den Übergang der Trägerschaft. Sachlich gelten die vorhergehenden Vorschriften über die berufliche Fortbildung, insbesondere das Gesetz n. 264 vom 29. April 1949[230] fort und bezeichnen auch derzeit noch die Grundlinien des geltenden Rechts. Hier kann jedoch in naher Zukunft mit neuen Entwicklungen vor allem von Seite der Regionen gerechnet werden.

Nach der bisherigen Regelung gibt es Fortbildungskurse für Arbeitslose mit dem Ziel der Vervollkommnung ihrer Fähigkeiten in einer bisher ausgeübten Tätigkeit oder auch in einem anderen Beruf. Betriebliche Kurse können zur Erhöhung der internen Mobilität in einem Betrieb mit mehr als 1000 Beschäftigten u. a. aus Mitteln der Cassa integrazione gefördert werden. Entgegen ihrem Namen verfolgen die sog. "cantieri scuola" hingegen weniger Ausbildungszwecke, sondern dienen im wesentlichen der Ermöglichung einer Mindestversorgung in den Gebieten mit besonders ausgeprägter Arbeitslosigkeit. Für eine begrenzte Zeit können Arbeitslose hier im Rahmen öffentlicher Arbeiten, wie beispielsweise bei Aufforstungsmaßnahmen in einigen Gebieten des Südens, eingesetzt werden. Die Beschäftigung begründet kein Arbeitsverhältnis; mit ihr verbunden ist die Berechtigung[231]

229 Präsidentialdekret d.p.r. n. 10 vom 15.1.1972.

230 Dieses Gesetz stellte damals den Versuch einer organischen Gesamtheit von Maßnahmen zur Steuerung des Arbeitsmarktes dar (Arbeitsvermittlung, Ausweitung der Arbeitslosenversicherung, berufliche Bildung). Es war das Gegenstück zur Aufhebung des nach dem Kriege bis 1949 geltenden "blocco dei licenziamenti" (Kündigungsschutz).

231 Vgl. zu diesen Maßnahmen artt. 59 ff Gesetz n. 264 vom 29.4.1949. Die "cantieri scuola", richtiger auch "cantieri del lavoro" genannt, sind vor allem in den unterentwickelten Gebieten des Südens zum Einsatz gelangt. Trotz der geringen Leistungen (1.400 Lire/Tag zuzüglich Familienzuschläge) ist ihre Bedeutung dort in manchen der tiefarmen kleinen Orte auf dem Lande nicht zu unterschätzen, wo sie neben den Überweisungen der Arbeitsemigranten vielfach eine der wesentlichen Geldeinkommensquellen ausmachen.

zum Bezug von Einkommensleistungen. Besondere Regeln gelten für Jugendliche nach Beendigung der Schulpflicht[232].

4.3. Das Gesetz zur Bekämpfung der Jugendarbeitslosigkeit

Das bedrohliche Ausmaß der Arbeitslosigkeit vor dem erstmaligen Eintritt ins Arbeitsleben hat erst in jüngster Zeit zu einer wichtigen Maßnahme, dem Gesetz n. 285 vom 1. Juli 1977, geführt. Danach wurde bei den Ämtern für Arbeitsvermittlung eine besondere Liste ausgelegt, in die sich Arbeitssuchende im Alter zwischen 15 und 29 Jahren eintragen konnten. Private wie öffentliche Arbeitgeber erhalten erhebliche Förderungsmittel, wenn sie in diese Liste eingeschriebene Personen entweder in befristete Ausbildungsverhältnisse oder in unbefristete Arbeitsverhältnisse einstellen. Dabei liegen die Förderungsbeträge in Süditalien doppelt so hoch wie im Norden.

Im landwirtschaftlichen Bereich können in den unterentwickelten Gebieten Genossenschaften gefördert werden, sofern sie zu mehr als 4o% aus Mitgliedern im Alter zwischen 18 und 29 Jahren zusammengesetzt sind. Die Zielsetzung, der solche Genossenschaften nachgehen müssen, um an der Förderung teilhaben zu können, läßt erkennen, daß hier auch versucht werden soll, ein Gegengewicht zu dem anhaltenden Exodus aus der Landwirtschaft aufzustellen.

Ausgeführt wird dieses Gesetz von den Regionen. Seine Laufzeit ist bis Ende 198o begrenzt. Die Regionen können in seinem Rahmen auch öffentliche Dienste unter Einsatz der betroffenen Personen organisieren, wofür ebenfalls Mittel zur Verfügung stehen. Für die Kosten der Durchführung des Gesetzes steht ein Betrag von 1.o6o Mrd. Lire aus dem Staatshaushalt zur Verfügung.

---

232 Art. 25 Gesetz n. 977 vom 17.1o.1967.

Der Erfolg des Gesetzes bleibt abzuwarten. Die Frist für die Eintragung in die Listen ist im August 1977 abgelaufen und hat zur Einschreibung von ca. 647.ooo Personen geführt[233]. Daß diese große Anzahl von Arbeitsgesuchen befriedigt werden kann, muß bezweifelt werden. Die von den Regionen aufzustellenden Beschäftigungspläne lagen zu dieser Zeit erst zum Teil vor. Auch die privaten Arbeitgeber haben anfangs eher zurückhaltend reagiert[234]. Hinzu kommt die Befürchtung, daß in allzu weitem Umfang nur von der Förderung von Ausbildungsverhältnissen Gebrauch gemacht werden wird, nach deren Ablauf der Betroffene erneut arbeitslos sein wird. Die Zukunft wird zeigen müssen, in welchem Umfang das Problem der Jugendarbeitslosigkeit in Italien heute überhaupt noch kurzfristigen Lösungen zugänglich ist.

VI. Überblick über die Finanzierung des italienischen Sozialleistungssystems

1. Finanzierung durch Beiträge

Die Leistungen des Systems sozialer Sicherheit werden heute in Italien überwiegend aus Beiträgen finanziert. Das gilt für sämtliche Bereiche der Sozialversicherung, also

233 So der Präsident des Ministerrats Andreotti nach einer Meldung von Le Monde vom 11.9.1977, S. 3

234 Ein (pessimistischer) Artikel des Corriere della Sera vom 12.8.1977, S. 1, schätzt für Campanien, die Region mit der höchsten Anzahl von Bewerbern, daß allenfalls 1/7 der Nachfrage wird befriedigt werden können.

auch für die Familienleistungen der assegni familiari und die Mehrzahl der Maßnahmen gegenüber dem Problembereich der Arbeitslosigkeit, die gleichermaßen nach Versicherungsgrundsätzen geordnet sind. Der Bereich der Gesundheitsleistungen wird überwiegend zunächst ebenfalls weiterhin aus Beiträgen finanziert; am Ende des Reformweges soll hier jedoch die Aufbringung der für den servizio sanitario nazionale erforderlichen Mittel über das Steueraufkommen stehen.

1.1. Der Umfang der Beitragspflicht

Die Berechnung der Beiträge erfolgt in den einzelnen Sicherungssystemen nach unterschiedlichen Gesichtspunkten. In der Unfallversicherung gilt ein differenziertes Beitragssystem. Den Grundwert liefert ein nach Produktionsbereichen aufgeschlüsselter Tarif. Entsprechend den Abweichungen eines Betriebes von dem nationalen Durchschnitt der Unfallhäufigkeit kann von diesem Tarif um bis zu 3o% nach oben oder nach unten abgewichen werden. Die Beitragspflicht liegt allein beim Arbeitgeber[235].

Die übrigen Beiträge berechnen sich in einem festen Prozentsatz vom Bruttolohn des Arbeitnehmers. Für das zugrundezulegende Arbeitseinkommen ist ein Mindestwert vorgesehen. Dagegen sind Beitragsbemessungsgrenzen nach oben, die für einige Leistungsbereiche vorgesehen waren, 1974

235 Zum Modus der Beitragsberechnung in der Unfallversicherung vgl. ALIBRANDI, Infortuni sul lavoro, aaO (Anm. 2o), S. 523 ff. GIORDANO, 'Nodi'tecnici e politici della riscossione unificata, in: Previdenza sociale 1976, S. 773 ff (S. 792), sieht in der am konkreten Unfallrisiko ausgerichteten Beitragsgestaltung ein Fortwirken von Vorstellungen aus dem Bereich der privaten Schadenshaftung; mit der Konzeption der sicurezza sociale seien diese Vorstellungen nicht in Einklang zu bringen.

aufgehoben worden[236]. Gründe hierfür mögen einmal in der Erhöhung des Beitragsaufkommens und in der Verstärkung der Umverteilungswirkung des Sozialleistungssystems gesehen werden. FAUSTO/LECCISOTTI weisen auf einen weiteren Erklärungszusammenhang hin[237]: Höchstgrenzen für die Beitragsbemessung können einen Anreiz für den Arbeitgeber darstellen, bei gleichem Arbeitsaufwand die Beschäftigtenanzahl gering zu halten - eine angesichts der Lage auf dem italienischen Arbeitsmarkt nicht unproblematische Auswirkung.

Die Beitragsbelastung liegt in Italien im europäischen Vergleich hoch. Sie muß im Zusammenhang gesehen werden mit einem niedrigen Anteil der direkten Steuern an den öffentlichen Einnahmen und einem umgekehrt gleichfalls hohen Anteil der indirekten Steuern[238]. Hier macht sich nicht zuletzt die niedrige Steuermoral in Italien bemerkbar, die sich vorwiegend bei den direkten Steuern auswirkt. Auch das Ausmaß der Beitragshinterziehung ist allerdings vor allem bei kleineren und Kleinstbetrieben beträchtlich. Doch darf in größeren Unternehmen, nicht zuletzt auf Grund eines darauf gerichteten Interesses der Arbeitnehmer, eine ordnungsgemäße Beitragsabführung eher erwartet werden.

---

236 Höchstwerte galten bis 1974 für die Beiträge zu den assegni familiari und für die Cassa integrazione. Art. 2o Gesetz n. 114 vom 16.4.1974 hat diese Grenzen aufgehoben.

237 FAUSTO/LECCISOTTI, Economia e finanza, aaO (Anm. 1), S. 6o.

238 1974 setzten sich die öffentlichen Einnahmen in Italien zu 21% aus direkten und zu 34% aus indirekten Steuern zusammen. 45% der Einnahmen entstammten dem Beitragsaufkommen. Die Vergleichswerte der Bundesrepublik (für 1973) lagen bei 33% und 34%, sowie bei 33% Beitragsaufkommen. Angaben nach CAVAZZUTI, La fiscalizzazione degli oneri sociali, in: Il Mulino 1974, S. 741 ff (S. 747).

Die Beiträge sind überwiegend von den Arbeitgebern und nur zu einem geringen Anteil von den Arbeitnehmern aufzubringen[239]. Die jeweilige Belastung für die einzelnen Sicherungsbereiche läßt sich aus der folgenden Aufstellung ersehen (Werte von Dezember 1975)[240]:

	Arbeitgeber in %	Arbeitnehmer in %
Unfallversicherung (Mittelwert)	5,18	-
Rentenversicherung	14,96	6,8o
Gesundheitsversorgung	12,85	o,3o
Tuberkuloseversicherung	2,o1	-
Arbeitslosenversicherung	2,61	-
Cassa integrazione	1,oo	-
assegni familiari	6,5o	-
andere	1,97	o,35
Summe	47,o8	7,45

1.2. Die Diskussion um die Vereinheitlichung der Beitragserhebung

Die Beiträge werden von den einzelnen Versicherungsträgern derzeit jeweils getrennt für ihren Aufgabenbereich erhoben. Beiträge zur Rentenversicherung zieht das INPS ein, die zur Unfallversicherung das INAIL; das in Liquidation über-

239 Zu den keineswegs einstimmig beurteilten ökonomischen Auswirkungen der unterschiedlichen Aufteilung der Beitragslast zwischen Arbeitgeber und Arbeitnehmern vgl. FAUSTO/LECCISOTTI, Economia e finanza, aaO (Anm. 1), S. 56 ff; REVIGLIO, in: Forte/Reviglio (Anm. 2), S.136.

24o Quelle: Rassegna di statistiche del lavoro, hrsg. vom Arbeitgeberverband Confindustria, 1976, Heft 2, S. 67.

führte INAM erhebt bis auf weiteres die Beiträge zur Krankenversicherung, nunmehr für Rechnung der Regionen als Leistungsträger. Auch die zahlreichen übrigen Versicherungsinstitute für besondere Berufsgruppen ziehen jeweils gesondert von ihren Mitgliedern Beiträge ein.

Bereits in der Zeit zwischen den beiden Weltkriegen ist wiederholt eine einheitliche Beitragserhebung über eine zentrale Einziehungsstelle erwogen worden; die Diskussion ist seit damals nie verstummt. Maßgebend sind nicht so sehr Bestrebungen der Vereinheitlichung des Leistungssystems als solchen, als vielmehr Überlegungen der Erhöhung der verwaltungstechnischen Effizienz[241]. Überflüssiger Verwaltungsaufwand könnte vermieden werden und es könnte der durch eine Vielzahl von Einzugsstellen begünstigten Beitragshinterziehung wirksamer begegnet werden. Widerstände gegen die Vereinheitlichung scheinen nicht zuletzt in der Möglichkeit zu politischer und wirtschaftlicher Einflußnahme begründet zu liegen, die mit der Beitragserhebung mitunter eröffnet wird[242]. Eine teilweise Lösung deutet sich in der Konzentrierung weiter Bereiche der Leistungen der Einkommenssicherung beim INPS an. Mit der Übernahme der Geldleistungen im Falle von Mutterschaft und Krankheit, wie sie im weiteren Verlauf der Reform der Gesundheitsversorgung vorgesehen ist, wird sich diese Tendenz noch verstärken[243].

---

241 Mehrere Gesetzesvorhaben der italienischen Regierung, die die Konzentrierung der Beitragserhebung beim INPS vorsahen, sind bislang nicht zur Durchführung gelangt. Vgl. dazu GIORDANO, aaO (Anm. 235), S. 778 ff. Vgl. auch FORTE, Strategia delle riforme, aaO (Anm. 113), S.355.

242 GIORDANO, aaO (Anm. 235), S. 786, weist beispielhaft auf den Ermessensspielraum hin, der bei der Festlegung des jeweiligen "Firmentarifs" in der Unfallversicherung besteht. Widerstände liegen nach der Auffassung dieses Autors auch in der unterschiedlichen Zusammensetzung der Führungsgremien der Versicherungsinstitute begründet. Vgl. zu dieser unter I, 4.1.

243 Vgl. zur Konzentrierung der Einkommenleistungen beim INPS bereits unter II, 2.1.

2. Finanzierung aus öffentlichen Mitteln

2.1. Der Einsatz von Mitteln aus dem Steueraufkommen

Die Finanzierung von Sozialleistungen unmittelbar aus dem Steueraufkommen erfolgt in unterschiedlicher Form. Staatliche Zuschüsse zu einzelnen Bereichen der previdenza stehen neben der Finanzierung der Leistungen der assistenza, die von den Leistungsträgern im Rahmen ihrer öffentlichen Aufgaben ohne Vorleistungen erbracht werden.

Laufende Zuschüsse zu einzelnen Bereichen der previdenza stehen im Zeichen einer erweiterten Solidarität mit der begünstigten Gruppe von Leistungsempfängern. Vor allem die teilweise Finanzierung der Sozialversicherung der lavoratori autonomi aus dem Steueraufkommen ist hier anzuführen. Im Bereich des INPS ist darüber hinaus die Zuführung staatlicher Mittel über den "Fondo sociale" von besonderer Bedeutung. Auf die Finanzierung der sozialen Altersrente sowie mittelbar auch der Mindestrente aus Mitteln dieses Fonds wurde bereits hingewiesen[244]. Einmalige staatliche Zuschüsse zur Sozialversicherung dienen zumeist dazu, einer akuten Finanzkrise in den betroffenen Instituten zu begegnen. Nur die "Finanzspritze" in Höhe von 2.7oo Mrd. Lire bewahrte beispielsweise 1974 die Krankenversicherungsinstitute, ebenso wie auch ihre Gläubiger, die Krankenhausträger, vor den Folgen eines finanziellen Zusammenbruchs[245].

2.2. Die Diskussion um die Fiskalisierung der Soziallasten

Die Fiskalisierung der Soziallasten, d.h. die Ablösung der Beitragsfinanzierung durch eine solche aus dem Steuerauf-

244 Vgl. unter II, 2.4.

245 Art. 1 Gesetz n. 386 vom 17.8.1974. 2.7oo Mrd. Lire entsprachen damals ca. 1o Mrd. DM.

kommen, erscheint in Italien seit langem immer wieder in der sozialpolitischen Diskussion. 1971 wurde eine umfassende Steuerreform eingeleitet. In ihrem Rahmen ist auch eine zunehmende Fiskalisierung der Kosten des Systems sozialer Sicherheit vorgesehen. Von einem heute noch in der Zukunft liegenden Datum an sollen Änderungen der Steuersätze, so das Reformgesetz, auch dazu dienen, "...die Beiträge zu Leistungen der sicurezza sociale graduell im Steuersystem aufgehen zu lassen[246].

Erfahrungen mit einer teilweisen Fiskalisierung lassen sich bereits früher antreffen. So wurde beispielsweise der Finanzbedarf der Tuberkuloseversicherung während eines beschränkten Zeitraumes anstatt durch Beiträge durch Zuweisungen aus dem Staatshaushalt gedeckt. Überlegungen der Wirtschaftslenkung, wie sie damals ausschlaggebend waren, lagen auch Maßnahmen zugrunde, mit denen 1971 und 1972 Erleichterungen in der Beitragsbelastung für Handwerker sowie für Klein- und Mittelbetriebe vorgenommen wurden; besondere Präferenzen wurden in diesem Zusammenhang den in Süditalien gelegenen Betrieben eingeräumt[247].

Auch das zunehmende Engagement des Fiskus im Rentenbereich muß im Zusammenhang mit der Problematik der Fiskalisierung der Soziallasten gesehen werden. Vor allem aber das Vorhaben des Gesundheitsdienstes hat diese erneut in die tagespolitische Diskussion eingeführt. Hier wird die Abkehr vom System einer sozialen Krankenversicherung mit der grundlegenden Änderung des Finanzierungsmodus hin zur Steuerfinanzierung einhergehen.

---

246 Art. 18, letzter Absatz, Gesetz n. 825 vom 9.1o.1971.

247 Vgl. zu diesen zeitweiligen Entlastungen GIGANTE, La fiscalizzazione degli oneri sociali: problemi e prospettive, in: I problemi della sicurezza sociale 1973, S. 251 ff; CAVAZZUTI, aaO (Anm. 238), S. 741 ff.

Die Finanzierung aus dem Steueraufkommen ist nach art. 18 Gesetz n. 825 vom 9.1o.1971 lediglich für solche Leistungen vorgesehen, die von dem Gedanken der sicurezza sociale getragen sind, die also grundsätzlich der gesamten Bevölkerung zur Verfügung stehen. Dem liegt die Erwägung zugrunde, daß die Steuerfinanzierung anderer Leistungen bedeuten müßte, daß Mittel von der Allgemeinheit der Steuerbürger auf eine nur beschränkte Gruppe von Leistungsberechtigten fließen[248]. Die Fiskalisierung erfaßt so die soziale Altersrente, die als Form der Basissicherung allen Bürgern offensteht, die ihre Voraussetzungen erfüllen; gleiches gilt auch für das mit der Gesundheitsreform angestrebte generalisierte Leistungsangebot des geplanten servizio sanitario nazionale. Die ebenfalls aus dem Steueraufkommen finanzierte "pensione sociale" muß hingegen wegen ihrer Beschränkung allein auf die Leistungsberechtigten der Rentenversicherung unter diesem Gesichtspunkt als nicht unproblematisch erscheinen.

Zur ökonomischen Problematik der Fiskalisierung der Soziallasten sei auf die Erörterung in der finanzwirtschaftlichen Literatur in Italien verwiesen[249]. Ein Hinweis mag hier genügen: Im Bereich der sozialen Sicherung des abhängig Beschäftigten handelt es sich bei den Beiträgen um eine am Arbeitslohn orientierte Belastung, die folglich den Arbeitskostenfaktor erhöht. Arbeitsintensive Unternehmen werden so stärker belastet als solche mit einem geringeren Anteil der Arbeit an den Produktionskosten. Angesichts des höchst unterschiedlichen wirtschaftlichen Entwicklungsgrades vor allem in regionaler Hinsicht, aber auch zwischen den ein-

---

248 Vgl. GIGANTE, aaO (Anm. 247), S. 259.

249 Erörterungen finden sich bei REVIGLIO, in: Forte/Reviglio (Anm. 2), S. 127 ff;FAUSTO/LECCISOTTI, Economia e finanza, aaO (Anm. 1), S. 52 ff; GIUSTI, La finanza pubblica della protezione sociale, Milano 1967.

zelnen Wirtschaftsbereichen wirft diese Form der Aufbringung der Soziallasten in Italien durchaus ihre eigene Problematik auf.Es erklären sich so die Versuche, die Beitragsbelastung gezielt für kleinere Betriebe und insbesondere in den strukturschwachen Gebieten zu mindern. Umgekehrt muß die vor allem bei kleinen Betrieben häufige Beitragshinterziehung auch mit auf die hohe Sozialabgabenbelastung zurückgeführt werden. Diese enge Verbindung zu den Arbeitskosten ist hingegen bei dem breiten Fächer der Möglichkeiten für eine Besteuerung nicht gegeben, die deshalb flexibler auch auf wirtschaftspolitische Erfordernisse abgestimmt werden können[250].

Eine der grundlegenden Voraussetzungen einer jeden Fiskalisierung muß allerdings ein effizientes Steuersystem sein. Italien steht insoweit vor nicht unerheblichen Schwierigkeiten[251]. Bis in die jüngste Zeit hinein ist Steuerhinterziehung hier gewissermaßen an der Tagesordnung gewesen. Während die Steuern der abhängig Beschäftigten unmittelbar vom Arbeitgeber abgeführt werden und somit die Möglichkeiten für eine Hinterziehung eher gering sind, muß davon ausgegangen werden, daß hingegen die Steuermoral

---

250 Die verschiedenen möglichen Steuerarten werden diskutiert im Hinblick auf die Finanzierung des Sozialleistungssystems bei GIGANTE, aaO (Anm. 247), S. 268 ff.

251 NAZZARO, Riforma fiscale e finanziamento della sicurezza sociale, in: I problemi della sicurezza sociale 1973, S. 821 ff: "Das hauptsächliche Hindernis für die Einführung einer vollständigen oder teilweisen Fiskalisierung der Soziallasten ist in Italien während Jahren die Existenz eines ungeordneten und irrationalen Steuersystems gewesen".

der Selbständigen nur sehr gering ist[252]. 1974 ist die 1971 eingeleitete Steuerreform in vollem Umfang in Kraft getreten. Inzwischen mehren sich die Nachrichten über eine Verstärkung der Steuerkontrollen und über einen Rückgang der Hinterziehung. Es scheint sich hier eine Entwicklung anzubahnen, die zur Überwindung eines der wesentlichen Hindernisse auf dem Weg des weiteren Ausbaus des italienischen Sozialleistungssystems zur Verwirklichung der sicurezza sociale führen könnte.

---

252 CAVAZZUTI, aaO (Anm. 238), S. 749, nennt dazu folgende Zahlen: 1973 wurde für ca. 90% der abhängig Beschäftigten ein Jahreseinkommen von weniger als 4 Mio. Lire versteuert. Von den Selbständigen deklarierten 92,5% ein Jahreseinkommen unter 4 Mio. Lire, 48,3% gar ein Einkommen von weniger als 720.000 Lire.

FSC
www.fsc.org
MIX
Papier | Fördert gute Waldnutzung
FSC® C083411

Kolibri 360 GmbH
Ferdinand-Jühlke-Straße 7
99095 Erfurt, Deutschland
produktsicherheit@kolibri360.de